朝鮮時代 官吏任用과 相避制

李起明 著

백산자료원

朝鮮時代 官吏任用과 相避制

저　　자 | 李起明 著
펴 낸 이 | 육낙현
인　　쇄 | 동아인쇄

1판1쇄 인쇄 | 2007. 10. 5.
1판1쇄 발행 | 2007. 10. 12.

등록번호 제2-1125호
등록일자 1991. 2. 11

펴낸곳 | 백산자료원
㊞100-193 서울시 중구 을지로 3가 334-2 청호빌딩 211호
전화 (02)2268-8668 팩시밀리 (02)2267-7710
http://www.paeksan.com
E-mail : pss1966@kornet.net

값 16,000원
ISBN 97889-88435-88-5 93910

* 파본은 교환하여 드립니다.

머리말

이 책은 본인의 박사학위 논문인 ≪조선시대 相避制의 운영실태 연구≫를 바탕으로 하였고, 여기에 석사학위 논문인 〈조선전기 상피제 연구〉 등을 가미하여 재구성한 것이다.

돌이켜보면, 내가 상피 제도를 연구하게 된 계기는 학부와 대학원 내내 본인의 부족함을 질타해 주시고, 아버지 같은 품성으로 못난 제자를 격려해 주신 지도교수님이신 林英正 선생님의 권유에서 시작한다. 처음에 선생님으로부터 상피 제도를 권유받았을 때 무척이나 당황스럽고 두려운 마음이 앞섰다. 그리고 석사학위 논문 심사 과정에서 元裕漢 교수님께서는 "미개척 분야를 공부하고 있는데, 왜 많은 이들이 연구하지 않았을까 하는 고민을 한 적이 있느냐?" 라고 충고해 주신 일은 본인이 상피에 천착할 때마다 겸손하게 공부하는 방향이 되었다.

이후 이 연구 과제에 대한 공부를 확대해 나가면서 나 역시도 끊임없이 변화해가고 교체되어지는 지배 계층의 이해관계에 관해 고민하기에 이른다.

대개 전근대 사회에서의 지배 계층은 특권 유지를 위해 왕권과 결탁하기도 하고, 그들 스스로 권력 기반을 마련해 나가기도 하면서 역사의 한 축으로 성장해 나갔다. 그러한 과정 속에서 집단 간의 부조리는 상존하였다. 이에 나는 고대부터 근대에 이르는 시기에 걸쳐 그러한 것들을 효과적으로 제어하는 제도적인 시스템이 없을까 하는 물음에 봉착하게 된다. 그리고 이내 조선시대 기본법인 ≪경국대전≫ 상피조의 조문에서 그 해답을 구하기로 작정한다.

그러기 위해 우선 관련 기초 자료를 수집, 정리하면서 중국과 일본 및 한국의 기록에서 유사한 사실이 있는가를 살폈고, 개인 문집 등에서 관련 기록을 찾기 시작하였다. 그리고 선학의 연구 업적 등도 꼼꼼히 챙겼다. 이러한 과정을 거쳐 드디어 10여 년을 매달린 끝에 비로소 하나의 책으로 성과를 보게 된 것이다.

대개 상피 제도는 官職 내지 官吏任用과 밀접한 관련을 가지고 있으며, 정치 세력 내지 정치 집단 사이의 이해관계와도 연관성을 가지고 전개되었다. 그리고 親姻戚 관계와 親族의 등급을 따져 검증되었기 때문에 婚姻關係가 중요한 자료가 된다. 이 결과를 바탕으로 상피를 정의해 본다면, '相避'란 국왕의 권력 행사를 원활히 해주고, 친인척 관계로 인한 권력의 集中과 관리의 부정 및 不條理를 막기 위한 제도였다.

따라서 이 제도의 시행은 유력한 가문의 권력 독점 현상을 막고, 관리의 정치 세력화를 차단하기 위해 같은 관청에서 근무하거나 동일한 업무의 수행을 제어하는 데 그 목적이 있었다. 이는 행정법 상 京·外官 관리임용 및 補職의 제한이나 과거 때 考試官 임명과 試所 배정, 소송법 상 재판관〔訟官〕의 임명 등에도 영향을 미쳤다고 말할 수 있다.

이 책이 나오기까지 나는 많은 스승님들의 가르침을 받았고, 그 學恩은 나의 학문 길에 커다란 버팀목이 되고 있다. 우선 학부 때 모교인 東國大學校 역사교육과에서 역사학에 대한 방법론을 일러주신 임영정 선생님을 비롯하여 南都泳, 金昌洙, 洪潤植, 元裕漢, 鄭台燮 교수님이 계셨고, 대학원에 입학해서 역사학의 새로운 시각을 일깨워주신 李吉鎔, 曺永祿, 洪榮伯, 李基東, 任敦姬, 金相鉉, 姜宅求, 鄭炳俊 교수님 등의 가르침은 잊을 수가 없다. 이 기회를 빌어서 감사드린다. 또한 석사 학위와 박사 학위 논문심사 과정에서 본인의 모자람을 냉철하게 지적해 주신 모교의 金甲周, 원유한, 김상현, 정태섭 선생님 이외에 본인의 실수를 꼼꼼하게 챙겨주신 潘允洪, 申解淳 교수님에게도 감사드린다.

더욱이 불편한 노구를 이끄시고 대학원 수업에서 조선시대의 연구 방법을 날카롭게 지적해주신 故 宋俊浩 교수님과, 내가 석사를 마쳤을 때 결혼한 몸으로 어려운 처지에 있었는데 늘 나를 감싸주신 柳完相 교수님께도 고마운 마음을 전하고 싶다. 아울러 학부를 졸업하고 늦게 대학원에 입학하게 된 것은 모출판사에서 한국사대사전 편찬사업을 시작할 때 邊太燮, 故 康宇哲 교수님이 여기에 참여하도록 배려해 주신 것이 인연이 되었는데, 그 두 분에게도 감사드린다.

이 책이 나오게 되기까지 지원을 아끼지 않아주신 백산자료원 陸洛現 사장님과 동학 朴宰永 박사에게도 고마움을 표한다.

끝으로 재주가 없는 못난 아들이 박사가 되기를 학수고대하시다 끝내 하늘나라로 먼저 가신 아버지와 내가 박사 학위를 받던 그 해에 뇌경색으로 쓰러져 아직도 투병 중이신 어머니의 가없는 은혜에 머리 숙여 감사드린다.

또한 처음에 공부를 시작할 때 몸소 가정생활을 책임져주고 늘 격려해준 아내 白善德과 불편함을 참아가며 '아빠! 힘내세요'라고 노래를 불러주던 두 아들 李賢俊, 李誼俊에게도 가없는 사랑을 표하고 싶다.

2007년 5월

李起明 삼가 쓰다

차 례

서론

제1장 상피제의 淵源

제2장 15세기 상피제의 성립

차 례

차 례

제4장 17세기 정국 동향과 상피제의 새로운 모색

제5장 18세기 상피제의 확대 운영과 그 변화

차 례

차 례

표 목차

서 론

제1절 연구 경향

한국의 전통사회에 있어서 정치 현상은 다양한 형태로 전개되어 왔다. 이러한 정치 현상의 다양성은 연구하는 견해에 따라 당쟁사, 제도발전사 내지 행정조직사, 개인의 전기 연구 등 그 시각도 다방면에 걸쳐 이루어졌다. 그런데 기왕의 여러 형태의 연구는 일부 연구자들에 의해 정치 현실의 다양성을 이해하는 데 일정한 한계를 가진다는 비판을 받기도 하였다. 비판의 결과, 연구자들은 여러 단계의 반성과 논의를 거쳐 政治機構에 대한 연구, 政治勢力에 대한 연구, 權力의 性格 등으로 대별하여 정치사를 검토하는 경향으로 나아가고 있다.[1)]

이러한 관점에서 볼 때 官職에 관한 相避制度는 정치 세력과 밀접한 관련을 가지고 있다 하겠다. 다시 말해 상피 제도는 제도 상 성립 과정과 그 운영은 물론이고, 정치 집단 간의 이해관계, 즉 국왕의 권력 행사와 관리의 否定 및 不條理의 상관관계에서도 정치 세력의 범주에 속해 이해하는 것이 합당하기 때문이다.

상피 제도 연구는 5복의 친족 관계[2)]를 바탕으로 친족 간 服喪의 있고 없음과 관련되어 그 친등 계산법을 따져 이루어진 데에서 출발한다. 따라서 초기의 상피 제도는 위와 같은 경향 위에 각 시대별 법전 내용의 고찰을 통해 이루어졌고, 그 연구 방법도 여타 제도를 시행하는데 있어서 상피 제도의 존재 여부 정도만 다루어졌다.[3)]

---

1) 朴光用, 〈조선시대 정치사 연구의 성과와 과제〉, ≪조선시대 연구사≫, 한국정신문화연구원, 1999, pp.34～35.

2) 朝鮮總督府中樞院, ≪李朝各種文獻 風俗關係資料撮要≫, 1944(京城), pp.29～42. ; 今村 鞆, ≪朝鮮風俗集≫, 京城 斯道館, 1922(民俗苑에서 1981년에 영인), pp.76～88.

이후 1970년대 중반에 이르러 정치기구적인 측면이 강조되어 제도사적인 입장에서 이해하려는 경향이 처음으로 나타난다.[4] 이 연구에 의하면, 상피는 조선사회의 政曹官吏, 言官, 兵權職, 지방관 등의 관직과 관련이 있는 것으로 밝혀졌다. 즉, 상피제는 왕권과 관료 사이에 세력의 조화, 균형을 유지하는 제도로 인식되었다. 특히 고려조와 조선조에 있어서 상피의 적용 대상 관아는 고려가 臺省·政曹에 제한하는데 반하여, 조선은 議政府를 비롯한 주요 관아가 법전에 구체적으로 제시되어 있고 政曹 이외에도 군사 기관, 聽訟, 試官 등 그 범위가 고려보다 확대되고 있음이 밝혀졌다. 그리고 상피제에 대한 규정은 世宗 때 처음으로 형성되었고, 상피는 중국에는 없는 우리나라의 특수한 제도이며, 상피제의 확대는 결과적으로 인재의 求得을 어렵게 하였음을 지적하였다.

그런데 위와 같은 견해는 상피제를 중국의 회피제와 연관하여 보면서 그 문제점이 지적되기 시작하였다.[5] 필자 역시도 그러한 견해에 대해 간략하고 조심스러운 비판을 제기한 적이 있다.[6] 다시 말해 상피제의 제정 시기에 대한 이견, 상피에 대한 제도적인 성격 규명에 대한 이견, 왕권과 관료와의 관계 설정에 따른 이견 등이 그것이다. 그러한 연구 경향은 선행되었던 몇몇의 논문에서도 확인되고 있다.[7]

---

3) 金斗憲, ≪韓國家族制度研究≫, 서울대출판부, 1969, pp.143~162, 215. ; 崔在錫, ≪韓國家族制度史研究≫, 일지사, 1983, pp.297~299.

4) 韓相俊, 〈朝鮮朝의 相避制에 대하여-官職을 중심으로-〉, ≪대구사학≫ 9, pp.27~77.

5) 京城帝國大學法學會 論集 第9册, ≪朝鮮社會法制史研究≫, 昭和 12年, 岩波書店(1978, 以文社 影印本), pp.111~112. ; 盧明鎬, 〈고려의 오복친과 친족관계 법제〉, ≪한국사연구≫ 33, 1981, p.19. ; 金東洙, 〈고려시대의 상피제〉, ≪역사학보≫ 102, 1984. pp.1~30. ; 졸고, 〈조선 초기 상피제의 성립과 그 과정〉, ≪동국역사교육≫ 7·8합집, 1999, pp.183~186.

6) 졸고, 〈조선전기 상피제 연구〉, 동국대 석사논문, 1997, pp.8~21.

이렇게 상피제는 1970년대와 2000년대의 몇 편의 논문 이외에는 커다란 진전을 보이지 못하였고, 여타의 제도를 연구하면서 부분적으로 제도 상 상피가 존재하였음을 논한 기왕의 연구가 있는 정도이다. 그러다가 최근에야 상피제에 대한 새로운 연구가 이루어지게 된 사실은 주목할 만하다.[8)]

상피제가 제도적으로 존재하였다는 입장에서 이를 구체적으로 살펴보면, 우선 상피는 관료 체제의 틀 속에서 설행되었다는 지적이 있다.[9)] 그러한 입장은 상피제를 兼任制, 任期制, 考課制 등의 인사행정 제도로서 검토하고, 결국 이 제도는 중앙 집권 체제를 공고히 하자는데 그 목적이 있음이 확인되기에 이른다. 그러나 구체적인 근거를 밝히고 있지 못하고 있어 그 특징의 명확성을 밝히는 데에는 한계성을 지니고 있었다.[10)]

이러한 상피제 연구 성과는 이후 京官相避를 이해하는데 적지 않은 도움을 주고 있다. 즉, 상피를 인사에 관한 언론의 분석을 통해 인사 규칙에 저촉되는 항목의 하나로 상피제가 실시되었다는

---

7) 졸고, 〈조선 초기 상피제의 성립과 그 과정〉, ≪동국역사교육≫ 7·8, 1999. ; 졸고, 〈15, 16세기 강상론의 사회규범화와 상피 문제〉, ≪역사와 교육≫ 9, 2000. ; 졸고, 〈조선전기 송관상피제의 채택과 의미-노비쟁송을 중심으로〉, ≪동국사학≫ 38, 2002. ; 졸고, 〈조선시대 과거제를 통해 본 시관상피제의 성격〉, ≪설강유영박교수 고희기념 한국사학논총≫, 2003. ; 졸고, 〈조선시대 언관상피제의 역할과 기능〉, ≪경주사학≫ 22, 2003. ; 졸고, 〈17세기 사림정치의 정국동향과 상피제 운영〉, ≪동국사학≫ 40, 2004. ; 朴千佑, 李起明, 〈조선전기 상피제의 전개와 기능〉, ≪장안논총≫ 20, 2000.

8) 졸고, ≪조선시대 상피제의 운영실태 연구≫, 동국대 박사학위 논문, 2003. pp.1～156.

9) 吳世德, 〈조선왕조 관료 체제의 특징〉, ≪경희법학≫ 14-1, 1977, pp.220～222.

10) 위와 같은 吳世德의 견해는 초기의 상피제 연구 성격을 이해하는 데 긴요한 단서를 제공하는 것은 사실이다. 그러나 구체성이 떨어진다. 본고에서 筆者가 그 한계성 극복 차원에서 상피제의 구체적인 사례를 들어가면서 이를 검토할 것이다.

견해가 그것이다.[11] 특히, 奔競禁止法과 연관하여 국정의 공정을 기한다는 명목 하에 상피제가 시행되었다고 이해하기도 하였다.[12] 이를 바탕으로 인사 관리 규정[13] 내지 관리의 任免의 정비 차원[14]에서 그 견해가 피력되었고, 나아가 兩班 지위 문제 규명에서 해당 관청의 관리에 관한 상피가 이루어지고 있는가, 이루어지지 않았는가에 대한 견해가 제시되었다.[15] 특히 堂上官의 경우,[16] 당하관과 달리 상피에 적용되지 않았고, 양반 대관에서 임명되던 수령이 상피되면 다른 관청으로 옮기게 하였다는 규정 등을 통해 이를 증명하려 하였다.

이밖에 조선시대 상피법의 입법이 세종 때 儀禮詳定所에서 담당하였다는 相避立法處 문제와,[17] 16세기 郎官權의 형성 과정에서 낭관이 승천할 때 擬望에 따른 상피 적용 여부 문제가[18] 새롭게 제기되기도 하였다. 그러한 양상은 명종 때 정사 운영이 권신, 척신 세력의 영향력 속에서 이루어졌기 때문에 당시의 상피제는 循資法과 더불어 정사 운영의 기본 원칙이 지켜지지 않았다는 견해로 이어졌다.[19] 이것은 상피제와 같은 인사 원칙이 척신 세력에게 적용되지 않았던 데에서 기인한 현상이었다.[20] 더 나아가 한국의 상피 제도는

---

11) 崔承熙, ≪朝鮮初期 言官·言論研究≫, 한국문화연구총서 17(서울대), 1976, p.45, pp.162~163, p.175, p.193, p.217, p.227.
12) 朴秉濠, ≪한국의 전통사회와 법≫(대학교양총서 10), 서울대출판부, 1985, pp.272~273.
13) 南智大, ≪朝鮮初期 中央政治制度研究≫, 서울대 박사학위, 1993, pp.73~111.
14) 宋斗用, ≪韓國法制史考≫, 진명문화사, 1985, pp.416~617.
15) 李成茂, ≪朝鮮初期 兩班制度≫, 일조각(중판), 1993, pp.85~95, pp.116~124, pp.353~365.
16) 金松姬, ≪조선 초기 당상관 兼職制 연구≫, 한양대출판부, pp.62~63, p.90.
17) 李範稷, ≪韓國中世禮思想研究-五禮를 中心으로-≫, 일조각, 1991, pp.203~229.
18) 崔異敦, ≪朝鮮中期 士林政治構造 研究≫, 일조각, 1994, p.136, p.154, p.189.
19) 金 燉, ≪조선전기 군신권력관계 연구≫, 서울대출판부, 1997, pp.269~272.
20) 金宇基, ≪조서중기 척신정치 연구≫, 집문당, 2001, p.99.

고려시대부터 행하던 제도로 중국에서 받아들인 것이지만 친족의 범위는 중국과 달랐다는 견해가 부각되기도 하였다.[21] 하지만 이에 관한 구체적인 사례 연구는 이루어지지 못한 것이 아쉬운 일이다.

상피제의 연구 경향은 수령제의 운영 체제를 통한 外官相避에서도 전개되고 있다. 우선 ≪경국대전≫과 ≪수교집록≫의 입법 배경과 입법 정신을 논하면서 지방관의 상피 등 일부 조항에 관한 검토가 이루어졌다.[22] 그리고 상피제를 조선조의 관료제 운영에 있어서 하나의 불문율로 받아들이고 이를 수령관의 운영 체계, 즉 관찰사나 수령의 임용에 관련하여 검토되었다.[23]

그러한 연구 경향은 〈慶州府先生案〉 등의 분석을 통해 수령의 교체 사유 중에 하나가 상피였다는 사실을 논증되기에 이른다.[24] 이것은 비슷한 시기에 ≪兩銓便攷≫의 사례를 통해 統制使와 水使, 수령 간의 상피 문제, 그리고 그 교체시기에 대해 논하기에 이른다.[25] 더욱이 관찰사의 임용에서 적용되는 상피제를 親族相避와 本鄕相避로 나누어 고찰하고 이는 조선 전기보다 후기에 올수록 강화, 준수되었다는 점이 강조되었다.[26] 외관상피에 대한 이러한 견해는 한편으로

---

21) 朴秉濠, ≪韓國의 法≫, 교양국사총서 10, 서울대출판부, 1974, pp.89～90.

22) 延正悅, ≪개정증보 韓國法制史≫, 학문사, 1994, pp.48～79, pp.108～115, pp.375～383.

23) 韓㳓劤, 〈중앙 집권 체제의 특성〉, ≪한국사≫ 10, 국사편찬위원회, 1974, pp.205～207. ; 李存熙, ≪朝鮮時代地方行政硏究≫, 일지사, 1990, p.93, p.94, pp.147～151. ; 李存熙, 〈조선 전기 지방행정제도의 정비〉, ≪한국사≫ 7, 한길사, pp.145～186. ; 李存熙, 〈朝鮮前期의 外官制〉, ≪國史館論叢≫ 8, 1989, p.88. ; 張炳仁, 〈朝鮮初期의 觀察使〉, ≪한국사론≫(서울대) 4, 1985, p.165.

24) 李樹健, ≪朝鮮時代 地方行政史≫, 대우학술총서(인문사회) 37, 민음사, 1987, pp.233～268.

25) 金鉉丘, 〈조선후기 統制使에 관한 연구〉, ≪부대사학≫ 9, 1985, pp.16～17.

26) 金鎬逸, 〈朝鮮後期의 外官制-觀察使의 法制的 側面을 中心으로-〉, ≪국사관논총≫ 8, 1989, pp.129～130.

연고 있는 지방으로 파견되지 못하는 제도로 인식하는 계기가 되고 있고,[27] 다른 한편으로는 조선시대 중앙의 지방 통제 정책을 이해하는데 상피의 적용 문제가 하나의 관건으로 지적되기도 하였다.[28]

위와 같은 경·외관 상피 이외에도 조선시대에는 淸要職과 權設官과 관련된 상피 제도가 별도로 운영되고 있었다.[29] 여기에는 訟官相避, 言官相避, 試官相避 등이 있다.

첫째 송관상피를 살펴보면, 일찍이 소송 상 회피법이 조선시대에도 존재하였음이 지적된 이래,[30] 그 청송회피에 관한 법사상의 언급으로 이어졌다.[31] 그런데 이러한 송관상피는 모두 ≪대명률≫의 〈형률〉 聽訟回避條 규정을 근거로 한 것으로, 재판을 지연시키는 요인이 되었다는 견해가 제기되기에 이른다.[32] 이러한 연구는 상피제가 역기능으로 작용하였다는 견해를 강조한 것이었으나, 왜 그리되었는지에 대한 이유를 명확히 설명하지 못하고 있다. 이러한 한계를 극복하기 위해 보다 구체적인 연구가 최근에 이루어진 것은 다행한 일이다.[33] 이외에도 ≪속대전≫ 내용을 바탕으로 상피 자에 대한 타사 이관 문제를 지적한 연구도 있다.[34]

둘째 언관상피는 일찍이 경관상피와 연계하여 연구된 바 있다.[35]

---

27) 邊太燮, ≪4정판 韓國史通論≫, 삼영사, 1996, pp.271～274.

28) 尹龍爀, 〈조선시대의 군현제와 지방통치〉, ≪호서사학≫ 8·9합집, 1980, pp.54～55.

29) 이러한 견해는 본 논문에서 저자가 상피제의 성격을 규명하기 위해서 편의상 분류한 것임을 밝혀둔다.

30) 李相玉, ≪韓國의 歷史≫(전12권)-⑩ 妙味있는 制度-, 教文社, 1963, p.369.

31) 崔利權·延正悅, ≪法哲學思想-동양·서양편≫, 법경출판사, 1986, p.41～45, pp.66～67, pp.86～99.

32) 金淇春, ≪朝鮮時代刑典 -經國大典刑典을 중심으로-≫, 삼영사, 1990, pp.144～148.

33) 졸고, 〈조선전기 송관상피제의 채택과 의미-노비쟁송을 중심으로-〉, ≪동국사학≫ 38, 2002, pp.77～106.

34) 趙允旋, ≪조선후기 訴訟 연구≫, 국학자료원, 2002, pp.45～46.

즉 언관이 언론을 펴는데 있어서 인사 규칙에 저촉되는 항목으로 상피가 있었음을 밝히고 있다. 아울러 圓議〔完議〕와도 관련하여 전개되었다고 보았다.[36] 이를 바탕으로 政曹와 대간 간의 상피 적용, 사간원의 송사 업무 및 대관과 兼臺의 상피 문제 등을 검토한 견해도 있다.[37] 아울러 都堂錄의 초선 과정에서 양사의 엄격한 상피 규정 적용과 달리 홍문관에는 상피 규정이 없어 상피 관계자도 홍문관에 의망되는 폐단을 지적한 연구도 있다.[38]

셋째, 시관상피에 대한 견해이다. 시관상피는 그 어떠한 상피제 유형의 연구보다 오래전부터 관심이 집중된 분야이다. 이와 같은 연구는 試所의 배정과 과거 주관 자 임명에 대한 상피 내용을 검토하면서부터 시작되었다.[39] 여기에는 부자 간 상피도 포함한다. 하지만 그 상피 내용이 법전에 수록된 조문을 인용하는 정도로 그치고 있어 약간의 아쉬움이 남는다. 그런데 이러한 법제적 연구 경향을 바탕으로 새로운 시각이 제시되고 있다.[40] 즉 시관상피의 목적이 관리의 專有를 막고, 과거의 병폐를 차단하여 조선왕조의 기틀을 지속적으로 유지하며, 국가의 공정한 인재 선발을 통한 국가 기관의 공신

---

35) 崔承熙, ≪앞의 책≫, p.45, pp.162～163, p.175, p.193, p.217, p.227.

36) 南智大, 〈朝鮮 成宗代의 臺諫 言論〉, ≪한국사론≫12(서울대), 1985, pp.139～140.

37) 졸고, 〈朝鮮時代 言官相避制의 役割과 機能〉, ≪경주사학≫ 22, 2003, pp.221～245.

38) 具德會, 〈언관과 언론〉, ≪역사비평≫, 37, 역사문제연구소, 1997, pp.355～356.

39) 李成茂, ≪개정증보 韓國의 科擧制度≫, 집문당, 1994, pp.113～119, pp.187～199, pp.210～213, pp.247～251. ; 曺佐鎬, ≪한국과거제도사연구≫, 범우사, 1996, p.25, pp.192～213, pp.241～257, p.376, p.388, p.405. ; 曺佐鎬, 〈학제와 과거제〉, ≪한국사≫ 10, 국사편찬위원회, 1974. ; 曺佐鎬, 〈조선전기의 교육과 문화 中 -과거-〉, ≪서울六百年史≫ 제1권, 서울특별시, 1977, pp.820～826. ; 曺佐鎬, ≪서울六百年史≫ 제2권, 서울특별시, 1978, pp.309～312. ; 尹薰杓, 〈조선 초기 무과제도 연구〉, ≪학림≫ 9, 1987. pp.13～21, pp.42～48.

40) 졸고, 〈朝鮮時代 科擧制를 통해 본 試官相避制의 性格〉, ≪한국사학논총≫, 푸른사상, 2003, pp.227～254.

력 강화에 둔 것과 취지를 같이한 것이 그것이다.

이는 시관상피의 성격을 왕권과 밀접한 관련성이 있을 뿐 아니라, 朋黨 간의 경쟁과도 밀접한 관련성이 있음을 나타내주는 것으로 시관상피가 왕권 중심의 지배 체제를 효과적으로 유지, 발전하는데 그 목적이 있음을 보여주는 것이 아닌가 한다.

위와 같은 연구 경향에서 알 수 있듯이 본래 상피제는 친족을 바탕으로 하여 이루어진 제도이기 때문에 親族相避가 그 근간을 이룬다. 하지만 운영상에 있어서 관직 체계와 불가분의 관계를 가지고 전개되고 있다.

국왕의 권력 행사에서 권신, 척신 및 붕당 등과 같은 사적 영역을 제어하고, 조절하는 기능으로서 상피제가 설행되었고, 그 제도의 존재 의미가 여기 있는 것이다. 또한 국왕은 인사권을 가지고 大家世族의 정치 세력화를 차단하여 그들의 신분적 특권을 제한하는 방향으로 나아가는 데에도 상피제가 긴요하였다.

필자는 이러한 유형의 상피 제도를 '官職相避' 내지 '관직상피제'라는 범주에 한정해서 이해하였다.[41] 본고에서도 그러한 경향을 심층적으로 재정립하려는데 그 연구 목적을 두고 있다.

제2절 연구 목적과 방법

상피 제도는 권력의 집중과 부조리를 방지한다는 명목상의 제도적 장치 기능을 가지고 있었고, 기능적인 면에서 국가에 순기능의 역할을 수행하는데 도움을 주었던 것이다. 전개에 있어서도 왕권과

41) 졸고, 〈15 · 16세기 綱常論의 사회규범화와 相避問題〉, ≪역사와 교육≫ 9, 2000, pp.139~163.

신권의 조화를 통한 이상 정치 실현이라는 명제 아래 왕권의 권력 행사 입장을 한층 강조한 것이라 하겠다.[42)]

대개 조선시대 신권의 대립은 관직을 차지하려던 관리들이 제한된 관직의 수로 인하여 자신의 권익을 보장받으려는 모순에서 기인한다. 따라서 그들의 권익을 보장해주던 여러 제도들을 창출하거나 운영상에 있어서 자신들에게 유리한 쪽으로 운영하려는 경향을 강하게 보였다. 이에 국왕의 입장에는 이를 제어하고 왕권이 갖은 특권을 계속해서 유지하려는 경향을 견지한다.

이렇게 국왕이 신하의 권한을 효과적으로 통제하려는 의도에서 마련한 것이 적어도 조선시대에는 상피 제도가 그 대표적인 사례이다. 따라서 본고에서는 위와 같은 견해를 참고하면서 다음과 같이 立論하려 한다.

제 1장 상피제의 淵源에서는 우선 상피의 개념을 이해할 것이다.

여기에서는 조선시대 상피제가 단순히 '조선' 이라는 한 시대적 특징을 가지고 전개된 것이 아니라, 중국의 역대 제도와 관련성을 가지고 있음과 제도적 연관성을 이해하려는 것이다. 여기에는 親族의 개념과 범주가 기본 자료가 될 것이다. 그리고 고려시대 이래로 강조되었던 상피제가 제도사적인 관점에서 어떻게 그 변천과 정착과정을 이루고 있는지를 이해해 볼 것이다. 그러한 시각은 중국의 역대 迴避制의 내용과 그 변천 및 수용 과정은 물론이고 조선사회 상피제와의 연관성에 관한 논지이다.

제 2장 15세기 상피제의 성립에서는 조선시대의 상피제가 그 제도화 완비 과정에서 어떠한 경로를 거쳐 이루어졌으며, 완비 후 전개된 상피제의 유형과 기능이 무엇인가를 검토하려는 것이다.

---

42) 졸고, 〈17세기 사림정치의 정국동향과 상피제 운영〉, ≪동국사학≫ 40, 2004, pp.363~403.

결과적으로 그러한 노력은 法制化로 이어져 상피제 적용 범위와 상피제의 완비라는 과제로 귀결될 것이다.

제 3장 16세기 상피제의 활성화 노력과 전후의 유형별 운영 실태에서는 상피제의 기능과 그 운영 실태의 사례를 통해 상피제가 갖은 본래의 의미인 관리의 부정과 부조리 방지 및 왕권 강화라는 입장에서 살필 것이다.

그러한 연구 경향은 관리제 운영에서의 관리 임용 상 상피 제도의 위상을 재검토하는 계기가 될 것이다. 이는 조선사회가 신권이 강화된 사회이지만 근본적으로 국왕 중심 체제였기 때문에 국왕이 독재권을 행사하고, 국왕 자체의 권력 유지는 권력의 정점에 놓여 있었다는 사실을 기능적 측면에서 논의해 보려는 것과 관련이 있다.

대개 조선시대의 정치 제도 내지 정치 기구는 국왕의 권한을 제어하는 방향으로 나아갔다는 시각이 주류를 이룬다. 그러한 시각은 국왕의 통치 행위에서 그 독재권의 남발을 막기 위해 언론 3사의 기능, 의정부의 정치적 역량, 비변사의 구조적 특징 등에 고정하여 이해하는 경향을 보인다. 하지만 상피 제도는 그 정반대의 입장에 있었다.

본고에서는 바로 그러한 연구 시각에 주목하려는 것이다. 이는 신권의 국왕 독재권 견제 못지않게 국왕 역시 한층 세력화 되어 가는 신권을 어떻게 합리적으로 통제하고, 결국 국왕 중심 체제를 어떻게 유지하였겠는가 하는 입장이 기왕의 연구에서 다소 소홀히 다루어진 측면이 있지 않았나 하는 반성에서 기인하는 것이다.

즉, 관리제 운영 전반에서 보면 국왕의 입장에서 상피제의 채택과 운영은 관리의 부조리 엄금이라는 본래의 목적 이외에 왕권 강화라는 본연의 입장을 강조해 보려는 것이다. 이렇게 함으로서 결국 조선사회에서 신권의 입장이 아닌 왕권의 입장 내지 국왕의 권력 행사 입장에서 제도적 장치로서의 상피 제도가 준행된 것이라 하겠다.

제 4장 17세기 정국 동향과 상피제의 새로운 모색에서는 孝宗·顯宗·肅宗 때 상피 제도 논의가 중심이다. 조선 후기에 이르러 관직 운영 및 권력 구조의 개편 논의가 활기를 띠면서 상피제와 시기별 인사 정책은 어떠한 방향으로 전개되고 있는가를 검토할 것이다.

이는 17세기 환국기의 인사 정책에 나타나는 상피제의 성격을 통해 붕당정치가 완숙되어 가는 가운데 국왕은 어떠한 제도적 장치를 통해 이를 통치해 나갔는가를 국왕의 권력 행사 입장에서 그 정치적 성향을 검토해 보려는 것이다.

아울러 16세기 이후 사림이 새롭게 집권 세력으로 자리 잡으면서 붕당의 형성이 이루어지고, 그에 따른 黨色이 정치 현안으로 떠오르면서 갖는 黨人活用과 상피법 적용 논란을 통해 그 성격과 기능을 각각 검토해 볼 것이다.

제 5장 18세기 상피제의 확대 운영과 그 변화에서는 英祖·正祖 때 상피제 운영과 조선 후기 상피제의 변화를 통해 18세기 인사 정책에 나타나는 상피제의 성격을 살필 것이다.

이는 英祖代 〈翰薦釐革節目〉의 제정과 상피제의 추이를 검토하고, 아울러 正祖代 국왕 측근 관직의 상피 적용 논의를 통해 이루어질 것이다. 이것은 영조, 정조로 대표되는 탕평정치 아래에서는 통치 행위 측면에서 제도적으로 어떻게 강화되어 나갔는가를 검토하려는 것이다.

탕평정치가 궁극적으로 왕권 강화를 위한 통치 행위이었다는 종래의 시각을 바탕으로 이를 뒷받침해주는 수많은 제도 가운데 상피제가 존재하였음을 밝혀보려는 것이다.

제 6장 19세기 정국 파행과 상피제의 퇴영에서는 세도정치기 통치 체제의 해이와 정책 파행이 자행되면서 왕권은 미약해지고 그러

한 가운데 상피는 다시 원clr론적인 입장을 고수하는 배경을 검토해 볼 것이다.

이후 상피제는 고종 때 興宣大院君에 의해 왕정 복구 체제로 회귀하면서도 한층 강화되는 방향으로 이루어졌고, 이것이 ≪대전회통≫과 ≪육전조례≫에 그대로 체계화된다. 이는 중앙 집권 체제로의 정비 방향과 일치하는 것이다.

위와 같은 연구를 통해 관리 임용 체계에서의 상피제의 위상을 재검토하고, 조선사회가 궁극적으로 국왕 중심 체제였다는 사실을 재확인할 것이다.

이는 신하의 국왕 독재권 견제 못지않게 국왕 역시 한층 강화되어 가는 경향을 보이던 신하의 세력화를 어떻게 합리적으로 통제하느냐에 있었기 때문이다.

결과적으로 상피 제도는 관리제 전반에 걸쳐 이루어지고 있음을 밝히고, 당시 관리 임용, 관직 배치 등에서 정치 체제의 운영 상 특징을 고찰해 보려는 것이다. 이렇게 함으로서 조선시대 政治社會史의 단면을 이해해보려는 데 그 목적이 있다 하겠다.

제 1 장 상피제의 淵源

제1절 상피제의 연원

친족이 같은 관청 또는 부서에 근무하는 것을 피하는 상피제의 취지를 이해하기 위해서는 먼저 "친족"의 개념과 범위를 검토할 필요가 있다.

일반적으로 친족 관계의 발생은 출생, 혼인 및 養子入養에 의하고, 소멸은 사망, 이혼, 改嫁 등에 의하여 이루어진다. 그러한 친족 관계의 발생 원인은 혈연적인 요소에 의한 경우와 준 혈연적인 경우가 있다. 혈연적 요소에 의한 경우는 법률상 정식 수속에 따른 혼인 혹은 축첩법 등에 의해 이루지는 혈연적 친족을 말하고, 준 혈연적 관계에 의한 경우는 법률상 擬制를 기본으로 하는 의제적 친족을 일컫는다.

여기에서 전자는 남녀 양성의 육체 및 정신상의 결합을 통한 혼인에서만 존재하는 형태이고, 후자는 그 혈연의 유무에 구애받지 않고 그 정신적 결합이 중요시되어 형제 또는 남의 자식을 양자로 들이는 등의 방법으로 이루어진다. 그런데 후자의 경우에도 친족을 이루게 되면, 법률상으로는 모든 것이 혈연적 친족과 마찬가지로 喪服 등에서 상당한 의무를 짊어지게 된다. 따라서 혈연적 친족이든, 준 혈연적 친족이든 간에 일단 친족 관계가 형성되면 그 자신을 중심으로 친족의 형태가 구별된다.

그런데 친족은 그 나누는 기준에 따라 여러 형태로 구별된다. 예를 들면, 첫째 姓 또는 혈통을 표준으로 해서 內親〔本族 · 本宗〕과 外親〔外族〕, 父族〔父党〕과 母族〔母党〕으로 나누고, 둘째 혼인에 따라서 출생된 신분을 표준으로 해서 婚族과 姻族, 夫族〔夫黨〕과 妻族〔妻黨〕으로 나뉘며, 셋째 服喪의 유무를 표준으로 해서 유복친〔五服親, 祖

免親]과 무복친으로도 나뉜다. 또한 자기를 중심으로 가깝고 먼 것을 표준으로 至親 · 近親 · 正親과 余親으로 나누기도 한다.

하지만 일반적으로 친족을 지칭할 때는 그 형태에 따라 아버지의 혈족, 어머니의 혈족, 妻妾의 혈족, 출가 가족의 혈족, 양자의 혈족 등 5가지로 나뉘어 생각하는 것이 일반적이다.[1)]

이렇게 복잡한 친족의 개념 가운데 중국의 회피제는 복상제도의 유무와 관련되어 있으며, 이에 따라 중국 고유의 친등 계산법이 적용된다. 대개 중국의 친등 계산법은 할아버지 · 아버지 · 자신 · 아들 · 손자 등 여러 세대의 行 내지 輩行에 따라서 친족을 분류하고 각각의 세대에 여러 형제 · 종형제 · 재종형제 · 삼종형제를 횡으로 배열하고 있다.

그리고 이를 바탕으로 5등급의 상복제도, 즉 斬衰[복상 3년] · 齊衰[복상 3년 · 杖朞 · 不杖朞 · 3월의 4단계] · 大功[복상 9월] · 小功[복상 5월] · 緦麻[복상 3월]의 5복을 순서대로 마련하여 적용하고 있다. 직계 친족은 말할 것도 없이 世數에 따라 순서에 맞게 친등을 세웠지만, 방계 친족에게는 그 세수의 멀고 가까움을 다시 따져 형제는 朞親, 종형제는 大功親, 재종형제는 小功親, 삼종형제는 緦麻의 순서로 친등을 세웠으며, 이러한 법칙에 따라 회피제의 기준을 마련하였다.[2)]

따라서 회피제 채택은 근본적으로 "宗"에 대한 이해에서 출발한다고 말할 수 있다. 전근대 중국사회에 있어서 모든 개인은 성을 같이 하는 조상, 즉 종[宗]을 같이하였고, 제사를 같이 지내는 하나의

---

1) 중국 최고의 어휘사전인 ≪爾雅≫에는 친족을 宗族, 母黨, 妻黨의 3종류로 구분하고 있다. 여기에서 종족은 혈연적 친족과 의제적 친족의 2가지가 포함되어 있고, 모당은 혈연적 관계로 이루어지며, 처당은 의제적 친족으로 구성된다고 하였으나, 여기에서는 5종류로 세분화하여 생각해 보려고 한다.

2) 廣池千九郎, ≪東洋法制史硏究≫, 創文社(東京), 昭和 5年 10月, pp.252~259.

공동체〔同宗者〕에 따라서 형성되는 男系 혈족 집단〔宗族〕의 구성원으로 역할을 수행하였다.

이러한 종족은 首長〔族長, 宗長〕에 의하여 통솔되었으며, 수장은 종족 공동의 실천 규범〔族約, 宗約〕의 유지자인 동시에, 종족 내의 중요한 문제를 수장 중심으로 한 長老들에 의하여 해결하였다. 만일 수장의 지휘에 따르지 않고 族約에 어긋나는 행위를 하면 제제가 따랐다. 그러한 종족적 경향은 같은 지방에 모여서 사는 同族部落을 형성하기도 하였고, 나아가 종족 단체가 정치적으로 또는 사회적으로 세력을 가지면서 커다란 그들만의 동족 취락인 族居가 이루어지기도 하였다.

위와 같은 동족 부락은 기원전 2세기에서 3세기에 걸쳐서 문헌에 나타나고 있는데, 그 부락의 규모는 그 가구 수가 작게는 수십 · 수백 가에서 크게는 수천 가에 이르기도 하였다. 이를 바탕으로 자기들만의 세력을 굳혀나갔고, 漢代와 위진남북조시대에 나타난 호족과 같은 세력 가문은 그 대표적인 사례이다.

그 후 右姓大族을 배경으로 하는 정치적 진출은 唐代 이후에 서서히 쇠퇴하고 있지만, 族居의 전통은 후대에까지 영향을 미쳐 종족촌락의 경우가 그 촌락 이름으로 정착하는 사례가 많이 나타나고 있다. 그러한 동족 집단의식은 화북 지방이 다소 미약하였고 화중 · 화남 지방이 상대적으로 강하였다. 특히 廣東, 福建 지방이 최고로 강하였다.

동족 취락은 성격 상 배타성, 독립성이 강하였기 때문에 농업 수리와 경계 등에서 이해관계 충돌이 일어나기도 하였고, 조그마한 감정에도 부족 상호 간에 다툼이 자주 일어나곤 하였다. 더욱이 남북조와 당나라에 이르면 문벌이 존중되고 중요한 관직을 우성대족으로 불리는 세력 가문이 독점하고 관품의 높고 낮음을 출신〔門地〕에 따라서 결정되어지는 시대가 도래 하면서 그들 출신 간에 명확한 연대의식을 갖기 위해 족보〔譜諜〕의 편찬이 성행하였다. 이것이 보편화되어 가면서 중앙 정부에서는 유력한 가문의 권력 독점 현상을 차단하고, 관리의 專有를 근원적으로 막아보려는 일환으로 迴避制를 마련하게 된 것으로 여겨진다.

이후 唐代 문벌의 권위가 쇠퇴를 보이면서 동족 결합은 한편으로는 새로운 관료적 지주들이 올라오는 발판이 되기도 하고, 다른 한편으로는 사회적으로나, 경제적으로나 불안전한 위치에 놓여있던 농민들이 자기를 옹호하기 위한 수단으로 나타나기도 하였다. 더욱이 10세기 宋代 이후 동족 결합 정도가 강한 화중 지방과 화남 지방을 중심으로 공동의 시조를 가지는 祠堂〔宗祠〕, 그 비용을 충당하는 祭田, 서로 돕기 위한 義莊 · 義田 등이 활성화되어 갔다. 그리고 동족 모두가 가지는 族田의 면적과 규모가 확대되어 갔고, 일개 족속에 관계되는 계보와 전기, 族約 · 家訓, 제전 · 의장 규정 등을 수합한 족보의 규모도 커지게 되었다.[3] 이에 따라 회피제도 宋代에 이르면 보다 구체적이고 자세한 법적 조항을 마련하려는 노력으로 나타나고 있다.

이러한 회피제에 대한 용어는 우리나라에서 대개 '相避'[4]라는 용

---

3) 島田正郎, ≪東洋法史≫, 明好社(東京), 昭和 45年 3월, pp.101~106.

4) 대개 相避의 概念은 크게 2가지로 나누어 볼 수 있다. 하나는 관리가 친족관계로 인하여 同一官廳이나 聽訟官, 試官 등이 되는 것을 피하는 경우이고, 또 다른 하나는 親族間에 性的 關係를 맺은 경우이다. 전자를 官職에 관련된 상피의 개념이고, 후자는 綱常에 관련된 상피의 개념이다. 그런데 조선시대에는 대부분이 官職相避에 관한 내용이고, 일부 세조의 집권과정에서처럼 강상론과 결부된 綱常相避가 극히 제한된 범위에서 확인되고 있을 뿐이다.
이와는 달리 같은 글자이거나 의미가 유사한 용어이면서도 상피의 의미와 다른 사례도 보인다. 즉, 조선시대 사람이 함부로 접근하지 못하도록 세워놓은 나무패인 迴避牌(≪通文館志≫권4, 勅使行, 牌文條, 또는 ≪磻溪隧錄≫권25 陵寢條), 감사와 수령 및 首領官(經歷이나 都事)의 관계에서 妻父母,

어로 통용되고, 친족에 의존한 개념으로 '避遞', '親避' 등으로 대용되었다.[5] 반면에 중국에서는 그 유사 용어로 '迴避'(廻避 또는 回避)[6] 내지 '換推'[7] 등이 일반적으로 쓰였다. 이러한 용어의 연원은 친인척 간에 혈연관계를 빌미로 일정 범위의 관사 근무행위를 근절하게 하는 것이 일반적이었다.

일찍이 宮崎市定은 회피에 대한 용어에 주목하여 迴避란 官吏의 任用에 있어서 일정한 조건의 지위를 피하게 하는 중국제도 이었다

兄弟 등의 친척으로 말미암아 혐의가 있을 때 이를 피하는 親嫌(≪文宗實錄≫권2, 즉위년 7월 己未條), 與上官有先世嫌悳라 정의되는 嫌遞(≪牧民心書≫권14, 解官, 遞代條), 책임이나 맡은 일을 약삭 바르게 꾀를 써서 피한다는 規避, 窺避(≪受敎輯錄≫권5, 刑典, 禁制條, ≪燕山君日記≫권20, 2년 12월 壬午條), 군인으로써 직역에 임명되었는데도 사고를 핑계로 사무를 보지 않은 자를 다스리는 規避律(≪增補文獻備考≫권140, 刑考14), 公賤奴婢謀避身役과 같이 꾀를 써서 피한다는 의미의 謀避(≪新補受敎輯錄≫권1, 刑典, 公賤), 관리가 人事나 聽訟에서 공정성을 기하기 위하여 혐의를 피하는 避嫌, 引嫌(≪受敎輯錄≫권1, 吏典, 相避條, ≪성종실록≫ 권64 7년 2월 丁亥條), 관리가 혐의를 피하기 위하여 직무에 나가지 아니하고 벼슬을 그만두는 辭避, 避辭(≪성종실록≫21년 7월 무인조, ≪성종실록≫21년 8월 무자조) 등이 그것이다. 따라서 親嫌, 嫌遞, 窺避, 規避律, 謀避, 避嫌, 引嫌, 辭避 등은 상피의 개념과 구별되는 용어임을 알 수 있다.

5) 중국에서 일반화되어 사용되던 '迴避'라는 용어가 고려시대와 조선시대에서도 때때로 사용되는 경우가 있다. 그러나 ≪고려사≫나 ≪경국대전≫, 기타의 법전류에서는 공식적인 용어로 '相避'가 쓰였다. 이러한 상피의 용어는 그 공식적인 것 이외에도 기록에 따라 "與上官有親姻之避"라고 정의되는 避遞(≪牧民心書≫卷14 解官, 遞代), 試官相避의 의미로 사용한 親避(≪韓國漢字語辭典≫ 卷4, 단국대 동양학연구소, 1996) 등의 동의어가 나타나기도 한다.

6) ≪辭源≫ 修訂正讀合編, 附補編, 臺灣印書館, 中華民國 65年, p.1455. "舊制親屬不得同官一省, 官小者避大者, 另調他任, 謂之迴避"

7) ≪唐令拾遺≫, 〈獄官令 第30〉.(仁井田 陸, ≪唐令拾遺≫, 東方文化學院東京硏究所; 1933 p.786) ; 京城帝國大學法學會 論集第9册, ≪朝鮮社會法制史硏究≫, 昭和 12年, 岩波書店(1978, 以文社 影印本), pp.111～112 ; 盧明鎬, 〈고려의 오복친과 친족관계 법제〉, ≪한국사연구≫ 33, 1981, p.19.
"경성제국대학법학회 논집에서는 〈唐令〉 이외에도 〈日本令〉에서도 회피를 소위 '換推'로 사용되었음을 지적하고 있다."

고 밝히고 있다. 또한 회피는 '回避', '迴避' 등으로도 나타나는데, 회피를 크게 親族迴避와 本籍迴避로 나누어 생각하였다. 친족회피는 後漢代[8]에 처음으로 나타나 발달하여 晉代에는 모든 가까운 친척을 같은 관청에 근무하는 것을 피하게 하는 事例가 성립되었다. 이후 자세한 규칙이 시행되기에 이른다. 그리고 本籍迴避는 明代에 처음 나타나는데 北方人은 남방의 관리가 되고, 南方人은 북방의 관리가 되게 정하여 이를 南北選이라 불렀다고 한다. 淸代에 있어서 친족회피는 祖孫, 부자, 伯叔, 형제가 동일 관청에 근무하는 것을 금하고, 관직이 낮은 자가 높은 자를 피하며, 祖孫父子 관계에서는 아들과 손자가 아버지와 할아버지를 피하여 타관으로 옮겼다. 다만 자손이 大官에 있을 때에는 예외였다. 외할아버지, 외삼촌, 장인, 처남, 사위, 조카 등도 위의 예에 따랐다. 또한 본적회피에서 모든 지방관은 본적지를 포함한 지역의 관할 관청에는 근무하지 못하였다.[9]

이러한 회피제는 근본적으로 일정 범위내의 친족이 동일 또는 統屬 관계에 있는 관청의 관리인 경우 그들 간에 개인감정〔私情〕이 개입하여 혹시 있을지도 모르는 공무 방해와 그에 따른 부조리를 없애기 위해 마련한 제도임을 알 수 있다.

이러한 전통은 우리나라의 상피제의 연원과도 크게 다르지 않았던 것으로 보인다.

---

8) ≪後漢書≫ 卷60下, 蔡邕傳. "(중략)祀初議 以州郡相黨人情比周 乃制婚姻家及兩州人士 不得對相監臨 至是 後有 三互法〔三互謂婚姻之家及兩州 人不得交互爲官也 謝承書曰 史弼遷山陽太守 其妻鉅野薛氏女 以三互自上轉拜平原相 是也〕 禁忌轉密 選用艱難 幽冀二州 久缺不補(중략)"

9) 下中邦彦, ≪アジア歷史事典≫ 第2卷, 平凡社, 1970(4판), p.107.

제2절 중국의 迴避制 내용과 그 수용 과정

앞에서 살펴본 바와 같이 중국의 친족회피 기원은 後漢代의 일로 그 원형은 三互制였다. 이러한 견해는 우리나라의 金東洙에게서도 지적된 바 있다.[10] 이후 친족 회피법은 晉代에 이르러 보다 구체적인 형태로 설행되었다. 그리고 唐代의 ≪당령≫에서 법제적 정비를 거쳐 宋代·元代에 한층 강화된 모습을 보인다. 특히 明代에는 법제적으로 엄격히 적용되었는데, 이것이 淸代에도 그대로 계승되었다.

이러한 회피제 경향은 우리나라의 相避制 전개에 적지 않은 연계성을 가지고 전개되고 있다. 따라서 중국의 회피제 변천과정을 면밀하게 살펴봄으로써 우리나라의 상피제 이해에도 도움이 될 것으로 여겨진다.

우선 唐代의 ≪당령≫를 살펴보면, 〈選擧令〉과 〈獄官令〉에서 법제상 체제가 확립되고 있다. 〈선거령〉에서는 개원 7년(719)에 반포한 법령인 〈開元七年令〉이 주목되는데, 여기에서 모든 동일 관사에 관련된 일 및 인사 관계의 관리는 大功 이상 친족을 주의하여 임명하지 않도록 하였다.[11] 이러한 규정은 뒤에 ≪唐六典≫[12]·≪唐會要≫[13]·

---

10) 金東洙, 〈高麗時代의 相避制〉, ≪역사학보≫ 102, 1984, p.6

11) ≪唐令拾遺≫, 〈選擧令 第11〉.(仁井田 陞, ≪唐令拾遺≫, p.286) "諸同司聯事, 及句檢之官, 皆不得注大功已上親"

12) ≪唐六典≫ 卷2, 〈吏部〉, 尙書侍郎條. "凡同司聯事, 及句檢之官, 皆不得注大功已上親"

13) ≪唐會要≫ 卷57, 尙書省.(仁井田 陞, ≪唐令拾遺≫, pp.286~287). "元和(중략)十三年敕, 應同司官, 有大功已上親者, 非連判及勾檢之官長, 則不在迴避改授之限, 況故事不必明文具存, 其有官署, 同職異司, 雖父子兄弟, 亦無所嫌, 起今已後, 宜准天寶二年七月敕處分, 時刑部員外楊嗣復, 以父於陵, 新除戶部侍郎, 遂以近例, 避請出省, 宰臣等, 擧令式奏請, 故有是命焉"

≪明吏令≫[14]·≪日本養老選敕令≫[15] 등에 그대로 계승되고 있다.

그리고 〈옥관령〉에서는 〈開元七年令〉과 개원 25년(737)에 반포된 법령인 〈開元二十五年令〉으로 대표된다. 예컨대 "모든 鞫獄官과 被鞫人 사이에 5복 이내 친족이나 대공친 이상의 혼인한 집 및 수업을 받은 스승이 있으면, 해당 관청의 都督, 刺史, 縣令 및 讎嫌者 등은 모두 청하여 換推함을 常法으로 삼고, 府의 佐國官과 府의 主도 같다"고 한 규정이 그것이다.[16] 이 규정은 후대의 ≪唐六典≫[17]과 ≪宋刑統≫[18]에 영향을 주었다.

그런데 ≪당령≫이 후대에 그대로 영향을 주었다고 하더라도 그 적용 범위 등은 다소의 차이를 보이거나 아니면, 더욱 확대되는 경향을 보이고 있다. 다시 말해 唐代에는 재판의 경우 사제 간, 출신지수령, 평소 원한이 있는 자 등 非親族들과 함께 5복친 전체와 처족 대공친 이상이 회피되고, 같은 관청 등에 대한 피친 범위도 대공친 이상이었다.

하지만 宋代에 들어오면 그 피친 범위가 확대됨과 동시에 같은 관청의 관리는 물론이고, 職事가 서로 관련이 있거나, 혹은 지휘관

---

14) ≪大明會典≫ 卷5, 〈改調〉. (李東陽等奉敕撰, 申時行等奉敕重修, ≪大明會典≫(一), 新文豊出版公司(臺灣), 中華民國 65年) "(중략) 凡內外官以親屬迴避 洪武元年令 凡父兄伯叔任兩京堂上官 其弟男子姪有任科道官者 對品改調(중략)"

15) ≪日本養老選敕令≫ 第7條. "凡同司主典以上, 不得用三等以上親"

16) ≪唐令拾遺≫, 〈獄官令 第30〉.(仁井田 陞, ≪唐令拾遺≫, p.786) "諸鞫獄官 與被鞫人 有五服內親 及大功以上婚姻之家 并受業師 經爲本部都督刺史縣令 及有讎嫌者 皆須聽換推 經爲府佐國官於府主亦同"

17) ≪唐六典≫ 卷6, 〈刑部〉, 郎中員外郎條. "凡鞫獄官 與被鞫人 有親屬仇嫌者 皆聽吏之(親 謂五腹內親及大功已上婚姻之家 并授 {授, 宋刑統作 受} 業經事 {經師, 宋刑統作 師經} 爲本部都督刺史縣令 及府佐於府主 皆同換推)"

18) ≪宋刑統≫ 卷29, 〈斷獄律〉. "准獄官令(중략)又條 諸鞫獄官 與被鞫人 有五服內親 及大功以上婚姻之家 并受業師 經{師經, 唐六典作 經師} 爲{經爲, 法制局本无, 今據嘉業堂本} 本部都督刺史縣令(以下與本文同)"

계에 있는 관청의 관리에 이르기까지 적용 범위 내에 해당시켰다.

그러한 사실은 송의 건국에서 80여년이 지난 康定 2년(1041)에 한림학사 丁度 등의 상소문에서 회피에 대한 친족의 범위는 本族 緦麻以上親 및 有服外親, 無服外親에 해당한다는 내용이 그것이다.[19] 이는 유복친 전체와 무복 외친의 일부까지 그 범위가 확대되었음을 의미한다.

이후 여러 번의 개정을 거치는데, 다시 康定 연간에서 30년 후인 熙寧 3년(1070)에 가서 本族 緦麻以上親 이외 本族 同居無服以上親, 異居 袒免以上親도 회피에 적용하고, 나아가 본족 이외 親姑姉妹姪女孫女之夫, 親外孫外生女之夫, 母本服大功親 등도 회피 적용의 친족 범위에 상정하였다.

이렇게 熙寧 3년 아버지의 자매 남편인 고모부, 자신의 姉妹夫인 매제, 姪女夫인 조카사위, 孫女夫인 손녀사위까지 그 적용 범위로 하던 것이 20년 후인 元祐 5년(1090)에 가서 그 注文에서 처의 대공친 이상과 처의 자매 남편인 동서 및 그 아들에까지 적용 범위를 확대하였던 것이다.[20]

확대일로에 있던 회피 규정은 元代에 이르러는 다소 완화되어 그 기능면에서 私黨을 막기 위한 避親法이 설치되는데 그치고 있다.[21] 하지만 회피제가 갖는 관리의 부조리 퇴치에 대한 기본적인 입장은 부정되지 않았고, 그러한 경향은 수험생인 擧子와 감독관인 고시관

19) ≪宋會要稿≫, 第97册, 〈職官 63〉, 避親嫌. “康定二年正月二十八日 翰林學士丁度等言 詳定服紀親疎在官迴避條制 請本族緦麻以上親 及有服外親 無服外親 並令迴避 其餘勿拘從之”

20) ≪宋會要稿≫, 第97册, 〈職官 63〉, 避親嫌. “(元祐)五年十月五日 吏部 請避親法注文 添入或妻之大功以上 姉妹之夫 及其子 一十四字 從之”

21) ≪元典章≫ 卷8, 〈吏部2〉, 官制2 · 父子兄弟做官迴避條.(仁井田 陞, ≪支那身分法史≫, 東方文化學院(東京), 1942, p.292) “父子居於省部 子姪列於州郡 牽挽私樹立黨錮 莫甚於此(중략)有父兄居憲臺察院之職 子姪爲按察司官者 或父兄爲按察司官 子姪於別道爲官 有似此類 宜迴避”

에 대한 회피에서 확인된다.[22)]

이후 明代에는 친족회피 이외에 本籍迴避가 새롭게 부각되고 있다.[23)] 본적회피는 洪武 30년(1397)에 會試錄取者 가운데 南人이 지나치게 많아 결국 커다란 옥사가 일어나자 이를 계기로 하여 제도화된 것이다.[24)] 당시 기록에는 이를 南北榜 또는 春秋榜이라 하였는데,[25)] 또 다른 기록에는 이를 春榜, 夏榜 내지 北榜 이라 하였다.[26)] 특히 명 태조는 覆試를 친히 거행하여 그 폐단의 시정에 노력하였고, 이후 宣德 연간에 이르러는 進士를 남북으로 나누는 전통은 하나의 定制로 자리 잡았다. 그런데 南北選을 시행하는데 있어서 그 폐단도 상존하였다.

하나의 사례가 바로 지방 관아의 부임 문제였다. 즉, 관리가 회피제에 따라서 그의 출생 지방이 아닌 다른 지방의 관아에 부임해야 했는데, 부임관은 부임지의 지방 方言을 잘 알지 못하기도 하였기 때문에 자신의 고문, 보좌관, 그리고 관아의 서리인 하급 終身官吏 등에게 업무를 의지하는 경향을 보였다.

이는 결과적으로 당시 지방의 유력 세력이었던 鄕紳에게 지방 행정 문제를 해결하게 하는 현상으로 나타나고 있다. 따라서 본적회피에 의한 본적지 임용 금지 조문은 명목적으로 통치가 관리들

---

22) ≪元史≫ 卷81, 〈選擧志1〉. "擧人與考試官 有五服內親者 自須廻避(중략)"
23) 라이샤워 · 페어뱅크著, 전해종 · 고병익譯, ≪동양문화사≫(上), 을유문화사, 1964, p.394.
24) 陶希聖 · 沈任遠 合著, ≪明淸政治制度史≫, 臺灣商務印書館, 中華民國 56年 8月, p.168.
25) ≪明史≫ 卷137. "劉三吾偕紀善, 白信蹈等主考會試, 榜發泰和宋琮第一, 北士無預者. 於是諸生言三吾等南人, 私其鄕. 帝怒, 命侍講張信等覆閱, 不稱旨. 或言信等故以陋卷呈, 三吾等實屬之. 帝益怒, 信, 蹈等論死, 三吾以老戍邊, 琮亦遣戍. 帝親賜策問, 更擢六十一人, 皆北士, 時謂之南北榜, 又曰春秋榜"
26) ≪續文獻通考≫. (陶希聖, 沈任遠 合著, ≪앞의 책≫, p.168) "名之爲春榜, 夏榜, 困覆試時在六月也. 或稱爲北榜. 太祖擧行覆試, 錄取北人爲進士, 尙無南北卷之分, 至宣德時, 進士分南北卷成爲定制(중략)"

에 의해 이루어진다고 하더라도 실재로는 그 지방 사정에 밝은 향신들의 필수적인 도움을 얻어서 통치하는 체제로 운영되는 결과를 낳았다.

이러한 경향은 회피제가 갖은 본래의 의미인 관리의 세력화 차단 목적이 어느 정도 효과를 발휘했다고 볼 수 있으나 그에 따른 또 다른 병폐를 잉태하는 결과를 초래하기도 하였다.

그런데 명대에는 위와 같은 본적회피만 부각되어 시행된 것은 아니었다. 친족회피에 대한 규정도 한층 발전된 형태로 정비되고 있다. 당시 권세가들이 친속 관계를 핑계로 引避하는 현상이 자주 발생하자, 그 사회 현안의 정비 차원에서 이루어진 것이다.

이 때 강화된 회피제의 범주에 따르면, 대신들의 자제를 言官에 임용하지 않았고, 殿試에도 참가하지 못하게 하였다. 이렇게 함으로서 형제 및 같은 족속 자를 요직에서 제외시켜 引避 등의 구실 관행을 차단하였던 것이다.[27)]

≪대명회전≫에 따르면, 중앙 관직과 지방 관직의 친속회피는 〈洪武元年令〉에 의하여 이루어졌는데, 대개 그 父兄이나 伯叔이 북경과 남경의 兩京 당상관에 있거나, 또는 양경 당상관의 자식이나 조카를 科道官에 임명할 때에는 모두 바꾸어 조정하게 하였다. 또한 중앙과 지방 소속 관청 관리 가운데 부자, 형제, 叔姪 사이는 모두 낮은 자를 회피하는 從卑迴避를 원칙으로 하였다. 이러한 규정은 萬曆 5년(1577)에 가서 한층 강화되고 있음을 알 수 있다.[28)]

---

27) ≪明史≫, 卷186, 〈職官志〉.(陶希聖 · 沈任遠 合著, ≪앞의 책≫, p.198) "凡王官不外調, 王姻不內除, 大臣之族, 不得任科道僚屬. 同族則以下避上(중략) 正德元年, 父進爲兵部尙書, 故事大臣子不得居言職, 遂改翰林檢討. (중략)其冬拜南京戶部尙書, 弟讚亦長戶部, 兄弟並司兩京邦計, 縉紳以爲榮(중략)"

28) ≪大明會典≫ 卷5, 〈改調〉. (李東陽等奉敕撰, 申時行等奉敕重修, ≪大明會典≫(一)) "諸凡調官 有迴避者 有裁革者 有降調者 有調繁調簡者 其類不一 各劑量注擬. 凡內外官以親屬迴避 洪武元年令 凡父兄伯叔任兩京堂上官 其弟

이후 淸代에 가서 회피제는 적용 범위의 확대는 물론이고 규정도 더욱 엄격해 진다. 그리고 적용되는 회피 범주의 유형도 다양해지는데, 貢擧迴避나 本籍迴避 등이 그것이다.[29)]

특히 本籍迴避의 경우, 그 친속에 대한 회피 규정이 順治 12년(1655)에 지방관, 教職, 호부 · 형부 · 공부의 관청관리 등에 대해 마련된 이래로[30)] 康熙 3년(1664)에 가서 外任 관원의 상급관청에 대한 有係宗族者는 모두 회피케 하였다.

또한 康熙 42년(1703)에는 外任官인 경우, 본적과 500 리 이내에 있는 자는 지위 고하를 막론하고 회피하는 규정을 두어[31)] 점차적으로 그 적용 범위를 확고히 해 나갔다. 그러던 것이 雍正 3년(1725)에 外任迴避例를 다시 정하고,[32)] 이를 옹정 7년(1729)에 가서 보완, 정비하였다.[33)] 이때에는 적용거리 외에도 적용 범위 자체도 확대되고

男子姪有任科道官者 對品改調〔近不拘對品〕. 又令 內外管屬衙門官吏 有係父子兄弟叔姪者 皆從卑迴避. 萬曆五年題准 從卑迴避 以官職論 今後除巡按御史 從方面官迴避外 其餘內外官員 俱從官職卑者迴避. 凡京官以 王親外調 弘治十三年奏准 京官與王府結親者 俱改調外任 若王府官 不拘軍民職 俱與王同城居住者 改調"

29) 仁井田 陞, ≪支那身分法史≫, 東方文化學院(東京), 1942, pp.297~302. "氏는 위의 저서에서 淸代의 迴避制度에 대해서는 ≪淸國行政法≫ 第1卷下(1914년 3월, 東京) p.262 이하에서 자세히 설명하고 있으며, 또한 橋川時雄은 1940년 11월에 ≪迴避制度考畧≫에서 역대 중국의 회피 사례를 〈本籍迴避〉·〈貢擧迴避〉·〈師生迴避〉 등 8章으로 분류하고 이를 淸代의 史料를 통해 설명하고 있다고 하였다."

30) ≪古今圖書集成銓衡典≫ 卷二.(陶希聖, 沈任遠 合著, ≪앞의 책≫, p.148) "順治十二年題准, 外官迴避本省, 教職迴避本府, 戶, 刑, 工部司官迴避本省. 司分戶部福建司, 困兼管直隷錢糧, 職隷人亦令迴避"

31) ≪淸會典事例≫ 卷84, 〈吏部68〉, 處分例, 官員迴避. "康熙三年題准外任官員, 現在上司中有係宗族者, 皆令迴避. 九年議准 官員有應迴避之缺, 不行申說迴避者, 降一級調用. 四十二年議定, 選補官員所得之缺, 在五百里以內, 均行迴避"

32) ≪淸朝文獻通考≫ 卷56.(陶希聖, 沈任遠 合著, ≪앞의 책≫, p.150) "(雍正三年) 又定外任迴避例, 督, 撫, 兩司及統轄全省之道員, 其族人迴避者, 赴京另補, 若分巡數府之道員, 及知府, 同知, 通判, 知州等官所轄之地無幾, 本族迴避官員, 卽於本省內調補(중략)"

있다. 이후 道光 연간에 戴三錫의 사례에서 보듯이 본적회피 자는 바로 그 관직을 바꾸는 것이 하나의 관례가 되었다.[34]

점차 시간에 흐름에 따라 강희 연간에 제정한 500 리 이내 자에 국한한다는 거리 규정이 많은 병폐를 수반하여 그 거리 규정에 대한 처벌 규정을 두는 경향으로 나아갔다. 즉, 光緒 34년(1908)에 본적과 본적 사이의 거리가 300 리 이내 자인 경우 신분에 따라 노역을 차등하여 복종시키는 조치〔當差〕를 취한 것이 그것이다.[35] 또한 그 적용 범위도 嘉慶 5년(1800)에는 奇籍人員 가운데 祖籍에 해당하는 자만을 모두 회피케 하였으나,[36] 道光 28년(1848)에 이르러서는 현임 및 관리 후보자 가운데 祖孫, 부자, 伯叔, 형제에 있는 자는 관직 서열의 크고 작음을 가리지 않고 회피하게 하여 한층 강화되어 가는 경향을 보인다.[37]

---

33) ≪淸會典事例≫ 卷84, 〈吏部68〉, 處分例, 官員迴避. "雍正七年(중략) 又覆准外任官, 有外婚暨鄕會試分房取中之人, 例應迴避者 亦皆迴避(중략)"

34) 陶希聖, 沈任遠 合著, ≪앞의 책≫, pp.148~150.

35) ≪淸朝續文獻通考≫(陶希聖, 沈任遠 合著, ≪앞의 책≫, p.150) "(光緖三十四) 定佐貳官如府經歷, 縣丞, 州吏目, 巡檢, 典吏六項, 不得在本州, 本籍及距離本籍三百里以內當差. 如願避本省者聽. 其祖籍, 商籍及遊幕經商省份, 槪不迴避"

36) ≪淸會典事例≫ 卷84, 〈吏部68〉, 處分例, 官員迴避. "嘉慶五年(중략)又奏准奇籍人員, 祖籍應一體迴避, 在部投供人員, 於同鄕京官印結內聲明, 銓選得缺後, 令驗着之九卿, 科道, 悉心詢察, 在籍, 在館, 領憑者, 令督撫提調等, 詳加結問, 如有冒籍等弊, 別經查出, 參革治罪, 地方官及各該上司照捐納等官假冒頂替例, 議處, 不行査出之九卿, 科道, 並該館提調, 照督撫例, 議處, 出結之同鄕京官, 降一級留任, 如不豫先呈明者, 仍照不呈報迴避本例, 議處. 八年(중략)又議准考試各官, 及外任上司屬員, 凡妻之胞姪, 與胞姑之夫, 均令一體迴避, 如有隱匿不報, 別經發覺, 照規避例, 議處"

37) ≪淸會典事例≫ 卷84, 〈吏部68〉, 處分例, 官員迴避. "道光二十八年奏准, 各省現任及候補試用人員, 祖孫父子伯叔兄弟, 自道府以至佐雜等官, 無論官階大小, 槪不准同官一省, 其同祖兄弟, 及例應迴避之外姻親族, 同在一府爲丞倅牧令佐雜等官, 俱令官小者迴避, 亦不准同在一府當差, 如有籍詞出繼, 仍應令其迴避, 至河工鹽場人員, 一體照地方辨理, 再河督兼管沿河各缺, 鹽政及兼管鹽政之督撫, 各省鹽運使所鎖引地各官, 如有與該督撫等係屬祖孫父

이외에도 商籍迴避는 乾隆 38년(1773)에 寄籍之例에 의거하여 마련하여 시행하였다.[38] 아울러 科道官에 대한 선임은 順治 13년(1656)에 현임 3품 이상 관리의 자제를 임용에서 제외하는 조치를 취한 이래로[39] 康熙 20년(1681)에 考選科道法을 확정지어 경관의 3품 이상 자제는 가려 뽑는 데에서 제외하여 회피법이 역시 엄격해지는 양상으로 이어졌다.[40]

이상에서 본 바와 같이 중국의 회피에 대한 규정은 우리나라의 경우와 마찬가지로 후대로 내려올수록 강화 내지 확대되는 경향을 보이고 있다. 그러한 양상은 사회의 다양화와 복잡화 경향 속에서 관리제도의 발달과 관련이 있었던 것으로 보인다.

이를 바탕으로 회피제 운영 상 주목할 점은 淸代에 이르면 이전 시기에 보이지 않던 회피 불이행 자에 대한 처벌 규정을 마련하고 있다는 사실이다. 이는 이전 시기에 회피 위반 자에 대해 단순히 관직을 바꾸었던 것과는 구별되는 것이다.

처벌 규정은 康熙 9년(1670)에 회피 대상 자 가운데 관원이 고의로 그 결재에서 누락시켜 은폐할 경우 자신의 관등에서 1등급을 강등하여 직임을 교체한 것이 처음이다.[41] 이후 乾隆 7년(1742)에 회

子伯叔兄弟, 及例應迴避之外姻親族, 亦令其迴避, 分別調補, 儻有隱匿不報, 別經査出, 卽將該員從嚴議處"

38) ≪淸朝文獻通考≫ 卷58.(陶希聖, 沈任遠 合著, ≪앞의 책≫, pp.148~150) "(중략)乾隆三十八年, 定商籍迴避寄籍之例. 廣東陞任布政使姚成烈條奏, 嗣後商籍中式之員, 咨▨各本省, 照寄籍之例, 於截取赴選文結內聲明, 咨部註册. 俟銓選時, 査核迴避, 下部議行"

39) ≪古今圖書集成銓衡典≫ 卷2.(陶希聖, 沈任遠 合著, ≪앞의 책≫, p.150) "(順治十三年) 題准, 現任三品以上堂官, 其子弟不得考選科道. 若父兄赴部候補, 而子弟現任科道者 査照資俸, 調吏部主事.(중략)"

40) ≪淸朝文獻通考≫ 卷55.(陶希聖, 沈任遠 合著, ≪앞의 책≫, pp.148~150) "(康熙二十年, 定考選科道). 漢軍, 漢人捐納歲貢, 俱不准作正途考選. 京官三品以上子弟, 旣不與考選, 總督, 巡撫子弟亦准考選.(중략)"

41) ≪淸會典事例≫ 卷84, 〈吏部68〉, 處分例, 官員迴避. "康熙 九年議准 官員

피를 숨기고 보고하지 않은 자는 不行申說迴避例에 의해 1등급을 강등하고, 직임을 교체하는 조치 외에 회피를 핑계 삼아 고의로 規避하는 자도 관리의 規避例를 적용하여 그 직임에서 물러나게 하였다.

그리고 건륭 37년(1772)에는 본적회피 자의 부임지 가운데 그 대상을 500 리 이내 자로 한정하나 부득이 임용되어 회피가 문제가 될 경우에는 우선 부임시키고, 차후 3개월 이내 그 내용을 중앙에 보고하여 회피자의 교체 여부를 상정하게 하였다. 만일 3개월을 넘겨서도 보고를 하지 않을 경우에는 不呈報迴避例에 의하여 1등급을 강등하고, 그 직임 또한 바꾸었다.[42] 이러한 경향은 嘉慶 연간에 이르러서도 변화가 없었다.[43]

이렇게 淸代에 이르러 회피 위반 자에 대한 규정 마련은 그 기준이 降一級調用, 降一級留任 등의 원칙이 일반적이었고, 그 법적 근거는 不呈報迴避本例였다.

한편, 청대의 회피 위반 자에 대한 처벌 규정은 조선시대 상피 대상자를 그 직책의 교체나 임용을 취소하는 선에서 마무리했던 것과

有應迴避之缺, 不行申說迴避者, 降一級調用"

42) ≪淸會典事例≫ 卷84, 〈吏部68〉, 處分例, 官員迴避. "乾隆七年(중략)又議准 凡應行迴避隱匿不報者, 照不行申說迴避例, 降一級調用, 至捏稱迴避, 布圖規避者, 發覺將捏報之人, 照規避例, 革職, 本人捏報規避, 其扶同徇隱之人, 調本人捏報例, 革職, 出結官照捏結例, 降二級調用(중략) 三十七年奏准, 凡本籍鄕僻小經, 與任所在五百里以內, 例應迴避人員, 到任後, 三月以內詳請迴避者免議, 如三月以外始行詳請者, 照不呈報迴避例, 降一級調用. 三十九年(중략)旨議定, 各省道府大員, 隔屬姻親, 毋庸迴避, 如有輾轉囑託徇私瞻顧情弊, 該督撫査出, 立卽指名嚴 參如該督撫徇隱不參, 別經發覺, 照徇隱不擧例, 降一級調用"

43) ≪淸會典事例≫ 卷84, 〈吏部68〉, 處分例, 官員迴避. "嘉慶五年(중략)又奏准奇籍人員, 祖籍應一體迴避, 在部投供人員, 於同鄕京官印結內聲明, 銓選得缺後, 令驗着之九卿, 科道, 悉心詢察, 在籍, 在館, 領憑者, 令督撫提調等, 詳加結問, 如有冒籍等弊, 別經査出, 參革治罪, 地方官及各該上司照捐納等官假冒頂替例, 議處, 不行査出之九卿, 科道, 並該館提調, 照督撫例, 議處, 出結之同鄕京官, 降一級留任, 如不豫先呈明者, 仍照不呈報迴避本例, 議處"

달리 청대에는 체직과 함께 그 처벌 규정까지 두고 있어 조선시대보다 시행이 엄격하였던 것으로 짐작된다.

조선시대 기록에 따르면 상피제는 중국의 회피를 바탕으로 한 제도적 설행을 강조하는 기록이 많이 보인다는 사실이다. ≪조선왕조실록≫ 상의 몇몇 사례를 살펴보면, 後漢代에 시중과 尙書 및 중신의 자제는 주요 관직 뿐 아니라 孝廉과 같은 특별 임명 인사에서도 제외하게 하였고, 宋代 宰執의 자제에게는 벼슬을 제수하지 못하게 하였으며, 元代에는 史天澤 · 張柔 · 嚴忠濟 등 회피에 문제를 일으켰던 관리들의 자제들을 관직에서 파면시켜 모두 引嫌하게 하였다는 사례가 그것이다.[44]

이러한 사례로 볼 때 執政者의 아들 · 사위 · 동생 · 조카 등은 관직 제수에서 제외되었고, 그러한 제도의 시행이 적어도 후한 때부터 마련되었음을 짐작케 한다. 이것이 조선시대 상피 제도 채택에 하나의 단서가 되었을 것이다.

또한 상피제의 설행 논의 과정에서 중국 회피제에 대한 자세한 사례가 하나의 표본이 되고 있는데, 宋代 王安石이 인재〔士類〕를 쓰고 내침을 마음대로 하면서도 그 아들이 進士에 선발되자, 회피를 적용하여 임용하지 않았다는 기사와,[45] 송대 집정자의 친척은 言官에 제수하지 않았다는 기사,[46] 그리고 宋 仁宗 때 張貴妃의 족친 張堯佐를 宣徽使로 삼았다가 諫官들의 반대에 부딪혀 장요좌를 선휘사에서 파직하였다는 기사[47] 등이 그것이다.

이렇게 조선시대의 상피 제도 채택은 표면적으로 중국의 회피를 참조하고 있음을 알 수 있다. 하지만 그러한 실록 상의 기록에서는

---

44) ≪세종실록≫ 권55, 14년 3월 乙酉條.
45) ≪세종실록≫ 권94, 23년 10월 丙子條.
46) ≪세종실록≫ 권95, 24년 1월 己巳條.
47) ≪성종실록≫ 권98, 9년 11월 甲戌條.

그 시행 사례만 보여줄 뿐 회피 시행에 따른 구체적인 제한 범위 등을 나열하고 있지는 않고 있다.

한 사례로 外官相避에서의 거리 제한 규정을 보면, 중국에서는 500 리 이내의 지역 임용불가라는 확실한 근거가 마련되어 있었다. 그러나 조선에서는 세종 때 늙은 어버이가 있는 자를 300 리 이내의 外職에 보임한다는 규정이 있다고는 하나 시행 상 논란이 끊이지 않았다는[48] 사실로 미루어 보아 그 제한 범위에 대한 운영 실태를 짐작하기 어려운 측면이 있다. 더욱이 ≪경국대전≫에는 그러한 사실을 짐작케 하는 기사가 보이지 않는다. 이것이 중국의 회피제가 우리나라의 상피제의 설행에 직접적인 연계성을 가지고 있다고 단언하기 어려운 부분이다.

그렇다 하더라도 위와 같은 사례가 조선사회의 상피 제도 시행에 어느 정도 영향을 주어 그 근거로 활용되었던 것은 사실이었던 것으로 보인다. 예컨대, ≪대명률≫의 聽訟回避條에서 관리가 爭訟하고 있는 사람들 중에 자기의 유복 친속이나 인척관계가 있는 집이거나, 또는 수업을 받은 스승, 혹은 전부터 怨讎含嫌이 있는 자가 관련되어 있으면, 모두 다른 관청으로 사건을 이송하여 처리하게 한다는[49] 조항이 수록되어 있는데, 이것이 조선시대의 訟官相避에 그대로 적용되어 시행되고 있다. 이러한 사실은 중국의 회피와 조선의 상피 사이에 서로 연계성 여부를 짐작케 하는 것이다.[50]

그러한 송관상피에 관한 사례는 조선 후기의 법령서인 ≪결송유취보≫의 내용에서도 확인된다. 이 책에 의하면, "만일 몸소 교훈을

48) ≪세종실록≫ 권97, 24년 7월 癸酉條.

49) ≪大明律直解≫ 卷第22, 〈刑律〉, 訴訟, 聽訟回避條.〔법제자료지 제13집, 1964, p.445〕 "凡官吏於所訟人內, 關有服親及婚姻之家, 若受業師, 及, 舊有讎嫌之人, 竝聽移文迴避, 違者笞四十, 若罪有增減者, 以故出入人罪論"

50) 졸고, 〈朝鮮前期 訟官相避制의 채택과 의미-노비쟁송을 중심으로-〉, ≪동국사학≫ 38, 2002, pp.77～106.

받은 스승이 있거나 예전부터 讎嫌人이 있는 경우에는 모두 청하여 다른 사람에게 소송을 넘긴다." 라고 하였다.51)

원래 이 조문은 앞에서 살펴본 바와 같이 ≪당령≫의 獄官令에서 기인한 것으로, 이것이 ≪대명률≫의 刑律에까지 영향을 준 것이다. 그런데 조선왕조의 기본 법전인 ≪경국대전≫에서는 독립된 刑律을 마련하지 않고 ≪대명률≫을 차용해 적용하였기 때문에 그러한 조문 적용이 이루어진 것이다. 다시 말해 ≪經國大典≫ 刑典 첫머리에 "用大明律"이라 하여 ≪대명률≫을 依用하여 시행하였던52) 것이다.

이러한 상피제가 우리나라에서 어느 시기에 이르러 징칙하였는지 기록 상 정확한 근거는 아직 밝혀지지 않고 있다. 다만 1970년대 韓相俊의 연구에 의하면, 현재까지의 조사된 기록은 신라시대에 보이는 것이 최초라고 한다.53)

즉, 제도화된 구체적인 상피 규정의 사례는 신라시대 보다 훨씬 후대의 일이지만 기록상 가장 오래된 상피에 관한 기사는 ≪삼국사기≫ 新羅本紀 興德王 10년 2월조의 기록이다.

이 기록에 의하면 아찬 金均貞을 上大等으로 삼으려고 하자, 侍中 金祐徵은 아버지 김균정의 入相을 이유로 임금께 表文을 올려 해직을 청한 것이 그것이다. 이에 대아찬 金明으로 대신 시중을 삼았다.54)

이러한 견해는 앞으로 검토의 여지는 남아있다. 하지만 그 자체의 기사로만 가지고 이해해 볼 때 우리나라에서의 상피 제도 시행 시기를 짐작케 하는 중요한 단서가 된다고 하겠다.

---

51) ≪決訟類聚補≫, 〈相避〉. "若受業師 及舊有讎嫌之人 竝聽移文, 大明律"
52) ≪經國大典≫ 卷5, 〈刑典〉, 用律條.
53) 韓相俊, 〈앞의 논문〉, pp.31～32.
54) ≪三國史記≫(上), 李丙燾 譯註, 을유문화사, 1989(6판), pp.205～206.

제3 절 高麗時代 상피제의 내용

이후 상피제에 대한 구체적인 적용 범주는 ≪高麗史≫ 刑法志 相避式에서 확인되고 있다.55) 위의 기록에 의하면, 본족의 상피 범주는 父子孫, 同生兄弟, 4촌 형제, 매부, 4촌 매부〔臺省과 政曹 이외에는 同官함을 허용〕와 백부, 숙부, 고모부, 조카사위〔臺省과 政曹 이외에는 同官함을 허용〕, 사위, 손녀사위이고, 외족의 범주는 외조부모, 외삼촌, 이모부, 이종 4촌이며, 처족은 처조부, 처남, 동서, 처삼촌, 처 고모부, 처조카, 조카사위〔臺省과 政曹 이외에는 同官함을 허용〕등이었다.56)

이는 적어도 고려 사회에 오면 관리의 인사 문제에 있어서 상피에 의한 법제화가 이루어졌고, 아울러 그 적용 범주가 구체적으로 정립되었음을 의미하는 것이다. 이러한 사실을 바탕으로 고려사회의 상피제를 볼 때, 고려의 상피는 본질적으로 公務의 공정과 인사관리의 효율화를 기할 목적에서 本族과 妻族, 外族 등 친척끼리 같은 관청에서 일하는 것을 법률로서 금하였던 것으로 여겨진다.57)

그런데 ≪고려사≫ 형법지 序頭에서 고려의 제도는 모두 唐制를 모방하였음을 밝히고 있다. 또한 刑法에서도 唐律을 채택하고 있는

55) ≪高麗史≫ 卷84, 〈志38〉, 刑法1, 公式, 相避. "本族, 父子孫 同生兄弟 堂兄弟 同生姉妹之夫 堂姉妹之夫〔臺省政曹外許同官〕 伯父叔父 伯母叔母之夫 姪女之夫〔臺省政曹外許同官〕 女壻 孫女壻. 外族, 母之父母 母之同生兄弟 母之同生姉妹之夫 母之同生兄弟姉妹之子. 妻族, 處之祖父 妻之同生兄弟〔臺省政曹外許同官〕 妻之同生姉妹之夫〔上同〕 妻之伯父叔父〔上同〕 妻之伯母叔母之夫〔上同〕 妻之兄弟姉妹之子〔上同〕 姪女之夫〔上同〕"

56) ≪譯註高麗史≫, 第7卷 〈志3〉, 東亞大學校古典硏究室, 1971, pp.570~574.

57) 延正悅, ≪개정증보 韓國法制史≫, 학문사, 1994, pp.57~62.

데, 獄官令 2조, 名例 12조, 衛禁 4조, 職制 14조, 戶婚 4조, 廏庫 3조, 擅興 3조, 盜賊 6조, 鬪訟 7조, 詐僞 2조, 雜律 2조, 捕亡 8조, 斷獄 4조 등의 시행이 그것이다.[58)]

이러한 고려의 상피제는 "定五服相避式"이라 하여 기록 상 宣宗 9년(1092) 11월에 제정된 것으로 여겨진다.[59)] 그런데 당시 상피에 대한 피친의 범위는 송나라 熙寧 3년(1070)의 매부, 고모부, 조카사위 등의 회피 규정과 元祐 5년(1090) 처의 대공친 이상, 동서 등의 회피 규정과 거의 일치하고 있다. 이는 단순히 당률에 기반을 둔 것이 아니라 송률이 당률을 참고하여 시행하였듯이 고려율도 당률과 송률을 함께 참작했던 것으로 여겨진다.

하지만 보다 자세히 살펴보면, 唐宋보다 훨씬 넓어 姉妹之夫인 매부, 姪女之夫인 조카사위, 孫女之壻인 손녀사위, 처의 同生姉妹之夫인 동서, 처의 兄弟姉妹之子인 처조카까지 확대되고 있음을 알 수 있다.[60)]

다시 말해 고려의 법제가 당송의 법제를 모법으로 하여 그 체계를 그대로 따르고 있으나 친족관계 법제는 당송의 법제와 크게 다른 형태를 가지고 있었고, 그러한 사실을 이해하는 한 모델이 상피제인 것이다.[61)] 그런데 제도적 특징에 있어서 범위의 확대에 비해

---

58) ≪高麗史≫ 卷84, 〈志38〉, 刑法1. "(중략)高麗一代之制大抵皆倣乎唐至於刑法亦採唐律叅酌時宜而用之. 曰獄官令二條名例十二條衛禁四條職制十四條戶婚四條廏庫三條擅興三條盜賊六條鬪訟七條詐僞二條雜律二條捕亡八條斷獄四條摠七十一條刪煩取簡行之一時亦不可謂無據(중략)"

59) ≪高麗史節要≫ 卷6, 宣宗 9年 11月 壬申條 ; ≪大東韻府羣玉≫ 卷13, 去聲條

60) 辛虎雄, ≪高麗法制史研究≫, 국학자료원, 1995, p.70, p.157.

61) 盧明鎬, 〈고려의 五服親과 친족관계 法制〉, ≪한국사연구≫ 33, 1981, p.2, pp.16~22. "氏는 唐에서 裁判의 경우 사제 간 · 출신지 수령 · 평소에 원한이 있는 자 등 非親族들과 함께 五服親 전체와 妻族 大功親 이상이 회피되었고, 唐에서의 同一官司 등에 대한 피친 범위는 대공친 이상이었다고 보고 있다. 또한 동일관사의 피친의 범위는 宋代에 들어와 크게 확대되어 康定 2년(1041)에 有服親 전체와 無服外親의 일부까지, 熙寧 3년(1070)에는 父의 姉妹夫 · 姉妹의 夫 · 姪女의 夫 · 孫女의 夫에까지, 元祐

설행은 송의 제도나 조선의 제도의 형태에 비해 완만한 규정으로 이해되고 있다.62)

또한 당시 상피제는 행정 내지 사법 사무의 공정을 기하기 위해 친족 관계에 있는 자가 서로 상하관이 되거나 관련 있는 관직에 위임하는 것을 금하는 제도로서 현대의 법체제로 볼 때 형사법 상의 除斥·忌避制度에 해당된다고 말할 수 있다.63)

이렇게 친족관계로 인하여 나타나는 법적인 효과는 행정법 상 효과, 형법 상 효과, 소송법 상 효과, 私法 상 효과 등으로 나누어 볼 수 있다.

여기에서 행정법 상 친족 관계는 관리 임용과 보직 제한의 원인이 되는 경우와 貢擧의 경우가 있고, 형법 상 친족 관계는 형의 加重減免의 사유가 되는 경우와 범죄를 구성하는 경우, 그리고 단순히 친족관계이기 때문에 죄를 더하게 되는 경우〔族刑, 緣坐刑〕와 반대로 이것으로 인하여 죄를 감면되는 경우〔議親, 蔭〕 등이 있다. 또한 소송법 상의 친족 관계는 재판관에 대한 것이 대부분이며, 사법 상 친족 관계는 친족 간의 혼인 장애, 친족적 부양 의무, 친족적 유산

5년(1090)에 添入된 원우 2년 勅의 注文에서는 처의 대공친이상과 처 자매의 夫 및 子에까지 확대되었다고 한다. 이는 이전의 仁井田 陞의 견해(仁井田 陞, ≪앞의 책≫)를 다시 확인한 것이다. 그러나 盧明鎬는 고려의 상피제를 妻族, 外族, 本族의 피친 범위를 세밀히 살펴 처족과 외족에서는 高麗制나 宋制가 같거나 그보다 약간 확대된 것과는 달리 本族의 피친 범위는 고려제가 송제보다 크게 축소되어 송제에서 有服親 전체를 대상으로 하는 반면에 고려의 제도에서는 大功親 이상을 그 대상으로 함을 지적하고 있다."

62) 金東洙, 〈고려시대의 상피제〉, ≪역사학보≫ 102, 1984, pp.1~30. "氏는 이러한 관점에 착안하여 상피 규정에 대한 制定時期 문제, 官司의 범위 및 이에 따른 상피의 존재 문제에 대해 면밀히 검토하였다. 또한 이러한 상피의 規定 내용을 토대로 고려시대의 상피의 특징과 그 運營實態 및 제도의 제정 의도에 대해 논급하였다."

63) 崔利權, 延正悅, ≪법철학사상『동양·서양편』≫, 법경출판사, 1986, pp.41~42.

상속권, 기타 親族先賣權 등에 관련된 것이 있다.[64)]

친족 관계에 의한 법적 효과는 상피제의 법적 배경이 되기도 한다. 예컨대 행정법 상 같은 관청에 일정 범위의 친족을 동시에 임용하지 않고, 재판제도에 있어서 재판관은 피고인이 친족일 때에는 회피하게 한 것이 그것이다.

이러한 효과는 행정법 상 친족 관계에서 任官·補職 제한 원인과 貢擧의 고시관 임명, 소송법 상의 친족 관계에서 재판관의 임명은 상피의 試官相避, 訟官相避 등에 중요한 법률상의 효과로 작용하여 상피제의 개념을 이해하는데 중요한 기준이 되고 있음을 알 수 있다.

그런데 고려의 상피제가 당제와 송제의 전통을 참작하여 마련하고 있는 것으로 보아 한국 역사상에 나타나는 상피 제도 위와 같은 경향 속에서 이루어졌을 것으로 짐작된다.

다만 위에서 설명하고 있는 것과 달리 고려시대에는 관료 조직의 운영에 정실의 여부를 배제시키는 데에 고려사회가 갖는 정치적 성장도와 관련하여 볼 때 중국제도 보다는 다소 완화된 측면이 있을 것이다.

이는 조선시대와 비교해서도 마찬가지이다. 그러므로 고려시대 상피제가 중국의 법제 상 나타나는 회피제와 일정 부문 연관성이 발견된다 하더라도 실재 운영 체제를 이해하는 데에는 상당한 어려움이 따르리라 사료된다. 이는 高麗律이 제정되는데 唐律 등의 역대 중국 율령이 영향을 주고 있으나, 구체적인 사례는 조선시대의 경우를 대상으로 이해할 수밖에 없다는 데에서 기인한 것이다.

앞에서 살펴본 바와 같이 고려시대의 상피법 규정은 ≪고려사≫에서 확인되고 있다. 그런데 여기에 기록된 상피제의 규정만 본다면 그 시행 여부에 대해 다소 검토할 여지가 있다. 특히 고려 후기에 이르러 상피제가 법제화된 형태 그대로 시행되고 있었느냐, 아니면

64) 仁井田 陞, ≪支那身分法史≫, 東方文化學院(東京), 1942, pp.237~324.

유명무실화되어 제도로서의 가치를 상실하고 있었느냐의 문제와 관련하여서는 더욱 그러하다.

한 사례로, ≪고려사≫ 권124 潘福海條의 기록에서는 후술하겠지만 상피가 잘 준행되지 않는 것으로 기록되어 있다. 하지만 ≪목은유고≫의 崔宰 墓誌銘에는

> 明陵(충목왕)이 즉위하여 처음 정사를 보면서 (중략) "최아무개가 전에 持平이 되었을 때 위엄과 명망이 있었습니다. 어찌 머무르게 하여 재임시키지 않겠습니까?"라고 하였다. 그러나 外家의 郭迎俊 공이 (사헌) 大夫로 있었으므로 법에 따라 상피하여 典法正郎으로 옮기게 하였다. (중략)[65)]

라고 하여 상피가 제도로서 어느 정도 설행되었던 것으로 나타나고 있다. 이러한 단편적인 사례는 ≪고려사≫ 刑法志에 규정된 상피 기사가 제도로서의 전후에 아무런 설명문도 없고 사실의 나열만 하고 있다는 데에서 기인한다. 즉, ≪고려사≫의 기록에는 단지 친족의 범주만을 기록하고 있다. 이러한 사실이 상피제의 구체적인 사실을 파악하는데 어려운 과제를 안겨주고 있는 것 또한 사실이다.

이러한 관점에서 고려시대 상피 제도를 이해할 때 제도 자체가 올바로 준행되었는가를 파악하기는 다소의 이견의 여지가 있다. 하지만 상피제의 설행 여부에 대해서는 이미 앞에서 검토한 바와 같이 金東洙와 盧明鎬에 의하여 자세히 검토되었다.

이들의 견해에 의하면, 고려사회의 상피 제도는 원칙적으로 시행상 귀족사회의 속성을 제한시키는데 있었다는 의견이 제시되고 있다.

---

65) 김용선 역주, ≪역주 고려묘지명집성(하)≫, 한림대 출판부, 2006(2판), pp.1061~1062 ; 金龍善, ≪高麗墓誌銘集成≫, 한림대출판부, 2006(4판), p.596. "明陵卽位初政 授典法正郎 (중략) 日崔某前爲持平有威望盍留之再任 適 外家郭公迎俊爲大夫 法當避遷典法正郎 (중략)"

〈표 1-1〉≪고려사≫와 ≪경국대전≫과의 상피제 비교[66]

친족	번호	相避親(Ego중심)	相避對應親屬關係	출처번호	A	B	
本族	1	★祖	祖・孫間	4		△	
	2	父	父・子間	3		△	
	3	子	父・子間	2		△	
	4	孫	祖・孫間	1		△	
	5	同生兄弟	親兄弟間			△	
	6	堂兄弟	堂兄弟間			△	
	7	同生姉妹之夫	妻男・妹夫間	25	○	△	
	8	堂姉妹之夫	堂妻男・妹夫間	32	○		○
	9	伯父・叔父	伯叔・姪間	10		△	
	10	★姪	伯叔・姪間	9		△	
	11	伯母・叔母之夫	姑母夫・妻姪間	29	○		○
	12	姪女之夫	姪壻・妻伯叔間	27	○		○
	13	女壻	舅・姪間	24		△	
	14	孫女壻	妻祖・孫女壻間	23		△	
	15	★外孫	外孫・外祖父間	18		△	
	16	★同生姉妹之子	外叔・甥姪間	19		△	
	17	★姑母之子	姑從・外從間	21		△	
外(母)族	18	母之父	外祖父・外孫間	15		△	
	19	母之同生兄弟	外叔・甥姪間	16		△	
	20	母之同生姉妹之夫	姨母夫・妻姪間	30	○		○
	21	母之同生兄弟之子	外從・姑從間	17		△	
	22	母之同生姉妹之子	姨從 間			△	
妻族	23	妻之祖	妻祖・孫女壻間	14		△	
	24	妻之父	舅・壻間	13		△	
	25	妻之同生兄弟	妻男・妹夫間	7	○	△	
	26	妻之同生姉妹之夫	同壻間		○	△	
	27	妻之伯父叔父	姪壻・妻伯叔間	12	○		○
	28	妻之伯母叔母之夫	妻姑母夫・妻姪壻間	31	○	△	
	29	妻之(同生)兄弟之子	姑母夫・妻姪間	11	○		○
	30	妻之(同生)姉妹之子	姨母夫・妻姪間	20	○		○
	31	(處之)姪女之夫	妻姑母夫・妻姪壻間	28	○		○
	32	★處之堂兄弟	堂妻男・妹夫間	8	○		○

범례) A(○) : ≪高麗史≫의 臺省政曹외 許同官의 親族
B(△) : ≪經國大典≫의 避親
B(○) : ≪經國大典≫의 特定 官衙에만의 避親
★ : ≪高麗史≫〈刑法志〉相避條에 누락된 親族

66) 〈표 1-1〉은 盧明鎬의 〈앞의 논문〉 p.37에 나온 것을 金東洙가 〈앞의 논문〉 p.5에서 相避對應親族關係項을 변형시켜 제시한 것이다.

제2장 15세기 상피제의 성립

제1절 朝鮮 前期 상피제의 제도화

1. 상피제의 시행 배경

고려 후기의 인사 정책은 이전 시기와 달리 政房에서 행해졌다. 특히 정방에 소속된 인사 관리자 내지 인사 담당자들은 혈연관계나 혼인 관계, 그리고 座主·門生 관계 등에 의해 서로 간의 연결고리가 실타래처럼 얽혀있었다. 원래 정방은 무신 집권자의 사설 기관이었다. 그러다가 무신정권이 붕괴한 후에는 국가 기관 내지 공설기관으로 변하였고, 이것이 후에 尙瑞司로 개칭되어 조선 초기까지 이어진다.

이러한 경향이 서로 간의 인사에서 영향력을 행사하였고, 당시 대표적인 권문세족이었던 李仁任의 성주 이씨, 權溥·權漢功의 안동 권씨, 洪彦博의 남양 홍씨, 李尊庇의 고성 이씨, 李齊賢의 경주 이씨 등은 대표적인 사례이다. 金昌賢의 연구에 의하면, 위와 같은 가문처럼 인사에 영향력을 행사하였던 세력이 무려 57개의 가문에 이르렀다고 한다.[1)]

고려 후기에 있어서 권문세족들은 이전의 문벌 귀족의 후예이거나 무신정변 이후 급성장한 무신의 후예 또는 새롭게 부각된 附元 세력 등 다양한 출신을 보이고 있다. 하지만 이들 가문은 하나같이 대지주 계층으로서 지속적인 관료를 배출하였고, 제한된 범위 내에서의 혼인 관계를 유지하며 그들의 특권을 계속 향유하였다. 이들 사이에서 대다수의 인사 담당자를 배출함으로써 인사에 직접 영향력을 행사하였고, 서로 간의 인척 관계는 인사 전임자와 후임자를

1) 金昌賢, ≪高麗後期 政房硏究≫, 고려대 박사학위, 1996, pp.246~247.

보다 긴밀한 관계로 연결시켜 주어 그 영향력은 한미한 가문의 출신자 보다 유리하였다. 이렇게 형성된 가문들은 그들 간의 정치적 기반을 그 어떠한 세력보다도 확고히 다져나갈 수 있었다. 그러한 양상은 정치를 주도하는 입장에 놓여있던 국왕으로서도 상당한 부담으로 작용하였다.

고려 후기에 대대적인 개혁 정치를 단행하던 임금이었던 恭愍王 조차도 世族끼리의 親黨 형성과 좌주·문생 관계 등에 의한 위기감을 지적한 사례가 나타나고 있어서[2] 당시 권문세족에 의한 정치 세력화는 그들의 이해관계와 맞물려 상당한 세력을 형성하는 지경에 이르렀던 것으로 여겨진다. 이것이 당시 인사 정책에 일정 부문 영향력을 발휘하였던 것이다.

위와 같은 견해를 바탕으로 생각해 볼 때 고려 후기에는 상피제가 유명무실화되어 갔고, 제도적인 설행에 있어서도 완화된 형태를 취한 것으로 여겨진다. 그런데 고려 후기의 이러한 관행이 조선사회에서 가서 강력히 추진되었던 상피제의 시행 배경과는 어떠한 연계성을 가지고 있느냐는 문제는 주목할 만하다. 고려의 상피 제도는 앞에서 살펴본 바와 같이 선종 9년(1092)에는 마련되고 있다.

하지만 시행 상에서 살펴볼 때 다소 검토의 여지가 있다. 이는 고려가 귀족사회에서 권문세족 사회로 이어지고, 이에 따른 집권층이 변화가 이루어지고 있지만, 인사 정책에 있어서는 여전히 상피 규정이 커다란 영향력을 발휘하지 못하는 경향으로 일관하고 있다. 한 사례로 ≪고려사≫의 기록을 보면,

---

2) ≪高麗史節要≫ 卷28, 恭愍王 14年 12月條. "(중략)嘗以謂世臣大族 親黨根連 互爲掩蔽(중략)又有門生座主同年之號 黨比徇情(중략)"

(중략) 禑가 西海道에 사냥하매 (潘)福海가 이를 따랐다. 瓮津에 이르러 禑가 돼지를 쏘니 돼지가 돌진하여 말에 부딪치니 禑가 놀래 떨어진지라 福海가 말을 달려 앞으로 나아가 한 화살로 이를 죽였으므로 禑가 상해를 면하고 이로부터 총애가 날로 높아 姓을 王으로 사하여 아들을 삼았다. 발탁하여 門下贊成事를 삼고 推忠亮節翊戴佐命輔理功臣號를 賜하고 그 아비 門下評理 (潘)益淳로 右侍中을 초배하였다. 福海는 이미 禑의 아들이 되었으므로 같이 정부에 들어가 相避하지 않게 하였다. (중략)[3]

라고 하였다. 이러한 사실은 당시 세족 사이의 私的 관계가 얼마나 깊게 얽혀있는지 단적으로 보여 주는 사례이다. 비록 潘福海가 禑王의 목숨을 구해주어 王氏를 賜姓하고, 그 특전으로 자신은 門下贊成事에, 그 생부는 門下評理에 임명되고 있지만 이는 명백한 상피 규정의 위반이었다.

≪고려사≫에는 상피 규정에 대한 자세히 사례가 보이지 않아 보다 구체적인 운영 체계를 이해할 수 없다. 하지만 위의 기록으로 미루어 볼 때 관리 임용에서 상피 규정은 커다란 영향력을 발휘 못하는 경향으로 나아갔던 것이 아닌가 한다. 이는 관리 임용에 있어서도 일정한 조건을 갖춘 관리 후보자가 혈연적 관계에 의해 좌우되었음을 보여주는 것이라 하겠다. 나아가 일정한 조건을 갖춘 가문들에 의해 인사권이 좌우되었음을 짐작케 한다.

혈연관계에 의한 특정 가문들의 인사 독점 현상은 비단 중앙 관직에 국한된 문제는 아니었다. 권문세족들은 정권을 장악하고, 안찰사·수령 등의 인선을 좌지우지함으로써 자신들의 일파를 지방관으로

---

3) ≪高麗史≫ 卷124, 〈列傳37〉, 嬖幸2, 潘福海條. "(중략)後福海陞密直副使 禑畋于西海道福海從之 至瓮津 禑射豕豕突觸馬禑驚墜 福海躍馬直前一箭殪之 禑得免 自是寵遇日隆 賜姓王爲子 擢門下贊成事賜推忠亮節翊戴佐命輔理功臣號 超拜其父門下評理益淳爲右侍中 以福海旣爲禑子 同入政府不相避(중략)"

파견하였다. 이를 바탕으로 권문세족들은 지방에서의 정치·경제·사회적 영향을 확보할 수 있었고, 중앙에서의 지위도 한층 공고하게 굳힐 수 있었다.[4] 이는 수령들이 남의 토지와 노비를 빼앗아서 권세 있는 집에 바치거나, 심지어는 권신의 가축을 길러주면서 아첨하여 이를 발단으로 출세의 길을 마련한 사례에서도 확인되고 있다.[5] 이러한 관행은 당시 관직 사회에서 보편적으로 이루어졌고, 이에 따른 상피제의 시행은 제대로 지켜지지 못하였던 것으로 여겨진다.

한편, 권문세족의 새로운 대안으로 중앙 무대에 진출한 사대부들 내에서도 혈연과 가문을 중시하는 부류가 나타나게 되는데, 그들이 李穡을 중심으로 한 사대부였다.[6] 이들은 혈연적 유대를 강조하는 관료제를 긍정하였다. 특히 좌주·문생 관계를 옹호하였다. 이색은 좌주와 문생을 부모와 자식의 관계와 동일시하였고, 그들 사이에 사사로운 은혜와 의리는 국가의 원기를 배양하는 것으로 이해하였다.[7]

이러한 사실은 이색이 후에 역성혁명을 제창하던 鄭道傳 계열의 사대부와 왕조 개국의 입장에서 상반된 입장을 견지한 것과도 관련이 있다. 또한 이색 계열의 사대부는 나름대로 고려 말 정치 일선에서 일정한 영향력을 행사하였다. 따라서 혈연과 가문에 의한 그들의 인적 자원의 확보는 권문세가의 문벌만큼이나 중요하였고, 이에 따른 혈족 의식은 상당하였을 것으로 짐작된다.

---

4) 崔先惠, 〈高麗末·朝鮮初 觀察使論의 展開와 中央集權體制의 整備〉, ≪국사관논총≫ 76, 국사편찬위원회, 1997, p.3.

5) ≪高麗史≫ 卷75, 〈選擧3〉, 銓注, 昌王 卽位年 8月條. “凡選用守令(중략)縣令 縣務 自禑時 權奸秉政 競用私人 隨喜怒以爲黜陟 惑一年三四易 諸州縣按撫 例多不識者 奪人田民 納之權門 至養權臣馬牛鷹犬 求娟媒進貪殘之禍甚於胥吏至始用士流”

6) 都賢喆, 〈高麗末期 官僚制 運營의 禮的 原理〉, ≪한국사연구≫ 101, 1998, pp.53~74.

7) 李穡, ≪牧隱集≫ 卷26, 詩藁, 門生掌試圖歌并序. “(중략)門生座主恩義之全足以培養國家之元氣(중략)”

더욱이 우왕 14년(1388) 5월 이성계의 위화도회군이 단행되고, 그로부터 4개월 뒤인 창왕 즉위년 9월에 政房은 尙瑞司로 개편되었다.[8] 그리고, 조선의 개국과 더불어 상서사의 최고 관직인 판사는 裵克廉, 趙浚, 金士衡, 鄭道傳, 南誾 등의 개국 일등 공신에게 돌아갔다. 그러나 이러한 정치 세력의 교체에도 불구하고 고려 말의 인사 관행은 크게 시정되지 못하였다.

그런데 여기에서 주목되는 사실은 鄭道傳의 입장이었다. 그는 당시 대부분의 관료들이 따르던 혈연관계 내지 좌주·문생 관계에 의한 인사 관행에 회의적이었다. 또한 이에 의한 인사 관행을 개혁하려는 의지도 강하였다.

그의 주장을 살펴보면, 우선 공양왕 3년(1391) 4월에 국왕에게 올린 상소문에서 친인척 관계에 따라 인사 행정이 좌우되는 경향을 강력히 비판하고, 그 시정을 주장하고 있다. 이는 당시 관례 상 관리 임명에 대한 임금의 하달 조서가 내려질 때 관리에 내정된 자들 가운데에는 친인척 관계가 다 알려져 인사 청원 과정에서 사사로운 감정 개입이 자주 거론되는 일이 있어 그 시정을 촉구한 것이다.[9]

또한 같은 해인 공양왕 3년에 국왕에게 올린 상서에서도 宰相의 자제와 생질 등이 요직에 배치되는 관행도 시정되어야 할 사안으로 지적하고 있다.[10] 특히 ≪經濟文鑑≫에서 감사의 인사 관행을 사례로 들어가면서 당시 천거된 사람의 친인척 관계를 강력히 배척해야 한다고 주장하였다. 이는 그가 인사에서 친인척 관계에 얽매여 공사를 올바로 처리할 수 없음을 지적한 것으로 행정 처리에 있어서 친인척의 배제는 필수적인 것임을 강조하고 있는 것이다.

이렇게 정도전이 혈연관계 등에 의한 인사 정책에서 회의적인 입

---

8) ≪高麗史節要≫ 卷33, 昌王 卽位年 9月條. "改政房爲尙瑞司"
9) 鄭道傳, ≪三峯集≫ 第3卷, 〈疏〉, 上恭讓王疏 辛未四月.
10) 鄭道傳, ≪三峯集≫ 第3卷 〈書〉, 上都堂書 辛未.

장을 취했던 것은 그가 강조한 주자학의 義나 公으로 맺어진 인위적이고 비 혈연적인 유대감과 거기에서 파생되는 公義·大義名分을 중요시한 것과 관련이 있다.[11] 즉, 혈연이나 가문을 배경으로 하는 사적인 인간관계는 단순히 개인적인 친분에 그치는 않는다는 것이다. 이는 필연적으로 그것을 바탕으로 한 인맥화, 私黨化가 이루어지고, 정도전은 바로 이것을 경계한 것이다. 이는 나아가 합리적이고 공적인 인재 등용을 저해하는 요인으로 작용하였기 때문에 혈연관계 등에 의한 인사 관행에 부정적인 견해를 보였던 것이다.

다시 말해, 조선의 개국 직후에 새롭게 집권한 정치 세력은 종래와는 다른 개혁적 성향을 가진 집단이었다. 하지만 여전히 고려 말의 권문세족과 연결되는 자가 많았고, 인사권도 이와 관련된 인물이 많았다. 따라서 이에 의한 친인척 관계 내지 좌주·문생 관계에 의한 인사 경향은 계속 이어졌다. 그러한 경향은 적어도 太宗의 집권 시기까지 이어졌던 것 같다.

한 사례로 당시 판상서사사를 지낸 인물은 李芳遠, 河崙, 趙浚, 成石璘, 閔霽, 李舒, 金士衡, 李居易, 李茂, 沈德符 등의 10명이었다. 이 가운데 김사형, 이거이, 이무, 심덕부를 제외한 하륜은 李仁復의 문생이자 그 동생 李仁美의 사위이며, 성석린, 민제, 이서는 廉興邦과 同年으로 역시 이인복의 문생이었다. 이방원 역시 禹玄寶와 李仁敏의 문생이었다. 또한 조준도 이인복을 좌주로 하는 염흥방의 문생이었다. 이러한 사적 관계는 태종 14년(1414) 4월 판의정부사 李稷과 영부사 河崙과의 상피제 적용 논란에서도 확인되고 있다.[12]

---

11) 都賢喆, 〈앞의 논문〉, p.73.

12) ≪태종실록≫ 권27, 14년 4월 庚午條 ; ≪萬姓大同譜≫(上 p.257 ; 下 p.487 ; 續編 p.54). "여기에서 李稷은 河崙의 처 이씨의 從弟이다. 다시 말해 대제학 李兆年(星州李氏)의 손자에는 李仁復, 李仁任, 李仁美, 李仁立, 李仁敏 등이 있었다. 이 가운데 李仁立의 아들 李濟가 太祖의 駙馬가 되었고, 李仁敏의 아들이 李稷이었다. 또한 하륜은 李仁美의 사위였다. 따라서 하

이러한 사실을 종합해 볼 때 조선 초기 지배 세력의 최상층부가 신흥 세력이 주류를 이루고, 여기에 권문세족을 비롯한 고려의 구세력이 참여한 형태로 새롭게 재편되었음을 알 수 있다.13) 이에 따라 고려와 조선 건국 초기의 지배 세력 간에는 일정한 지속성을 유지하였고, 종래의 인사 관행도 여전히 시행되고 있었을 것이다.

이러한 상황에서 조선 건국의 선두에 있었던 鄭道傳은 비록 상피제에 대한 구체적인 사실을 언급하지는 않았지만, 고려 말에 행해지던 인사 관행의 모순을 극복하려고 노력하였고, 이러한 일련의 노력이 바로 상피제의 시행에 상당한 영향을 주었을 것으로 여겨진다.

조선은 국가의 기틀을 마련해 가면서 친족을 중심으로 한 사회 규범의 마련에 많은 노력을 기울인다. 이러한 경향은 성리학적 사회 질서의 정착과정 속에서 이루어지고 있으며, 그들 간의 윤리의식도 유교 윤리가 기준이 되어갔다. 그리고 규범의 정착에 대표적인 역할을 한 것이 綱常論의 전개였다.

이는 고려 말부터 내려오던 혈연이나 가문을 배경으로 하는 사적인 인간관계를 획기적으로 개선할 중요한 이념으로 받아들여졌다. 조선사회가 성리학적 사회 질서를 확립해 나가는 과정에서 친족에 관한 범위 규정 내지 그 친목 유지를 위한 사회 규범으로 커다란 역할을 하였고, 이것이 관직상피 제도를 채택하는 하나의 요인으로 작용하였다.

그러한 역할은 세종 때 집현전을 통한 5례의 정리와 ≪三綱行實圖≫·≪孝行錄≫ 등의 간행이 이루어짐으로서 이를 뒷받침하게 된

륜의 장인인 이인미는 이직의 큰아버지이었으므로 하륜의 처 이씨와 이직은 4寸間이었다. 그러나 당시 堂上官은 상피대상에서 제외되었기 때문에 그대로 임용되었다."

13) 李東熙, 〈朝鮮初期 官人層硏究〉, ≪국사관논총≫ 72, 국사편찬위원회, 1996, p.48.

다. 이러한 ≪삼강행실도≫의 간행, 편찬은 수직적인 신분 질서를 강조하는 것이었고, 조선사회가 유교 정치 내지 유교 사회로 나아가는 발판이 되었음을 의미하는 것이다.

이와 더불어 태종 때 지배층의 개편과 제도 정비 과정의 노력에서 조선사회의 상피제가 구체적으로 나타나는 경향을 보인다. 물론 상피제는 뒤에서 살펴보겠지만, 건국 초인 太祖 연간부터 점차로 保擧, 去官, 褒貶 등의 인사 규정이 마련되면서 상피제가 설행되고 있고, 보다 강화되어 마련된 것은 태종 때일 것이다.

이는 최상층부의 구성이 태종 5년(1405) 1월의 관제 개혁을 계기로 서서히 시정되어 갔던 것과 관련이 있다.[14] 즉, 상서사의 인사 기능을 동반은 이조로, 서반은 병조로 귀속시키고, 상서사는 寶璽·符信의 관리에 한하는 조치를 취하면서 고려 후기 좌주·문생, 혼인, 혈연 등의 관계에 의한 복합적인 인사는 줄어들기 시작하였다.[15] 이는 태조 이래로 당하관의 인사 관리는 銓曹가 맡고, 인사〔銓注〕는 尙瑞司에서 맡아오던 이원적 체제가 태종 5년의 관제 개혁을 계기로 인사와 인사 관리가 모두 銓曹로 이관된 것이다.[16]

이후 六曹直啓制가 실시되면서 이러한 인사 정책은 더욱 강화된다. 이는 6조직계제가 왕권과 신권을 중심으로 한 권력 구조와 그 운영 상 나타나는 현상이었기 때문이다. 즉 태조 초에 재상이 주도하는 都評議使司 중심의 체제를 태종 때 개혁을 거쳐 국왕이 주도하는 체제로 바뀌면서 명령 체계가 의정부에서 6조로 이어지는 체계로 바뀐 것이다. 이로써 강력한 국왕의 통제권 아래에서 재상의

14) ≪태종실록≫ 권9, 5년 1월 壬子條.
15) 그러나 실재 科擧의 座主·門生法은 태종 13년 1월(≪태종실록≫ 권25, 13년 1월 丙戌條)에 폐지되고 있어서 尙瑞司의 人事機能이 없어진 이후에도 기능은 다소 약해졌으나 그러한 전통은 적어도 태종 13년에까지 일정기간 계속되었던 것으로 여겨진다.
16) 南智大, ≪朝鮮初期 中央政治制度研究≫, 서울대 박사학위, 1993, pp.73~87.

발언권은 약화되었다. 태종 14년(1414)부터 세종 17년(1435) 까지는 6조가 중심이 되어 국정을 운영한 시기가 바로 그러한 때에 해당된다.[17)]

이와 같은 구조 하에서 지방에 대한 통치 구조는 태종 13년(1413)에 8도 체제를 갖추었고, 이를 바탕으로 전면적인 郡縣制를 실시하였다. 이러한 군현제의 실시에 따른 그 성패 여부는 왕조 및 국왕의 지방 통치와 불가분의 관계를 갖고 있으며, 지방 통치는 당대의 정치 생명을 의미한다고 하겠다.[18)] 따라서 종래의 토착 세력을 개편하여 대부분 향리로 격하시켰고, 모든 지방관〔外官〕은 중앙관〔京官〕으로 파견하였다. 이는 지방관을 중앙의 직접 지배 아래에 놓이게 하는 동시에 관찰사·수령 등은 상피제, 任期制, 考課制 등에 의해서 임용하여 그들이 지방 세력화되는 것을 방지하였다.

한편, 조선 초기 인사 문제 가운데 그 시행 목적이 상피제와 유사한 것으로 奔競禁止法이 있다.[19)] 원래 奔競이란 奔趨競利의 준말로 특히 관직을 노려 집정 가문에 드나드는 것을 말한다. 조선시대 분경금지법은 정종 1년(1399) 8월에 최초로 시행되었고, 태종 때 강화되었다.[20)] 그런데 이러한 분경금지법은 세종 때에 이르러 상피법을

---

17) 韓忠熙, 〈朝鮮前期(태조-선조 24년)의 權力構造研究〉, ≪국사관논총≫ 30, 1991, pp.42～43. "氏는 조선 전기에는 태종 14년에서 세종 17년(1435), 세조에서 중종 10년(1515)에 六曹直啓制가 실시되었고, 태종 5년에서 13년 사이와 세종 18년에서 단종, 그리고 중종 11년에서 28년 사이에는 議政府署事制가 실시되었다고 하였다."

18) 李存熙, 〈朝鮮前期의 外官制〉, ≪국사관논총≫ 8, 1989, p.70.

19) 李光麟, 〈奔競禁止法의 制定과 그 變遷에 대하여〉, ≪동방학지≫ 4, 1958, pp.99～109.

20) 태종 때의 분경금지법은 三軍府와 司憲府로 하여금 武臣의 집과 執政의 집에 분경을 금하게 하였고,(≪태종실록≫ 권1, 1년 5월 戊申條) 다시 친척이 아닌 자가 權貴의 집에 분경하다 적발되면 時職, 散職을 막론하고 付標過名하여 그 敍用을 허락하지 않았다.(≪태종실록≫ 권23, 12년 1월 辛亥條.)

강화하는 과정에서 그의 적용 범위에 대한 보완책이 논의되고 있다. 즉, 세종 14년(1432) 3월에 인사 행정을 맡은 자의 자손은 관직을 제수 받지 못하게 하면서 상피 예에 따라 4촌까지를 한계로 한 조치가 그것이다.21)

이렇게 분경금지법은 태종 때의 정신을 계승한 것이지만, 그 적용 범주만은 상피의 예를 따르고 있다. 여기에서 주목되는 것은 이러한 조치를 바탕으로 당시 상피제의 적용 범주는 고려시대와 마찬가지로 4촌 이내라는 사실이었음을 아울러 알 수 있다.

그렇다면 왜 분경금지법과 상피제를 연계하여 그 기준을 마련하였을까 하는 것이다. 이는 상피제와 분경금지법에서 확인된다. 즉, 상피제는 본인을 기준으로 아주 가까운 친인척에 대한 제한정책인 반면에, 분경금지법은 타인 또는 친인척 관계에 있는 자들이 權貴 상호 간의 연락을 빌미로 벌이던 獵官運動을 금지하는 것이다. 하지만 이들 제도는 원칙적으로 정치 세력화에 따른 私黨 형성과 정부의 비방 행위를 막고자 시행된 제도라는 공통적인 사실을 가지고 있다. 따라서 상피제 시행에 있어서 분경금지법은 중요한 그 배경이 되었던 것이다.

2. 經濟六典의 편찬과 상피제 정비

조선시대의 상피제는 건국 초기인 태조 때부터 마련되었고, 태종 때 왕권 강화 정책과 관련하여 한층 강화되고 있다. 이러한 사실은 ≪조선왕조실록≫의 기록에서 확인되고 있다.22) 따라서 기록상 나타

---

21) ≪세종실록≫ 권55, 14년 3월 甲申條.

22) 여기에는 태조 6년 7월 奴婢決事에 관련한 상피기사, 태종 2년 8월 奴婢訟文의 재판부서에 관련된 상피기사, 4년 5월 金貴珍의 良賤 辨別과 관련된 상피기사, 6년 윤7월 奴婢 相爭의 처리에 따른 상피기사, 14년 4월 判議政府事 李稷과 領府事 河崙에 대한 상피기사, 14년 5월 노비결송 관원의

나는 몇몇 사례를 바탕으로 그 법제화 과정과 성립 시기 및 법제적 변천 등을 검토하는 일이 선행되어야 할 것이다.

대개 조선시대 법제는 王命이란 형식을 통해서 만들어졌고, 왕의 재가를 받아 해당 관청에 내려진 受敎 내지 受判을 바탕으로 법전을 편찬하였다. 이 가운데 태조 6년(1397) 경에 ≪吏讀六典≫, ≪方言六典≫이라 불리는 ≪經濟六典≫이 최초로 간행되었다.

이후 법전의 편찬은 계속되었다. 즉 하륜과 李稷 등이 ≪경제육전≫의 ≪元集祥節≫과 ≪續集祥節≫을 편찬하였고, 다시 이를 가다듬어 태종 13년(1413) 4월에 새로운 ≪경제육전≫을 완성하였다. 원집상절은 조준이 편찬한 경제육전의 吏讀 문체를 순한문체로 고쳐 쓴 것인데 이를 ≪元六典≫이라고 불렀다. 그리고 속집상절은 경제육전의 편찬 이후 태종 8년(1408)까지의 수교를 편찬한 것으로 이를 ≪續六典≫이라 불렀다. 태종은 두 법전을 태종 14년(1414) 2월에 반포하였다.[23)]

이러한 사실로 미루어볼 때 비록 ≪태조실록≫과 ≪태종실록≫에는 상피제에 대한 법제화 과정 기사가 보이지 않는다 하더라도 실제로는 해당 법전에 상피제에 관한 기사가 명문화되었을 가능성은 다분하다.[24)] 이러한 사실을 뒷받침해주는 기사를 살펴보면,

> 예조에서 계하기를, "京外官의 相避式은 元典에는 本宗 三寸叔을 詳節에는 伯叔이라고 일컬었는데, 지금 朱子家禮에 의거하여 伯叔父로 고치고, 元典에는 外親兄弟를 詳節에는 다만 舅子라고만 일컬었는데, 지금 姑子 · 姨子를 모두 本宗의 九族이라 일컬으며, (중략)[25)]

소송에 따른 상피기사(2군데), 14년 11월 各司의 行首에 대한 상피기사, 17년 6월 奴婢屬公에 관련된 자의 상피기사 등의 기사가 보이고 있다.

23) 權延雄, 〈法制篇〉, ≪韓國學基礎資料選集-近世Ⅰ篇-≫, 한국정신문화연구원, 1994, pp.107～108.

24) 연세대국학연구원편, ≪經濟六典輯錄≫, 신서원, 1993, pp.56～57.

라고 하였다. 이러한 사실은 이미 ≪元典≫·≪속집상절≫ 등의 법전에 상피법에 대한 내용이 명문화되어 있었음을 확인시켜 준다. 또한 단종 때 掌令 金之慶 등이 상소에서 "상피의 법은 六典에 실려 있다."[26] 라고 언급한 사실에서 알 수 있듯이 ≪六典≫ 등의 법전에도 실려 있었다. 그 내용도 ≪경국대전≫의 조문처럼 구체적이지는 않지만 京官職·外官職의 상피제가 시행되고 있었다. 이는 적어도 상피법이 세종대 이전에는 채택되어 시행되고 있었음을 확인시켜 주는 것이다.

그러한 사례는 奴婢爭訟에 관련된 訟事와 決訟官 사이의 상피 규정, 決訟 담당기관 선정 등에 관한 내용이 부각되고 있는 기록에서도 확인되고 있다. 즉, 노비 쟁송을 판결하는 결송 관리가 상피에 적용되면 그 처리 사항은 다른 관아로 넘겨져 처리하는 것이 관례이었는데, 태조 6년(1397) 7월 기록이 그 최초의 기사이다.

당시의 노비 결사에서 쟁송 자가 辨正都監에 상피되는 친족이 있으면, 처리하는 곳을 옮겨 決給하고, 使孫에게 상피되는 자는 都官이나 사헌부·형조 중 상피되지 않는 곳에 옮겨 보내어 決折하게 한 것이 그것이다. 이것은 태종 14년(1414) 5월에 제정된 〈奴婢事目〉에서 辨正都監의 관원이 상피와 관련된 訟事가 있을 시에는 사헌부로 이송하여 이를 형조와 도관에서 결절하도록 한[27] 조문에 그대로 실렸다.

이후 세종 17년(1435) 11월에 訴良과 노비의 송사는 형조로 하여금 主掌都官이 상피한 것을 제외하고는 모두 都官으로 심리하게 하

---

25) ≪세종실록≫ 권39, 10년 2월 癸丑條.

26) ≪단종실록≫ 권9, 원년 11월 丁丑條. "이러한 사실은 세종 때(≪세종실록≫ 권94, 23년 10월 戊辰條) 掌令 金孟獻이 〈載在六典〉라 언급한데에서도 확인된다."

27) ≪태종실록≫ 권27, 14년 5월 己卯條.

여[28] 상피 자는 철저히 심리에서 배제시키는 조치를 취하였다. 그러다가 세종 30년(1448) 10월 노비 송사는 ≪육전≫의 결송기한을 지키되, 上官이 상피되면 다른 관청〔他官〕으로 옮기고, 下官이 상피되면 다른 부서〔他房〕로 옮기게[29] 하여 상하 관에 대한 在下當避 원칙 내지 在下當遞의 원칙이 송관상피에서 구체적으로 마련하였다. 따라서 앞에서 언급한 바와 같이 태조에서 태종 때까지의 시기에 訟官相避가 자주 등장하는 것으로 보아 이들 내용도 위의 法典에 실렸을 가능성이 충분하다 하겠다.[30]

또한 위의 사료에서는 상피제의 입법 규정도 구체적으로 나타내고 있다. 즉, 세종 10년(1428)에 국왕이 종래의 상피법을 검토하면서 이를 ≪원전≫과 ≪상절≫의 親族名稱 사례를 비교하여 그 차이점을 논하였고, 이를 다시 ≪朱子家禮≫·≪대명률≫ 등에 의거하여 계속 개정하고 있음을 알 수 있다. 이러한 과정을 거쳐 세종 14년(1432) 3월에 儀禮詳定所와 집현전으로 하여금 중국의 역사책을 참고로 하여 실재 준행 되었던 상피제의 실례를 조사하게 하였고, 이러한 작업을 거쳐 조선에서 인사 행정 담당자의 아들·사위·아우·조카들의 관직에 대한 제한 규정을 마련하기에 이르렀던 것이다.[31]

이렇게 세종 당시 상피법의 입법과 시행은 국가 질서의 기틀 마련을 통한 제도의 정비이라는 현안 해결이 주요 과제였다. 세종 24년(1445) 7월에 "앞서 相避之法을 세우고 外官相避法을 만든 것은 옛 제도를 참고로 하여 바른 도에 합치시킨 것이다." 라고[32]

---

28) ≪세종실록≫ 권70, 17년 11월 己巳條.

29) ≪세종실록≫ 권122, 30년 10월 辛酉條.

30) ≪決訟類聚補≫(한국학자료총서 8), 한국정신문화연구원, 1996, p.226. "실재로 朴秉濠씨는 위의 책에서 상피법은 ≪元六典≫에서부터 규정되어 온 것으로 추측하였다."

31) ≪세종실록≫ 권55, 14年 3月 甲申條 ; 乙酉條.

32) ≪세종실록≫ 권97, 24년 7월 癸酉條.

한 기사와 맥락을 같이하는 것으로 이미 조선사회의 상피제 규정이 태조에서 태종 연간에 만들어졌고, 세종 때를 계기로 강화되었음을 알 수 있다.

그런데 상피제의 법제화 과정에서 국왕의 권력 행사보다 신권의 비대화에 따른 상피제의 문란이 야기된 때도 있었다. 그 대표적인 시기가 端宗代였다. 단종 연간에 이르러 관직에 관한 상피제가 이전과 달리 黃標政事 등의 인사 파행 현상과 맞물려 제도적으로 문란해진다. 이는 단종 즉위년(1452) 5월에 議政府相避法 제정이 무산되고,[33] 이어 인사에 관한 '啓特旨'가 남발되면서 이듬해 6월에 천거 때 議政大臣의 자식 · 사위 · 동생 · 조카 등에 대한 상피법 적용이 완화되는 것과 관련이 있다.[34]

이러한 경향은 관직 상피법이 일정 기간 유명무실화되는 현상을 낳았고,[35] 이는 의정대신 金宗瑞와 皇甫仁의 경우에서 극명히 드러난다. 단종 1년(1453) 1월의 인사를 보면, 김종서의 인아였던 金孟獻을 判典醫監事로, 아들인 金承珪를 守典農寺尹으로, 황보인의 아들인 皇甫錫을 司僕寺少尹 등으로 삼았다. 또한 같은 해 9월에는 황표정사에 의거하여 황보인의 사돈인 尹三山을 判通禮門事로, 김종서의 사위인 朴金孫을 宗廟署丞 등에 임명하였다. 결국 신권은 이전 시기보다 비대하게 된다.

이와 같은 관직상피 제도의 전개는 癸酉靖亂의 한 원인이 되어 세조 일파가 경쟁 관계에 있던 세력을 제거하는 명분으로 작용하고 있다.

이후 제도의 문란으로 이어져 관직 상피제가 위축시키는 결과를 낳았다.[36] 결국 상피제는 세종 때의 상피 법 정비 취지를 강조하는

33) ≪단종실록≫ 권1, 즉위년 5월 癸丑條 ; 己卯條.
34) ≪단종실록≫ 권6, 원년 6월 癸巳條.
35) ≪단종실록≫ 권5, 원년 1월 壬戌條 ; 권7, 원년 9월 丙寅條.

방향으로 논의되었고, 시행에 있어서도 엄격한 준행이라는 원칙론적인 입장이 나타나는 경향을 보이고 있다.37) 하지만 곧이어 世祖의 집권으로 왕권이 강화되면서 국왕의 권력 행사에 자신감을 보이게 된다. 그렇지만 상피 제도 운영에서는 많은 걸림돌이 상존한 것도 사실이었다.

한 사례로 세조 이후 成宗 때의 외척은 위와 같은 경향을 이해하는데 중요한 단서가 될 것이다. 후술하겠지만, 대개 외척은 역사적으로 국왕의 왕권 강화 과정에서 중용되기도 하고, 배척되어 거세당하기도 하는 존재로 국왕의 정사에서 불과분의 관계를 내포하는 것이 일반적인 현상이다.

조선이 건국한 이래로 100여 년이 내려오면서도 중앙의 淸顯職은 여전히 문과 출신이 임용되었다. 하지만 지방의 수령과 邊將 등은 재상의 청탁에 의해 권신과 척신들의 자제가 임명되기도 하였다. 또한 상피제 · 循資法과 같은 인사 원칙이 척신 세력에게는 적용되지 않는 등 척신 세력의 영향력 아래서 인사 행정이 운영되고 있었다.

그런데 인간관계에는 학맥 외에도 친인척 관계, 교우 관계, 司馬試, 문과의 同榜 及第 관계, 같은 관청의 상하 · 동료 관계 등과 같은 많은 관계가 있다. 척신 세력의 경우 정치 집단화 과정에서 학맥에 의한 결속이 이후의 士林派에 비하여 상대적으로 약했지만, 그 외에 다른 요인, 예컨대 친인척 관계, 교우 관계 등이 정치 집단화의 요인이 되었다.38)

따라서 위와 같은 외척의 상피제 문제는 15세기 정치적 중앙 집

36) 졸고, 〈15 · 16세기 강상론의 사회규범화와 상피 문제〉, ≪역사와 교육≫ 9, 2000, pp.155~163.

37) ≪단종실록≫ 권9, 원년 12월 甲申條.

38) 金宇基, ≪朝鮮中期 戚臣政治硏究≫, 집문당, 2001, p.99, p.148.

권화가 勳臣의 사적 경제 기반의 확대와 신분적 특권화 및 세습화에 따른 '權貴化'를 초래하는 부작용을 최소화하려는 방향으로 정책을 펴기에 이른다.[39] 실재로 ≪경국대전≫의 완비 시기 이후에서 東西朋黨이 정치적으로 쟁점화 되던 시기 전까지는 상피제가 엄격한 법 체제 준행을 강조하는 데에서도 알 수 있다.

이상에서 살펴본 바와 같이 조선왕조는 태조와 태종 때 保擧 등의 인사 행정에 대한 기틀을 다졌다. 그리고 연고로 인하여 관리가 일부러 핑계를 삼아 피하는〔辭避〕 것도 거의 관례처럼 의식화되어 갔다.[40] 그러한 관행은 ≪경제육전≫에서 인사 행정의 법제화와 더불어 상피법의 명문화로 이어진다.

일련의 정책은 太宗이 인사에 영향력을 행사하던 대신 세력과 공신 세력을 견제하는 한편, 왕권을 위협할 수 있는 정치 세력을 인정하지 않는 데에서 기인한다. 사실 태종은 공신 등의 집단적 정치 세력화를 막기 위해 견제와 제거를 병행하였다.[41] 이에 따라 태종 자신도 분경금지법을 강화하고, 6조직계제와 군현제 등을 채택하면서 중앙 집권화를 확립해 갔고, 상피제에 대한 규정도 확대하여 시행하였던 것이다.

또한 世宗 때부터 유교 정치를 할 수 있는 문물과 제도가 정비되

---

39) 실재로 鄭杜熙는 ≪朝鮮初期 政治支配勢力 硏究≫(일조각, 1983, p.3)에서 成宗代의 特權階層은 世祖代의 勳臣으로 〈勳舊派〉라고 불린다. 이들은 막대한 經濟的인 富를 소유하고 있는 동시에 政治權力을 독점하고 있으며, 사회적으로도 상당한 門閥意識을 지닌 세력이었다는 견해가 학계에 일반적인 시각임을 밝히고 있다. 위의 사실을 미루어 볼 때 상피제는 성종이 中央集權化하는 과정에서 강력히 추진한 제도 가운데 하나였던 것으로 여겨진다.

40) 權近, ≪陽村集≫ 第15卷, 〈序類〉, 送金堂後序 爾音條.(국역총서 175, 민족문화추진회, 19이러진다. 85, pp.13～15)

41) 韓忠熙, 〈太宗條의 王權과 政治運營體制〉, ≪국사관논총≫ 30, 국사편찬위원회, 1991, p.13.

면서[42] 이에 따른 인재의 적재적소 배치 여부를 따지는 상피법은 제도적으로 더욱 강화되었다. 이것이 ≪경국대전≫에서 구체화되어 시행되었다.

3. 經國大典의 편찬과 상피제 완비

상피 제도에 관한 기본적인 골격은 ≪경국대전≫ 상의 〈이전〉의 相避條에 그 법조문이 수록되어 있고, 그 밖에 특별한 업무를 수행하는 규정으로 권3 〈예전〉 諸科條에 試官相避[43]와 권5 〈형전〉 私賤條에 訟官相避[44]가 규정되어 있다.

특히 권1 〈이전〉 상피조의 조문은 상피제가 적용되는 해당 친인척 범위에 관한 조문과 이에 따른 적용 관청 이름을 나타내는 조문으로 나누었고, 이를 大文相避와 小註相避로 구분하여 수록하였다.[45] 여기에서 대문상피 조문에 대한 아래의 기록을 보면,

> "京官職이나 地方官司의 관원은 本宗의 大功以上 친족 및 女婿, 孫女婿, 姉妹의 夫와 外戚의 緦麻以上의 친척 및 妻의 親父, 祖父, 兄弟, 姉妹의 夫는 모두 상피한다.[46]

---

42) 崔承熙, ≪朝鮮初期 言官·言論研究≫, 서울대출판부, 1976, p.163.

43) ≪經國大典≫ 卷3, 〈禮典〉, 諸科條. "試場置二三所 擧子與試官應相避者赴他所 父赴覆試者子避 「武科同」"

44) ≪經國大典≫ 卷5, 〈刑典〉, 私賤條. "傳得奴婢者 期年內告官受立案 若財主成文契而死者 召侍病族親或奴婢 閱實給立案 「田宅同」. 各其所居處告官 有相避者移他官"

45) 이러한 大文相避, 小註相避의 용어는 ≪典律通補≫ 〈吏典〉 相避條에서 "本宗 大功以上親 及 女夫 孫女夫 姉妹夫 外親 緦麻以上 妻親父 祖父 兄弟 姉妹夫(〔經〕 以上稱大文相避〔補〕)" "本宗 三寸叔母·姪女夫 四寸姉妹夫 外親 三寸叔母夫 妻妾親 三寸叔姪 叔母 姪女夫 四寸兄弟 并相避(〔經〕 以上稱小註相避〔補〕(중략)"라 한데서 인용한 것이다.

46) ≪經國大典≫ 卷1, 〈吏典〉, 相避條. "京外官 本宗 大功以上親 及 女夫 孫女夫 姉妹夫 外親 緦麻以上 妻親 父 祖父 兄弟 姉妹夫 並相避"

라고 하였다. 또한 소주상피 조문에 관한 아래의 기록을 보면,

> "學官과 軍官은 상피하지 아니한다. 의정부, 의금부, 이조, 병조, 형조, 都摠府, 한성부, 사헌부, 五衛將, 兼司僕將, 內禁衛將, 승정원, 掌隷院, 사간원, 宗簿寺, 部將, 史官은 모두 本宗의 삼촌숙모의 夫, 姪女의 夫, 사촌자매의 夫와 외척의 三寸叔母의 夫, 妻妾의 同姓三寸叔父, 姪, 叔母의 부, 질녀의 夫, 사촌형제는 상피한다.「訴訟 사건을 담당하는 것도 또한 같다.」吏房承旨 및 吏曹의 관원은 상피할 자가 있으면 임용하지 아니하고「堂上官은 반드시 그러하지 아니한다.」재직기한이 만료된 자는 依例히 전임한다.「兵房承旨 및 兵曹에서도 같다.」병조와 도총부의 당상관, 겸사복장, 오위장은 비록 동일한 관사가 아니라도 공통하여 상피한다."[47]

라고 하였다. 이러한 조문을 통해 볼 때, 상피제가 적용되는 기본 범주는 京官과 外官을 막론하고 직계는 大功 이상 친족 및 사위·손녀사위·매부였고, 방계는 외척이 緦麻 이상의 친척, 처족이 장인·처조부·처남·동서 등 이었다.

그리고 소주상피의 상피 규정은 의정부, 의금부, 이조, 병조, 형조, 도총부, 한성부, 사헌부, 오위장, 겸사복장, 내금위장, 승정원, 장례원, 사간원, 종부시, 부장, 사관 등의 관리 가운데 직계가 고모부·조카사위·종매부와 외척의 이모부, 그리고 처첩의 同姓三寸叔父와 조카·고모부·조카사위·종형제 등이 해당되었다. 이는 소송 사건의

---

47) ≪經國大典≫ 卷1, 〈吏典〉, 相避條. "學官 軍官 則勿避, 議政府 義禁府 本曹 刑曹 都摠衛 漢城府 司憲府 五衛將 兼司僕將 內禁衛將 承政院 掌隷院 司諫院 宗簿寺 部將 史官 則並避, 本宗 三寸叔母·姪女夫 四寸姊妹夫 外親 三寸叔母夫 妻妾親 同姓三寸叔 姪 叔母·姪女夫 四寸兄弟「聽訟同」. 吏房承旨 及 本曹官員 有相避者 勿除職「堂上官不在此限」滿仕者例遷「兵房承旨及兵曹同」兵曹 都摠府堂上官 兼司僕將 內禁衛將 五衛將 則雖非同衛門通 爲相避"

담당에서도 같았다. 또한, 이방승지 및 이조의 관원은 상피할 자가 있으면 임용하지 아니하고, 재직 기한이 만료된 자는 당연히 전임하였다. 병방승지 및 병조에서도 이방승지와 이조의 예를 따랐다. 아울러 병조와 도총부의 당상관, 겸사복장, 오위장은 비록 동일한 관사가 아니라도 공통하여 상피 규정이 적용되었다.

이렇게 상피 규정의 적용이 확대, 시행되던 기관 내지 관직은 위에서 볼 수 있듯이 권력의 핵심에 놓여있던 곳이거나 그러한 자리였다. 따라서 이들에 대한 인사는 국가의 통치권 차원에서 그 공정성을 확보하는 것이 무엇보다 중요하였다.

대개 대문상피에 비해 소주상피 규정을 별도로 둔 것도 위와 같은 경향에 의한 것으로 사료된다. 그리고 그에 따라 마련된 제도의 한 형태가 바로 상피 제도임을 알 수 있다.

또한 당상관은 "堂上官不在此限"이라 하여 상피 대상에서 제외되었다. 당상관의 상피 적용 논의는 앞에서 검토한 바와 같이 태종 때 판의정부사 李稷과 영부사 河崙 간의 大臣相避法이 제기된 이래로 끊이지 않고 이어졌고, ≪경국대전≫이 완성된 이후에서도 계속 되었다.[48)]

그런데 병조와 도총부의 당상관, 겸사복장, 오위장은 "兵曹 都摠府堂上官 兼司僕將 內禁衛將 五衛將 則雖非同衛門 通爲相避"라 하여 비록 동일한 관사가 아니라도 공통하여 상피하게 하였다. 이는

---

48) 여기에서 ≪경국대전≫ 상의 조문 가운데 "吏房承旨及本曹官員有相避制者勿除職「堂上官不在此限」" 의 기사가 문제이다. 小註相避로 되어 있는 "堂上官不在此限"의 규정이 吏房承旨 및 吏曹官員 간의 相避에 관한 것인지, 아니면 모든 당상관에도 적용되는 것인지에 관한 문제가 당상관의 상피제 적용에 있어서 논란으로 제시되고 있어 앞으로 이에 관한 검토가 이루어져야 할 것으로 생각된다. 한편, 위와 같은 논란은 ≪성종실록≫ 권119, 11년 7월 甲申條 ; ≪연산군일기≫ 권15, 2년 6월 壬午條 ; ≪중종실록≫ 권5, 3년 1월 丙辰條 ; ≪선조실록≫ 권159, 36년 2월 癸巳條 등의 기사에서도 확인되고 있다.

당상관이 상피 대상에서 제외된다는 규정 이외 따로 두었던 예외 조항으로 어느 한 쪽에 군사권이 집중되어 국왕의 권한 내지 권력 행사를 약화시키는 근원을 처음부터 차단하려는 노력이었다.

하지만 임시로 설치한 각 군문은 도제조 및 제조와 大將과의 상피 규정을 定式으로 마련하지 않았다.[49] 그러한 이유는 대신의 겸직과 관련이 있었다. 후대에 일이지만, 경종 3년(1723)에 금위영 도제조와 겸제조인 병조판서 李肇의 상피 사례에서 보듯이 승정원에서 牌招하여 직임을 수행케 하였다. 하지만 당사자는 상피를 빌미로 출사를 거부하는 경우도 있었다.[50]

상피제의 규정은 성종 23년(1493)에 ≪대전속록≫을 펴내면서 "婚姻家並相避"의 조항을 추가하여 경국대전 체제를 한층 강화하고 있음을 보여주고 있다.[51]

상피 적용에 의한 遞職은 밑에 관직을 상피하는 것이 원칙이었다.[52] 이는 연산군 2년(1496) 11월에 盧公弼의 부자 간 상피 적용 논의에서 장령 李自健이 "在下當避의 법은 지엄하다." 라고[53] 지적한 데에서도 확인되고 있다. 그런데 ≪경국대전≫의 상피 조에는 이러한 원칙이 보이지 않고 있다. 다만 〈예전〉 諸科條에서 "아버지가 覆試하면 아들이 피한다." 라는 규정이 있어서 '在下當避' 또는 '在下當遞'의 원칙은 당연히 적용되던 원칙이었다.[54]

---

49) ≪국역비변사등록≫ 숙종 32년 12월 1일조 ; ≪국역비변사등록≫ 경종 3년 10월 5일조 ; ≪국역비변사등록≫ 경종 3년 10월 15일조.

50) ≪국역비변사등록≫ 경종 3년 11월 19일조.

51) ≪大典續錄≫ 卷1, 〈吏典〉, 雜令條.

52) ≪성종실록≫ 권25, 3년 12월 乙丑條. "院相韓明澮啓曰 相避之法 或兄弟姪同一官 則在下者避之(중략)"

53) ≪연산군일기≫ 권19, 2년 11월 丁卯條.

54) 그런데 在下當遞 내지 在下當避의 용어가 실록 상 기록 이외에 구체적으로 법전에 나타난 시기는 1634년(인조 12)에 承傳으로 확정되면서이다. 이것이 숙종 때 ≪受教輯錄≫에서 그대로 명문화되었으며, 이후 ≪續大典≫

이렇게 大典 상 재하당체 내지 재하당피 원칙을 둔 것은 원래 兩頭場[55] 또는 別頭場, 兩所, 場貳所라 하여 2개 시소 이상을 설치한 데에서 기인한다. 그 기원은 중국의 송나라의 熙寧 연간에 試官 및 監試官의 자제들을 轉運司에 따로 모아 별도로 시험을 치루면서 別頭場이라 부르게 한 데에서 유래한다.[56]

과거에서의 양두장 설치는 기록상 고려시대에는 그 흔적이 보이지 않고, 조선 世宗 연간에 들어와 처음으로 실시된 것으로 여겨진다.[57] 이것이 ≪경국대전≫에서 그대로 법제화되었다.

즉, ≪경국대전≫ <예전> 諸科條에 보면, 과거 시험장을 1소와 2소로 나누어 설치하되 擧子와 試官이 상피 대상자이면 다른 장소로 옮기게 하였고, 아버지가 覆試에 응시하면 그 아들을 피하게 하였다. 이는 武科에서도 적용되었다. 이러한 시소 문제는 ≪육전조례≫ 〈예전〉 科擧條에서도 兩所 규정을 두고 있어서[58] 조선왕조 내내 시행되었던 것으로 짐작된다. 외관상피에서도 위와 같은 경향은

등의 법전에서도 이어졌다. 이러한 원칙은 從卑迴避라 하여 中國의 迴避制에서도 확인되고 있다. 즉, 종비회피란 下官 자가 上官 자를 피하고, 祖孫父子 관계에서는 子孫이 大官에 있을 때를 제외하고는 子孫이 父祖를 피하여 타관으로 옮기게 한 원칙이었다.

55) ≪세종실록≫ 권103, 26년 1월 丁丑條.

56) ≪세종실록≫ 권78, 19년 7월 丁酉條.

57) 우리나라에서의 兩頭場 설치는 曺佐鎬가 ≪韓國科擧制度史研究≫에서 ≪세종실록≫ 권78, 19년 7월 丁酉條의 議政府 啓聞을 근거로 進士生員之試에 兩所를 설치하고 避親子弟를 시험 보게 한 사실을 들어 양두장 설치는 세종 19년(1437) 7월이라 하였다. 그러나 ≪增補文獻備考≫ 卷186, 〈選擧考3〉, 科制3(국역선거1, p.120～121) ; (국역선거1, p.125)에서는 세종 20년(1438) 式年에 生員, 進士의 兩頭場을 비로소 두어, 漢城府와 南學에 장소를 나누어 試場을 설치하였다고 하고 있어서 이에 대한 검토가 필요할 것이다. 이렇게 설치 연대는 확실하지 않지만 兩頭場의 설치가 世宗年間에 처음으로 설치된 것은 분명한 것 같다.

58) ≪六典條例≫ 卷3, 〈禮典〉, 科擧條. “文科初試 分兩所「試官 各差正三品以下三員 監察 各一員監試」(중략)覆試 初場 分兩所「試官 各差從二品以上三員 正三品以下四員 本曹堂上 備員差出 兩司官各一員監試」(중략)”

마찬가지였다.[59)]

한 사례로 성종 3(1472) 12월 院相 韓明澮의 상피제 건의 내용과[60)] 연산군 2년(1496) 11월의 盧公弼의 부자 간 상피 문제가[61)] 그것이다. 이러한 원칙은 인조 12년(1634)에 承傳으로 구체화되었고, 이것이 숙종 때 간행된 ≪수교집록≫에서 그대로 명문화되었다.[62)] 이후의 法典에서도 이는 없어지지 않았다.[63)]

한편, 앞에서 검토한 바와 같이 경국대전 체제에서 외관상피는 京官相避와 별반 다르지 않았다. 원래 외관상피는 직계 존족의 분묘와 田莊이 있는 생활 근거지에 관리로 임명을 피하거나 친족이 같은 행정 지역의 목민관이 되는 것을 피하는 제도였다.[64)]

이러한 제도는 조선 건국 초인 태조 1년(1392) 8월에 守令殿最法이 제정된 이래로, ≪경제육전≫이 편찬되면서 상피에 관한 규정을 두었고, 다시 세종 때 이에 관한 相避法이 강화하는 경향과 무관하지 않다. 조선왕조가 양난을 겪으면서 지방 체제의 문란이 나타나게 되고, 중앙 정부에서는 이를 얼마나 효과적으로 대응하느냐가 중요한 정치적 쟁점으로 부각되기에 이른다. 그러한 양상은 외관상피에 대한 제도 상 확대 경향으로 이어졌다.[65)]

아울러 ≪경국대전≫〈형전〉私賤條에 규정된 訟官相避도 주목된다. 그 대상은 결송기관인 장례원 · 형조 · 한성부 · 사헌부 등 이었다.

---

59) ≪성종실록≫ 권98, 9년 11월 甲戌條.

60) ≪성종실록≫ 권25, 3년 12월 乙丑條.

61) ≪연산군일기≫ 권19, 2년 11월 丁卯條.

62) ≪受敎輯錄≫ 卷1, 〈吏典〉, 相避條. "兩司稽謝者勿避 相避人 在下當遞者引避 在上者勿避 避嫌請出後 以一事來避者 勿捧(崇禎甲戌承傳)"

63) ≪續大典≫ 卷1, 〈吏典〉, 相避條. "兩司官員勿爲通避 一司應避者下位當遞右位則否"

64) 韓相俊, 〈앞의 논문〉, p.41~43.

65) 金鎬逸, 〈朝鮮後期의 外官制〉, ≪국사관논총≫ 8, 국사편찬위원회, 1989, pp.129~130.

대개 송관상피는 태조 때 쟁송 자에 대한 상피 규정을 두고,[66] 세종 때 決訟事를 ≪경제육전≫에 의거하여 시행하게 하였다.[67] ≪경국대전≫에서의 규정은 以前의 규정을 한층 강화한 것이다.

송관상피에 대한 규정은 노비의 쟁송에 대한 사례가 가장 많다. 이는 조선사회에서 奴婢爭訟은 빠른 시일 내에 또는 쌍방 간 비교적 불만이 적도록 판결하는 것이 무엇보다 중요한 것이었고, 이를 위하여 상피제의 엄중 실시로 이어진 것은 당연한 조치이었다.[68]

그런데 판결하는 결송관리의 상피 문제는 항시 정부의 시책 결정에 많은 영향을 주고 있다. 즉, 결송관리가 상피에 적용되면 그 처리 사항은 다른 관아로 넘겨져 처리하는 他司移送決折이 관례화한 것이 그것이다.[69]

이러한 경향의 송관상피는 성종 10년(1479) 3월에 지평 朴安阜가 경연에서 決事官吏는 1인이라도 상피되면 즉시 다른 관사로 옮기는 것이라고[70] 논하고 있는 데에서도 알 수 있듯이 상피 적용 자에 대한 他司移送決折은 보편화되었음을 알 수 있다. 이것이 대전 상에 그대로 법제화되었던 것이다.

그러나 후대로 갈수록 송사에 대한 부조리가 자주 발생하였고, 그 때마다 법전 상의 법 체제를 강화하는 방향으로 정책을 펼쳐나갔다. 이는 중종 때 상피의 한계와 誤決의 분간을 法條에 따라[71] 행하게 한 데에서 확인되고 있다. 명종 때 재판의 지연에 대한 폐단이 지적

---

66) ≪태조실록≫ 권12, 6년 7월 甲戌條.

67) ≪세종실록≫ 권122, 30년 10월 辛酉條.

68) 林英正, ≪朝鮮初期 外居奴婢 研究≫, 동국대 박사학위, 1990, p.114, pp.152~159. ; 林英正 〈朝鮮初期「奴婢合行事宜」의 性格分析〉, ≪김창수 교수화갑기념 사학논총≫, 1992, pp.189~218.

69) ≪태종실록≫ 권4, 2년 8월 庚子條 ; ≪세종실록≫권122, 30년 10월 辛酉條 ; ≪성종실록≫권33, 4년 8월 癸亥條.

70) ≪성종실록≫ 권102, 10년 3월 丁丑條.

71) ≪중종실록≫ 권101, 38년 10월 庚寅條.

되면서[72] 訟法의 재 입법화와 그 개정이 논의되고 있지만[73] 이때에도 역시 법 개정 보다는 경국대전 체제를 강화하는 방향으로 정책을 결정하여 시행하던 것으로 보인다.

이와 같은 적용의 논란은 ≪경국대전≫에서는 독립된 刑律을 마련하지 않고 ≪대명률≫을 그대로 차용하게 하도록 되어있다는 데 그 어려움이 있었다. 이에 따라서 ≪대명률≫에서 채택되었던 聽訟回避 조문도[74] 조선시대의 송관상피 원칙에 그대로 이어져 시행되었고 이를 기준으로 법 집행이 이루어졌다.

한편, ≪경국대전≫이 정비 이후 보다 구체적인 송관상피 사례는 ≪결송유취보≫의 내용에서 확인되고 있다. 즉, 이 책에는 "만일 몸소 교훈을 받은 스승이 있거나 예전부터 讎嫌人이 있는 경우에는 모두 청하여 다른 사람에게 소송을 넘긴다." 라는 조문이 나타나고 있다.[75]

원래 이 조문은 앞에서 살펴본 바와 같이 ≪당령≫의 獄官令에서 기인하여 ≪대명률≫의 刑律에까지[76] 영향을 준 것이다. 하지만 이것이 조선시대에도 적용되고 있음을 볼 수 있다. 그리고 聽訟決獄相避法은 "載在令甲"이라고 한 것으로 보아 여기에서도 경국대전 체제를 그대로 준행하고 있음을 확인할 수 있다.

또한 송관상피에서는 ≪경제육전≫의 규정에서도 마련되어 있었

---

72) ≪決訟類聚補≫(韓國學資料叢書 8), 한국정신문화연구원, 影印本, 1996, pp.58~59, pp.231~232. "위의 책 相避條에서 소송 장을 받은 관원이 상피의 규정을 남용하여 재판을 延拖나 淹延하는 폐단을 嘉靖庚戌受敎決訟類聚(1550, 명종 5)와 嘉靖甲寅受敎決訟類聚(1554, 명종 9)로 수록하고 있다."

73) ≪명종실록≫ 권15, 8년 9월 辛亥條 ; 권21, 11년 8월 甲午條.

74) ≪經國大典≫ 卷5, 〈刑典〉, 用律條.

75) ≪決訟類聚補≫, 〈相避〉. "若受業師 及舊有讎嫌之人 竝聽移文, 大明律"

76) ≪大明律直解≫ 卷第22, 〈刑律〉, 訴訟, 聽訟回避條. "凡官吏於所訟人內關有服親及婚姻之家 若受業師 及舊有讎嫌之人 竝聽移文回避 違者笞四十 若罪有增減者 以故出入人罪論"

던 淹延不決者에 대한 처벌 규정도 두고 있다.[77]

위와 같이 ≪경국대전≫ 상의 상피제 규정이 제도로서 완비된 것은 관리 후보자를 職所에 배치할 때 혈연관계에 의해 좌우되는 것을 막아 그 인사의 공정성을 확보하기 위한 것으로 보인다. 따라서 상피가 적용되었을 때에는 상피 자가 옮기게 한 뒤에 그 직임을 부여하는 것이 일반적이었다.[78]

그러한 법조문 상의 상피는 운영에 있어서 그 폐단과 모순이 끊임없이 제기되는 악순환이 반복되기도 한다. 이는 조선사회가 고려시대와 같은 귀족적 문벌에 의한 혈연적 인사 정책이 자행되지는 않았다하더라도 족친에 대한 그들의 유대는 여전하였을 것이고, 이에 따른 개인적 관계는 관직에 영향을 주었음을 의미한다.

세족 의식은 세조 3년(1457)에 간행된 ≪安東權氏成化譜≫에 나타난 당시 양반들의 通婚圈의 범주에서도 확인되기도 한다.[79] 또한 申叔舟가 친족 자의 혈연 의식을 강조한 사례나[80] 梁誠之가 지적한

77) 田鳳德, ≪經濟六典拾遺≫, 아세아문화사, 1989, p.26. "若文案並納 證佐俱到後 什滿百日 淹延不決者 令訟者告吏曹 閱實移文攸司 當該官依律收贖 再犯者罷黜 行首不許並論"

78) 權橃, ≪沖齋先生文集≫ 卷之五 二十九. "(正德五年)二月二十六日辛巳 晴 御經筵. 成希顔曰 前日 臣啓李荇當用 而因臺諫論啓不果用 今使就讀書堂而無官職 不可著笠往讀 敍用何如 荇之學問 不可輕棄 上曰 荇之爲人 固可用 但相避之法 不可毁 待相避人遷轉後敍 可也"

79) 鄭求福, 〈社會篇〉, ≪韓國學基礎資料選集-近世Ⅰ篇-≫, 한국정신문화연구원, 1994, pp.237~238. "氏는 이 성화보에 수록된 8,000여 명 가운데 안동 권씨는 380여명에 불과하다고 지적하면서 이 족보가 비록 안동 권씨의 족보이지만 권씨와 관련된 內外孫의 가계가 本孫과 똑같은 비중으로 처리되어 있어 당시 양반들의 通婚圈의 범주를 상세히 보여주는 것이라 지적하였다."

80) 申叔舟, ≪保閑齋集≫ 卷13, 家訓, 居家 第4. "今俗父子兄弟 罕有同居 旣立門戶 各有奴婢 漸成彼此 遂致不睦 爲父兄者 固宜包容含忍 寬裕慈仁 不爲瑣苛細 爲子弟者 亦當舍小念大 推誠相禮 孝友雍睦而已(중략) 親族者與我同源分派 在先祖視之如一 苟因先祖積善餘慶 得立門戶 當思濟窮恤孤以均先祖之慶(중략)"

혈연적 족친 의식의 표방 사례에서도[81] 이를 알 수 있다.

이러한 세족은 국가의 고급 관료를 지낸 명문거족이 대부분이었고, 세족들은 대대로 가문을 유지하였다. 고려는 말할 것도 없고 조선에서도 이러한 전통은 계속되었다. 따라서 이들의 기득권은 철저히 보장되었다. 이들 대가세족은 토지와 노비를 많이 소유하고 국가의 고위직을 대대로 이어가면서 국가의 藩屛이 되었다.[82]

그러한 경향은 제도적으로 많은 미비점이 발견되는 계기가 되었고, 법조문 자체가 점점 증가하는 결과를 초래하여 상피제 시행에도 영향을 주었다. 상피제의 설행이 왕권 강화 및 그에 따른 권력 행사와 관련성이 있었다는 점은 이를 시사해 주는 것이다.

상피 제도는 점차 국왕에 의해 강화되는 경향으로 나아갔음에도 조선사회 내부에서의 족친 의식은 다소의 시정이 있었다하더라도 여전히 상존한 것도 사실이다. 이에 따라 상피제는 당시 세족에 의한 혈연 의식을 제어하고, 그들의 사적 관계에 의해 자행되는 인사 관행을 차단하는 데 그 설행 목적이 있었던 것이다. 이러한 관점에서 볼 때 상피제의 완비는 중요한 의미를 갖는다고 하겠다.

또한 ≪경국대전≫ 상의 學官은 軍官과 더불어 상피에서 제외되어 있었다. 이는 정조 때 ≪전율통보≫에 가서 일부 고쳐질 때까지 계속되었다.[83] 그런데 그 적용 범위에 대해 구체적으로 설명하고 있

---

81) 梁誠之, ≪訥齋集≫, 〈續編〉 卷1, 奏議, 北方備禦三疏四策. "(중략)以東方大家世族 布列中外 雖有姦雄 不得睥目兒於其間也 夫大家世族之爲大家世族 以其有奴婢也 以此而有內外上下之分也 禮義廉恥之養也 氣力之成名望之著也 前朝事元之初 國幾不守 以其有權溥李齊賢等諸家 相與維持 卒安宗社 近日 咸吉道列郡 有世臣 數十家如他道(중략)"

82) 李成茂, 〈身分篇〉, ≪韓國學基礎資料選集-近世Ⅰ篇-≫, 한국정신문화연구원, 1994, p.356, p.357.

83) ≪典律通補≫ 卷1, 〈吏典〉, 相避條. "學官「弘文館 侍講 講書院 成均館 四學」 軍官「忠勳府同」 惟除拜相避〔經〕〔補〕. 內乘依學官 軍官例. 階學試官相避依他科例〔增〕. 聽訟 避師友讐嫌人 見刑典聽理條〔補〕"

지 못하여 종종 논란을 일으키기도 하였다. 그렇게 되자 정조 때 가서 학관의 상피는 홍문관, 시강원, 강서원, 성균관, 4학 등의 관원으로 한정하여 규정을 명확히 하고 구체적으로 천명하였던 것이다. 이때에도 그 적용 범위는 모두 상피에서 제외되는 것이 아니라 임용할 때에 한하여 상피를 논하고 임용 후에는 제외시켜 주어 일반적인 상피 적용과는 다소의 차이를 보이고 있다.

따라서 임용 후 결혼 관계에 의한 상피는 引嫌이나 避嫌하지 않아도 상피에 별대상이 되지 못하였다. 만일 하자가 발생하여 체직되어야 하는 사유가 발생하면 품주를 의무화하여 관리의 임의 판단을 차단하였다.[84]

제2절 諸法典上의 상피 규정과 적용 범주

이러한 법제적 특징을 바탕으로 외관상피, 언관상피, 첩친에 대한 상피 등을 중심으로 제 법전상의 상피 규정을 살펴보도록 하겠다.

첫째, 외관상피의 규정이다. 제 법전의 상피 규정 가운데 외관상피에 대한 조문이 가장 그 변천이 다양한데, 이는 아마도 지방 통치 체제의 정비와 그 설행 과정과 긴밀한 관계가 있었던 것으로 여겨진다.

대개 외관상피는 앞에서 검토한 바와 같이 京官相避와 별반 다르지 않았다. 이를 구체적으로 살펴보자.

조선시대 수령은 수령 7사라 하여 임무 수행에 역할을 국가에서 명시하고 그 실천을 의무로 하였다. 수령 7사는 농업의 진흥, 학교

84) ≪典律通補≫ 卷1, 〈吏典〉, 相避條 "學官〈弘文館 侍講 講書院 成均館 四學〉 軍官〈忠勳府同〉 惟除拜相避〔經〕〔補〕 玉堂 春坊 講書院官相避 啓請〔增〕"

의 진흥 등의 규정도 있었지만 세금 징수 문제도 그 중 하나로 중요시 되었다. 그런데 16세기에 들어오면서 국가에서 주관하는 공물과 역역에서 방납의 폐단과 대립제의 횡횡 등의 모순이 속출하였고, 이에 지방에서의 부조리를 염려한 정부는 명종 10년(1555)에 錢穀과 傳掌에 관계된 관청은 외방의 수령·僉使·萬戶와 더불어 모두 교대하여 상피하게 하는 규정을 마련하였다.[85] 이러한 규정은 실재 적용되어 상피 자 가운데 그 사유로 遞還되는 경우도 종종 있었다.[86]

더욱이 16세기 李珥의 〈海州一鄕約束〉에서 규정한 守令僉謁禮에 의하면, 수령의 出官·遞去·在官·歲時 등 4가지 경우를 정해놓고 수령의 부임 환영식, 환송회, 수령의 경조사, 새해 인사에 반드시 향원이 예의를 갖추도록 했다. 이렇게 〈해주일향약속〉에서 향회와 수령, 春秋講信會와 수령첨알례 등이 이루어지면서 당시에는 지방자치 조직과 수령권이 긴밀한 유착 관계를 지니는 형국으로 전개되고 있었다.

이렇게 되자 이후에는 보다 폭넓게 이를 적용하여 점차 일반적인 규정으로 바꿔 시행하는 경향을 보이고 있다. 즉, 같은 도내의 관찰사·병마절도사·수령·첨사 및 만호 등은 모두 교차하여 상피를 적용하는 방향으로 나아갔고, 강화되는 추세를 보였다. 이것이 영조 때 가서 ≪속대전≫에 그대로 법제화되었고, 고종 때 ≪대전회통≫에서는 別將과 權管까지 확대되었다.[87]

---

85) ≪受敎輯錄≫ 卷1, 〈吏典〉, 相避條. "有錢穀及傳掌緊關衙門 與外方守令僉使萬戶 並交代相避 其餘勿避(嘉靖乙卯承傳)"

86) 柳夢寅, ≪於于後集≫ 卷5, 〈墓道文〉, 通政大夫順天府使宋公圻墓誌銘并序.(영인본, p.568) "(중략)明年 命出牧嶺南之星州 會因前官 仍改使京畿江華 因黜陟者有相避 遞還 正軍資監 首判倉庾粟米百官頒祿事 其春 轉寄湖西之洪州 至秋遞來 委國用柴炭麯鹽 爲司宰監正 明年 典工伎八音六律 爲掌樂院正(중략)"

87) ≪大典會通≫ 卷1, 〈吏典〉, 相避條. "≪續≫觀察使 節度使 守令 僉使 萬戶並交代相避 ≪補≫別將 權管同"

이때의 내용을 보면, 아직 부임하지 아니한 都事와 그 道內의 수령이 상피하면 도사를 바꾸어 임명한다. 또한 국경 지방의 將官과 아직 부임하지 아니한 兵馬虞候 또는 水軍虞候가 상피하면 우후를 바꾸었다. 하지만 함경도의 南關·北關 및 경상도·전라도 등의 좌도·우도 등의 수령은 병마절도사와 좌도, 우도를 바꾸면 상피하지 않았다. 이는 함경도의 남관의 수령은 北評事와의 관계에 있어서도 같았다. 지방관을 포함한 7품 이하의 관원으로 상피 자는 다른 관사로 교대 전임하고 전직의 재직 일수를 합산하였다.

이러한 규정은 ≪대전통편≫에서 관찰사·兵使 및 도사는 그 지방의 수령 또는 察訪과 상피하는데, 그 규정은 대문상피와 소주상피 규정을 모두 적용하였다. 그리고 ≪대전회통≫에서 수령은 그 상관과 상피하면 다른 道로 교대 임명하고 營將·邊將도 똑같았다[88].

위와 같은 사례는 정조 10년(1786)에 편찬된 ≪전율통보≫에서도 확인되는데, 병사·수사·영장·우후·평사·도사·수령·찰방 및 변장은 감사와 상피하며, 영장·우후·수령·찰방·변장은 병사와 상피하였다. 또한 수군우후는 수사·북평사·북병사와, 수령·찰방은 도사와 상피하였던 것이다. 다만 수령 자격의 절도사에 대해서는 다른 도로 옮길 경우에는 상피하지 아니하고 남관의 수령은 북평사에 대해서도 이와 같았다. 교대하는 경우에도 영장·우후·도사·평사는 상피하지 아니하였다.[89] 이는 일부 내용이 개인 문집에서도

---

88) ≪大典會通≫ 卷1, 〈吏典〉, 相避條. "≪續≫未赴任都事與守令相避 則都事遞改 邊將與未赴任兵·水虞候相避 則虞候遞改. 咸鏡道南 北關及兩南左 右道守令 於節度使 換道則勿避 南關守令 於北評事亦同. 參外官 凡有相避者 則換差他司 通計前仕 外方參外相避同 ≪增≫監司·兵使·都事與守令察訪相避 依原典大 小註相避法 ≪補≫守令與上官相避 則換差他道 營將邊將同"

89) ≪典律通補≫ 卷1, 〈吏典〉, 相避條. "兵水使 營將 虞候 評事 都事 守令 察訪 邊將 與監事相避(〔續〕〔增〕〔補〕營將 虞候 守令 察訪 邊將 與兵使. 水虞候與水使 北評事 北兵使, 守令 察訪 與都事避〔增〕〔補〕. 守令於節度使 換道則勿

확인되고 있다.[90)]

그런데 앞에서 살펴본 바와 같이 조선왕조가 양난을 겪으면서 지방 체제의 문란이 나타나게 되고, 중앙 정부에서는 이를 얼마나 효과적으로 대응하느냐가 중요한 정치적 쟁점으로 부각되기에 이른다. 이는 곧바로 외관상피에 대한 제도 상 확대 경향을 보였고, 그 규정도 재정비되어 갔다.[91)]

이러한 경향의 한 사례를 보면, 현종 2년(1661)에 벼슬에 임명되는 모든 관리의 상피 적용을 원론적인 수준에서 재천명 한[92)] 후 현종 7년(1666)에 과거에서 수험자인 擧子와 고시관인 試官의 상피가 대문상피 적용 뿐 아니라 小註相避까지 확대하는 조치를 발표한다.[93)]

이어 현종 9년(1668)에는 아예 감사와 수령의 상피 적용도 대전상의 소주상피 규정까지 적용 범주를 확대 적용 하였던 것이다.[94)]

그러한 현상은 군사 제도의 개편이 뒤따르면서 지방관과 군사 지휘관과의 상피 문제가 새롭게 대두되는 형국으로 전개되었다. 이러한 문제를 해결하기 위하여 우선적으로 경기를 중심으로 이루어지는데, 현종 11년(1670)에 경기의 畿邑兼營將인 수령과 摠戎使를 상피

避 南關守令 於北評事同〔續〕. 交代則 營將 虞候 都事 評事 不避〔補〕)"

90) 李命龍, ≪戒逸軒日記 外≫, 庚辰年(英祖36) 8月 6日(韓國史料叢書 第42). "初六日, 曉風高, (중략)邊地守令察訪, 勿許由. 改名大小人員改名者, 其祖先或宗宰或罪人, 明白同名者外, 勿聽. 相避出系者於本生親, 一相避. 婚姻家, 相避. 擧子與試官, 相避. 兩司官員, 勿爲通避. 臺官與兼帶書狀使臣, 相避. 一司應避者, 下位當遞, 右位則不遞. 觀察使節度使守令僉使萬戶, 交代相避. 未赴任都事與守令相避, 都事遞改.(중략)"

91) 申叔舟, ≪國朝寶鑑≫ 제40권, 〈顯宗朝2〉, 10年 己酉條.

92) ≪受敎輯錄≫ 卷1, 〈吏典〉, 相避條. "除拜相避 勿論出繼 依大典 施行(順治辛丑承傳)"

93) ≪현종개수실록≫ 권15, 7년 7월 壬辰條. ; ≪受敎輯錄≫ 卷1, 〈吏典〉, 相避條. "擧子與試官相避 依大典大文小註 並相避(康熙丙午承傳)"

94) ≪受敎輯錄≫ 卷1, 〈吏典〉, 相避條. "監司守令相避 竝用大典小註(康熙己酉承傳)"

케 한 것이 그것이다.[95]

이후 숙종 때 도성 정비 사업과 지방 군제의 재정비가 이루어지면서 지방의 수령에 대한 상피 규정도 복잡한 양상을 보인다. 숙종 24년(1698)에 편찬된 ≪수교집록≫에 의하면, 숙종 4년(1678)에 현종 11년 마련된 경기의 畿邑兼營將인 수령과 총융사 사이의 상피 규정을 확대하여 守禦使에게 까지 상피를 적용하게 하였다.[96]

숙종 6년(1680)에 가서는 외관에 대한 상피를 지방관이 참하관인 경우 모두 상피를 적용하였고, 숙종 12년(1686)에는 영장이 군무를 專管할 경우에는 소속되는 邑의 수령과 상피하게 하여 지방에서의 정치 세력화를 차단하려 하였다.[97]

이는 숙종 13년(1687)에 北評事와 함경도 감사의 상피 규정 마련에서도 확인되고 있고[98] 이것이 ≪속대전≫에 그대로 법제화되었다.[99] 하지만 숙종 39년(1713)에 가서 慶源府使와 북평사의 업무를 따져 상피 규정에서 제외시켜 주었다.[100]

한편 숙종 10년의 사례에서 보듯이 水使는 수령으로부터 상피 대상이 아니었다.[101] 하지만 수사와 兵使는 상피 대상이었는데, 이는 영조 16년(1740)에 편찬된 ≪신보수교집록≫에 보면 확실히 알 수

95) ≪受教輯錄≫ 卷1, 〈吏典〉, 相避條. "畿邑兼營將守令 與摠戎使相避(康熙庚戌承傳)"

96) ≪受教輯錄≫ 卷1, 〈吏典〉, 相避條. "守禦使 同(戊午承傳)"

97) ≪受教輯錄≫ 卷1, 〈吏典〉, 相避條. "外官參下相避 一體施行(康熙庚申承傳). 營將專管軍務 屬邑守令 相避(康熙丙寅承傳)"

98) ≪新補受教輯錄≫ 卷1, 〈吏典〉, 相避條. "北評事 與咸鏡監司相避(康熙丁卯承傳)"

99) ≪續大典≫ 卷1, 〈吏典〉, 相避條. "三南水軍節度使與統制使 畿邑兼營將守令與守禦使 摠戎使 北評事與咸鏡道觀察使 有戰艦·舟師邑守令與水軍節度使 該鎭屬邑守令與營將並相避"

100) ≪新補受教輯錄≫ 卷1, 〈吏典〉, 相避條. "慶源府使 與北評事無干涉之事勿爲相避(康熙癸巳承傳)"

101) ≪受教輯錄≫ 卷1, 〈吏典〉, 相避條. "水使與守令 勿爲相避(康熙甲子承傳)"

있다.102)

이후 영조 22년(1746)에 ≪속대전≫이 편찬되면서 외관에 대한 상피 규정은 무관직과 밀접한 관련을 가지고 정비되고 있다. 당시에는 지방관이 지방 군관직을 겸하는 사례가 많아 이에 관한 제도적 정비였던 것으로 이해되어진다. 그러한 사례를 보면, 지방 군사 지휘관과 수령과의 상피 문제와, 경기관찰사에 대한 상피 문제로 대별되어 이해되어 진다.

삼남 지방의 水軍節度使는 水軍統制使와 상피하고, 경기 지방의 畿邑營將을 겸임한 수령은 수어사 · 총융사와 상피하며, 北評事는 함경도 관찰사와 상피하였다. 또한 군함 · 군용 선박 등이 있는 고을의 수령은 그 지방의 수군절도사와 상피하고, 해당 진영이 위치하고 있는 고을의 수령은 그 영장과 상피하였다.

이후 정조 9년(1785)의 ≪대전통편≫에서 統禦使가 경상도 · 전라도 및 충청도 등 3도를 관할하게 되자, 상피 규정도 統制使의 규정에 의하여 적용하였고, 고종 2년(1865)의 ≪대전회통≫에서는 이를 다시 수정하여 경상우도의 경우 군용 선박이 있는 고을 이외에는 통제사와 상피하지 아니하였으나 충청도와 황해도의 수령은 통제사의 예를 따르게 하였다. 또한 鎭撫로 있으면서 겸영장인 수령은 留守와 상피하게 하였다.103)

영조 45년에 수령과 통제사 사이 친혐 자가 발생하자 이들 간의 상피 문제가 쟁점이 되기도 하였다. 그런데 기본적으로 수령과 통제사의 상피법은 그 적용에서 제외하게 하였다. 다만 절도사는 마땅히

102) ≪新補受教輯錄≫卷1, 〈吏典〉, 相避條. "兵水使 交代相避"

103) ≪大典會通≫ 卷1, 〈吏典〉, 相避條. "≪續≫三南水軍節度使與統制使 畿邑兼營將守令與守禦使 摠戎使 北評事與咸鏡道觀察使 有戰艦 舟師邑守令與水軍節度使 該鎭屬邑守令與營將並相避 ≪增≫統制使管轄三道 相避之法 依統制使例 ≪補≫慶尙右道舟師邑外 與統制使勿避 湖西 · 海西守令於統制使同. 鎭撫兼營將守令與留守相避"

통제사와 상피되었다.[104] 이는 삼남 지방의 水軍節度使는 水軍統制使와 상피한다는 속대전 체제의 재확인이었다.[105]

이를 보다 자세히 살펴보면, 통사와 직접 관련되는 상피 규정은 ≪속대전≫ 규정 이외에 고종 7년(1870)에 편찬된 ≪兩銓便攷≫ 西銓 상피 조에서 구체적으로 언급하여 "수사와 우후, 변장, 舟師, 수령과 통제사는 三南 수사와 모두 상피한다." 라고 규정하고 있다. 이는 정조 때의 ≪전율통보≫의 내용을 다시 정리한 것이지만, 이로 볼 때 통사의 경우를 보면 일찍부터 이를 적용해 왔음을 알 수 있다.

그런데 ≪昌原大都護府誌≫의 府使先生案條에 따르면, 3인의 府使가 구체적인 관계는 알 수 없지만 통제사와의 상피로 교체되었는데 이것은 통제사직으로서의 경우가 아니라 겸직인 慶尙右水使 자격으로 행해진 관할 수령과의 상피 사례에 의한 것으로 여겨진다. 이러한 통제사와 예하 수사와의 상피 사례를 보면 통사 李敬懋(부임: 정조 2년 9월)와 洪忠水使 吳載熙가 외숙질 간, 통사 李惟秀(순조 27년 3월)와 전라좌수사 金魯甲이 사돈 간, 통사 沈樂臣(철종 9년 2월 19일)과 전라우수사 韓元植이 외종 간으로 교체를 계문하고 있다.[106] 이 같은 사례는 조선 초기부터 시행된 兵權職에 대한 상피법의 엄수를 반영한 것이다.[107]

특히 통사는 삼남 지방을 관할하는 지역성의 문제가 큰 비중을 지녔기 때문에 상피 규정에 따라 하위직인 관하의 수사, 수령이 교체되었고 그 시기는 대개 통사 부임후의 2-3개월 사이에 시행된 것

---

104) ≪영조실록≫ 권112, 45년 3월 己亥條.

105) ≪大典會通≫ 卷1, 〈吏典〉, 相避條. "≪續≫三南水軍節度使與統制使"

106) ≪비변사등록≫ 제159책, 정조 2년 10월 11일조 ; ≪비변사등록≫ 제215책, 순조 27년 4월 16일조 ; ≪비변사등록≫ 제245책, 철종 9년 5월 29일조.

107) 韓相俊, 〈앞의 논문〉, pp.60~66.

으로 보인다.[108] 이는 상피제의 법제 상 원칙인 재하당피 내지 재하당체의 관례가 적용되어 그 원칙에 의한 교체였다.[109]

한편, 京畿觀察使는 개성과 강화 등 兩都의 유수를 의례히 겸임하기 때문에 혹 전임 유수가 임명되었을 때 겸직 유수인 경기관찰사와 상피하면 유수를 바꾸어 임명하였다. 이는 양도의 經歷과 경기관찰사와의 관계도 마찬가지였다. 후에 ≪대전회통≫에 가서 수원부와 廣州府의 유수 및 判官도 위의 규정을 적용하도록 하였다.[110]

대개 군함·군용 선박 등이 있는 고을의 수령은 그 지방의 水軍節度使와의 상피하였고, 그 규정은 ≪속대전≫에서 법제화되고 있다.[111] 하지만 그 조문은 이미 숙종 10년(1684) 영의정 金壽恒과 수사에 대한 상피법을 논의하면서 정해진다.[112] 당시에 수사 韓伲과 韓山郡守 鄭㶣는 4촌인데 〈松禁事目〉를 내리면서 연해 수령의 勤慢과 출척을 감사와 수사가 상의하여 처리하라고 하였다. 그런데 이것이 상피 규정에 해당되자, 종전에 수군이 있는 각 읍의 수령과 수사는 상피한다는 규례가 없었다는 데 문제의 심각성이 있었다.

정부는 이를 해결하기 위하여 수령을 자주 바꾸는 폐단을 염두해서 송금하는 일은 수사의 소관이고, 수령을 출척하는 권한은 오로지 감사에게 있다는 명목 하에 상피에 해당된 수령을 개체하지 말고

---

108) 金鉉丘, 〈朝鮮後期 統制使에 관한 研究-그 職任을 중심으로-〉, ≪부대사학≫ 9, 1985, pp.16～17.

109) 졸고, 〈朝鮮初期 相避制의 成立과 그 過程〉, ≪동국역사교육≫ 7·8합집, 1999, pp.201～203.

110) ≪大典會通≫ 卷1, 〈吏典〉, 相避條. "≪續≫京畿觀察使例兼兩都留守 留守與觀察使相避則留守遞改 兩都經歷亦與觀察使相避 ≪補≫水原 廣州留守判官同"

111) ≪大典會通≫ 卷1, 〈吏典〉, 相避條. "≪續≫三南水軍節度使與統制使 畿邑兼營將守令與守禦使 摠戎使 北評事與咸鏡道觀察使 有戰艦 舟師邑守令與水軍節度使 該鎭屬邑守令與營將並相避"

112) ≪숙종실록≫ 권15, 10년 6월 丁未條.

〈송금사목〉 가운데 해당 조항만 삭제하여 조례를 제정하게 하였던 것이다.[113)]

이러한 조치는 위에서 언급한 바와 같이 영의정 金壽恒, 좌의정 閔鼎重, 우의정 南九萬, 지중추부사 申汝哲 등의 중의를 거쳐 정해졌는데, 당시 수군이 있는 고을의 수령이 수사와 상피하는 규정이 없는 것은 온당하지 못하다는 논리였다. 이는 수사 한간과 한산군수 정협 간의 상피 문제에서 불거진 것이지만, 수사의 상피는 각 고을에 전선이 본격적으로 배치되는 시점과 관련이 있었다.

원래 ≪경국대전≫이 편찬될 당시에는 전선이 배치되지 않았기 때문에 수사의 상피가 경국대전 체제에 실려 있지 않았다. 그러다가 임진왜란을 겪으면서 각 고을에 전선이 배치되고 이에 따라 수사는 舟師를 專管하고, 그 관하의 수령에 대하여 근무 태만을 감찰하는 일이 발생하면서 상피법이 표면으로 불거졌고, 급기야 군선이 있는 고을의 수령과 수사 간 상피 규정을 두었던 것이다.

다시 말해 수사는 수군을 전관하고 있어 수령이 군정을 잘 다스리고 있는지의 여부에 관해서는 감사가 반드시 수사에게 문의하여 근무 성적을 매기는 것이 관례였다. 따라서 수군에 상피하는 규정을 두면 松禁에 상피하는 일은 따로 규정하지 않더라도 그 속에 포함된다는 것이다.

이는 수사가 통솔하고 있는 곳이 각 鎭浦에 한정되어 있어 법전에는 상피하는 규정이 없었으나 임진왜란 이후 연해의 각 고을에도 수군을 배치하여 상피법을 마련한 것이었다.[114)] 이것이 앞에서 언급한대로 ≪속대전≫에서 확립되기에 이른 것이다.

아울러 유수와 수령의 상피는 ≪속대전≫에서 경기 지방의 畿邑

113) ≪국역비변사등록≫ 숙종 10년(갑자) 5월 14일조.
114) ≪국역비변사등록≫ 숙종 10년(갑자) 6월 18일조.

營將을 겸임한 수령은 수어사·총융사와 상피할 뿐 유수와 상피되지는 않았다. 따라서 여주·이천의 경우, 廣州府의 좌우 별장 자격으로 상피법 상 영장을 겸하는 수령이었기 때문에 상피 규례가 없었다.

그런데 순조 7년(1807)에 여주목사 李寀가 광주유수 李義弼과 親嫌을 핑계로 呈狀하여 체직하려는 사건이 발생하였고, 이를 계기로 상피 규정에서 제외하는 定式이 마련되었다. 당시 그 근거는 京營의 把摠을 겸하는 수령은 都提擧·大將과 원래 상피하는 법이 없다는 것이었다.[115)]

이때 비슷한 법조문을 참조하게 하는 旁照의 조치가 내려졌으나, 이러한 문제는 쉽게 가라앉지 않았다. 그러다가 고종 2년(1865)의 ≪대전회통≫에서 鎭撫로 있으면서 겸영장인 수령은 유수와 상피하게 하여[116)] 후대에 가서는 상피의 대상이 되었다.

둘째, 言官相避에 관한 제법전의 규정이다. 언관상피 규정은 넓은 의미에서 官職相避의 범주 내에서 존재하였다고 말할 수 있다. 때문에 그 규정 상 특징도 관직상피의 그것에 충실하였다.

대개 대간 내지 臺省은 감찰, 간쟁 기능 등의 업무로 인하여 타부서로부터 끊임없이 견제를 받았고, 兩司 사이의 상피 적용 논란도 정치 현안으로 등장하는 경우가 종종 있었다. 이러한 논란은 ≪속대전≫에 가서 사헌부와 사간원의 양사 관원은 공통으로 상피하지 않게 함으로써 해결되는 듯 보였다. 하지만 다른 관청과의 상피 문제가 발생하면 하위직 관원을 옮겨 임용하고 상위의 자는 그대로 재임하게 하여[117)] 외관상피와 마찬가지로 재하당피 원칙을 적용하

115) ≪순조실록≫ 권10, 7년 5월 경오조.

116) ≪大典會通≫ 卷1, 〈吏典〉, 相避條. "≪補≫鎭撫兼營將守令與留守相避"

117) ≪續大典≫ 卷1, 〈吏典〉, 相避條. "兩司官員勿爲通避 一司應避者下位當遞右位則否"

였다.

위와 같은 경향은 仁祖 12년(1634)의 왕명으로 확정되었고, 이것이 ≪수교집록≫에서 양사에 稽謝한 자는 상피하지 아니하고, 만약 상피 인이 상하관의 관계에 있는 경우에는 하위에 있는 자가 혐의를 피하고 상위의 자는 피하지 않게 한 조치에서 확인된다. 다만 혐의가 있을 경우에는 상피를 請出하고, 이후 같은 일로 來避하는 행위를 금지하게 하는 조치도 아울러 취해진다.[118] 하지만 이후에도 논란은 계속하여 나타난다. 그래서 속대전 체제에서 재차 그 조문을 강조하고 있을 것을 볼 수 있다.

그런데 언관상피의 법제적 논란은 사헌부와 사간원의 臺諫 사이만의 문제는 아니었던 것으로 생각된다. 3사 가운데 하나이며, 국왕의 자문과 역할을 하던 홍문관에 대한 상피가 바로 그것이다.

사헌부와 사간원의 상피 규정과 달리 홍문관의 관원간에는 원칙적으로 상피가 적용되지 않았다. 홍문관에서 수찬, 박사 등을 임명할 때 간혹 홍문관 대제학과 父子 사이에 있었던 사례도 있었다. 이러한 원칙은 국왕의 정치적 부담으로 작용하여 대신 등에게 논쟁의 빌미를 제공하기도 하였는데, 그때마다 국왕은 상피제의 본래 취지를 알리고, 신하의 권한을 제한하려는 방향으로 나아갔다. 심지어는 特除 형식을 통해 관리의 임용을 밀어붙이는 상황도 전개되고 있는 것을 볼 수 있다.

이렇다하더라도 홍문관 이외에 다른 부서, 예를 들면 인사권을 행사하던 이조와는 권력의 사유화를 차단한다는 명목 하에 상피를 적용하였다. 이는 정조 때 ≪대전통편≫에 가서 가시적인 성과로 나타난다. 즉, 홍문관 · 세자시강원 및 세손강서원의 관원이 이조의 당상

118) ≪受教輯錄≫ 卷1, 〈吏典〉, 相避條. "兩司稽謝者勿避 相避人 在下當遞者 引避 在上者勿避 避嫌請出後 以一事來避者 勿捧(崇禎甲戌承傳)"

관 및 郎官과 상피하면 임금에게 주청하여 다른 관직에 薦望하게 하였다.[119)]

이 외에 언관상피에 관한 법제적 규정은 한림과 춘추관 관원 사이의 상피 문제도 있다. 이에 관한 상피 적용은 역시 재하당체를 그 원칙으로 한다. 한림과 춘추관의 관원이 상피하면 춘추관의 知事 이하를 모두 바꾸어 임명하고, 한림과 춘추관의 領事 또는 監事가 상피하면 翰林을 개임하였다. 여기에는 注書도 마찬가지였다. 하지만 예문관의 검열인 한림과 승정원 주서가 상피하면 주서를 바꾸어 임명하였다.[120)] 또한 왕세자가 대리 정치를 행하는 攝政 때에는 세자시강원의 관원으로서 춘추관의 관직을 겸임한 자가 춘추관의 관원과 상피 관계에 놓이면 한림의 경우를 따랐다. 즉, 춘추관의 영사 또는 감사와 상피하면 모두 겸직 춘추관의 관직을 면직시켰다.[121)]

셋째, 妾의 친척에 관한 상피 문제이다. ≪경국대전≫ 권1, 〈이전〉, 상피 조에는 소주상피로 "妻妾親의 同姓三寸叔父, 姪, 叔母의 부, 질녀의 夫, 사촌형제는 상피한다." 라고 되어 있다.

그런데 妾의 친척에 관한 상피는 兼臺官이거나 弘文錄 기재, 홍문관의 관원의 상피 적용과 마찬가지로 상피제의 적용 대상에서 제외되어 시행되는 것이 일반적이었다.

그러한 사례는 성종 24년(1493) 8월 지평 金淑貞이 정언 柳崇祖

---

119) ≪大典通編≫ 卷1, 〈吏典〉, 相避條.

120) 대개 한림은 예문관 전임 관리 8인인 봉교(정7품, 2인), 대교(정8품, 2인), 검열(정9품, 4인) 등을 가리킨다. 그런데 승정원의 주서는 정7품의 벼슬이었다. 위와 같은 규정은 재하당피의 원칙에 어긋나는 것이었다. 이에 관하여서는 앞으로 검토해 볼 여지가 있을 것이다.

121) ≪大典通編≫ 卷1, 〈吏典〉, 相避條. "相避之法 在下當遞 而翰林與春秋官相避 知春秋以下並遞 領 監事相避則翰林遞 注書同. 翰林與注書相避則注書遞. 代廳時 春坊之兼帶春秋者 與春秋官相避 同翰林 與領 監事相避則並本職遞"

의 庶 4촌 누이동생을 첩으로 삼았을 때 첩의 친척에게 상피하는 것은 예전에 없다하여 상피제에서 예외를 인정해 준[122] 사례에서 확인된다.

이는 후기에 가서도 마찬가지였는데, 숙종 34년(1708년) 경상우병사 金重三의 첩과 前兵使 李天根의 첩이 자매지간 이었는데, 이 경우 상피되지 않고 그대로 직임에 임명되고 있어서 첩친 남편 간의 상피는 그 적용에서 제외되는 것이 그것이다.[123]

위와 같은 사례는 앞으로 검토가 있어야 할 여지가 있다. 왜냐하면 영조 47년(1771)에 간행한 ≪攷事新書≫ 의 기록을 보면 妾親도 상피의 규정에 적용을 받는 것으로 나타나 있다.[124] 이는 ≪경국대전≫ 등의 법전에 내용을 요약한 것이기도 하고, 같은 법전에 「聽訟同」이라고 기록되어 있는 부분에 「妾親同」이라고 주를 달아서 강조하고 있기 때문이다. 이는 정조 때 편찬된 ≪전율통보≫ 등 이후의 법전에도 그대로 수록하고 있다.

이상과 같은 내용을 그 시기별 법전 개정 내용으로 정리하면 다음 표와 같다. 여기에서는 편의상 〈표 2-1〉, 〈표 2-2〉, 〈표 2-3〉으로 그 내용을 나누어 정리하였다.[125]

---

122) ≪성종실록≫ 권281, 24년 8월 戊寅條.

123) ≪국역비변사등록≫ 숙종 34년 3월 14일조.

124) 徐命膺, ≪攷事新書≫ 卷之四, 〈相避〉 "京外官 本宗 大功以上親 及 女夫 孫女夫 姊妹夫 三寸叔母·姪女夫 四寸姊妹夫 外親 緦麻以上親 及 三寸叔母夫 妻親 父 祖父 兄弟 姊妹夫 三寸叔 姪 叔母 姪女夫 四寸兄弟 「妾親同」 婚姻家竝相避(중략)"

125) 게재 원칙은 後代의 法典에 개정되지 않아 先代의 내용이 그대로 시행된 法條文은 삭제하였다. 다만, 大文相避나 小註相避를 덧붙여 수록한 내용은 그 근거를 밝혔다. 또한 이전에 신설된 법조문이 후대의 법전에 첨가, 보충한 조문도 그 근거를 밝혔다.

〈표 2-1〉≪經國大典≫ ~ ≪新補受敎輯錄≫의 상피제 규정

법전	수록출처	법전수록 내용	편찬시기	기타
經國大典	吏典 相避	京外官 本宗大功以上親 及女夫孫女夫姉妹夫外親緦麻以上妻親父祖父兄弟姉妹夫 並相避 學官軍官則勿避 議政府義禁府本曹刑曹都摠衛漢城府司憲府五衛將兼司僕將內禁衛將承政院掌隷院司諫院宗簿寺部將士官則並避 本宗三寸叔母姪女夫 四寸姉妹夫 外親三寸叔母夫妻妾親同姓三寸叔姪 叔母姪女夫 四寸兄弟「聽訟同」 ○ 吏房承旨及本曹官員有相避者勿除職 「堂上官不在此限」滿仕者例遷「兵房承旨及兵曹同」兵曹都摠府堂上官兼司僕將內禁衛將五衛將則雖非同衛門 通爲相避	성종 16년 (1485) 乙巳大典	
經國大典	禮典 諸科	試場置二三所 擧子與試官應相避者赴他所 父赴覆試者子避「武科同」	성종 16년 (1485) 乙巳大典	
經國大典	刑典 私賤	傳得奴婢者 期年內告官受立案 若財主成文契而死者 召侍病族親或奴婢 閱實給立案「田宅同」各其所居處告官 有相避者移他官 ○ 凡訟事 雖已決折 未成立案而遞 交代官吏成給	성종 16년 (1485) 乙巳大典	
大典續錄	吏典 雜令	○ 婚姻家並相避	성종 23년 (1492)	
受敎輯錄	吏典 相避	○ 有錢穀及傳掌緊關衙門 與外方守令僉使萬戶 並交代相避 其餘勿避(嘉靖乙卯承傳) ○ 臺諫與兼帶臺官相避 書狀使臣 互爲相避(順治庚寅承傳) ○ 擧子與試官相避 依大典大文小註 並相避(康熙丙午承傳) ○ 除拜相避 勿論出繼 依大典 施行(順治辛丑承傳) ○ 兩司稽謝者勿避 相避人 在下當遞者引避 在上者勿避 避嫌請出後 以一事來避者 勿捧(崇禎甲戌承傳) ○ 監司守令相避 竝用大典小註(康熙己酉承傳) ○ 監司 交承間相避(康熙戊申承傳) ○ 畿邑兼營將守令 與摠戎使相避(康熙庚戌承傳) ○ 守禦使 同(戊午承傳) ○ 內禁衛兼司僕 全無所管於都摠府 內三廳將 不當與摠府相避(康熙己酉承傳) ○ 本曹判書外 他堂上 內三廳及五衛將 旣無句管之事 勿避(康熙辛酉承傳) ○ 參下官有本司相避者 他司相換 計給前仕(康熙己未承傳) ○ 水使與守令 勿爲相避(康熙甲子承傳) ○ 外官參下相避 一體施行(康熙庚申承傳) ○ 營將專管軍務 屬邑守令 相避(康熙丙寅承傳)	숙종 24년 (1698)	명종 10년(1555) 효종 1년(1650) 현종 7년(1666) 현종 2년(1661) 인조 12년(1634) 현종 10년(1669) 현종 9년(1668) 현종 11년(1670) 숙종 4년(1678) 현종 10년(1669) 숙종 7년(1681) 숙종 5년(1679) 숙종 10년(1684) 숙종 6년(1680) 숙종 12년(1686)
新補受敎輯錄	吏典 相避	○ 北評事 與咸鏡監司相避(康熙丁卯承傳) ○ 慶源府使 與北評事無干涉之事 勿爲相避(康熙癸巳承傳) ○ 宣惠廳郎官 與提調相避(雍正庚戌承傳) ○ 兵水使 交代相避	영조15 년경 (1739)	숙종 13년(1687) 숙종 39년(1713) 영조 6년(1730)

〈표 2-2〉 ≪續大典≫ ~ ≪大典通編≫의 상피제 규정

법전	수록출처	법전수록내용	편찬시기	기타
續大典	吏典 相避	○ 出繼者 於本生親 一體相避 ○ 婚姻家並相避 ○ 擧子與試官相避 依原典大·小註相避法 ○ 兩司官員勿爲通避 一司應避者下位當遞 右位則否 ○ 臺官與兼臺 書狀與使臣 並相避 ○ 觀察使節度使守令僉使萬戶並交代相避 ○ 三南水軍節度使與統制使 畿邑兼營將守令與守禦使摠戎使 北評事與咸鏡道觀察使 有戰艦舟師邑守令與水軍節度使 該鎭屬邑守令與營將並相避 ○ 鎭撫兼營將守令與留守相避 ○ 京畿觀察使例兼兩都留守 留守與觀察使相避則留守遞改 兩都經歷亦與觀察使相避 ○ 未赴任都事與守令相避 則都事遞改 邊將與未赴任兵水虞候相避 則虞候遞改 ○ 書狀官雖與詮官相避兼臺例付勿拘 ○ 宣惠廳提調郎廳並相避 用原典大註 ○ 各司例兼提調雖與都提調提調有相相避勿遞 宣惠廳提調戶曹判書例兼 而與他提調勿避則宣惠郎廳亦於例兼提調勿避 ○ 內三廳五衛將 無兵曹句管之事判書外他堂上勿避 內禁衛羽林衛忠翊衛忠將衛將 亦與摠管勿避 ○ 咸鏡道南北關及兩南左右道守令 於節度使 換道則勿避 南關守令 於北評事亦同 ○ 參外官 凡有相避者則換差他司 通計前仕 外方參外相避同	영조 22년 (1746)	대전속록 내용 수교집록 내용 수교집록 내용
大典 通編	吏典 相避	○ 三南水軍節度使與統制使 畿邑兼營將守令與守禦使摠戎使 北評事與咸鏡道觀察使 有戰艦舟師邑守令與水軍節度使 該鎭屬邑守令與營將並相避 ≪增≫ 統制使管轄三道 相避之法 依統制使例 ○ 鎭撫兼營將守令與留守相避 ○ 書狀官雖與詮官相避兼臺例付勿拘 ≪增≫ 京試官敬差官同 依原典大小註相避法 ○ 內乘依學官軍官例勿避 ○ 玉堂春坊講書院與本曹堂郎相避 啓請擬望 ○ 相避之法在下當遞 而翰林與春秋官相避 知春秋以下並遞 領監事相避則翰林遞 注書同 ○ 翰林與注書相避則注書遞 ○ 代廳時 春坊之兼帶春秋者 與春秋官相避 同翰林 與領監事相避則並本職遞	정조 9년 (1785)	
大典 通編	吏典 京官職 承政院	六承旨房單子 空間列書以入 吏戶禮兵刑工 待塡下分房 或六曹堂上官相避則啓稟換房 有特旨則換房	정조 9년 (1785)	

〈표 2-3〉 ≪典律通補≫ ~ ≪大典會通≫의 상피제 규정

법전	수록출처	법전수록내용	편찬시기	기타
典律通補	吏典 相避	本宗大功以上親 及 女夫孫女夫姉妹夫 外親緦麻以上 妻親父祖父兄弟姉妹夫(〔經〕 ○ 以上稱大文相避〔補〕) 本宗三寸叔母姪女夫 四寸姉妹夫 外親三寸叔母夫 妻妾親三寸叔姪 叔母姪女夫 四寸兄弟 并相避(〔經〕 ○ 以上稱小註相避〔補〕 ○ 除拜 聽訟 試官 〈〔經〕〔續〕〔補〕 擧子與試官〔續〕〉 大文小註 并避一司 及 政府 禁府 吏兵刑曹 都摠 漢城 司憲府 五衛將 兼司僕 內禁將 承政 宗簿寺 部將 史官用小註〔經〕〔續〕〔增〕〔補〕 ○ 學官 〈弘文館 侍講 講書院 成均館 四學〉 軍官〈忠勳府同〉 惟除拜相避〔經〕〔補〕 ○ 階學試官相避 依他科例〔增〕 ○ 聽訟 避師友讐嫌人 見刑典聽理條[補]) ○ 吏房承旨 及 本曹官(兵房承旨及兵曹同) 有相避 勿除職(堂上官 不在此限 仕滿者例遷〔經〕 ○ 輸注及書狀 實試敬差官 兼臺例付 勿拘〔經〕〔增〕〔補〕 ○ 五衛部將 與總管避(部將 與五衛將避 兼司僕 內禁將 羽林衛將避〔補〕) ○ 臺官 與兼臺相避 臺臣遞〔續〕〔補〕 ○ 兵水使 營將 虞候 評事 都事 守令 察訪 邊將 與監司相避(〔續〕〔增〕〔補〕 ○ 營將 虞候 守令 察訪 邊將 與兵使 ○ 水虞候 與水使 北評事 北兵使 守令 察訪 與都事避〔增〕〔補〕, ○ 交代則 營將 虞候 都事 評事 不避[補]) ○ 三南水使 於統制使 畿邑兼營將守令 與守禦 摠戎使 有戰艦 舟師邑守令 與水使〔續〕 ○ 地道勿避〔補〕 ○ 統禦使依統制使例 〔補〕 ○ 例兼提調 與都提調 勿避(宣惠郎於兼提調 勿避〔續〕)	정조 11년 (1787)	階學試官相避依他科例〔增〕라 하였는데, 大典通編 상에는 이러한 조항이 보이지 않는다.
大典會通	吏典 相避	○ 觀察使節度使守令僉使萬戶 並交代相避 ≪補≫ 別將權管同 ○ 三南水軍節度使與統制使 畿邑兼營將守令與守禦使摠戎使 北評事與咸鏡道觀察使 有戰艦舟師邑守令與水軍節度使該鎭屬邑守令與營將 並相避 ≪增≫ 統制使管轄三道 相避之法 依統制使例 ≪補≫ 慶尙右道舟師邑外 與統制使勿避湖西·海西守令於統制使同 ○ 鎭撫兼營將守令與留守相避 ○ 京畿觀察使例兼兩都留守 留守與觀察使相避則留守遞改兩都經歷亦與觀察使相避 ≪補≫ 水原廣州留守判官同 ○ 監司兵使都事與守令察訪相避 依原典大小註相避法 ≪補≫ 守令與上官相避 則換差他道 營將邊將同 ○ 本宗從祖孫及從叔姪 並相避 妻親同姓三寸叔母 姪女夫勿避 當宇乙丑定式	고종 2년 (1865)	

제3장 16세기 상피제의 활성화 노력과 전후의 유형별 운영실태

제1절 정치권력 구조 내에서의 상피제 기능

1. 중앙 집권 과정에 따른 사회 변화 수용

대개 조선시대 인재 선발에 대한 유형은 科擧, 取才, 門蔭, 薦擧 등이 있었다. 이들 제도는 初入仕를 위한 관리 임용 정책이었다. 이에 반해 상피제는 인재의 친인척 관계에 의한 적재적소 원칙이 강조된 운용 상 인사 정책을 포함한 제도이다.

다시 말해 시관상피의 경우처럼 시관 임용 및 시소 배치 문제 등이 초입사에 직접 관여된 사례도 있지만, 대개 일정한 조건을 갖춘 관리 후보자가 그 임용에 있어서 혈연적 관계에 의해 좌우되는 것을 막았던 정책이었다.

그런데 조선사회는 중앙 집권적 지배 체제가 강화된 사회로, 이러한 체제의 유지는 官僚制를 통하여 구현되었다.[1] 그리고 상피제는 바로 이러한 체제 정비 과정 속에서 시행된 것이다. 이는 고려사회가 가문과 혈연, 그리고 이에 따른 사회적 폐쇄성을 가진 문벌 중심의 사회라는 관점에서 보다 발달된 사회이었을 것이라는 시각에서 바라본 것이다.

그렇다면 조선사회는 어떠한 과정을 거쳐 중앙 집권 국가로 나아가고 있는가를 인사 정책 측면에서 살펴보도록 하자.

주지하는 바와 같이 고려 후기의 인사 관행은 혈연관계나 혼인관계, 그리고 좌주 · 문생 관계 등이 연결되면서 인사 담당자의 私的 영역이 강조되는 경향으로 나아갔다. 그러한 경향은 조선이 건국되

1) 李泰鎭, 〈朝鮮王朝의 儒敎政治와 王權〉, ≪한국사론≫(서울대) 23, 1990, pp.217～220.

면서도 상피 제도라는 제도적 장치가 마련되었음에도 불구하고 크게 시정되지는 않았다.[2)]

하지만 太祖 연간부터 점차적으로 保擧, 去官, 褒貶 등의 인사 규정이 마련되고, 太宗 때 제도 개혁이 단행되면서 그러한 인사 관행은 사라지기 시작한다. 실재로 태종은 왕권을 위협할 수 있는 정치세력을 인정하지 않았고, 공신 등의 집단적 정치 세력화를 막기 위해 견제와 제거를 병행한 조치는 많은 영향력을 발휘하였다.[3)] 그리고 ≪경제육전≫ 등에서 인사 행정에 관한 내용을 법제화하였고, 왕권 강화의 한 방편으로 상피 제도 명문화되어 갔다.[4)]

이러한 제도의 개편은 世宗 때부터 유교 정치를 할 수 있는 문물과 제도가 정비로 이어졌고, 그에 따른 인사의 適材適所 여부를 따지는 체제가 마련되었던 것이다.[5)] 이는 상피제를 한층 강화하는 요인이 되었고, 왕권 강화 내지는 중앙 집권화 노력도 더욱 진전되기에 이른다.

이러한 일련의 과정 속에서 주목할 점은 조선 개국부터 실권자 세력이었던 鄭道傳 계열의 士大夫와 왕권 강화를 최상 목표로 하였

---

2) 한 사례로 昌王 즉위년 9월에 政房을 이성계 일파에 의해 尙瑞司로 개편된 데에서도 확인되고 있다.(≪高麗史節要≫ 卷33, 昌王 卽位年 9月條) 즉, 정방을 계승한 尙瑞司의 判事를 지낸 10명의 인물 가운데 金士衡, 李居易, 李茂, 沈德符 등을 제외한 河崙은 李仁復의 문생이자 그 동생 李仁美의 사위이며, 成石璘, 閔霽, 李舒는 廉興邦의 동년으로 역시 이인복의 문생이었다. 이방원 또한 禹玄寶와 李仁敏(이인복의 동생)의 문생이었다.(金昌賢, ≪앞의 책≫).

3) 韓忠熙, 〈太宗朝의 王權과 政治運營體制〉, ≪국사관논총≫ 30, 국사편찬위원회, 1991, p.13.

4) ≪세종실록≫ 권39, 10년 2월 癸丑條 ; ≪세종실록≫ 권94, 23년 10월 戊辰條 ; ≪단종실록≫권9, 원년 11월 丁丑條 ; 연세대국학연구원편, ≪經濟六典輯錄≫, 신서원, 1993, pp.56～57 ; ≪決訟類聚補≫, 한국정신문화연구원(影印本), 1996, p.226.

5) 崔承熙, ≪朝鮮初期 言官·言論硏究≫, 한국문화연구총서 17(서울대), 1976, p.163.

던 太宗의 입장이다. 이는 고려 후기에 관행화 되어 갔던 일정 범위 내의 친인척에 의한 인사 정책의 전개와는 또 다른 입장에 놓여 있는 것이다.

이미 앞에서 살펴본 바와 같이 정도전 계열의 사대부나 태종 모두는 고려 말의 인사 관행을 개혁하려는 입장에서는 견해를 같이 하였다.

그러나 국왕의 역할을 보는 시각은 현격한 차이가 있었다. 즉, 〈先王之制〉와 〈時王之制〉 입장이 그것이다. 원래 〈선왕지제〉란 유교의 이상인 중국 고대의 정치제도이며, 周禮 즉 周官에 구현된 권력 구조를 말한다. 여기에서는 首相을 정점으로 하여 업무가 분화된 관료 체제가 행정의 실무를 맡고 왕은 정치에서 초연한 상징적인 존재에 가깝다.

반면에 〈시왕지제〉는 당시 명나라의 정치 체제로 專制王權이 그 본질이었다. 여기서는 왕이 행정의 실무를 직접 장악함으로서 관리들의 역할은 훨씬 미약했다. 정도전의 ≪朝鮮徑國典≫의 편찬과 태종의 6조직계제는 각각 선왕지제와 시왕지제의 구체적으로 표현된 것이었다.

이러한 정치사상의 대립은 권력 투쟁과 결부되어 조선 초기 정치적 변천의 기조를 이루었다.[6] 이는 조선왕조의 정치가 명분상 왕을 정점으로 하는 유교적인 양반 관료에 의하여 통치되는 지배 체제를 갖추었기 때문이기도 하다. 따라서 왕권과 신권을 중심으로 한 권력 구조와 운영의 문제는 항시 내재되어 있었다.[7]

그런데 태종에 의해 정도전 계열의 사대부가 제거된 후 時王之制

---

6) 權延雄, 〈世宗朝의 經筵과 儒學〉, ≪世宗朝文化研究(1)≫, 박영사, 1982, pp.82～83.

7) 韓永愚, 〈政治 · 行政篇〉, ≪韓國學基礎資料選集-近世 I 篇-≫, 한국정신문화연구원, 1994, pp.58～59.

의 입장에서 정책이 입안되었고, 또한 그렇게 시행되었다. 이는 상피제의 제정 과정과도 무관하지 않는 것이다. 즉, 태종 5년(1405) 1월의 관제 개혁으로 인사권을 銓曹에서 관장하게 한 이래 태종 13년(1413) 경에 ≪경제육전≫이 다시 편찬되고 이를 바탕으로 6조직계제이라는 제도가 시행되었다. 바로 이 시기에 상피법의 명문화가 이루어지던 시기이다. 따라서 태종의 즉위 이래로 심혈을 기울려온 공신과 대신 등의 세력 약화 정책과 왕권 강화 정책이 6조의 지위 강화와 6조 중심의 국정 운영의 형태로 나타났다.

한 사례로, 모든 상피제에 있어서 재하당체 내지 재하당피의 원칙이 엄격하여 하관이 상관을 피하고, 祖孫父子 관계에서는 자손이 大官에 있을 때를 제외하고는 父祖를 피하여 다른 관서로 옮기게 한 조치가 그것이다.

상피제는 앞에서 검토한 바와 같이 고려조에서 규정한 상피제와 비교 선상에서 보면, 보다 강화 발전된 것을 의미한다.[8)] 조선조의 상피제가 고려조보다 확대되어 시행되었을 뿐만 아니라 조선사회가 고려사회에서 미진했던 점을 제도적으로 보완했다는 의미를 내포하는 것으로 이해할 수 있다.

이러한 경향은 조선 건국 직후부터 국가의 제도 개혁이 공권력을 강화하려는 방향 아래에서 정치 · 경제 · 사회 · 군사를 일원화하려는 이념 하에 추진되었기 때문이다. 조선 초기에 있어서 왕권의 절대성 확립은 왕조개창에 따른 체제 정비, 특히 중앙 집권 체제를 구축하는 과정 속에서 이루어지고 있다.

또한 조선시대 군주의 권위는 왕정 수행의 최고 책임자라는 측면에서 상징적으로나 실질적으로 절대적 위치에 놓여 있었고, 그 구현

---

8) 李泰鎭, 〈集權官僚制의 成立〉, ≪한국사연구입문≫, 지식산업사, 1986, p.262 ; 朴洪甲, 〈朝鮮初期 門蔭의 成立過程〉, ≪국사관논총≫32(국사편찬위원회), 1992, p.173.

은 관료제를 통해 이루어졌다.

그런데 왕조 개창 이후 추진해 온 제도의 개혁은 1세기를 지나면서 관료 체제, 경제 질서, 신분제, 정치 세력, 사상 등 조선사회의 전반에 걸쳐 커다란 사회 변동에 직면하기에 이른다.[9)]

다시 말해, 16세기 이후에는 정치적으로 외척과 권신의 정치 참여가 활발해지고, 경제적으로 사경제의 발달이 촉진되며, 신분적으로 良人의 계층 분화가 촉진되고 있다. 아울러 사림파의 집단적 정치 참여와 朱子의 도학정치의 실현이 강조되면서 새로운 양상이 전개되기에 이른다.

후술하겠지만 정치적으로 외척과 훈신의 정치 참여도 成宗을 전후한 시기에 중앙 집권 체제의 확립과 맞물려 전개되고 있다는 사실은 시사해 주는 바가 크다.

이러한 양상은 士禍와 反正을 통하여 군주권의 변화와 정치 참여층의 확대로 나타나게 되고, 이 시기 등장한 사림은 주자학을 '제왕의 학'으로 높여 군주권을 강화하려는 정치적 이상을 제시하였다.[10)]

따라서 이 시기의 정치 세력은 15세기말에 완성한 ≪경국대전≫의 체제를 얼마나 올바로 준행하느냐가 핵심 과제였다. 이러한 경국대전 체제의 엄격한 준행은 상피제의 시행에 있어서도 왕조의 위기를 조정하는 기능을 하였다.

또한 정치 참여 층이 확대되면서 서로 이해관계를 달리하고 상충되는 정치 세력이 나타나게 되었는데, 16세기 후반 이후 朋黨의 기반을 두고 출발한 정치 세력이 그것이다.

대개 15세기에는 권력의 집중을 통한 정치력의 확대로 고려 말의 혼란을 해소하는 것이 주된 정치 과제였다. 이에 비해 成宗을 고비

9) 韓永愚, ≪朝鮮前期 社會思想研究≫, 지식산업사, 1983, pp.16~19.
10) 尹南漢, ≪朝鮮時代의 陽明學研究≫, 집문당, 1982, p.84.

로 권력을 분화시키고 정치의 참여 층을 넓힘으로써 조화로운 정치의 운영을 모색하는 것이 정치적 과제였다.[11)]

따라서 16세기를 전후하여 초래된 조선사회의 사회 변동은 상층부의 통치 체제나 정치 운영 방식이 점차적으로 군주를 중심으로 한 공적 지배 영역과 朋黨을 중심으로 한 사적 지배 영역으로의 형태로 전개되었다. 특히, 16세기 후반 이후의 붕당정치는 후자의 측면이 강하게 반영되고 있었다.[12)]

이로 인한 서로 간의 정권 교체가 자주 되풀이 되었고, 왕권의 입장에서는 이에 따른 체제 유지에 많은 노력을 기울여야 할 처지였다. 그래서 그 해결책으로 마련한 제도 가운데 하나가 상피 제도 이었던 것으로 짐작된다.

2. 士林의 정치 구조 이해에 따른 기능

그런데 조선왕조는 16세기를 맞이하면서 勳舊와 士林의 대립이 전개되는 양상을 보이고 있고, 그 예로 4대 사화가 나타나면서 이해관계에서 초연해져야 하는 송관의 임용도 많은 알력이 작용하였다. 또한 국가의 滯訟之弊가 시정되지 않고 여전히 사회 문제로 논의되자, 국왕은 수교를 통해 이를 강력히 저지하려 하였을 것이다.

더욱이 명종 때 이르면 훈구에 의한 농장이 더욱 확대되어 가고 있었고, 이들 간에는 정치적으로 族黨化를 가속화시켜 사회 병폐는 한층 심해지는 양상으로 전개되고 있다. 바로 이러한 병폐가 송관상피의 강화 요인으로 작용하기도 한다.

---

11) 국사편찬위원회편, ≪한국사≫ 권28, 〈조선 중기 사림세력의 등장과 활동〉, 1996, p.27.

12) 金燉, ≪16세기 전반 政治權力의 變動과 儒生層의 公論 形成≫, 서울대 박사학위, 1993, pp.4～5.

이 무렵 송관상피 외에 과거제에 따른 상피 제도에서도 여러 모순이 표출되어 갔다. 즉, 諸科 相避人에 대한 試官選定과 그에 따른 상피 문제가 그것이다.

발달한 관료제 아래에서 중앙 정치 무대에 참여하기 위해서는 관품과 관직을 얻는 것이 무엇보다 중요하였다. 관품과 관직을 갖는 것은 지배 신분의 주요 징표였으며, 과거에 응시할 수 있는 자격은 지배 신분에게 유리하였다. 전근대 관료제 사회에서 관료는 국가의 운영을 담당하는 지배 계층이었기 때문이기도 하였다.[13] 그 가운데 殿試, 庭試, 謁聖試, 拔英試 같은 친림시에서 黨人들의 경쟁은 노골적인 것이었다.

이렇듯 조선시대 왕권의 권력 행사는 15세기 말엽 이후부터 朋黨의 정파 정치 속에서 왕권의 위상과 관련되어 전개되고 있었고, 그에 따른 상피제의 강화 요인들이 나타나기에 이른다.

즉, 선조 때 동인과 서인의 붕당이 형성된 이후 관리들 사이에는 政派로서의 붕당이 표면으로 인정되어 당쟁으로 비화되는 양상이 종종 나타나곤 하였다. 이는 중앙과 지방으로부터 새로이 진출한 관료들이 중심이 되어 주위의 동료 또는 성균관 유생들에게 영향을 미쳐갔다. 이 경향은 16세기에 士禍의 정치적 파란이 거듭하는 속에서 조금도 꺾이지 않고, 오히려 점차 강해져 왕조의 정치 체제를 흔히 朋黨政治라고 불리는 이 새로운 정치 체제로 바꾸어 놓았고, 이에 따라 왕권의 위상도 바꾸어 놓았다.

일찍이 중국의 宋代에는 정치 세력의 집단화가 노골화되면서 개인적 이익을 탐하는 자들 보다 公道를 실현하기 위해 노력하는 자들에 의해 붕당론이 전개되었고, 이것이 우세하면 정치는 바르게 될

---

13) 車美姬, 〈조선후기 과거제도 연구의 성과와 과제〉, ≪조선후기사 연구의 현황과 과제≫, 창작과 비평사, 2000, pp.50~54, p.63.

수 있다는 붕당관이 일어났다. 이러한 새로운 붕당관에서 제왕은 붕당 형성을 돕거나 필요하면 그 붕당에 드는 것도 주저하지 말아야 한다고 역설하였다.

그런데 조선시대에 있어서 16세기 이후 사림이 추구하는 국왕과 신하 간 公治主義의 정치 지향점은 국왕에 따라 다양한 반응을 보이고 있음은 주목할 만하다. 다시 말해 成宗과 같은 임금은 여기에 빠른 적응을 보였고, 中宗은 적응과 거부를 번갈아 행하였으며, 宣祖는 왕권의 입지를 찾아 신하들의 세력 관계를 이용하여 의도적으로 정권 교체를 자주 되풀이하기도 하였다. 더욱이 燕山君 같은 임금은 폭정으로 사람의 공치주의 뿐만 아니라 관료제가 주는 구속까지도 거부하기도 하였다.

이후 仁祖·孝宗·顯宗 3대의 왕정은 외침으로 인한 정국의 불안도 컸지만, 정치 이념 상 성리학적 공치주의로부터 받는 제약이 적지 않았던 시기였다. 뒤이어 즉위한 肅宗은 붕당간의 대립이 격렬해지기 시작하여 주도 붕당을 번갈아 교체하는 방식으로 수습하는 양상으로 전개하였다. 이는 신하들의 왕위에 대한 선택적 지지로 나타나 전통적인 군신 관계와는 또 다른 양상을 보여주고 있다.

하지만 천신만고 끝에 즉위한 英祖는 그러한 양상을 시정하려 하였다. 그 과정에서 영조 4년(1782)에 왕위에 대한 불만을 품은 남인·소론계의 사대부들이 密豐君 坦을 옹립하는 李仁佐의 亂을 일으켜 한 때 어려움을 겪기도 하였으나, 전통적인 군신관계 확립은 변화가 없었다.

당시 반란의 구실은 영조가 이복형제인 景宗을 독살하였다는 것이지만 그것은 어디까지나 자체의 당론에 불과한 것으로 객관적인 증거가 있는 것은 아니었다. 조선왕조 역사상 사대부들이 재위 중 왕에게 결정적인 결함이 없는데도 반란을 일으킨 것은 이것이 처음으로 유교적 왕정 관념에서는 왕조의 기틀을 위협하는 사건임에 틀림없었다. 영조는 이 사건을 계기로 실추된 왕권 회복에 적극적으로 나서기 시작하였던 것이다.[14] 이 시기 영조에 의해 단행된 법 체제 정비와 상피제의 확대, 강화 노력은 상피 제도가 왕권 회복과 관련이 있었을 것이다.

따라서 상피제는 전통적인 군신 관계를 확립하려는 의도와도 밀접한 관련이 있었던 것으로 보이며, 붕당을 통한 관리의 專有를 막는 제도적 장치였을 것으로 짐작된다.

3. 臣權의 제한 장치로서의 상피제 논의

앞에서 살펴본 바와 같이 상피제가 전통적인 왕권 강화와 관련이 있었을 것으로 여겨진다고 볼 때, 이는 신권의 제한 장치로서의 상피를 의미한다고 말할 수 있다. 이는 왕권의 권력 행사와 관련이 있고, 다른 한편으로는 관료 제도의 효과적인 운영과도 불가분의 관련이 있었을 것이다.

대개의 경우 조선사회의 정치적 구조는 건국 초부터 兩班官僚體制 혹은 集權官僚體制의 형태를 취하면서 국가적 기틀을 마련해 나갔다고들 한다.[15] 그 가운데도 사족 계층들은 이를 통해 그들의 족적을 확실하게 남기는데 성공하였고,[16] 국정 운영 과정에서도 국왕 내지 왕실과 함께 가장 중요한 정치 세력으로 인정받기에 이른다.

---

14) 李泰鎭, 〈조선왕조의 유교정치와 왕권〉, ≪東亞史上의 王權≫, 한울아카데미, 1993, pp.105～112.

15) 이성무, ≪조선 초기 양반연구≫, 일조각, 1980 ; 이수건, 〈양반사회의 구조와 그 전개〉, ≪한국학연구입문≫, 지식산업사, 1981 ; 이태진, 〈집권관료 체제의 성립〉, ≪제2판 한국사연구입문≫, 지식산업사, 1987.

16) 金盛祐, 〈16세기 국가의 사족정책의 시행과 그 한계〉, ≪이수건교수정년기념 한국중세사논총≫, 논총간행위원회, 2000, pp.147～149.

따라서 이후의 역사는 왕권과 신권, 양자의 이해관계가 상호 충돌하는 가운데 대립, 갈등하는 역사로 전개되는 경향을 보였다.[17] 이는 조선왕조의 정치 체제가 그 형식에 있어서는 전제 질서이었지만 그 권력 구조에 있어서는 완전한 절대 군주제가 아닌 官人支配體制라고 불리는 이유가 여기에 있는 것이다.[18]

그렇게 함으로서 조선사회는 구조적으로 국왕의 권력 행사를 견제하기 위한 제도가 발달할 수밖에 없었고, 이는 권력의 전횡과 독재를 방지하려는 노력으로 이어졌다. 대개 3정승의 합의제라든가, 3사의 의정부 · 6조 견제 및 왕권의 독주 방지 또는 국왕이 법을 개폐하거나 당하관을 임명한 후에 대간의 동의를 구하는 서경 제도 등은 그러한 정치 현상을 뒷받침해 주는 정치 행위였다. 그리고 언로의 형식으로서 상소 제도가 적극 활용되었다. 아울러 통치자의 도덕성을 중시하여 경연이라 하는 군주교육제가 제도화되어 정무 그 자체보다도 정치에 관련된 모든 원리를 수집, 토의하는 과정으로 중시하는 경향을 보였다.[19]

이러한 관인에 의한 지배 체제는 자동적으로 권력의 남용을 제도적으로 방지할 수 있었고, 관료의 자율성, 합리성, 합법성을 보장하게 하였다.[20] 이는 정책을 입안하는데 있을지도 모르는 유력한 문벌의 요구나, 왕실의 요구, 재야 유림의 요구 등을 어느 정도 제어하여 국왕에게 건의 형식으로 취합하면, 국왕은 의정부, 3사, 6조 등의 결정 기관을 통해 施政化 하는 형식을 취하고 있는 것도 여기에서 기인한 결과였다.

---

17) 이병휴, ≪조선전기기호사림파연구≫, 일조각, 1984.

18) 金雲泰, ≪조선왕조 행정사≫(근세편) 박영사, 1978, p185.

19) 鄭太鉉, 〈율곡의 정치사상〉, ≪조선조 정치사상 연구≫(한국정치외교사학회논총 제4집), 평민사, 1987, pp.81~83.

20) 李秉甲, 〈政策過程에 있어서 安東儒林의 利益表出〉, ≪안동문화≫ 3, 1982, p.5.

따라서 위와 같은 정치 체제 아래에서는 언론을 개방하여 群策 또는 善策을 수집하는 업무가 중요하였고, 임금도 평범한 백성과 같이 총명의 한계에 이른다는 논리로 많은 사람의 의견을 들어 국정을 펼쳐야 하였다. 그래서 왕도 정치의 근본을 언로의 창달에 두었던 것이다. 또한 통치자의 입장에서도 권력은 곧 國人의 동의에 근거하기 때문이며, 국인의 의사를 정상적으로 파악할 수 있기 위해서는 언로의 개방이 필수적이라는 인식이 자리 잡았던 것이다.

그러한 경향은 성리학적 정치사상이 점차 확대되어 나가면서 공평한 기준에 의해 뽑힌 신료의 권한을 강조하여 군주가 신료에게 전권을 일임해야 한다고 강조하였던 것이다. 다시 말해 성리학적 정치사상은 군주권의 절대성을 부인하지 않는 위에서 군주권의 제약을 여러 모로 모색하는 방향으로 전개된 군주 중심의 정치사상이었음을 의미한다.

조선왕조의 성리학적 정치사상은 건전한 군주정을 궁극적으로 지향하고, 군주의 윤리적 타락과 공신이나 척족의 발호를 근절하는 것이 그 방편으로 여겨졌다.[21] 특히 군주가 현명치 못하거나 공신, 척족의 세력이 강할 때는 사림들이 이런 내용을 강조했다. 반정으로 왕위에 오른 中宗 때 趙光祖나 역시 반정으로 왕위에 오른 仁祖의 아들인 孝宗 때의 宋時烈의 사상에서 그 전형을 볼 수 있다.

그렇다면 조선시대 관료 제도의 특징은 어떻게 정의내릴 것인가도 중요한 쟁점 가운데 하나일 것이다. 무엇보다 자질이 우수하고 유능한 관료들이 선발되어 봉사하였고, 견제와 비판을 통하여 권력 행사의 균형을 유지할 수 있는 구조로 편성되어 있었으며, 관료 체제 자체에 대한 감찰과 탄핵 기능이 발달하여 오랫동안 자정 기

21) 孫文鎬, 〈조선조 성리학 정치사상의 역사적 성격〉, ≪조선조 정치사상 연구≫(한국정치외교사학회논총 제4집), 평민사, 1987, pp.93~99.

능을 발휘할 수 있다. 그리고 조선시대의 관료제는 저비용과 고효율의 체제로 편성되어 있었다.

위와 같은 사실로 미루어 볼 때 조선시대 통치 체제의 핵심은 관료 제도였고, 이것이 500여 년간에 걸쳐 그 효율성을 발휘하였다고 할 수 있다. 문치주의의 원리를 바탕으로 구축된 관료 제도는 여러 가지 부작용에도 불구하고 확고한 체제의 안정성과 효율성을 가지고 있었던 것도 이 때문일 것이다.

더불어 조선시대 관료제는 법과 제도에 의해 통치되는 것 보다는 통치자의 德治를 강조하는 방향으로 이루어졌다. 이는 사람에 의하여 통치되는 성격이 강하였다.

한 사례로 지방관들을 보자. 지방관은 국왕을 대신하여 고을을 다스렸기 때문에 거의 무제한의 권력을 행사할 수 있었고, 백성들은 관리들의 품성에 따라 혜택을 보기도 하고, 고통을 받기도 하여 그 임용에 신중을 기울였던 것이다. 이러한 관리들의 막대한 재량권에 비해 그들을 견제하는 장치는 미비하였기 때문에 위정자나 관리들의 개인적 인품 수양과 도덕성의 함양이 더욱 중시되었던 것이다.[22] 이것 역시 통치자의 현덕으로 이어졌던 것이다.

하지만 관료 제도는 그 특성상 모든 관료가 통치자의 직접 지휘 감독 하에 있는 것이 아니고, 그 직속 상급자의 통제 하에서 업무를 수행하는 것이 원칙이었다.

특히 행정은 상급 기관과 하급 기관 간에 단계적인 업무를 수행하는 것이 중요하였고, 그러한 행정은 상급 기관과 하급 기관 사이 구간의 단계적인 총괄로 조직되기 때문에 모든 관료 기구를 총괄하는 재상이 사실상 막강한 권력을 행사할 수 있었다.

---

22) 李迎春, 〈조선시대 관료제 운영의 윤리적 기초〉, ≪이수건교수정년기념 한국중세사논총≫, 논총간행위원회, 2000, pp.147~149.

따라서 관료 조직은 통치자의 역할 못지않게 재상의 권한을 강조하였던 것이다. 그래서 조선시대 내내 의정부서사제를 고수하였던 것도 그러한 이유에서 이다.

그렇게 함으로서 관료 제도는 업무의 체계적인 조직, 관료의 적재적소 배치, 엄정한 考課와 공정한 상벌 제도를 통해 그 효율성을 높여 나갔던 것이다. 여기에는 일체의 사적인 好惡 및 親疎의 배제, 철저한 현능 위주의 공정하고 객관적인 기준을 끊임없이 요구하였던 것이다. 이러한 대안으로 상피제가 주목받은 이유도 여기에 있는 것이다.

이는 조선시대의 왕정이 처음부터 관료제 하나를 통해 수행될 수 있도록 구조화되어 있었음을 의미하는 것이다. 따라서 정치 세력화는 처음부터 제도적으로 봉쇄되었다. 유교 정치를 부정하지 않고 관료제를 유용하게 활용하는 한 왕정은 오히려 강력한 힘을 발휘할 수 있었던 것이다.

4. 국왕 주도의 정국 기반 마련을 위한 상피제 실험

조선시대 국왕의 권력 행사는 왕권의 확립 속에서 전개되고 있다. 왕권의 확립은 우선 세자의 정무 배제부터 이루어진다. 조선시대 세자가 정무를 보는 경우는 文宗과 思悼世子·孝明世子 들처럼 일부 정무에 참여하는 경우도 있었지만, 원칙적으로 세자의 정무는 배제되어 있었다. 이는 왕권의 보이지 않은 경쟁을 사전에 제거하려는 목적에서 기인한 것이다.

왕권의 확립에 따라 세자도 그 체제 속에서 단지 한 사람의 신하이며, 단지 장차 국왕이 될 후보에 불과하였다. 특히 세자 시절 절대적으로 삼가야 하는 일이 바로 정치 관여 문제였다. 만일 국왕이 장수하고 세자가 성년이 되면 자연 궁정내의 세력 가운데 현 국왕과 장차 국왕과의 분파 현상이 나타나고 국왕과 세자 사이에 갈등이 일어나기 마련이다. 조선의 사도세자의 비극이 그것이다.

그러한 경향은 '문벌' 보다는 '관료'의 성격이 강화되는 경향으로 나아갔다. 고려시대 이래로 강조되어 오던 문벌을 약화시키고 국왕권을 상대적인 우위에 놓아 그 권한을 확립하였던 것이다. 이는 중국에 있어서 宋代 이후 그 보장을 요구할 수 있는 '私'의 폭이 현저히 축소된 사대부 문신 관료들이 주자학적 '公'의 세계로 황제와 자신들을 몰아넣고 황제와 사대부의 '公治天下'의 이상을 주장하는 과정에서 황제권의 '독재권' 확립을 용인하는 결과를 낳았던 것과[23] 관련이 있지 않나 생각된다.

이는 조선시대에 있어서 사대부의 주자학적 公의 세계 강조로 이어져 왕권의 공적 기능을 추구하는 빌미가 되기도 하였던 것이다. 즉, 국왕의 사적 보장은 자신의 권력 강화에 중요한 것이었으나, 공치천하의 이상을 구현하여 관료 집단의 이해관계를 잠식시키는 왕권의 안정 노력도 간과할 수 없다는 사실이다.

따라서 국왕 자신이 왕권 안전을 위해 제도적 장치로 相避制가 적극 활용되고 있는 사실은 매우 주목할 만하다.

조선사회는 관료 체제가 상당한 활성화되어 있었던 것은 사실이다. 그렇다고 하지만 관료 제도도 국왕을 정점으로 한 전제 군주적 지배 형태의 바탕으로 이루어진 것이며, 그것은 동양 사회의 특수성과 연계되어 있었다. 국왕과 官人에 의하여 국가가 지배되고 유교적인 통치 이념을 기반으로 하고 있어서 이들 간의 관계는 왕권이 권력을 행사하고, 이를 구조적으로 뒷받침해주던 것이 바로 관료 계층이었다.

---

23) 李成珪, 〈중국고대 황제권의 성격〉, ≪東亞史上의 王權≫, 한울아카데미, 1993, pp.12~65.

그러한 과정에서 나타난 한 사례가 과거제에서의 殿試의 활용이었다.[24] 전시란 원래 宋代 유행한 제도로 국왕이 과거 합격자를 최종 결정하던 제도였다. 전시 제도는 먼저 과거의 합격은 국왕에 의하여 결정되었으므로 수험생에게 강한 자부심을 주었다. 이는 조선시대 관리로 하여금 국왕의 충실한 門生으로서의 사대부 의식을 갖도록 하는데 큰 역할을 하였다.

일단 전시에서 높은 점수를 받으면, 관리 생활에서 유리한 위치에 오를 수 있었기 때문에 전시의 성적은 관리의 초임을 정하는데 중요한 작용을 하였다. 따라서 국왕권의 제도적 강화가 이루어졌던 것이다.

이러한 경향을 바탕으로 試官相避의 기능에 따른 국왕 주도의 실험을 어떠한 것이었는지 살펴보면 다음과 같다.

시관상피의 시행은 첫째, 관리의 專有를 막기 위한 제도였다. 당시 관리의 전유를 막기 위한 제도는 과거제 이외에도 관료의 인사 고과제, 관직 임기제 등 다양한 제도가 있었다. 상피제 역시 이러한 목적에서 시행한 중요한 제도였다는 점이다.

우왕 14년(1388) 5월 위화도회군이 단행되고, 그로부터 4개월 뒤인 창왕 즉위년 9월에 당시의 인사 정책 기관인 政房이 尙瑞司로 개편한 후, 역성혁명에 의해 조선이 개국한다. 그리고 태조 1년(1392) 7월에 卽位敎書를 반포하면서 문, 무과의 시행을 천명한다.[25]

이후 태종에 의해 단행된 관제 개혁을 바탕으로 고려 말의 제도적 모순을 극복해 간다. 이미 앞에서 살펴본 바와 같이 태종 5년(1405) 1월 관제 개혁을 통해 상서사의 인사 기능을 동반은 이조로, 서반은 병조로 귀속시키고, 상서사는 寶璽 · 符信의 관리에 한정시킨

24) 申採湜, 〈宋 이후의 皇帝權〉, ≪東亞史上의 王權≫, 한울아카데미, 1993, pp.66～76.

25) ≪태조실록≫ 권1, 1년 7월 丁未條.

것이 그것이다. 이는 태조 이래로 당하관의 인사 관리는 전조가 맡고, 인사〔銓注〕는 상서사에서 맡아오던 이원적 체제가 태종 5년의 관제 개혁을 계기로 인사와 인사 관리가 모두 銓曹로 이관된 것이다.

이러한 경향은 국가의 인재 확보 정책에 있어서도 공정성의 유지를 중요시하는 방향으로 나아갔고, 이로 인한 과거제는 한층 강화되어 갔다. 본래 과거제는 인재 선발, 선비에 의한 정부의 독려, 공공교육의 확장 등에 목적이 있었고, 사회와 정부를 부패시키거나 무능화한다는 뜻은 없었다.[26] 따라서 과거제는 국가적으로 새로운 시대의 인재선발이라는 차원에서 상당히 중요한 의미를 갖는 것이었고, 이는 고려시대에 관행화 되었던 座主·門生 제도의 혁파로 이어졌다.[27]

위와 같은 상황을 통해 시관상피의 시행 배경을 살펴보면, 고려시대 이래로 관례화 되어 오던 소수 특권층에 의한 관직 독점 현상을 시정하려는 조치 가운데 일환이었다고 생각된다.

즉, 소수의 특권층이 혼인, 좌주·문생 등의 인맥을 이용하여 과거에서 그들과 관련되어 있는 가문이나 인사를 자주 발탁하고, 시관 역시도 친인척 관계에 있는 자들이 독점하였는데, 시관상피는 바로 이러한 경향을 국가가 직접 통제할 수 있는 제어 장치를 마련한 셈이다. 그것이 시관상피 운영에 있어서 과거에서의 시관 선정 및 시소 배치의 공정성 확보를 통해 인재 선발의 투명성을 강조하여 혹시 있을 지도 모르는 일부 관리들의 專有 및 부조리를 막기 위해 방책이었던 것이다.

따라서 국왕의 입장에서는 소수 계층에 의해 전유되던 관행을 불식

26) 李洪烈, 〈文科設行과 疑獄事件-기묘과옥을 중심으로-〉, ≪백산학보≫ 8, 1970, p.301.

27) ≪태종실록≫ 권25, 13년 1월 丙戌條.

시키는 것이 무엇보다 시급한 과제였는데 이를 효과적으로 제어하고, 국왕의 권한을 강화하는 방편으로 시관상피의 운영은 긴요한 제도적 장치로 인식되었을 것이다. 이는 국왕의 올바른 관리 선발로 이어져 중앙집권적 왕조체제의 기틀을 마련하는데 기여하였을 것이다.[28)]

둘째, 국가의 공정한 인재 선발을 통한 국가 기관의 공신력 강화에 그 목적이 있었다. 조선시대 과거는 제 1차 시험인 초시, 제 2차 시험인 복시, 제 3차 시험이자 최종 선발 시험인 殿試로 체계화된 科擧三層法이 적용되었다.

대개 복시는 예조에서 주관하는 문과와 생원 · 진사시, 병조 · 훈련원에서 주관하는 무과, 그리고 각 기술 관청에서 주관하는 잡과 등의 제 2차 시험을 말하는 것으로, 서울과 지방의 초시에서 선발되어 올라온 합격자들을 式年 봄 2월 중앙〔漢城〕에 모아 재시험하여 그 합격자를 정하였다. 이후 복시의 합격자는 그 등급을 정하는 국왕 주재의 전시를 거쳐 최종 선발되었다. 하지만 전시는 합격여부를 따지는 시험이 아니었기 때문에 실재적으로 복시에 합격하면 과거에 합격한 것이나 다름이 없었다. 따라서 복시에서의 試官相避 문제는 과거제 운영의 중요한 현안 가운데 하나였다.

이미 조선 왕조는 ≪경국대전≫에서 別試를 제외한 式年試에 대해 성문화되었고, 이후 ≪속대전≫에 가서 별시까지 성문화되어 설행되었다. 별시는 원래 태종이 즉위하면서 최초로 增廣試를 시행한 이래로 謁聖試 · 重試 등이 설행되었는데, 증광시는 식년시와 그 규모나 절차가 다름이 없었으나 여타의 각종 별시는 대체로 약

---

28) 이렇게 관리들의 專有를 막기 위한 제도였다는 입장은 비단 試官相避에 국한해서 생각하기보다는 상피제 전반에 걸쳐 전개되었다고 볼 수 있는데, 이미 밝힌 바와 같이 訟官相避에서도 그러한 사례를 찾아볼 수도 있다. (졸고, 〈朝鮮前期 訟官相避制의 채택과 의미-奴婢爭訟을 中心으로-〉, ≪동국사학≫ 38집, 2002, p.102)

식화 하여 그 초시가 생략된 체 복시만을 거쳐 전시를 실시하거나, 혹은 전시만으로 試取하는 일까지 있어 시험 과목도 일정하지 않았다.[29] 이렇게 복잡한 시험 절차를 통해 인재를 고시하였기 때문에 그 시험을 주관하는 시관을 제어하는 것이 국가의 중요한 현안이었고, 그 일환으로 시관상피가 시행된 것이다.

특히 殿試의 설치는 고려시대 좌주·문생이라 하여 신하가 쥐고 있던 급제 결정권을 국왕이 장악함으로서 왕권 강화에 도움이 되었으며, 신 급제자들이 지공거 대신에 국왕을 좌주 또는 恩門으로 삼고 그 문생이 되어 자기들이 뽑아준 왕은에 보답하기 위해 충성을 다할 것을 맹세하였다.[30]

이러한 경향은 시관상피에서 정시, 알성시, 별시 등의 親臨試에서 고시관과 擧子의 상피 규정을 두지 않아 부자가 같은 과거 및 과장에 나아가는 경우가 종종 있었다는 사실에서도[31] 그러한 사실을 뒷받침해준다 하겠다.

제2절 京外官 상피제의 운영실태

주지하듯이 조선시대 상피제의 기능은 친족 집단에 대한 기본적인 이해 위에 그들 사이에 전개되는 혈연 의식을 바탕으로 이루어졌다. 특히 국왕의 입장에서 볼 때 관리에 대한 통제는 정치적 집단화를 차단하고, 혈연관계에 의해 전개될지도 모르는 부조리 차단에 긴요한 정치력 발휘와 밀접한 관련이 있었다.

---

29) 朴天圭, 〈文科 初場 講製是非攷-선초 과거제도의 성립과정에 관한 일고찰-〉, ≪동양학≫ 6, 1976, p.125.
30) 曺佐鎬, ≪韓國科擧制度史研究≫, 범우사, 1996, p.112.
31) ≪增補文獻備考≫ 卷187, 〈選擧考4〉, 科制4.(국역선거1, pp.229~231)

일차적으로 관리는 국왕의 명령을 수행하는 중간자적 입장이었지만, 이들이 수행한 정책은 일반 백성에게 직접 전달되는 점을 감안한다면 국왕이 직접 백성에게 전달하는 모양새를 취하고 있었다. 그리고 관리의 국정 수행 능력에 따른 이해관계는 관리 자신의 개인적인 입장에서 보아도 긴요한 것이었다.

따라서 상피제의 정비는 그러한 행정 업무 수행에 따른 정치적 세력화 차단이 중요한 기준으로 작용하였을 것이다. 여기에서의 행정 업무는 관직 체계의 운영과 연관이 있었다. 즉 행정 업무 상 관리가 일정한 친족 관계에 있는 자를 같은 관청이나 聽訟官, 試官 등에 임용되는 것을 막았던 것이다.

이러한 상피 제도는 관직 체계 상 문반과 무반으로 대별하여 살피는 것이 원칙이다. 하지만 기능면에서 보면 관직 체계에서 나타나는 업무 수행의 성격에 따라 京官職과 外官職으로 구분하고, 여기에 淸要職과 權設官에 대한 상피로 대별해 볼 수 있다. 그리고 청요직과 권설관에 대한 상피는 송관상피 · 언관상피 · 시관상피 등이 여기에 속한다.

1. 堂上官과 상피제 관계

우선 京官相避에 대한 문제이다. 경관직 상피는 조선 사회의 정치 체계에서 알 수 있듯이 여러 가지 정치 세력의 부침에 따라 논란이 된 대상도 달리한다. 그러한 경향은 상피제의 운용상에서도 상피 적용 자에 대한 체직에도 일정 부분 영향을 주어 상피 대상자인데도 불구하고 이를 무시하는 경우와 상피 적용 범위 밖에 있는 혈연이나 관직에 이르기까지 그 人事의 사정 개입 논란을 일으키고 있다. 조선왕조 내내 이러한 문제는 끊이지 않고 발생하여 때에 따라서는 심각성을 노출시키기도 한다.

특히 붕당정치 하에서의 전랑권과 避嫌制의 문제는 대표적인 것이었다. 낭관의 경우, 대개 郎官을 거친 이후 陞遷의 문제가 중요한 정치적 현안 가운데 하나였는데, 이조와 병조의 낭관은 인사권과 맞물려 정치적 영향력은 상당하였다.

다시 말해 낭관들은 임기를 다 채우면 승천하도록 보장되어 있었으므로 그 자체는 하등의 문제가 될 수 없는 것이었다. 문제가 되는 것은 임기인 30개월을 다 채우지 못하고 승천하는 경우였다. 이 현상은 이미 성종 후반기부터 그 조짐이 보였지만 中宗 때에 이르면 본격적인 것들이 지적되고 있다.

결과적으로 낭관이 임기를 채우지 못하고 승천하는 것은 낭관의 빈번한 교체를 야기하였고, 이로 인해 낭관들이 부서의 업무를 제대로 파악하지 못하고 胥吏들에 의해서 일이 좌우되는 폐를 낳기도 하였다. 하지만 낭관권 형성 이후 오히려 이러한 경향은 낭관의 지위 상승을 반영하는 일반적 추세일 것이다.

여기서 한 걸음 더 나아가 일시적으로 낭관에 임명되었다가 바뀌는 경우에는 승천해 주는 사례도 보인다. 명종 10년 金弘度가 이조정랑에 임명되었다가 상피에 걸려 곧 옮길 때에 승천해 준 것이 그 사례이다. 심지어 罷官還職者까지도 陞敍해 주기도 하였다. 중종 14년(1519) 4월 이조정랑 丁玉亨이 考功의 잘못으로 파직 당하자 그를 다시 정 4품 지평으로 승서한 사례에서 확인된다.[32)]

위의 사례에서 볼 수 있듯이 낭관은 인사에 영향력을 행사하고 행정실무의 핵심이었다는 의미에서 중요한 직책이었으나 일반적으로 재하당피의 원칙이 존중되어 경관직 상피에서 그리 커다란 논란을 일으키지는 않는다.

경관상피에서 논란의 핵심은 堂上官에 대한 상피 문제였다. 이는

---

32) 崔異敦, 〈16세기 郎官權의 형성과정〉, ≪한국사론≫ 14, 1986, pp.28~29.

당상관이 당상에 오름으로서 왕과 더불어 정사를 논의할 수가 있었고, 의결권, 군사권, 인사권, 감찰권, 외교권 등 거의 모든 분야에 걸치는 각종의 특권을 독점하면서 時·散을 막론하고 조선왕조의 최고 지배층이었기 때문이다. 따라서 여기에서 이에 대한 상피제를 구체적으로 살펴보도록 하겠다.

당상관은 조선왕조 최고의 관료 집단으로, 朝議 시에 당상에 있는 交椅에 앉을 수 있는 고관이었다. ≪경국대전≫에서는 동반의 정 3품 通政大夫 이상, 서반의 折衝將軍 이상, 종친의 明善大夫 이상, 의빈의 奉順大夫 이상을 당상관으로 규정하고 있다. 이러한 당상관은 국가 주요 정책에 대한 의결권을 갖는 집단이었다. 그 중에서도 2품 이상의 대신은 고려 때부터 계속 최고 관료층으로 존재하여 왔던 동질 집단이었다. 그러므로 의정부는 신권의 대표로, 6조는 왕권의 대변자로 보아 별개의 집단으로 명확히 분리할 수가 없는 것이다.

특히, 조선 초기의 당상관은 정 2품 이상의 당상관과 정 3품 당상관으로 나누어 볼 수 있는데, 2품 이상의 당상관이 고려시대 이래 兩府 재추신의 뒤를 이어 조선 초기에 이르기까지 宰相 내지 大臣으로서 당상관의 상부를 이루고 있었다고 한다면, 정 3품 당상관은 조선에 이르러 새로이 최고 관료층에 포함되어 당상관의 하부를 구성하고 있었다.

원칙적으로 왕조 국가에서 최종 인사권자는 국왕이었지만, 조선 초기에 중하위 관원들의 실질적인 인사를 담당하였던 것은 당상관이었다. 그런데 법제적으로 인사를 담당하도록 되어 있던 吏·兵曹 등의 당상관이나, 그밖에 의정부·기타 각조의 당상관은 수적으로 매우 적었고, 그들만으로 각 관서 관원들의 인사 행정을 효율적으로 처리하는 것은 거의 불가능하였다.[33]

당상관에게는 많은 권한과 특전이 주어졌다. 국정에 대한 의결권, 군대를 동원·지휘할 수 있는 군사권, 京·外 관리를 천거·포폄할 수 있는 인사권, 중국에 사신으로 갈 수 있는 외교권 등이 그 가운데 중요한 권한이었다.[34] 또한 당상관은 循資法의 구애를 받지 않고, 품계에 따라 당상관 안에서의 座次를 적어놓은 명부인 座目에 의거하여 덕망과 능력에 따라 등용되었다. 그리고 상피법의 적용도 받지 않았다.[35]

이밖에 ≪경국대전≫에 실려 있는 관제를 보면, 당상관은 兼職을 통하여 중앙과 지방의 각 관사의 업무를 관장할 수가 있었다. 그리고 직책에 따라 녹사, 서리, 조례 등을 지급 받을 수 있었고, 직책에 관계없이 품계에 따라 반당과 근수를 거느릴 수 있었다.

그리고 당상관은 근무 성적이 나쁘거나 범죄를 저질러 파직된 경우에도 그 복직에 유예 기간이 없었고, 범죄를 저지른 경우에도 국가에 대한 중대한 범죄가 아닌 경우에는 면책되거나 노비 등에 대한 간접적 처벌로 벗어날 수 있었으며, 의복이나 轎子, 각종 의례에서도 우대를 받았다. 퇴직 후에도 이 특전은 유지되었다. 즉, 퇴직 후 奉朝賀가 되어 관품에 비해 낮기는 하나 녹봉을 계속 받을 수가 있었고, 국가의 공식 행사에도 참석할 수 있었다.

또한 성종 9년(1478) 7월 李元佐의 투서에 대한 이조판서 姜希孟의 해명 상소에서 볼 수 있듯이 당상관이 임명되던 提調는 비록 수점에 의해 임명되기는 했어도 삼망을 갖추거나 상피를 하는 등의[36] 엄격한 절차를 거치지는 않고, 독망을 하거나 혹은 銓曹의 당

33) 金松姬, ≪조선 초기 堂上官 兼職制 연구-東班 京官職과 臨時職을 중심으로-≫, 한양대출판부, 1998.

34) 李成茂, ≪朝鮮初期 兩班研究≫, 일조각, 1980, pp.88~95.

35) 李裕元, ≪林下筆記≫ 第22冊, 〈春明逸史〉, 大官無相避條.

36) ≪경국대전≫에는 당상관은 상피하지 않는다고 규정하고 있지만 개정 이전의 ≪대전≫에는 이와 같은 예외 규정이 없었던 것 같고(≪세종실록≫

상관들이 스스로 천거하여 임명되었음을 알 수 있다.

이러한 당상관의 상피 적용 문제는 법제 상 병권직을 제외하고 모두 그 대상에서 제외되고 있다. 이는 경국대전 체제 이전부터 관행이었다. 그런데 경국대전 체제의 확립 이전과 이후에도 여전히 그 적용 여부가 정치 쟁점화 하는 경향에 주목해 볼 필요가 있다. 이에 대해 검토해 보자.

당상관의 상피 적용은 世宗 때 상피제가 강화되면서도 직접적인 제한은 없었다. 그러다가 文宗 2년(1452) 4월에 당상관의 상피 대상자가 聖恩에 면피되는 관행을 개혁하자는 논의가 제기 되면서[37] 정치 현안으로 등장하는 듯 보인다. 하지만 기록 상 보다 구체적인 기록이 보이지 않고 있어서 제도의 채택 여부는 알 수 없다. 그런데 단종 즉위년(1452) 5월에 大臣相避法의 적용 논란에서 "당상관은 본래 상피가 없다."[38] 라는 傳敎가 내려진 것으로 보아 당시의 논의는 채택되지 않았던 것으로 보인다.

위와 같은 관행은 경국대전 체제의 완성 시기인 성종 때 가서 다시 정치 쟁점화하고 있음을 볼 수 있다. 즉, 성종 6년(1475) 6월에 李元孝를 判決事로 삼을 때 동서인 이조참의 沈瀚과의 상피 문제가 그것이다. 이때도 여전히 당상관은 상피와 상관없이 제수되고 있다.[39]

이후 당상관에 대한 상피 적용 문제는 성종 8년(1477) 5월의 당상관 遷轉에 관한 조치가 내려지면서 당상관은 政曹에서 상피하지 말고 주의하게 한다. 그런데 이 조치는 국왕의 중재로 무마되고 있기는 하지만 정부와 사헌부 간의 논쟁으로 비화되기도 하였다.[40]

권56, 6년 6월 辛丑條) 또 그 범위가 겸직에까지 미쳤던 것으로 보인다. ≪세종실록≫ 권55, 14년 3월 乙酉條)

37) ≪문종실록≫ 권13, 2년 4월 辛卯條.

38) ≪단종실록≫ 권1, 즉위년 5월 乙卯條.

39) ≪성종실록≫ 권56, 6년 6월 乙未條.

40) ≪성종실록≫ 권80, 8년 5월 戊辰條.

이렇듯 당상관의 상피 적용 문제는 성종 9년(1478)과[41] 동왕 11년(1480)[42] 당상관 상피법 논란과 연산군 2년(1496) ≪경국대전≫ 상의 '堂上官不在此限' 규정 논란,[43] 그리고 중종 3년(1508) 당상관 상피 적용 공론화[44] 등에서 알 수 있듯이 결론을 내지 못한 상태에서 정치 현안으로서의 논쟁만 끊이지 않게 일어나는 결과를 초래하였다.

이러한 논쟁의 소지는 상피제의 설행 목적이 근본적으로 친인척을 같은 관청에 근무하는 폐단을 극복하자는 정책의 일환이었다는 데 있었고, 그 적용 대상도 3품 이상의 당상관이 아니라는데 있었다. 즉 상피제의 적용 대상은 당하관 이하의 하급 관료이었던 것이다.

다시 말해, 상피제가 상관 보다는 하관에 대한 인사에서 그 기준이 적용되고 있고, 상관과 하관의 상피에서도 遞職 및 전직은 하관에서 이루어지고 있는 것을 볼 수 있다. 이는 중앙 집권화 하는 과정에서 왕권의 강화라는 측면에서 상피제가 성립되었으나, 당상관으로 대표되는 핵심 관료에 대한 일방적인 제제는 완화되었고, 오히려 국가의 원로로서 대우한 일면이 엿보이는 측면이 있다. 따라서 왕권과 신료의 정치 권한에 대한 논란에서 상피 적용의 범위 편입 문제는 항시 정치적 쟁점이 되었던 것이다.

이러한 경향은 議政大臣의 상피 적용 논란의 사례에서 극명해 진다. 이를 구체적으로 살펴보면 다음과 같다.

조선 전기에 있어서 大臣相避는 앞에서 살펴본 바와 같이 기록상 태종 14년(1414) 4월 판의정부사 李稷과 영부사 河崙의 사례가 계기가 되었던 것으로 보인다. 이후 세종 19년(1437)에 집정 관원에

41) ≪성종실록≫ 권97, 9년 10월 戊申條.
42) ≪성종실록≫ 권119, 11년 7월 甲申條.
43) ≪연산군일기≫ 권15, 2년 6월 壬午條.
44) ≪중종실록≫ 권5, 3년 1월 丙辰條.

대한 상피가 제기되어 이때 부분적으로 논의되고 있는 것을 볼 수 있다. 이때의 대한 기록을 보면,

> 사간원 우헌납 皇甫恭이 아뢰기를, "집정한 관원으로서 상피하는 자가 있어서 만일 부득이 遷轉하는 일이 있다면 갖추 기록하여 臺省에 移文한다는 것은 이미 정한 법이 있는데도, 간혹 그렇게 하지 아니하는 자가 있사옵니다. 그런 까닭으로 갈아서 임명하고 죄를 科하도록 청하였사온데, 성상께서 새 법이라 하시고 윤허하지 않으셨습니다. 신등이 생각하기를, 이것은 새 법이 아니옵고 지난해에 세운 법이온데, 특별히 다시 거행하자는 것 뿐 이오니 전날의 청한 것에 따르기를 비 옵니다" 하니, 임금이 말하기를, "알았다" 하다.45)

라고 하였다. 그러나 이는 일반적인 현상은 아니었던 것으로 보이며 집정 대신에 대한 상피는 당상관의 범주에서 여전히 지켜지지 않았다.

그러다가 단종 즉위년(1452) 5월 사간원에서 議政府相避法에 대한 입법화를 추진하면서 표면적으로 떠올랐다. 그러나 입법 과정에서 국왕의 거부로 법제화가 이루어지지는 않는다. 이때의 국왕 거부 기사를 보면,

> 전교하기를, "(중략)상피에 대한 일은 堂上官은 본래 상피가 없고 臺省 · 政曹 · 沿邊의 將帥 · 守令은 그 책임이 가볍지 않으니, 만일 그 재주가 쓸 수 있다면 大臣의 자제라고 해서 폐할 수는 없다. 무엇을 피할 것이 있는가? 하물며 이조에서 注擬하여 아뢰면, 내가 대신과 더불어 可否를 의논할 것이니, 만일 상피할 자가 있으면 또한 마땅히 피할 것이요, 반드시 입법할 것은 없다." 하였다.46)

---

45) ≪세종실록≫ 권83, 20년 12월 甲戌條.
46) ≪단종실록≫ 권1, 즉위년 5월 癸丑條 ; 乙卯條.

라고 하였는데, 이는 국왕이 인재 등용에 있어서 철저히 자질 심사가 이루어지기 때문에 구지 입법화까지는 필요 없다는 표면적인 이유에서였다.

하지만 당시가 왕권에 비하여 신료의 권한이 지나치게 비대하던 시기였다는 점을 감안한다면 大臣相避法은 제정되기 어려웠을 것이다. 이는 아마도 집정대신의 반대에 직면하여 법제화가 이루어지지 않은 것으로 여겨진다. 또한 신권의 비대 경향의 관점에서 보면 당시 黃標政事 등의 자행으로 왕권이 크게 위축되었던 점에서도 위와 같은 사실을 반증한다고 말할 수 있을 것이다.

이러한 정세는 세조 때 가서야 다소 수정되는 경향을 보인다. 즉, 세조 11년(1465) 7월 사헌부의 상소문에서 "執政大臣에 상피할 사람이 있으면 관직을 제수하는 것을 허락하지 않는 것은 이미 令甲에 나타나 있다."[47] 라고 지적한 것이 그것이다.

하지만 이는 이견의 소지가 있다. 世祖의 왕권 강화 정책 과정에서 功臣과 勳臣의 득세에 따른 상피의 문란을 外戚 등 일부 세력을 제거하는 계기로 작용하기도 하였다는 사실이다. 따라서 위와 같은 사례에서 볼 수 있는 것과 같은 엄밀한 의미의 시행은 이루어지지 않았을 것으로 보인다. 또한 법전 체제에서의 당상관에 대한 예외 조항은 실질적으로도 대신이 상피 적용에서 제외되는 경우가 많았다.

이후 成宗, 燕山君, 中宗 시기를 거치면서 그 논란은 계속되었다. 그러다가 선조 36년(1603) 2월에 대신의 상피를 논하면서,

---

47) ≪세조실록≫ 권36, 11년 7월 辛未條.

> 이비에게 전교하기를, "大臣은 상피가 없는가?" 하니, 회계하기를, "≪대전≫의 相避條 註에 의정부가 맨 첫머리에 있는데, 대신은 상피가 없다는 별도의 내용이 없습니다. 그렇다면 대신도 상피가 있는 것 같습니다." 하니, 알았다고 전교하였다.[48]

라는 유권 해석이 내려진다. 이로서 적어도 宣祖 이후에는 일부이기는 하지만 대신도 상피 적용 대상에 포함되는 양상을 보였던 것으로 여겨진다. 이는 당상관이 부분적이긴 하지만 조선 후기에 오면 상피 대상이 되는 것과도 관련이 있다 하겠다.

하지만 이조와 병조의 상피는 비록 당상관이라 하더라도 상피의 규정에 적용되었다.

≪湖陰集≫에 의하면, 명종 때에 申光漢이 병조참판이 되고, 宋麒壽는 이조참판이 되었는데, 서로 혼인 관계가 있으므로 아예 이름을 申瑛으로 고친 사례도 있다.

또한 ≪朝野記聞≫에 의하면, 숙종 때 洪命夏가 이조판서가 되었을 때 洪重普가 병조판서에 임명되니, 대간이 아뢰어 병조판서를 갈았고, 金尙容이 이조판서가 되었을 때, 金尙憲이 병조참의에 임명되니 역시 사양하고 바꾼 사례에서도 확인된다.[49]

한편, 관직에 제수되는 자 가운데 전조에 상피 관계자가 있으면 승진시켜 서용할 경우에는 상피가 적용되지 않은 경우를 제외하고는 체직되는 것이 일반적이었다. 그러한 경우는 인조 때 崔敬吉의 사례처럼 전란 중에 임금을 扈從한다거나 하면 예외로 인정해 주었다.[50] 당시 최경길은 崔鳴吉이 銓官으로 있었는데도 감찰 벼슬에

48) ≪선조실록≫ 권159, 36년 2월 癸巳條.
49) ≪국역연려실기술≫Ⅸ, 별집 권6, 〈官職典故〉, pp.472～473.
50) ≪국역연려실기술≫Ⅸ, 별집 권6, 〈官職典故〉, 吏曹-銓政 · 初仕郎薦 · 銓郎, p.476.

서 金浦縣令이 되었다. 하지만 이러한 경우 곧바로 대간의 탄핵을 피할 수 없었고, 최경길 역시 대간의 끊임없는 건의로 改差되고 만다.[51] 또한 광해군 때 朴鼎吉을 직제학에 임명하여 당상관으로 승차를 도모하였을 때에도 그의 매부인 柳希發이 이조참의에 있었기 때문에 승지로 천망하려 한 사례[52]에서도 위와 같은 경향을 알 수 있다.

2. 戚臣勢力과 상피제 관계

외척은 역사적으로 국왕의 왕권 강화 과정에서 중용되기도 하고, 배척되어 거세당하기도 하는 존재로 국왕의 정사에서 불과분의 관계를 내포하는 것이 일반적인 현상이다. 이러한 외척의 문제는 조선사회에 있어서도 상피제의 역기능을 이해하는데 중요한 것이다.

한 사례로 成宗 때의 외척은 그러한 성격을 이해하는데 중요한 단서가 될 것으로 여겨진다. 이러한 유형의 상피 문제를 일으켰던 사례는 성종의 장인인 尹壕의 경기관찰사 임용 시에 장단부사 尹垓, 과천현감 尹坡와의 상피 문제와[53] 성종의 외사촌 아우인 韓偉의 강원도 도사 임용 때 4촌 형인 도승지 韓健과의 상피 문제가[54]

---

51) ≪인조실록≫ 권7, 2년 9월 乙亥條.

52) 閔仁伯, ≪苔泉集≫ 卷5, 〈記聞多光海時事〉, 柳夢寅以相避之人朦朧注擬乃敢以待罪塞責. “(중략)丁巳九月二十七日爲政 左承旨任就正在喪 當出其代 朴鼎吉爲直提學 圖陞堂上 而其妹夫柳希發爲吏曹參議 以相避不擬於承旨之望 前日以階梯職當擬啓請 則光海不許 厥後日月已久 而希發無遞參議之期於斯政也 希發不參 參判柳夢寅 朦朧注擬 至於受點之後 似若始覺其相避然 儼然待罪曰 直提學 階梯職也 循例注擬 而不自知其與參議相避云 其欲陞堂上 不計相避 昭然不可掩 而乃敢以待罪塞責 其所侮弄主上 有甚嬰兒 若原情定罪 則雖赤其族 猶爲末減矣(중략)”

53) ≪성종실록≫ 권98, 9년 11월 甲戌條.

그 대표적인 것이다.

이러한 사례들의 공통점은 국왕과 척리의 인연으로 일약 높은 품계에 이르거나 척리 간의 상피를 무시하고 있다는 사실이다. 결국 대간의 탄핵으로 이어져 常法의 기강 해이와 국가 기강 차원에서 이 문제가 논의되고 있으나, 국왕의 통치권 차원에서 묵인함으로써 상피제의 역기능이 되고 있다.

특히 〈표 3-1〉의 윤호, 윤번에 관한 파평 윤씨 가계와 〈표 3-2〉의 한확, 한명회에 관한 청주 한씨 가계를 보면 이를 알 수 있다. 이들은 조선 초기의 대표적인 鉅族이다. 여기에서 파평 윤씨[55]는 성종 때까지 相臣 4인, 功臣 6인, 國舅 2인[56]을 배출한 가문으로 당대의 최고였다.[57] 그 가계를 보면 아래 표와 같다.

---

54) ≪성종실록≫ 권233, 20년 10월 己丑條 ; 乙未條.

55) 〈표3-1〉에서 보는 바와 같이 尹承順과 尹承禮는 尹陟의 아들로 이들은 형제 간 이었다. 이들 가문은 윤승순 계열의 尹壕와 윤승례 계열의 尹璠 때 이르러 더욱 번성하게 된다. 특히 유번 계열의 尹之任은 尹元衡과 文定王后(중종의 계비)를 자녀로 두었고, 尹巖은 태종의 부마로 자신의 딸을 申叔舟의 장손 申從治에게 시집보내 이들 간은 사돈관계가 형성되었다. 그런데 윤호의 아버지인 尹三山은 李原의 사위였는데, 세종 때 掌令 제수 시 겸이조판서 河演의 처 이씨(李在性女, 5촌간)와 그 혈족인 집의 李宜治(5촌간) 및 윤삼산의 처의 혈족인 지평 崔仲謙(4촌간) 간에 상피 논란을 일으켰고, 단종 때 判通禮門事로 임명 시 사돈인 皇甫仁과 상피 문제가 발생시키기도 하였다.

56) 필자의 조사에 의하면, 세조의 비 貞熹王后 윤씨를 비롯하여 성종의 계비 貞顯王后 윤씨가 있고, 成宗 이후 中宗 때 章敬王后 윤씨와 文定王后 윤씨도 같은 집안사람이었던 것으로 사료된다. 따라서 國舅는 2인보다 많은 4인이었다. 또한 국왕의 駙馬도 尹季童과 尹巖 등 2인을 배출하고 있다.

57) 李泰鎭, 〈15세기 후반기의 〈鉅族〉과 名族意識〉, ≪한국사론≫ 3(서울대), 1976, p257.

〈표 3-1〉 尹壕, 尹璠의 坡平尹氏 家系表58)

〈3-1-a〉 尹壕 系列

<table>
<tr><td colspan="7">* 尹壕系列의 家系로 →방향으로 갈수록 後代이며, 칸수는 世代를, 줄 수는 兄弟間을 나타낸 것이다.
* (　)은 관직과 결혼관계를 나타낸 것이다.</td></tr>
<tr><td rowspan="26">尹陟</td><td rowspan="26">承順
(門下評理,
李居敬女)</td><td rowspan="25">坤
(坡平君 昭靖
公, 柳灌女,
韓相質女)</td><td rowspan="3">希夷
(上護軍)</td><td>利(上將軍)</td><td>成仁(持平)</td><td>榮(兵使)</td></tr>
<tr><td rowspan="2">信(佐郎)</td><td>繼舞(護軍)</td><td></td></tr>
<tr><td>繼紹(副護軍)</td><td>耦辛(校理)</td></tr>
<tr><td rowspan="14">希齊
(漢城府事,
洪濬女)</td><td rowspan="5">坰
(郡守, 李霖女)</td><td>輔商(府使)</td><td>英(別坐, 盧由愼女)</td></tr>
<tr><td>佑商</td><td></td></tr>
<tr><td rowspan="2">弼商
(領相,成相女)</td><td>侃(趙忠老女)</td></tr>
<tr><td>俶(承旨, 奉珪女)</td></tr>
<tr><td>興商</td><td></td></tr>
<tr><td rowspan="5">垠(參議,
李守常女)</td><td>師路(判書)</td><td>磻(韓明澮女)</td></tr>
<tr><td rowspan="2">師夏(右通禮)</td><td>(郡守, 孔孝老女)</td></tr>
<tr><td>宕(牧使, 金永齡女)</td></tr>
<tr><td>師晳(朴忠誠女)</td><td></td></tr>
<tr><td>師商(春川府使)</td><td></td></tr>
<tr><td>增</td><td></td><td></td></tr>
<tr><td rowspan="2">培
(掌令, 趙雅女)</td><td rowspan="2">師殷
(縣監, 朴從愚女)</td><td>傑(司果, 金承慶女)</td></tr>
<tr><td>倬(尹, 韓士信女, 李源女)</td></tr>
<tr><td>壝(牧使)</td><td>師黙(護軍)</td><td>殷贊(禦侮將軍)</td></tr>
<tr><td rowspan="8">三山
(僉中,
李原女)</td><td>塢(副正)</td><td>汝霖(判官)</td><td>瑊(判官)</td></tr>
<tr><td>塘</td><td></td><td></td></tr>
<tr><td rowspan="3">壕(左相,
全佐命女)</td><td>殷老(參判, 金復基女)</td><td>珩(金秀賢女)</td></tr>
<tr><td>湯老(判中動, 李誠女)</td><td>珍(都正,金克惟女, 洪彦弼女)</td></tr>
<tr><td>貞顯王后(성종의 비)</td><td></td></tr>
<tr><td>垓</td><td></td><td></td></tr>
<tr><td>坦</td><td>衡老</td><td></td></tr>
<tr><td>坡</td><td></td><td></td></tr>
<tr><td>向(兵判)</td><td>季童(太宗駙馬)</td><td></td><td></td><td></td></tr>
</table>

58) ≪萬姓大同譜≫上 pp.509～510 ; 續編 p.292 ; ≪百氏通譜≫ 卷22.

〈3-1-b〉 尹璠 系列

* 尹璠系列의 家系로 →방향으로 갈수록 後代이며, 칸수는 世代를, 줄 수는 兄弟間을 나타낸 것이다.
* ( )은 관직과 결혼관계를 나타낸 것이다.

<table>
<tr><td rowspan="14">尹陟</td><td rowspan="14">承禮(判書, 成汝完女, 權恒女)</td><td>珪(提學, 朝鮮不仕)</td><td>熺(直長, 朝鮮不仕, 申丁道女)</td><td></td><td></td><td></td></tr>
<tr><td rowspan="5">普老(仁壽府尹, 尹可觀女)</td><td rowspan="4">泰山(生員, 贈領議政)</td><td>岑(參判, 李叔畝女)</td><td></td><td></td></tr>
<tr><td rowspan="3">巖(坡平君, 太宗駙馬)</td><td>俊丁(主簿, 李孝祖女)</td><td>希仁(吏參)</td></tr>
<tr><td>俊元(僉中, 申自準女)</td><td>壽千(柳重潼女)</td></tr>
<tr><td>伯熖(縣監)</td><td>頍(縣監)</td></tr>
<tr><td>須彌(上護軍)</td><td></td><td></td><td></td></tr>
<tr><td rowspan="8">璠(判中, 李文和女)</td><td rowspan="3">士昐(左相, 張安之女)</td><td rowspan="3">甫(參判, 李安女)</td><td rowspan="2">敏弼, 汝弼(領敦, 朴仲善女)</td><td>任(贊成, 乙巳被禍)</td></tr>
<tr><td>章敬王后(중종의 비)</td></tr>
<tr><td>汝諧(兵使, 乙巳被禍, 李世佐女)</td><td></td></tr>
<tr><td>士昫(判書, 崔○儉女)</td><td></td><td></td><td></td></tr>
<tr><td rowspan="3">士昕(右相, 金自溫女)</td><td rowspan="3">繼謙(刑判, 金震孫女)</td><td>項(判官, 鄭齊女)</td><td>之任(領敦)</td></tr>
<tr><td>琳(司議, 金礪石女)</td><td>安仁(吏參, 鄭汝寬女)</td></tr>
<tr><td>珷(郡守)</td><td>敦仁(府使)</td></tr>
<tr><td>貞熹王后(세조의 비)</td><td></td><td></td><td></td></tr>
</table>

특히 외척의 가계를 보면, 성종의 할머니인 윤번 계열의 貞熹王后 윤씨가 성종 7년(1476) 초까지 수렴청정을 함으로써 파평 윤씨는 외척으로써 확고한 위치를 차지하였고, 이후 윤호 계열의 성종계비 貞顯王后 윤씨, 윤번 계열의 중종계비 章敬王后 윤씨와 文定王后 윤씨 등이 모두 서로 간에 內服親 관계로 왕비에 책봉되어 이들의 친정 혈육이 정권에 핵심으로 등장하게 되었다.

또한 한확 계열의 仁粹王后 한씨는 자신의 둘째 아들을 왕위에 오르게 함으로써 외척에 대한 통제력은 상당히 약히였다. 여기에 한확의 7촌 조카인 韓伯倫의 딸이 예종계비 安順王后 한씨가 됨으로써 그 영향력은 막강하였다.

위의 대표적인 두 집안은 왕실과의 혼인으로 요직을 장악하였다고 볼 수 있는데, 이때를 전후한 시기에 등장한 핵심 인물로는 尹士昐, 尹士昕, 尹弼商, 尹壕, 尹任, 尹元衡, 韓確, 韓致亨, 韓明澮 등이 있다. 여기에다 尹坤이 韓尙質의 딸을 부인으로 맞이하게 되어 이후 한상질 계열에서 韓明澮가 나오고, 한명회의 두 딸이 예종비 章順王后 한씨, 성종비 恭惠王后 한씨가 되었다. 그리고 판서 尹師路의 아들 尹璠이 한명회의 딸을 부인으로 맞이하는 역 사돈을 취하게 됨으로써 성종이 국가의 통치이념을 실현하는데 일정한 제약이 되었다.[59]

---

59) 일찍이 李泰鎭은 〈15세기 후반기의 〈鉅族〉과 名族意識〉(≪한국사론≫ 3, 1976, pp.229~319)에서 申叔舟系의 高靈 신씨와 韓明澮系의 淸州 한씨 및 尹巖系의 坡平 윤씨, 鄭麟趾系의 河東 정씨와 宗室 (鄭顯祖가 世祖의 딸 懿淑公主와 혼인) 및 安淑老系의 竹山 안씨에 대한 2중 婚姻形態를 분석하고, 아울러 成汝完系의 昌寧 성씨와 安裕系의 順興 안씨, 權近·權擥系의 安東 권씨와 李原系의 固城 이씨, 南乙蕃系의 宜寧 남씨와 姜淮伯系의 晋州 강씨, 鄭良生系의 東萊 정씨와 盧閈系의 交河 노씨 등의 혼인 관계를 분석하여 新興士大夫들은 일정한 정치적 同類意識을 바탕으로 한 通婚權이 형성되어 있었고, 이들 간의 혼인 형태는 兩家門의 盛衰補完의 지속적 의미를 지닌다 하였다.

〈표 3-2〉 韓明澮, 韓確의 淸州韓氏 家系表[60]

〈3-2-a〉 韓明澮 系列

<table>
<tr><td colspan="5">* 韓明澮系列의 家系로 →방향으로 갈수록 後代이며, 칸수는 世代를, 줄 수는 兄弟間을 나타낸 것이다.
* ( )은 관직과 결혼관계를 나타낸 것이다.</td></tr>
<tr><td rowspan="14">韓脩
(大提學,
權道女)</td><td rowspan="4">尙質(大提學,
李成林女)</td><td rowspan="4">起
(監察, 李遜女)</td><td rowspan="3">明澮
(領相, 閔大生女)</td><td>堡(功臣)</td></tr>
<tr><td>章順王后(예종의 비)</td></tr>
<tr><td>恭惠王后(성종의 비)</td></tr>
<tr><td>明溍
(署丞, 權踶女)</td><td>堰(吏參, 朴仁敬女)</td></tr>
<tr><td rowspan="9">尙敬(領相,
吳俊良女)</td><td rowspan="9">惠(李穗女,
成達生女)</td><td rowspan="2">繼胤
(縣監, 崔文孫女)</td><td>峻(正郎, 宋秀琳女)</td></tr>
<tr><td>義(參判, 佐理功臣)</td></tr>
<tr><td>繼美
(吏判, 尹璠女)</td><td>品(副正, 成俊女)</td></tr>
<tr><td rowspan="4">繼禧
(贊成,
佐理功臣)</td><td>斯文(工判, 金崇海女)</td></tr>
<tr><td>士武(判官, 邊保女)</td></tr>
<tr><td>士信(縣令, 李釘賢女)</td></tr>
<tr><td>士介(府使, 李有仁女)</td></tr>
<tr><td>繼善</td><td></td></tr>
<tr><td>繼純(翊戴功臣)</td><td></td></tr>
<tr><td>尙德(戶參)</td><td></td><td></td><td></td></tr>
</table>

이러한 맥락에서 필자 역시 尹陟系의 尹承禮가 成汝完(成石璘의 父, 昌寧成氏)과, 尹坤이 韓尙質(淸州 한씨)과, 尹三山이 李原(固城 이씨)과, 尹岑이 李叔畝(韓山 이씨)와, 尹巖이 申從治(신숙주의 長孫)과 혼인 관계를 형성한 것이나 韓脩系의 韓惠(韓尙敬의 아들)가 成達生(成石瑢의 아들, 昌寧성씨)과, 韓明澮가 申澍(신숙주의 長子), 韓明溍이 權踶(安東 권씨)와 혼인 관계를 형성한 것도 같은 관점에서 이해하였다.

60) ≪萬姓大同譜≫上 pp.185~186 ; 續編 p.374.

〈3-2-b〉 韓確 系列

<table>
<tr><td colspan="6">* 韓確系列의 家系로 →방향으로 갈수록 後代이며, 칸수는 世代를, 줄 수는 兄弟間을 나타낸 것이다.
* ( )은 관직과 결혼관계를 나타낸 것이다.</td></tr>
<tr><td rowspan="19">韓方信,
(太學士,
盧信 女)</td><td rowspan="17">寧
(贈兵判,
鄭仲和女)</td><td rowspan="17">永矴(郡事,
金英烈女)</td><td rowspan="7">確(左相,
洪汝方女)</td><td rowspan="3">致仁
(判敦, 趙瑞安女)</td><td>僩(刑參,宋益孫女)</td></tr>
<tr><td>儹(右尹)</td></tr>
<tr><td>健(參判, 金貞用女)</td></tr>
<tr><td rowspan="2">致義
(兵判, 李○仝女)</td><td>偉(右尹, 姜子正女)</td></tr>
<tr><td>倬(郡守)</td></tr>
<tr><td>致禮
(領敦, 安孟聃女)</td><td>翊(朴仲善女)</td></tr>
<tr><td>仁粹王妃
(덕종의 비)</td><td></td></tr>
<tr><td rowspan="3">磌(贈戶判,
申丁理女)</td><td rowspan="2">忠仁
(水使, 金仲淹女)</td><td>訓(贈都承旨,
鄭績禹女)</td></tr>
<tr><td>謹(僉正)</td></tr>
<tr><td>忠智(金有○女)</td><td>俶(判官, 李繼根女)</td></tr>
<tr><td>硃
(正郎,趙敍女)</td><td>致元(僉正)</td><td>運(僉正)</td></tr>
<tr><td rowspan="2">硤</td><td>致亨(領相)</td><td>迹(縣監, 李返愚女)</td></tr>
<tr><td>致良(府使)</td><td>禹昌
(郡守, 安○恩女)</td></tr>
<tr><td>咼</td><td>大基(郡守)</td><td>致明(進士)</td></tr>
<tr><td rowspan="3">磤</td><td rowspan="3">應雲(主簿)</td><td>屹(奉事)</td></tr>
<tr><td>山業</td></tr>
<tr><td>嶠</td></tr>
<tr><td rowspan="2">休(護軍)</td><td rowspan="2">季復(郡事)</td><td rowspan="2">昌(李勗女)</td><td rowspan="2">伯倫(院相)</td><td>恂(西原君,
趙昌門女)</td></tr>
<tr><td>安順王后
(예종의 비)</td></tr>
</table>

이는 조선사회의 특권 부여가 통치 요원 본인들에게만 국한되는 것이 아니라 그들의 일정한 범위 내의 가족 및 자손까지도 확대, 적용됨을 의미하는 것으로도 파악할 수 있다.[61] 이미 언급한 바와 같이 성종 연간에 권력의 핵심에 놓여 있던 한확·한명회 계열의 훈척과 윤호 계열의 훈척에 대한 상피 문제는 상당히 심각하였다. 결과적으로 이러한 경향은 상피의 역기능이 우세하였던 것으로 보인다.

성종 때 위와 같은 외척의 상피제 문제가 부각된 이유는 이미 살펴본 바와 같이 15세기 정치적 중앙 집권화가 훈신의 사적 경제기반의 확대와 신분적 특권화 및 세습화에 따른 '權貴化'를 초래하는[62] 부작용을 최소화하고 이를 통치권 차원에서 국가적 기틀의 확립에 무게를 둔 데에서 오는 것이라 여겨진다.

이러한 사실은 명종 때의 李樑의 사례에서도 확인된다. 이량은 孝寧大君 補의 5대손이자, 명종의 장인인 沈鋼의 처남으로, 仁順王后 沈氏의 외숙이었다.

그는 윤원형을 견제할 목적에서 중용된 이래로[63] 권력이 집중되자 李戡, 權信, 高孟英, 金百鈞, 李翎 등이 그의 심복이 되었고, 심지어 尹元老의 아들인 尹百源도 그 아비가 尹元衡에게 죽었음을 당하자 원망하여, 이량의 휘하에 들어간다. 또한 이량의 아들인 李廷賓은 아버지의 그늘로 알성시에서 장원으로 급제하여 많은 사람들의 비웃음을 사기도 하였다. 그런데 이정빈이 곧 전랑으로 추천되었으나, 이량이 판서로 임명되어 상피 적용 대상자인 관계로 이정빈이 자신의 친구인 柳永吉을 자기 후임으로 추천하려 하자, 이것이 정랑 朴素立과 좌랑 尹斗壽 등의 반대로 실패하였고, 더욱이 李文馨, 許

61) 宋俊浩, ≪朝鮮社會史研究≫, 일조각, 1987, p.173.
62) 韓永愚, ≪朝鮮前期 社會經濟研究≫(한국문화총서 22), 을유문화사, 1983, p.487.
63) ≪국역연려실기술≫ 제11권, 〈명종조고사본말〉, 李樑이 귀양 가다(갑자년).

曄은 이량에 반대 입장에 서고, 奇大升, 尹根壽 등도 마찬가지였다. 후에 李戡이 대사헌이 되어, 이문형, 허엽, 박소립, 윤두수, 윤근수, 기대승 등이 그의 탄핵으로 삭직되어 지방관으로 쫓겨 나가고 만다. 나중에 동서붕당의 한 축이었던 沈義謙은 바로 李樑의 조카였다는 사실은 시사해 주는 사실이 많다 하겠다.64)

또한 다른 한편으로는 국왕이 외척에 대한 상피 문제를 묵인하고 있다는 사실이다. 이는 상피제의 역기능에 중요한 단초가 될 것이다. 하지만 이 역시 중앙 집권적인 체제가 확립하고 법전 체제가 완비되는 시기에서 보면 쉽게 풀릴 것이다. 즉, 종래 이러한 역기능적인 요소를 묻어주는 것이 관행이었다.65)

그런데 성종은 이를 대간으로 하여금 표면에서 의논케 하고 있는 것으로 볼 때 비록 외척에 대한 관행을 따른다 할지라도 거시적으로는 그 역기능을 정리하려는 의도가 엿보이는 것이라 여겨진다. 다시 말해 당시에는 외척 뿐 만이 아니라 훈신들의 상피도 문제였다. 이는 서로 간 이해관계에 의해 얽혀 국왕과 훈척의 관계는 미묘한 것이었다.

외척과 훈신의 상피가 서로 얽힌 경우는 이조판서 鄭文炯이 그의 아들 鄭叔墀를 司宰監正에 제수케 한 사례를 검토해 보면 그 성격이 명확히 드러난다.

---

64) 李廷馨, ≪知退堂集≫ 卷11, 〈東閣雜記坤〉, 本朝璿源寶錄〔5〕. "李樑者 國舅沈鋼之婦弟也(중략) 然其父元老爲元衡所殺 亦附於樑 樑之子廷賓 以癸亥歲擢謁聖科壯元 中外藉藉爭傳張奭之謗 未踰月 薦拜銓郎 俄而 樑除判書 以相避而遞 廷賓囑諸同僚 薦柳永吉爲其代 蓋其密友也 其時正郎朴素立尹斗壽頗持淸論 不從其言 廷賓銜之 又如李文馨許曄朴大立洪天民 不肯附樑 奇大升尹根壽 以後進爲士類推許 樑黨忌之 於是李戡爲憲長 劾曄文馨大立素立斗壽根壽天民大升等八人 以浮薄相扇爲罪 削職黜外 沈義謙 乃樑之甥也(중략)"

65) ≪세조실록≫ 권44, 13년 12월 庚戌條.

〈표 3-3〉 鄭文烔의 奉化鄭氏 家系表[66)]

* 鄭文烔系列의 家系表로 →방향이 後代이며 칸수는 世代를, 줄 수는 兄弟間을 나타낸 것이다.
* ( )은 관직과 결혼관계를 나타낸 것이다.

鄭道傳(領相)	津(開國功臣, 刑判)	東(判書)	仁烔(軍器正)	叔垣(縣監)	鈞(主簿)
			文烔(右相, 淸白吏)	叔墀(參判)	鉉
				叔墩(社令)	銓(注書)
				叔垠(府使)	鋐(判官)
		來(縣監)			

당시 정숙지의 임용 문제는 參判 韓健의 비호 아래 국왕의 승인을 받아 상피에 상관없이 임명되고 있다.[67)] 이는 都承旨 韓健이 吏曹參判에 제수된 것과도 관련이 있었다. 즉, 당시 史臣 논평에 의하면 도승지 한건을 갑자기 吏曹參判에 제수한 것은 鄭叔墀와 더불어 교분이 있어서 判書 鄭文烔의 뜻에 들도록 힘썼다고 하고 있어서 정숙지의 사재감정 임명에 관여하였음을 알 수 있다.[68)]

이와 같은 유형은 영의정 尹弼商의 당숙인 尹坦의 아들 尹衡老의 인사 문제에서 극명히 드러나고 있다. 결과적으로 이들 상호 간의 이해관계에서 나타나는 상피의 역기능이었고, 관료 사회의 한 단면

---

66) ≪萬姓大同譜≫上, p.504. "≪萬姓大同譜≫와 ≪韓國系行譜≫〈地篇〉(寶庫社영인, 1992, p.1158) 등에 鄭文烔이 鄭來의 아들로 되어 있으나, ≪國朝榜目≫, ≪韓國民族文化大百科事典≫, ≪姓氏의 고향≫(중앙일보사, 1989) 등에는 정문형이 鄭東의 아들로 되어 있어서 後者를 따라 작성하였다."

67) ≪성종실록≫ 권241, 21년 6월 己亥條.

68) ≪성종실록≫ 권241, 21년 6월 壬寅條.

을 보여주는 것이라 하겠다. 이 역시 표면적으로 보면 국왕이 훈구대신의 입장을 두둔한 경우가 된다.

그런데 당시는 대신들 간의 상피제 문제가 대간의 탄핵과 아울러 국왕이 적절히 조절하며 왕권과 신권의 조화를 꾀하던 시기였다. 이는 그 이면에 ≪경국대전≫의 확립 속에서 중앙 집권 체제를 강화하려는 의도가 있었던 것이 아닌가 한다.

이러한 관점에서 국왕은 표면적으로 법전에 없다는 이유를 내걸어 이를 인정하여 주었다. 그러나 국왕이 비록 대신의 입장을 인정하여 주었지만, 이를 구실로 성리학적 지배 이념을 강화하는데 있어서 상피를 거론하여 점진적으로 이를 정착시켜 나가려는 목적이 있었던 것으로 여겨진다.

후대에도 외척에 대한 상피 문제는 완전히 해결되지 못하였던 것으로 여겨진다. 그러한 사례는 英祖 때의 실학자인 李瀷은 ≪성호사설≫에서 外戚으로 말미암아 일어나는 화을 논하면서 상피법의 필요성을 재확인하고, 이로 인한 종형제나 내·외종형제 사이에는 혐의를 우려하고 있어서 외척 때문에 벼슬길에 천거하지 못하는 관행에 대한 논의는 계속 이루어진 것으로 여겨진다.[69]

또한 명종 때 전조 낭관의 독자적 천망권이 어느 정도 확보되면서 낭관직을 둘러싼 각축이 초래되었고, 이를 토대로 3사 등의 청요직에 자신의 세력을 구축하려는 경향이 두드러졌다. 그리고 상피제, 循資法 등 정사 운영의 기본 원칙이 지켜지지 않으면서 銓曹의 정사 운영은 권신·척신 세력의 영향력 속에서 이루어지고 있었던 것

69) 李翼, ≪聖湖僿說≫ 卷7, 〈人事門〉, 戚里之禍.(李佑成편, ≪星湖全書≫ 5, 僿說, 여강출판사 영인본, pp.277~278) "(중략)聖朝規模周愼其初閔沈二家俱罹凶禍蓋慮 遠至深也中間雖有孽芽今斷爲三尺不界外朝之 權近古有一相臣爲國舅有所建白而爲台官駁正 人不敢開喙余謂國舅雖不任政至其子無禁駙馬 雖與國舅同駙馬之子無禁其亂政固然今法有相避從兄弟內外兄弟嫌不敢薦引公道宜先自國家 始戚里亦視此爲例別立名號使享富貴方爲久遠之圖耳"

이다.[70]

이렇게 권신의 전횡이 본격화되면서 나타난 폐해는 이들이 직접 자행하고 명종의 왕명 또한 제대로 시행되지 않는 가운데 구조적 양상을 띠고 이루어졌던 것이다. 명종 말기에 구조적 비리를 자행한 직접적인 당사자가 축출되면서 전횡이 자행되는 가운데 위축되어 온 명종 때 왕권의 位相 역시 새로운 변동의 계기를 맞이하였다. 그러나 兩宗 復立과 普雨 처벌을 둘러싼 유생 층의 집단적이고 조직적인 儒疏가 전개되는 형세를 통해 정치 참여 층이 확대되는 또 다른 요인을 축으로 하여 군신 권력 관계는 새로운 양상으로 전환되어 갔다.[71]

3. 外官과 상피제 관계

외관상피는 원래 直系尊族의 분묘와 田莊이 있는 생활 근거지에 관리로 임명을 피하거나 친족이 같은 도내의 牧民之官이 되는 것을 피하는 제도였다. 우리나라에서는 고려 때 상피제가 마련되면서 향리의 세력을 견제하기 위한 수단으로 활용되어 지방 관리의 본향회피 경향은 뚜렷하였던 것으로 여겨진다.[72]

태조 1년(1392) 8월에 守令殿最法이 제정[73]된 이래로 ≪경제육전≫ 등이 편찬되면서 상피에 관한 규정을 두었고, 다시 세종 때 相避法을 강화하였다. 따라서 외관상피도 건국 초부터 시행되었을 것으로 여겨진다.

그런데 조선왕조실록에는 그 근거가 명확하지 않다. 다만, 기록상

70) 金燉, ≪朝鮮前期 君臣權力關係 硏究≫, 서울대출판부, 1997, p.272 ; 金宇基, ≪朝鮮中期 戚臣政治硏究≫, 집문당, 2001, p.99.

71) 金燉, ≪앞의 책≫, p.276.

72) 韓相俊, 〈앞의 논문〉, pp.41~43.

73) ≪태조실록≫ 권1, 1년 8월 辛亥條..

이에 관한 기사가 처음으로 보이는 것은 세종 20년(1438) 6월에 이조참의 崔致雲의 종형 崔忠義의 안변교도 제수 때[74]와 세종 23년(1441) 10월 좌찬성 河演의 동생 河潔의 외관 제수에 대한 문제에서[75] 이다. 그러다가 세종 24년 7월에 사헌부의 상소 내용에서 相避法의 설행과 外官에 대한 상피법 제정이 옛 제도를 참고로 하여 만들었다는 내용이 나오고 있다.[76]

이를 바탕으로 조선시대 外官相避에 대한 그 시행 시기를 유추해 보면, 적어도 세종 24년 이전에 이미 제정된 것임을 알 수 있다. 이는 앞에서도 언급하였지만 상피법이 ≪경제육전≫에 실려 있었고, 세종 14년(1431)에 이를 강화한 것과 관련이 있다.

이후 구체적인 사례는 문종 즉위년(1450) 7월에 亞使로 불리는 각도의 首領官, 즉 경력(종4품) 또는 도사(종5품)의 처부모 및 형제가 해당 도의 수령이 되었을 때에는 이를 피하게 하자는 사간원의 상소문에서 이다.[77]

이는 감사가 近民之官인 수령을 감찰하는 일을 맡아보았기 때문에 감사를 보좌하고 함께 文簿를 결재하는 수령관이 그 처부모 또는 형제가 수령이 되었을 때 그 과실을 논하지 못한다는 이유에서였다. 실재 경력 또는 도사는 감사의 수석부관으로 한 도를 규찰하고 감사 유고 시에는 감사직을 대행하였으며, 감사가 巡歷 시에는 감사와 소관 업무를 나누어 순찰하기도 하였다. 그런데 이에 관한 이후의 기록이 나타나고 있지 않아 시행여부는 알 수 없다.

그러다가 단종 즉위년(1452) 5월에 大臣의 권한 강화와 왕실 대군의 집에 奔競이 끊이지 않자 종래의 정조의 당상과 郎官에 적용하

---

74) ≪세종실록≫ 권81, 20년 6월 辛未條.
75) ≪세종실록≫ 권94, 23년 10월 甲申條.
76) ≪세종실록≫ 권97, 24년 7월 癸酉條.
77) ≪문종실록≫ 권2, 즉위년 7월 己未條.

는 상피법에 따라 의정대신의 상피법을 정하자는 의견이 대간에 의하여 제기되었다.

원래 상피는 당상관에게는 적용되지 않으며, 臺省·政曹·將帥·수령 등이 비록 대신의 자제라 하더라도 재주가 있으면 쓸 수 있으며, 관례상 이조에서 주의하여 아뢰면 국왕이 대신과 더불어 그 可否를 의논하는 것이라는 명분 아래 議政의 상피법은 국왕에 의해 거절당하였다. 또한 대신의 자제가 비록 상피법에 해당된다고 하여도 그 임용을 허용하는 조치를 취하였다.[78]

이는 단순히 그 의정에 관한 상피법의 무산을 의미하는 것이 아니라 당시 의정 대신에 의한 정치의 폐단이 얼마나 심하였는지를 단적으로 보여주는 것이며, 京官·言官 등의 상피에서도 마찬가지로 당시 黃標政事에 의한 왕권의 약화 속에서 상피법 역시 별 효과를 거두지 못하고 있음을 알 수 있는 것이다.

이후 세조 11년(1465) 9월에 溫陽郡事 李愼孝가 관찰사와 상피되므로 長湍으로 바꾸어 제수하였다[79]는 기사 외에는 외관상피의 기사가 보이지 않아 자세한 수령에 대한 상피는 알 수 없다.

다만 성종 즉위년(1469) 12월에 "京官과 外官이 응당 상피할 사람은 법에 의거하여 개정해야 할 것이다."[80] 라는 임금의 전교가 내려지고 있고, 성종 9년(1478) 11월 경연에서 상피에 관한 법은 ≪대전≫에 실려 있으며, 감사와 수령이 상피가 있을 때에는 반드시 아래에 있는 자가 상피하여야 한다는 전교가 있었던 것으로 보아[81] 적어도 성종 때에는 외관상피법이 준행되었던 것으로 짐작된다. 이는 ≪경국대전≫ 상의 규정과도 일치하는 것이다.

78) ≪단종실록≫ 권1, 즉위년 5월 癸丑條 ; 乙卯條.
79) ≪세조실록≫ 권37, 11년 9월 乙巳條.
80) ≪성종실록≫ 권1, 즉위년 12월 辛酉條.
81) ≪성종실록≫ 권98, 9년 11월 甲戌條.

대개 상피에 적용되는 수령의 교체는 그 즉시 하는 것이 원칙이었다. 그러나 성종 때 韓僩이 전라감사에 임명되었을 때 한한과 상피 문제가 불거지자 장흥부사 金克鍊과 창원부사 朴衡文을 서로 바꾼 사례에서 보듯이[82] 농사철은 피한 것으로 보인다. 즉, 농사철에 이러한 인사가 행해지면 수령 교체에 따른 절차나 예우가 행해지고 이로 인해 농민이 부득이 동원되기 때문에 농사에 지장을 초래하였다. 그래서 비록 상피 자라 하더라도 농한기를 이용하는 것이 관례였다.

또한 신구 관원의 교체 대상을 따져 농사철에 한하여서는 상관이 체직되는 경우도 있었다. 즉, 감사로 임용된 자가 해당 도의 예하 府使와 상피가 되자, 상피된 하관을 타도 관원과 교체해야 했는데 교체되는 수령이 농사철이라는 이유로 초임 감사가 교체되고 있는 것이다. 또한 상피제로 교체될 때에는 고을과 고을 간의 거리와 가뭄 등의 자연 재해를 살펴 행하였다. 또한 수령으로 상피가 적용되면, 다른 도의 수령과 교체하는 것이 원칙이었다.

그런데 연산군 2년의 경우처럼 관리 임용 시 아내의 친자매의 남편은 상피 대상이었지만, 만일 당상관일 때에는 많은 문제점을 안고 있었다.[83] 이는 ≪경국대전≫ 상에 당상관은 상피제에 적용되지 않는다는 규정이 소주상피로 있기 때문이다. 그런데 이러한 규정은 단종 즉위년(1452) 5월에 大臣 자제의 지방관 임용 전교에서도 확인되고 있어서 ≪경국대전≫ 편찬 이전에도 관례화 되었고, 경국대전 체제가 완성되면서 제도화되었다.

---

82) ≪성종실록≫ 권203, 18년 5월 乙丑條.
83) ≪연산군일기≫ 권15, 2년 6월 壬午條.

〈표 3-4〉 李克增의 廣州李氏 家系表[84)]

<table>
<tr><td colspan="5">* 李集系列의 家系로 →방향으로 갈수록 後代이며, 칸수는 世代를, 줄 수는 兄弟間을 나타낸 것이다.
* (　)은 관직을 나타낸 것이다.</td></tr>
<tr><td rowspan="20">李集</td><td rowspan="15">之直(直提學)</td><td>長孫(舍人)</td><td>克圭</td><td></td></tr>
<tr><td rowspan="12">仁孫(右議政)</td><td rowspan="4">克培(領議政)</td><td>世忠(郡守)</td></tr>
<tr><td>世弼(大司憲)</td></tr>
<tr><td>世匡(大司憲)</td></tr>
<tr><td>世柱</td></tr>
<tr><td rowspan="2">克堪(佐翼功臣)</td><td>世佐(大司憲)</td></tr>
<tr><td>世佑</td></tr>
<tr><td>克增(判書)</td><td></td></tr>
<tr><td rowspan="4">克墩(佐理功臣)</td><td>世銓(府使)</td></tr>
<tr><td>世卿(僉正)</td></tr>
<tr><td>世貞(參判)</td></tr>
<tr><td>世綸(訓正)</td></tr>
<tr><td>克均</td><td></td></tr>
<tr><td rowspan="2">禮孫</td><td>克基(參判)</td><td></td></tr>
<tr><td>克堅</td><td></td></tr>
<tr><td>之剛(參贊)</td><td></td><td></td><td></td></tr>
<tr><td rowspan="4">之柔(牧使)</td><td>一元</td><td></td><td></td></tr>
<tr><td>中元</td><td></td><td></td></tr>
<tr><td>貞元</td><td></td><td></td></tr>
<tr><td>秀元(生員)</td><td></td><td></td></tr>
</table>

84) ≪萬姓大同譜≫와 鄭杜熙의 ≪朝鮮時代의 臺諫研究≫를 바탕으로 작성한 것이다.

실재 성종 때 이조판서 李克增의 집안인 廣州李氏의 예를 살펴보면 위와 같은 경향을 이해하는데 도움이 된다. 이들 집안은 〈표 3-4〉에서도 알 수 있듯이 원래 李集의 후손으로 당시 대간을 12명이나 배출한 명문가였다. 따라서 이들 간에 관직에 대한 추천 사례는 많이 나타나고 있다.

성종 6년(1475) 6월에 병조판서 李克培가 형제간인 李克均을 경상우도절도사에 제수된 것을 이조에서 문제 삼았던 사례[85]와 李克增이 도승지로 있을 때 4촌 형제 사이인 李克基를 강원도관찰사에 제수한 것과 이극증이 이조판서로 있을 때 형제 사이인 李克墩이 강원도관찰사로 제수된 것이 대사간 鄭佸 등에 의하여 탄핵되었으나 당상관은 상피를 논하지 않는다는 원칙 아래 무마된 사례[86]가 대표적인 것이다. 이는 후대에도 계속되었던 것으로 보인다.

앞에서 검토한 바와 같이 상피 규정에는 없지만 심지어는 김포현령 崔敬吉은 당시 인사 담당자인 崔鳴吉의 아우이었다는 이유로 그 서용에서 개차된 경우도 있었다.

아울러 중앙 정부에서 지방의 재해 등을 답험할 때에도 이 임무를 수행하기 위해 파견되는 경차관이나 어사 등과 해당 고을의 수령과도 상피제가 적용되었다. 이러한 사례는 중종 20년의 〈災傷事目〉에서 확인되고 있다. 즉,

> 災害事目을 내리며 이르기를, "(중략)경차관의 전답이 있는 데와 또한 상피해야 할 고을은 都事가 답사하도록 하지 말고, 이웃 道에 나간 어사가 답사하도록 해야 한다(중략)" 하매, 정원이 아뢰기를, (중략)함경도에서 강원도와, 평안도에서 황해도 및 六鎭과 江邊에는 반드시 모두 각 고을들을 거친 다음에야 가게 되니, 바라건대 내보

85) ≪성종실록≫ 권155, 14년 6월 丁丑條.
86) ≪성종실록≫ 권56, 6년 6월 乙未條.

낼 때 전답이 있는 지와 상피할 고을이 있는지를 물어보아, 이리저리 바꾸어 보내거나(중략)" 하니, 전교하기를, "(중략) '길이 가까운 도는 이웃 도의 어사가 답사하고, 길이 먼 도는 도사가 답사한다.'로 고쳐야 한다." 하였다.[87]

라고 하였다. 만일 경차관이나 어사 및 감사가 직접 행차하여 답험할 수 없는 지역은 감사의 부관인 都事로 하여금 대행하게 하였으나 이 역시 상피제가 적용되었다. 따라서 재해 등의 답험 시에도 조사자인 敬差官이나 御使 및 도사 등과도 상피가 적용되었다.

또한, 전쟁이나 사변 중인 경우에는 상피법이 다소 완화되었던 것으로 보인다. 인조 15년(1637) 영해부사 李士祥이 경상감사와 4촌 사이로 당연히 상피가 적용되었으나, 당시 진휼어사 成以性의 장계로 특별히 유임하는 경우도 있었다.[88] 이를 볼 때 외관상피는 전쟁 중인 경우 어사 등의 건의가 있을 때에는 교체를 유보하고 그대로 직책을 유임시키기도 하였다.

이러한 경우는 이미 중종 39년(1544)에 수령이면서도 그 직무가 僉使·萬戶의 성격을 띠면 상피가 적용하지 되지 않았는데, 이는 당시 남방·북방에서 사변이 일어나 황해도·강원도·충청도의 방어를 위해서 예외적으로 상피제의 적용을 하지 않은 데에서 확인된다.[89]

한편, 외관상피는 역기능적인 측면도 내포하고 있다. 그 쟁점은 수령의 考課에 관련된 것과 외관에 제수된 관리들의 관직 부여 문제이다.

먼저, 수령의 고과에 관련된 것이다. 이것이 표면적으로 부각되기 시작한 것은 연산군 3년(1497) 1월의 일이었다. 즉, 용인현령 安該가 고과 성적의 만점인 '十考十上'을 받아 승진의 대상이 되었을 때

---

87) ≪중종실록≫ 권54, 20년 7월 乙酉條.
88) ≪인조실록≫ 권34, 15년 윤4월 壬戌條.
89) ≪중종실록≫ 권103, 39년 6월 辛未條.

이성 3촌 숙부인 승지 姜龜孫과의 상피 문제가 발생하자 국왕이 1인만 추천하는 單望의 추천을 허용한다는 전교를 내린 후 안해를 승진시킨 것이 발단이 되었다.

이는 수령에 관한 상피 규정에는 여기에 관한 규정이 없다는 것에 있었지만, 그 발단의 직접적인 원인은 당시 안해와 같은 경우이면서도 종 3품의 官秩이 없다는 이유로 승진되지 못한 수안 군수 金用寶의 인사와의 형평성의 문제가 제기 된 데에서 시작한다.

이것이 결국 정치적 쟁점으로 비화되었던 것이다. 사태는 점점 확대되어 대간이 안해 인사에 대한 공평성을 들고 일어났다. 이에 입장이 곤란해진 국왕은 처음에는 이를 물리치다가 결국 굴복하여 안해 사건을 吏曹에 내려 재 심의하게 하였다. 결국 안해의 인사 문제는 개정하라는 임금의 전교로서 일단락되었다.[90)]

이 사건은 결국 외관의 성적 우수자에 한하여서는 상피의 적용을 받지 않을 수도 있다는 先例를 남기게 되었고, 상피의 예외 前例가 되었다. 그러나 이후 이에 관한 역기능은 확인되지 않고 있어서 이후의 논란 여부는 알 수 없다.

또한 외관에 제수된 관리들의 관직 부여 문제에서도 역기능이 확인된다. 외관에 나간 자 가운데 이직을 원하는 자가 간혹 발생하여 미리 중앙에 와 관직 제수를 기다리는 자가 간혹 있었는데, 인조 13년(1635)에 청주목사 李景曾이 사간에 제수된 경우와 인천부사 심액이 인평대군의 처 외조부로 경상감사에 제수되기를 도모한 사례는 대표적이다.[91)]

인조 20년(1642) 칠곡부사 林瑞의 경우에서도 알 수 있듯이 때에 따라서는 임기 도중에 상피에 해당되면 면직되는 관리도 나타나고

---

90) ≪연산군일기≫ 권21, 3年 1月 壬戌條 ; 癸亥條 ; 乙丑條.
91) ≪인조실록≫ 권31, 13년 6월 丙申條.

있다. 이에 정부에서는 그 관리가 선정을 베풀었다는 평가가 나오면 內外職秩의 높고 낮음은 물론이고, 재주와 局量이 있는 사람을 해당 부서로 하여금 선발하게 하였는데, 그 후임을 고르기는 아주 어려웠다.[92)]

만일 대관이 새로이 체임되어 관직을 다시 부여할 때는 상피에 구애되지 않고 政曹에서 빈자리를 찾아 전관예우를 하는 것이 관행이었다. 하지만 이것은 당시 법전 체제에 어긋나는 것이었다.

더욱이 제 4장에서 후술하겠지만 효종 원년 이조판서 심액이 자신의 외손자인 吳挺緯를 경기도사에 임명하면서 반대당인 영돈령부사 金尙憲 등에게 정치적 공격을 당하여 당쟁으로 비화된 사례는 눈여겨볼 만하다.[93)]

아울러 순조 3년(1803)에 상피로 인한 지방 수령의 임용에 있어서 수령의 주의에 대한 잘못이 상소로 제기되기도 하였는데, 그 논지는 법전상의 상피 적용 규정을 겨우 벗어난 인척 집안끼리의 관리 임용에 대한 것이었다. 이것은 부수찬 李基憲의 상피의 법 적용에 따른 의망의 論斥이 정치 쟁점화된 것이지만, 수령 初仕者들의 임용 관례에 대한 문제 제기이기도 하였다.

이는 당시의 정치 현황과도 관련이 있어서 세도가문들끼리의 관리 임용에 대한 관행을 시정하려는 조치였던 것으로 보이나 상피 규정에는 적용되지 않은 친족까지 제어하는 것은 모순이라는 결론으로 일단 봉합되고 있다.[94)]

---

92) ≪국역비변사등록≫ 인조 20년 11월 6일조.
93) ≪효종실록≫ 권1, 원년 8월 丙午條.
94) ≪순조실록≫ 권5, 3년 1월 庚辰條.

제3절 淸要職과 權設官 상피제의 운영실태

1. 訟官과 상피제 관계

조선시대 결송 기관은 掌隷院·刑曹·漢城府·司憲府 등이 있었고,[95] 판결의 성립은 중앙의 경우, 당상관과 당하관이 합의에 의하여 처리하였다. 그리고 판결은 서면으로 작성하여 立案의 말미에 郎廳, 당하관, 당상관의 순서로 花押하고 관인을 찍었다. 여기에서 판결의 합의가 다수결에 의한 것인지, 아니면 전원일치를 요하였는지는 불분명하다. 대개의 경우 당상관의 의견이 지배적이었을 것으로 추측된다.[96] 따라서 결송은 항상 誤決의 소지를 안고 있었다.

국가는 이러한 오결의 소지를 없애기 위하여 송사 사건에 관한 모든 절차와 규정을 법전에 명시하였다. 아울러 송관상피 조문도 그 적용 범위 등을 법제적으로 마련하였고, 송관의 임용에서도 이에 따랐다.

송관상피에 있어서 訟官[97]에 임용은 여러 면에서 법적 하자는 물론이고, 사회적으로도 물의가 없어야 가능하였다. 특히 송관의 임용은 노비쟁송에서 그 공정성을 확보한다는 측면에서 보면 상피 문제가 임용 기준의 가장 중요한 단서가 되고 있음을 알 수 있다.

이러한 경향은 송관이 노비를 결절하는데 있어서 종실 및 권세가

95) ≪성종실록≫ 권33, 4년 8월 癸亥條.
96) 朴秉濠, 〈이조시대의 부동산소송법소고〉, ≪법학≫ 2-1, 1960, pp.62~63.
97) 訟官의 개념은 中國에서 사용된 訟師의 개념은 아니다. 즉, 訟師는 訴訟을 請負하는 包攬詞訟하거나 呈詞를 代作하는 敎唆詞訟의 일을 맡아보았으나, (夫馬 進, 〈明淸時代の訟師と訴訟制度〉, ≪中國近世の法制と社會≫, 京都大, 平成5年(1994), pp.437~439, pp.452~544) 여기에서의 訟官은 決訟機關에서 訟事를 聽理하던 決訟官吏를 이른다.

의 청탁에 의연할 정도로 청렴도가 요구되었고, 사리의 분별력에 있어서도 모든 사람에게 예외 없이 법의 준수를 요구받았기 때문이다. 더욱이 조선왕조가 개창되면서 통치의 근간으로서 법전 규정 준수는 법전을 祖宗成憲 또는 金石之典[98]라 하여 왕을 비롯한 모든 사람에게 예외 없이 준수 의무를 과하고 있다는 점에서도 그러한 원칙은 보다 명확히 규정해 두어야 했다. 이는 올바른 송사를 위해서도 바람직한 현상이었을 것이다.

대개 爭訟은 오늘날의 민사소송에 해당하였고, 소송은 원칙적으로는 3심이었다. 하지만 노비 쟁송과 같은 경우는 때로는 2심을 최종심으로 가름하였다. 그리고 소송 절차도 하급 관사에서 상급 관사로 밟도록 규정하였다. 아울러 소송 심리 기한도 법적으로 규정하였고, 쟁송도 성격에 따라 달리 하였다.

즉, 田宅에 관한 쟁송은 掌隷院에서, 綱常에 관한 사건은 刑曹에서, 盜賊에 관한 사건은 司憲府에서 각각 심리하지 못하게 하였다.[99] 이러한 조치는 국가 안위와 치안 유지를 통한 국가체제 정비와 밀접한 관련이 있다.

이에 따른 상피 제도 상 송관 임용의 원칙은 ≪대명률≫, ≪경국대전≫, ≪決訟類聚補≫,[100] ≪수교집록≫ 등을 통해서 확인되고 있다. 특히 송사를 타관서로 옮겨 판결하는 他司移送決折이 후대에도 계속해서 송관의 임용에 기준으로 작용하고 있다. 이는 노비 쟁송의

98) 朴秉濠, 〈조선시대의 왕과 법〉, ≪애산학보≫ 2, 1982, pp.62～68.

99) 延正悅, 〈조선왕조와 대명률직해〉, ≪西巖趙恒來華甲紀念論叢≫, 아세아문화사, 1992, p.167.

100) 조선시대 수령의 재판 판결에 법적 전거가 되었던 책은 安山郡守 金伯幹이 정리한 ≪詞訟類聚≫가 있다. 이 책은 1585년(선조 18)에 전라도관찰사 金泰廷에 의해 全州府에서 출간되었고, 이후 보완, 교정하여 ≪決訟類聚≫가 간행되었다가 다시 ≪決訟類聚補≫로 종결되었다(鄭求福, 〈결송유취보 해제〉, ≪결송유취보≫, 한국정신문화연구원, 1996). 따라서 여기에서는 이 影印本에 의거하였다.

신속한 처리가 국가적 지배 체제의 강화는 물론이고, 신분 상 사회 기강 확립이라는 과제를 완수하는데 커다란 역할을 하였기 때문이다.

그런데 이 과정에서 고의로 송사를 정체시켜 시일을 질질 끄는 淹滯延拖(또는 淹延 · 延拖), 송사의 허물을 남에게 돌려 송사 자체를 어지럽게 하는 歸咎紛紜, 송사를 핑계로 타사로 옮겨 이유 없이 지체시키는 訟事遷延 등의 형태로 나타나고 있다. 뿐만 아니라 상피법에 적용되는 移送他司決折이나, 혐의가 있는 송관이 辭避하는 訟官引嫌 등도 잘 지켜지지 않고 계속 반복되고 있다. 이는 송관상피의 채택 의의를 무색케 할 지경이었다.

따라서 명종 때 가서 위반 관리 모두를 罷職할 수 있는 강력한 조치를 명종 5년(1550)과[101] 명종 8년(1553),[102] 그리고 명종 9년(1554)에[103] 걸쳐 잇따라 수교로 내려 송관상피의 시행 의지를 강력히 피력하고 있다.

조선사회는 16세기 후반으로 접어들면서 훈구와 사림의 대립이 전개되어 4대 사화가 나타나면서 청렴과 이해관계에서 초연해져야 하는 송관의 임용도 많은 알력이 작용하였다. 또한 국가의 滯訟之弊가 시정되지 않고 여전히 사회 문제로 논의되어 수교로 이를 강력

---

101) ≪決訟類聚補≫, 〈相避〉, 嘉靖庚戌 九月初八日. “大典內 聽訟決獄相避之法 詳明載錄 近來因循弊習 非法當相避 續續啓請 移他司 彼此推移 事多淹滯 至爲未便 訟者不利於已 則歸咎 訟官 延拖謀避滔滔 皆是訟官引嫌 移送他司 尤爲紛紜 斷訟無期 今後非法當相避 及訟者歸咎 毋得啓請”

102) ≪決訟類聚補≫, 〈相避〉, 嘉靖癸丑 閏三月初十日. “相避之法 載在令甲 近日 人心不淑 詞訟之間 苟有不利 於已 則百般歸咎圖移他司 訟官喜 其移送寸外相避 及訟者歸咎紛紜 啓請輒移他司 徒爲一已之免謗 不恤國家滯訟之弊 以此訟事遷延 或有五六十年而未決 至爲寒心 今後因訟有歸咎 及法外相避 啓移他司者 政院一一推治 不察承旨竝推考治罪 以杜紛紜以送之弊”

103) ≪決訟類聚補≫, 〈相避〉, 嘉靖甲寅 正月十四日. “不當相避者 故爲淹延 或移他司 或移他房 而 奸細之徒 亦於臨決之時 若不利於已 則百般歸咎 强移他房他司 欲享其時執之利 自今以後非法當相避 及訟者歸咎事 毋得相移 違者 官員一切罷職 訟者杖八十”

히 저지하려 하였을 것이다.

또한 명종 때에 이르면 훈구에 의한 농장이 더욱 확대되어 가고 있었고, 이들 간에는 정치적으로 族黨化를 가속화시켜 사회 병폐는 한층 심해지는 양상으로 전개되고 있다. 바로 이러한 병폐가 송관의 임용 원칙에서도 어느 정도의 영향력을 행사하고 있었던 것이 아닌가 한다.

이에 대처하는 정부의 송관 임용 원칙은 크게 친족의 범위 내에 상피 자를 피하려는 원칙과 임무 수행 상 奸細之徒를 배척하여 임용하는 원칙이 중요한 기준이 되고 있다. 이는 송관상피의 올바른 준행으로 송사가 혈연에 의한 사적 이해관계에 의해 좌우되는 현상을 막아 보자는 의도였고, 다른 한편으로는 송사를 수행하는데 있어서 관리의 직무 태만을 질책하기 위한 것이었다. 이는 관료의 족당화에 따른 정치 세력화를 견제하고 중앙 집권을 통한 왕권 강화가 그 목적이 있었을 것이다.

그런데 송관상피 문제는 〈표 4-1〉에서 보는 바와 같이 그 사례를 종합해 볼 때, 奴婢爭訟에 관련된 송사와 決訟官 사이의 상피 규정, 決訟 담당 기관 선정 등에 관한 내용이 주로 부각되고 있음을 알 수 있다.

위의 사례 가운데 奴婢의 決事 문제에 대해 살펴보면, 거의가 조선왕조의 건국 초기에 집중되고 있다. 이는 신분 제도의 정립이라는 국가적 명제 아래 사회 기강의 문란을 조기에 안정시키려는 것이었고, 이러한 일련의 노력이 얼마나 중요한 국가적 현안 내지 과제 이었는가를 보여주는 사례인 것이다. 이에 노비 쟁송에 따른 송관상피의 운용 상 나타나는 문제점을 검토해 보자.

첫째, 他司移送決折 논의이다. 노비 쟁송에 관련된 송사와 결송 관리 사이의 상피 규정, 결송 담당 기관 선정 등에 관한 내용이 주로 부각되고 있음을 알 수 있다. 조선사회에서 노비 쟁송을 판결하는 결송 관리가 상피에 적용되면 그 처리 사항은 다른 관아로 넘겨져 처리하는 것이 관례였다.

이는 결단의 공정을 기하기 위한 것으로, 그 최초의 기사는 태조 6년(1397) 7월에 노비 결사에서 쟁송 자가 辨正都監에 상피 되는 친족이 있으면, 처리부서〔房〕을 옮겨서 결급하고, 使孫에게 상피 되는 자는 都官이나 사헌부·형조 중 상피되지 않는 곳에 옮겨 보내어 결절하게 한 것이 그것이다.

그 규정은 태종 14년(1414) 5월에 제정된 〈奴婢事目〉에서 변정도감의 관원이 상피하는 訟事는 사헌부로 이송하여 이를 형조와 都官에서 결절하게 한[104] 조문에 그대로 계승되고 있다. 이후 세종 17년(1435) 11월에 訴良과 노비의 송사는 형조로 하여금 주장 도관이 상피한 것을 제외하고는 모두 도관으로 심리하게 하였는데,[105] 이는 상피 자를 철저하게 심리에서 분리시키는 조치를 취하였다.

그러다가 세종 30년(1448) 10월 노비송사는 六典의 결송 기한을 지키되, 만일 상관이 상피가 되면 他官으로 옮기고, 하관이 상피가 되면 他房으로 옮기게[106] 하여 상하 관에 대한 송관상피 규정을 구체적으로 마련하였다.

이렇게 강화된 송관상피는 성종 10년(1479) 3월에 지평 朴安阜가 경연에서 결사 관리는 1인이라도 상피 되면 즉시 다른 관사로 옮기는 것이라고[107] 논하고 있어서 상피 적용 자에 대한 他司移送決折은 보편화되었음을 알 수 있다. 이러한 원칙은 성종 16년(1485)에 완성된 ≪經國大典≫의 예전 私賤條에서 그대로 법제화되었다.

---

104) ≪태종실록≫ 권27, 14년 5월 己卯條.
105) ≪세종실록≫ 권70, 17년 11월 己巳條.
106) ≪세종실록≫ 권122, 30년 10월 辛酉條.
107) ≪성종실록≫ 권102, 10년 3월 丁丑條.

〈표 4-1〉 太祖-明宗까지의 訟官相避 內容分析

번호	시 기	내 용	성 격
1	태조 6년 7월 갑술	奴婢決事期限에 관한 상피 규정	노비쟁송
2	태종 2년 8월 경자	奴婢訟文의 還送 문제	노비쟁송
3	태종 4년 5월 을묘	金貴珍의 良賤 辨別 문제	노비쟁송
4	태종 6년 윤7월 기미	奴婢決折條件에 따른 分揀官員 대체문제	노비쟁송
5	태종 14년 5월 기묘	辨正都監 관원 상피 규정	노비쟁송
6	태종 14년 5월 계사	辨正都監 관원 상피 규정	노비쟁송
7	태종 14년 11월 임인	決訟事宜 상피 규정	各司行首相避
8	태종 17년 6월 계사	사헌부와 형조간 臧獲(노비)決事 오결	노비쟁송
9	세종 7년 10월 정축	형조관원의 상피 문제	決事論爭
10	세종 9년 11월 을미	전 관찰사 安望之 아내 許氏 노비다툼	노비쟁송
11	세종 15년 1월 경오	상피로 인한 노비판결 遲延 처결	노비쟁송
12	세종 17년 11월 기사	노비송사에서의 都官 심리 규정	노비쟁송
13	세종 30년 1월 무술	都官에서의 稅 징수에 따른 奴婢誤決	노비쟁송
14	세종 30년 10월 신유	決訟期限 논의	決折官吏相避
15	세종 31년 1월 계묘	誤決辨正色 설치 건의	相避者 聽理, 決斷
16	단종 원년 9월 임오	閔審言 자손의 家財 다툼 송사	納招時 관원간 상피
17	성종 4년 8월 계해	訴訟者간의 상피로 인한 遞任 문제	他司移送決折
18	성종 9년 11월 신사	訟事期限 논의	他司移送決折
19	성종 9년 11월 임오	송사판결 관아 논의	淹滯延拖
20	성종 10년 3월 정축	決事官吏의 결단 때의 폐단	他司移送決折
21	성종 10년 12월병인	金堅壽 母子의 노비 송사	노비쟁송
22	성종 18년 6월 임오	決訟官의 업무 決斷 문제	訟事官吏의 자질
23	성종 19년 7월 을유	聽訟官吏의 辭避 문제	淹滯延拖
24	성종 19년 10월 무오	捜捕事目 개정 문제	切隣間 容隱 문제
25	성종 22년 6월 임술	결송기관 관리 사이의 避嫌 문제	引嫌, 避嫌
26	성종 23년 8월 계묘	聽訟機關 聽理 문제	他司移送決折
27	연산군 1년 1월 무신	臺諫의 상피 논의	사헌부 관리의 상피
28	중종 10년 2월 임진	송사에 따른 申瀚 부자의 상피 문제	他司移送決折
29	중종 38년 10월경인	송관의 송사 지체 폐단	淹滯延拖
30	중종 39년 6월 갑신	德林君의 종 能萬의 裵尙同 살인 訟事	他司移送決折
31	명종 1년 1월 을축	趙士秀 婢僕이 宋礎 婢子를 살상한 사건	他司移送決折, 引嫌
32	명종 8년 9월 신해	故 僉正 南調元의 적자 문제	법집행 공정성, 引嫌
33	명종 11년 8월 갑오	송사의 聽理에서의 訟法 준행여부	引嫌, 避嫌

〔출전: 조선왕조실록〕

그런데 타사이송결절 문제는 정부가 의도한 데로 그대로 준행되었는지는 논의 여지가 있다. 이는 시행 상에 역기능적 요소가 여전히 관료들에게 만연되어 있다는 사실과 관련이 있다. 송사를 담당하는 관서는 그들 사이에 상피를 이유로 부처 간 송사 기피를 보여주는 사례를 보면 명확해 진다. 즉,

> (중략) 사헌부에서 相避하는 바가 있으므로, 노비의 訟文을 형조에 옮겼는데, 상피해야할 자가 조금 뒤에 他官으로 옮기었다. 이에 형조에서 그 송문을 돌려보냈으므로, 헌부에서 말하기를, "형소에서 이미 송사를 들어 그 情僞를 살피었으니, 어찌 환송할 필요가 있는가? 하물며, 본부에서 이미 형조로 이송하였는데, 갑자기 헌부로 되돌려 보내는 것은 예가 아니다"하고, 받지 않았다. (중략)[108]

라고 하였다. 여기에서 위의 사료는 해당 관리가 상피 대상에서 해제되면 다시 원래대로 환원시켜 송사를 처리함이 원칙이었음을 보여준다. 그러나 이 경우처럼 해당 관리가 상피 대상에서 해제되었는데도 송사를 맡지 않고 서로 그 송사를 떠넘기려는 경향이 종종 있었다. 결국 이는 서로 간의 재판에 대한 책임 공방으로 번져 탄핵하는 사태까지 가고 있다. 또한

> (중략) 世宗朝에 각 아문의 소송자 중에서 만일 상피할 관원과 마주치게 되면 소송을 정지하고 遞任을 기다렸다가 다시 소송하였는데, 오늘날의 관리들은 만일 상피를 당하게 되면 상호간에 조사하도록 미루어, 掌隷院에서 상피할 것이 있으면 刑曹로 이관하고, 형조에서 상피할 것이 있으면 漢城府로 이관하고, 한성부에서 상피할 것이 있으면 本府(사헌부)로 이관하고, 본부에서 상피할 것이 있으면 부득이 司諫院 · 義禁府에 이관하여, 돌아가며 서로 미루어 이관시키므로

108) ≪태종실록≫ 권4, 2년 8월 庚子條.

언제 단결할지 모르게 됩니다. (중략)[109)]

라고 하였는데, 위의 사료는 성종 때 대사헌 徐居正 등이 올린 상소문의 일부이다. 이 내용에 의하면, 세종 때 이미 각 아문의 소송 자 가운데 상피할 관원이 있으면 소송을 정지하고 遞任을 기다렸다가 다시 소송하는 것이 원칙으로 정해 있었음을 알 수 있다.

성종 당시에는 결송 기관의 관리들이 상피를 핑계로 재판을 기피하는 경우가 종종 나타나고 있어 이에 관한 비판이 제기된 것이다. 즉, 해당관청이 상피가 되면, 장례원인 경우는 형조로, 형조인 경우는 한성부로, 한성부인 경우는 사헌부로, 사헌부인 경우에는 부득이 사간원이나 · 의금부로 각각 이관하여 서로 송사를 처결하는 것이 관행이 있다. 그러함에도 불구하고 이 원칙은 항상 준행되지는 않았고, 심지어는 직무 태만에까지 이르고 있음을 위 사료는 지적하고 있는 것이다.

결국 이 상소문을 계기로 중앙 정부는 각 아문의 소송 자 중 상피 관원이 있으면 예전의 관행을 좇아 소송을 정지하여 체임을 기다리게 하고, 부득이 소송을 청리할 때는 상피 관원을 참여하지 못하게 하는 조치를 취하고 있다.

그런데 타사이송결절은 근본적으로 결송 관리들의 기피로 인한 판결 지연 현상을 수반할 소지가 다분하였다. 타사이송결절 문제가 송사의 주관 부서를 옮김에 따라 송관의 교체가 이루어지고, 이로 인한 심리 내용의 재정리 등의 부작용이 나타나 자연히 판결이 늦어지는 것은 당연한 것이었다. 결송 관리가 오래된 사건을 다시 심리하는 데에서 오는 誤決의 비율은 처음보다도 한결 높았던 것으로 여겨진다. 즉,

---

109) ≪성종실록≫ 권33, 4년 8월 癸亥條.

> (중략) 혹은 소송하는 자가 (청송관에게) 허물을 돌리거나 규정 이외의 이유로 상피하면서 타사에 이관하는 자는 승정원에서 규찰한다.[110]

이라 하여 상피법을 빌미로 청송 관리들은 자신이 맡은 사건을 타사로 이관하고 또 소송인들은 자신에게 불리하면 다른 관청으로 이관을 청하면서 자신에게 이로운 쪽으로 이끌어가려 했다. 그래서 특정 사건에 경우에는 무려 50, 60년 동안이나 소송이 해결되지 않은 폐단이 나타나기도 하였다. 그렇게 되자 임의로 상피하여 타사로 이관하는 관리는 모두 파직하도록 하였다.[111]

이러한 상피법의 정비는 결송관이 상피 규정을 자의적으로 적용하여 타사로 이관시키면서 결송을 지연시키는 폐단을 시정하려 한 것이다.[112] 또한 결송 지연을 감안하고서도 정부가 타사이송결절을 강행한 이유는 결송 관리에 의한 부조리의 염려보다는 오결의 방지가 더 중요한 현안이었기 때문인 것으로 짐작된다.

둘째, 淹滯延拖 논의이다. 송관상피에 관한 경향을 시행 측면에서 보면, 결송 관리가 他司移送決折을 핑계로 엄체 연타하는 현상과 결합되어 나타나고 있다. 이는 결송 관리가 상피를 핑계로 재판을 고의로 지연시키거나 재판을 거부할 때 이를 모면하는 수단으로 악용되어 타관서로 재판 권한을 넘겼던 것이다.

더욱이 심한 경우에는 해당 관아 간 이기주의에 의하여 재판을 담당하는 주무부서가 어디냐를 놓고 논쟁을 벌이기도 하고, 심지어는 보복이 두려워 권세가의 송사를 피하려고 일부러 상피를 자처하

110) ≪受教輯錄≫, 卷5, 〈刑典〉, 聽理條(명종 8년 수교) ; ≪續大典≫ 卷5, 〈刑典〉, 聽理條. "(중략)或因訟者歸咎 或以法外相避, 啓移他司者, 承政院察推(중략)"

111) ≪決訟類聚補≫, 〈相避〉, 嘉靖甲寅 正月十四日.

112) 趙允旋, ≪조선후기 소송연구≫, 국학자료원, 2002, pp.45~46.

는 경우까지 나타나고 있다. 이러한 송관상피의 역기능적 양상은 항시 중앙 정부의 고민거리가 되었다.

정부는 이러한 양상을 해결하기 위하여 건국 초에 ≪대명률≫을 근거로 ≪대명률직해≫를 간행하면서 소속관의 所志 문제를 엄격히 규정하여 관리들의 침학에 대한 논죄를 확고히 하였다.[113] 이는 ≪대명률≫ 原文에도 없는 규정을 새로이 마련한 것이었다.

이러한 경향은 앞에서 살펴본 바와 같이 ≪경제육전≫에서 淹延不決者에 대한 처벌 규정을 두고 있는 데서도 확인된다.

물론 淹滯延拖를 긍정적인 측면에서 보면, 송사의 결과에 대한 오해의 소지를 없애려는 의도도 숨어 있다고 볼 수 있다. 하지만 엄체연타의 보다 근본적 이유는 관료 간 상피를 빌미로 그들의 이해관계를 강화하려는 부조리의 한 원인이었던 것으로 여겨진다. 이러한 사례를 보면,

> (중략) 六典의 결송 기한이 큰일도 90일이 지나지 아니하는데, 혹은 元隻不齊라 하고, 혹은 소송하는 자가 상피된다는 이유로써 오래 끌면서 결단하지 아니하여 혹은 10여 년에 이르고 혹은 20여 년에 이르며 만약 誤決을 소송하면 決折하는 관리의 상피로 인하여 역시 판결하지 아니하다가 혹은 사유를 입거나 혹은 자신이 죽어서 마침내 죄를 받지 아니하고, 오래 미루는 폐단이 또 다시 전과 같사오니, (중략)[114]

이라 하였는데. 위의 사료는 상피를 핑계 삼아 재판을 지연하고, 기피하여 그 폐단이 노골화되어 나타난 사례이다. 특히, 재판의 기피 또는 지연을 막기 위하여 결송 관리가 결격사유가 발생하면 타관으

113) ≪大明律直解≫ 卷22, 〈刑律〉, 訴訟, 越訴條. "所屬官接狀受理不冬爲去等仰官良中陳告 官員并以論罪"

114) ≪세종실록≫ 권122, 30년 10월 辛酉條.

로 이관하여 판결시키는데도 불구하고 여전히 재판은 신속히 진행되지 못하고 있다. 그러자 정부에서는 법전에 명시된 결송 기한을 그 기준으로 제시하고 이에 따라 판결을 진행하도록 독려하고, 만일 이를 어기면 논죄하여 이를 제재하는 강력한 의지를 보이고 있다.

이러한 경향을 정부의 입장과 결송 관리의 입장에서 살펴보면, 먼저 정부의 입장은 사회 문란을 보다 빠른 시일 내에 해결하여 백성의 불편과 행정의 효율을 강조하고 있다. 반면에, 결송 관리의 입장은 자신의 이해관계를 보다 더 따지고 있다는 사실이다.

이는 조선사회가 중앙 집권 체제로 나아가는데 걸림돌이 될 수도 있었기 때문에 정부 입장에서는 관료들을 보다 효과적으로 제어하는 수단으로 송관상피를 자꾸 논의하였고, 이를 시정하기 위해 원칙론적인 법의 준행을 강조하고 있는 것이다.

셋째, 引嫌, 避嫌 및 遞任 논의이다. 일반적으로 피혐 내지 인혐이란[115] 관리가 인사나 聽訟에서 공정성을 기하기 위하여 혐의를 피하는 것을 말하며, 辭避 내지 避辭란[116] 관리가 혐의를 피하기 위하여 직무에 나가지 아니하고 벼슬을 그만두는 행위를 의미한다.

이러한 피혐이나 사피 이외에도 이런 범주에 속하는 것이 與上官有先世嫌忌라 정의되는 嫌遞,[117] 책임이나 맡은 일을 약삭빠르게 꾀를 써서 피한다는 規避 또는 窺避,[118] 公賤奴婢謀避身役과 같이 꾀를 써서 피한다는 의미의 謀避,[119] 등이 있다.

이러한 행위들은 하나같이 국가의 의무를 피하는 것을 빗대어 사용한 용어들이다. 이는 상피와는 구별되는 것이다.

---

115) ≪수교집록≫ 권1, 〈이전〉, 相避條 ; ≪성종실록≫ 권64, 7년 2월 丁亥條.
116) ≪성종실록≫ 권242, 21년 7월 戊寅條 ; ≪성종실록≫ 권243, 21년 8월 戊子條.
117) 丁若鏞, ≪牧民心書≫ 권14, 解官, 遞代條.
118) ≪受敎輯錄≫ 卷5, 〈刑典〉, 禁制條 ; ≪연산군일기≫ 권20, 2년 12월 壬午條.
119) ≪新補受敎輯錄≫ 卷5, 〈刑典〉, 公賤條.

그런데 위와 같은 행위는 송관상피를 이해하는데 중요한 단서가 되고 있다. 다시 말해 송관상피 상에 나타나는 인혐 내지 피혐 등의 행위는 결송 관리의 업무의 성격과 무관하지 않다는 사실이다.

대개 송관상피 사례는 노비 문제가 대부분이었다. 이 외에도 드물긴 해도 田地·家舍 등의 가산 상속이라든가, 양반 관료 계층이 업무 상 나타나는 이해관계와 관련된 송사도 있었다. 어떠한 경우든 결송 관리가 양반 관료층과 업무 상 이해관계가 얽히면 상피를 핑계로 인혐이나 피혐하여 그 오해의 소지를 없애는 것이 일반적이었다. 그러나 실제상에 있어서는 이해 당사자들 사이에 이를 묵인하여 주는 경우가 자주 발생하고 있다.

이는 그들 간의 특권을 유지하려는 협조 관계에서 기인한 것이라 할 수 있다. 정부 입장에는 이를 묵인할 경우 국가의 법 기강이 무너지는 현상을 초래할 것을 염려하였고, 심한 경우에는 해당 관리를 파면하기도 하였다.

이러한 사례는 태종 4년(1404) 5월에 대사헌 崔有慶이 金貴珍의 良賤辨別訟事에서 아들인 도관좌랑 崔士威가 조사한 文案을 사위인 집의 李之直이 도관좌랑이 되어 처결하다 상피 문제가 발단이 되어 파면된 것이 최초의 사례이다.[120] 이후 태종 14년(1414) 11월에 〈決訟事宜〉를 제정하면서 이에 관한 내용을 강화하였다.[121] 이러한 일련의 정책은 태종의 왕권 강화 정책과 관련되어 있었다.

그러다가 세종 때 特旨에[122] 의한 예외 규정이 생기면서 송관상피가 다소 완화되는 빌미를 제공하고, 단종 때 왕권의 약화 현상이 나타나면서 특지의 남발에[123] 의한 송관상피의 폐단이 집중되는 경

120) ≪태종실록≫ 권7, 4년 5월 乙卯條.
121) ≪태종실록≫ 권28, 14년 11월 壬寅條.
122) 朴千佑·李起明, 〈앞의 논문〉, pp.58~61.
123) ≪단종실록≫ 권6, 원년 6월 癸巳條.

향을 보이고 있기는 하지만, 여전히 중앙 집권화 정책에는 커다란 변화는 없었다.

하지만 世家大族에 대한 송사에서는 여전히 어려움을 겪고 있다. 즉,

> 사헌부에서 계하기를, "(중략) 서로 송사 하는 일을 聽理함에 있어 世家大族의 소송이기 때문에 처결하기를 꺼려서 오래 끌고 판단하지 않으며, 원래 상피가 없는데도 상피라 일컫고 얼버무려 아뢰었으니, (중략)[124]

라고 하였다. 위의 사료는 前 관찰사 安望之의 처 許氏의 노비 송사에서 한성부 判府使 李種善, 尹 崔鐲, 判官 閔逌 등이 세가 대족의 소송이라는 이유로 처결을 기피하고 있는 사례이다. 이때 결송 관리는 재판을 피하기 위하여 허위로 상피가 있다고 보고하다가 적발되어 결국 사헌부의 탄핵을 받는 경우이다.

심지어는 아래의 사료에서 보듯이 청송 관리가 같은 족속이거나 교우라는 이유로 辭避하는 현상까지 나타나고 있다. 이때의 기록을 보면,

> (중략) 장령 權景禧가 아뢰기를, "대저 청송 관리가 혹은 族屬이라 하여, 혹은 交友라 하여 혐의스러움을 끌어서 辭避하니, 이는 모두 법밖에 서로 피하는 것인데, 이 때문에 決訟이 늦어집니다. 이제 懷義都正 𦳝 등의 송사를 여러 사에서 모두 상피하고 있다고 하여 승정원으로 하여금 처결하게 하였는데, 승정원은 왕명을 출납하는 것뿐이며 소송판결은 그 임무가 아닙니다. 청컨대, 禁條를 세워서 이 폐단을 없애소서."하니, (중략)[125]

---

124) ≪세종실록≫ 권38, 9년 11월 乙未條.
125) ≪성종실록≫ 권218, 19년 7월 乙酉條.

라고 하였다. 이렇게 결송 관리들이 사피하는 표면적인 이유는 이해 당사자 간의 오해의 소지를 없애는 것이었으나, 실재로는 宗室 및 권세가에 대한 송사의 부담을 회피하기 위하여 사피 또는 인혐하고 있는 것을 볼 수 있다.

물론 송사를 맡은 관원이 자신과 상피에 놓이면, 引嫌, 辭避, 遞任하는 것은 일반적이 원칙이었다. 한 예로 사헌부의 경우를 보면, 사헌부에서 맡은 송사를 판결 내지 관장할 때 사헌부의 장령, 집의 등의 실무자는 소송 자와 상피 관계에 놓이면, 바로 피혐이나 체임하여 판결하는 것이 일반적이었다는 의미이다.

그런데 송사가 상피로 인해 他司에서 이송해 오거나 하여도 해당 관리가 私情에 구애될 소지가 있거나 판결하기가 어려운 사안이 있으면 결절 기한을 늦추는데 이 때 바로 피혐을 악용하였다. 심지어는 사건이 끝날 때가 되어도 고의로 판결하지 않고 체임되기를 기다리는 사례가 빈번하였다.[126]

이는 경국대전 체제에서 법 집행 기한을 지키거나 또는 백성의 억울함을 판결하여 송사를 결단하려는 노력보다는 송사를 결송하는데 부담이 가는 판결은 관리들의 이해관계를 내세워 제도를 악용하려는 경향을 보였던 것으로 여겨진다. 이에 정부에서는 끊임없어 미적미적 하면서 판결하지 않은 관리들을 독려하고 있지만[127] 결송 관리의 폐단은 쉽게 시정되지 않았던 것으로 보인다.

이후 중종 때 가서 상피의 한계와 誤決의 분간을 현행 법전 상의 준행에 역점을 두고[128] 있어서 송관상피에 대한 성종 때의 파행은 일시적인 현상으로 보인다. 이는 ≪경국대전≫의 엄격한 법 적용이라는 당시 상황과도 일치하고 있는 것이다. 또한 명종 8년(1553) 9월

126) ≪성종실록≫ 권98, 9년 11월 辛巳條.
127) ≪성종실록≫ 권98, 9년 11월 壬午條.
128) ≪중종실록≫ 권101, 38년 10월 庚寅條.

에 新法條文의 제정보다는 祖宗朝의 대전 체제를 준행하는 전교[129]가 내려지고, 명종 11년(1556) 8월에 지중추부사 鄭世虎가 訟法 제정의 반대를 주장하고, 오히려 경국대전 체제상의 상피 조문을 강력히 준수해야 된다는 논의가[130] 받아들여지면서 송사 업무 영역 공방은 일단락되고 있다.

따라서 송관상피의 채택은 국가의 법 체제 준행에 한 척도가 되었다는 입장에서 볼 때 다음의 몇 가지 특징을 가지고 있다.

첫째, 송관상피에 있어서 결송 관리가 상피 대상에서 해제되어 무혐의가 입증되면 곧바로 원래대로 환원되어 송사를 처리하는 것이 원칙이었다. 하지만 사헌부와 형조간의 이러한 원칙은 잘 지켜지지 않아 서로 간 송사 공방이 자주 발생하고 있다는 점이다. 이러한 사실은 송사를 지연시키는 데 그 빌미만을 제공하고 있다. 특히 태종 때 노비 訟文으로 인해 관리 간 수차례에 걸친 공방은 이를 잘 대변해 주는 대표적인 사례이다.

그런데 조선사회가 어느 정도 통치 이념을 마련해 가던 세종 때에도 이러한 공방은 쉽게 결론을 보지 못하고 오히려 심해지는 경향을 보였다는 사실이다. 심지어는 그 지체 기한이 적게는 7년·8년에서 많게는 20여 년이 지나도 처리되지 않기도 하였다.

그러자 정부에서는 부조리를 근절하기 위해 타사이송결절 원칙을 강력히 추진하였고, 재판 기한도 六典 체제의 기한 규정을 근거로 판결하는 조치를 내리고 있다. 만일 이렇게 하여도 관리가 고의로 재판의 지연하거나 기한 불이행이 나타나면 중죄인으로 논죄하였다. 정부의 이러한 법적 준행 의지는 재판 기한에 대한 해결책이기도 하였고, 아울러 송사에 대한 해당 관리 간의 마찰도 없애려는 조치

129) ≪명종실록≫ 권15, 8년 9월 辛亥條.
130) ≪명종실록≫ 권21, 11년 8월 甲午條.

였던 것이다. 이렇게 함으로서 결송에 대한 부조리 척결 의지는 보다 강력히 추진될 수 있었을 것이다.

둘째, 정부의 송관상피의 채택은 재판의 異議申請 현상이 벌어질 때에도 그 이해관계를 조절하는 데 효과적이었다. 이러한 경향은 위에서 언급한 바와 같이 결송 기관 간의 재판 지연 현상과 밀접한 관련이 있다.

다시 말해 세종 때 판결에 관한 이의 신청 訴狀을 정부에서 재심하라고 해당 官司에 돌려보내면, 이전 판결 자가 아직도 그 관사에 재직해 있기도 하고, 아니면 해당자가 前官과 친척 관계이거나, 文券 안에 서명자가 가까운 친인척 관계인 경우가 있어서 서로 상피를 핑계로 판결을 미루는 경향이 종종 나타나고 있는 것을 알 수 있다. 실재로 세종 31년 1월의 기록을 보면, 당시 이렇게 해서 지연된 판결 건수가 무려 60여건에 달할 정도였다.[131)]

그런데 성종 때에도 위와 같은 경향은 그다지 시정되지 못하고 있다. 이에 성종 9년(1478) 11월에 가서 강력한 정부의 조치가 내려진다. 즉, 결송기관인 형조·한성부·사헌부·장례원 등에 전지를 내려 相避事로 인한 송사의 타사이송결절에 대해서는 해당 관리가 고의로 지연하지 못하게 하였고, 그 근거로 경국대전 체제상의 결송기한의 엄격한 준수를 강조하였다. 만일 어긴 자가 발생하면, 그 사유를 물어 파직 또는 杖刑에 처하게 하였던 것이다.[132)] 성종 때 단행된 이러한 조치들은 조선사회가 경국대전 체제로 한 걸음 더 나아가는 단서가 되고 있다는 사실에서 그 채택의 의미가 있다고 하겠다.

셋째, 송관상피는 정부에 의한 청송 관리의 통제를 한층 강화하는

131) ≪세종실록≫ 권123, 31년 1월 癸卯條.
132) ≪성종실록≫ 권98, 9년 11월 庚辰條.

데 기여하였고, 아울러 법 기강의 문란을 막는데 긴요한 제도였다는 사실이다. 당시의 송관상피는 정부가 의도한대로 시행되었는지는 앞으로 좀 더 검토해 볼 여지가 있다.

하지만 성종 19년(1488) 7월 懷義都正 菆의 송사 문제 등에서 보듯이 그 訟事가 宗室과 관련되어 있을 때에는 역시 일반 관사가 상피를 핑계로 일부러 피하는 경향이 나타났고, 이에 정부는 많은 논의를 거치고 있음을 알 수 있다.

이때 정부에서 내린 조치를 보면, 일반 관료의 어려움을 참작하여 왕명으로만 움직이는 承政院으로 하여금 송사를 처리하게 하고 있다. 그런데 정부의 일련의 조치가 근본적인 치유책이기 보다는 오히려 정부 시책의 편법적 처리 기준만 마련해 준 결과를 초래하였다.

더욱이 司諫院에도 똑같은 처리 기준을 둠으로서 이에 대한 지나친 송사 집중 현상이 나타났고, 이것이 성종 23년(1492) 8월에 가서 정치 이슈로 정부를 곤란한 지경에까지 몰고 가고 있다. 원래 사간원은 결송 기관이 아니었기 때문에 이들의 송사 참여는 決訟官으로서 부득이한 사정이 생길 때만 의논을 통해 한시적으로 허용하였다.[133)]

이러한 경향이 성종 때 재판의 지연 정책을 치유하려는 해결책으로 널리 채용되면서 이에 대한 논란이 끊이지 않고 제기되었던 것이다. 결국 정부는 이에 대한 송사를 거두었고, 대신에 ≪경국대전≫를 강력히 준행하는 원칙론적인 입장으로 선회하였던 것이다. 따라서 비상시 결송 기관의 업무를 대신하던 承政院과 司諫院의 송사 주관 문제는 다시 원점으로 돌아가고 있다.

이후 결송 기관의 법 준행 원칙은 더욱 강화되고 있는데, 중종 때 상피의 한계와 誤決의 분간에 대한 송사를 법조문의 올바른 적용을

---

133) ≪성종실록≫ 권33, 4년 8월 癸亥條.

강조하여 엄체 연타의 폐단을 시정하려는 노력은 대표적인 사례이다.[134] 이러한 맥락에서 명종 때 상피 남용에 따른 판결의 지연을 보다 적극적으로 시정하기 위하여 전교로서 경국대전 체제의 준행을 강조하였던 것이다.[135]

넷째, 송관상피의 채택이 갖은 의미는 관리의 專有를 방지하기 위한 제도였다는 사실이다. 물론 관리의 전유를 막기 위한 제도는 科擧制, 관료의 人事考課制, 官職任期制 등 여러 제도가 있었다. 하지만 상피 제도 역시 이러한 목적에서 시행한 중요한 제도였다는 점이다. 따라서 국가의 지배 체제를 강화하고 선초의 문란한 사회를 안정시키기 위한 재판의 올바른 이행은 중앙 집권적 왕조 체제에 상당한 의미를 갖는 것이고, 송관상피가 바로 그러한 역할을 수행하고 있다.

특히, 조선의 형벌관의 한 특징은 왕의 마음이 항상 백성 쪽으로 맡겨진 채 직접 또는 관리 효유를 통한 간접의 방법으로 欽恤刑政의 시행에 온 힘을 다하려고 노력한 것이라는 관점에서 볼 때[136] 형벌을 가볍게 하고 판결을 공정하게 하는 것은 국왕이 애민을 위한 先務로 인식되기에 충분하였다.

2. 言官과 상피제 관계

대개 언관이란 언론을 직무로 하는 관원을 뜻한다. 이러한 언관은 臺諫으로 지칭되기도 하는데, 여기에서 대간은 臺官과 諫官, 즉 司憲府의 관원과 司諫院의 관원을 함께 묶어 칭한 것이다. 조선시대

---

134) ≪중종실록≫ 권101, 38년 10월 庚寅條.
135) ≪명종실록≫ 권15, 8년 9월 辛亥條.
136) 李鐘吉, 〈조선 초 지배층의 형벌관〉, ≪박병호교수환갑기념 한국법사학논총2≫, 1991, p.66.

대관의 직무와 간관의 직무는 분리되어 있었으나 실재의 기능에는 같은 것이 많았고, 특히 언론의 활동에서는 동일한 목적을 달성하기 위하여 合司하기도 하였다. 따라서 조선 전기에 있어서는 대간이 언관이었고, 이를 兩司라 하였다.

이후 弘文館이 설치된 이후 양사와 홍문관을 합하여 言論三司라 하였다.[137)]

언관들의 주 업무는 諫諍, 彈劾, 時政, 人事 등에 대한 언론 활동이었기 때문에 이들에 대한 인사는 인품이나 능력 및 가문 등이 모두 고려된 후에 임용되었다.

언관상피란 이 가운데 家門의 문제라 하겠다. 따라서 대간의 임용에 있어서 인사권자와의 친인척 관계, 또는 정실에 따른 政事는 중요한 의미를 가졌다. 이는 언관의 언론 활동이 왕권이나 권신 · 權黨들의 일방적인 인사 관행에 어느 정도 견제하느냐에 있었기 때문이다.

대간에 대한 상피법은 고려시대 이래로 비교적 엄하게 준행되어 왔다.[138)] 하지만 조선시대 언관에 대한 친인척 배제 임용은 송나라의 제도를 본 따 시행하였고, 그 적용 범위도 법 테두리 외에 새로운 법의 확대는 왕권으로 제어되면서 시행되었다.

또한 세종 24년(1442) 尹三山의 장령 임용 논란이 계기가 되어 상피에 대한 임의해석도 금지하여 신권에 대한 국왕권의 우위를 고수하는 방향으로 나아갔다.[139)] 그리고 언관에 대한 족친 임용은 三望法의 적극적인 활용으로 인사누설 현상을 사전에 차단하였다.[140)]

그런데 성종 9년(1478) 이조판서 姜希孟과 그의 從弟 盧思愼의 처

137) 崔承熙, ≪朝鮮初期 言官 · 言論 硏究≫, 한국문화연구소(서울대), 1976, pp.31~69.

138) 韓相俊, 〈앞의 논문〉, pp.27~28.

139) ≪세종실록≫ 권95, 24년 1월 己巳條.

140) ≪세종실록≫ 권95, 24년 1월 癸酉條.

남 慶俊의 인사 문제[141]와 성종 20년(1489) 이조판서 成俊과 그의 족친인 河漢文의 行司憲府 집의 임용 문제[142]를 계기로 대성의 銓注 때의 상피 문제가 부각된다. 논란의 대상은 이조판서와의 관계였다. 당시 논란은 이조판서가 직위를 이용하여 대성 후보자 추천 시 개인감정을 개입시킨다는 것이었다. 이에 국왕은 업무 우선 원칙을 고수하여 적임자를 상피에 관계없이 임용하게 하여 신하의 입장을 고려하였고, 만일 적임자가 없을 경우에는 그 해당자를 유임시키는 방향으로 전개되었다.

이러한 일련의 조치는 연산군 6년(1500)에 이르러 政曹와 대관 사이의 상피 논란으로 비화된다. 당시 연산군 6년 6월 2일부터 같은 해 7월 11일까지 무려 26차례에 걸쳐 政曹와 대관 간의 상피 문제는 국왕과 대관과의 실력 행사가 이루어진다.

그 발단은 국왕이 정조와 대간 사이의 상피법 적용을 하지 말라는 전지를 내림으로서 시작된다. 당시의 여러 기사 가운데 대표적인 사례를 보면,

> 尹弼商 · 愼承善 · 鄭文炯 · 李克均이 의논드리기를, "대간과 政曹가 상피하는 일은 마땅하니 당연히 대간의 말을 좇아야 하옵니다." 하고, 韓致亨 · 成俊은 의논드리기를, "대간과 정조가 상피하는 법은 ≪대전≫에 기재되어 있지 않으므로, 祖宗 때에 혹은 교체하기도 하고 혹은 교체하지 않기도 하였는데, 이것이 영구히 늘 시행할 수 있는 법은 아닙니다. 신의 생각으로는 대간과 政曹가 상피하지 말도록 하는 것이 옳을 듯합니다." 하니, 한치형 등의 의논을 좇았다.[143]

라고 하였다. 물론 이러한 논란은 국왕의 조치 이전에 吏曹의 啓請

141) ≪성종실록≫ 권94, 9년 7월 甲戌條.
142) ≪성종실록≫ 권233, 20년 10월 辛卯條.
143) ≪연산군일기≫ 권38, 6년 6월 乙酉條.

으로 정조와 대간 간의 상피는 적용에서 제외되어 있었다. 하지만 당시 대간의 논리는 대간과 정조가 상피하는 법이 이미 성종 때 시행하였다는 것[144]과 만약 상피를 따지지 않는다면 政曹에서 사람 임용하는 잘못을 누가 탄핵하느냐는 것이었다.

다시 말해 父兄이 정조가 되고, 자제가 대간이 되는 지경을 막지 못하여 결국 정조는 임용을 빌미로 親黨을 끌어들여 대간에 포열시켜서 다만 자기가 하고 싶은 대로 하고, 그들에게 그 옳고 그름을 감히 말하지 못하게 한다는 것이다.

그러한 표면적인 이유에도 불구하고 국왕은 대간의 그러한 論啓를 끝까지 거부한다. 이는 당시 대간을 차지하고 있던 부류들은 성종 때 중앙 무대에 진출하여 하나의 세력권을 형성하였던 士林들이었다. 이들은 연산군 4년(1498)의 戊午士禍를 계기로 많은 타격을 받았지만 여전히 언관직을 고수하는 이가 많았다.

이에 국왕은 사림의 비대함을 견제하기 위하여 훈구들의 입장을 받아들여 그에 대한 상피법을 거부하고 나아가 폐지하고 있는 것이다. 이는 왕권의 강화라는 목적 이외에 무오사화로 드러난 사림의 실체에 대한 국왕의 통치력의 과시였을 것이다.

이러한 정조와 대관 간의 상피 문제는 중종반정에서도 그대로 이어진다. 즉, 국왕은 우선 왕권의 안정이라는 미명 하에 연산군 때 죄를 입은 대간과 홍문관의 관리들을 다시 서용 하면서도 정조와의 상피는 논하지 않고 있다.[145]

그러다가 반정 이후 국가의 질서가 어느 정도 안정되어 가면서 성종조의 관행으로 회귀하고 있다. 중종 4년(1509) 대사헌 安瑭과 병조판서 金應箕가 처남 매부 관계로 피혐하자 대간과 정조 간의 상피

144) ≪연산군일기≫ 권38, 6년 6월 丁未條.
145) ≪중종실록≫ 권6, 3년 5월 戊午條.

가 적용되어 체직한 사례는 그 대표적인 사례이다.146)

이후 대간과 정조 간의 상피는 적용과 적용 제외를 반복하고 있다. 즉 인조 1년(1623)에 새로이 임명된 집의 金德諴이 이조참판 李貴와의 상피 관계에서 相避法 적용의 논란이 일자 국왕은 일단 대간의 의견을 수렴하여 체차하였다가 하루 만에 다시 특명으로 김덕함을 집의로 삼고 있다.147)

이러한 경향은 한편으로 상피를 통해 신하의 권한을 조정하려는 국왕의 권력 행사와 관련이 있는 것이고, 다른 한편으로는 왕권 견제라는 입장에서 이에 적극 대처하는 대간 사이의 알력과도 같은 것이었다. 그렇지만 상피 문제는 왕권의 강화라는 전제하에 전개되고 있기 때문에 상피제의 본래의 의미인 중앙 집권 체제 강화라는 커다란 울타리를 벗어나는 것은 아니었다.

아울러 사간원의 송사 업무 담당과 상피 문제도 정치적 현안 가운데 하나였다. 이를 구체적으로 살펴보면, 법제 상 사헌부와 사간원은 별개의 기관이었다. 그러나 실재 기능에 있어서는 분리하여 생각할 수 없는 부분이 많았고, 특히 언론 활동에 있어서는 더욱 그러하였다. 이는 사헌부가 형조, 한성부와 더불어 3法司의 하나였고, 여기에 법제적으로는 법사가 아니었으나 법사로 편입되어 그 기능을 수행한 사간원이 추가되었다. 이는 법령의 집행이나 백관에 대한 규찰에서는 물론 사헌부가 전담하였으나, 그 밖에 중대한 죄를 범한 관원에 대한 鞫問과 노비 결송에서는 사간원이 법사로 참여한 사례가 있기 때문이다. 따라서 사간원도 법사 가운데 하나였다.148)

이러한 경향은 정종 2년(1400) 노비 쟁송에서의 대간의 결송 면제

---

146) ≪중종실록≫ 권8, 4년 3월 癸丑條.
147) ≪인조실록≫ 권1, 1년 4월 戊寅條.
148) 崔承熙, ≪앞의 책≫, pp.62~68.

사례, 태종 4년(1404) 대간의 노비 쟁송 참여 사례, 태종 14년(1414) 〈노비사목〉에서 대간의 奴婢辨定都監 결송 관여 사례 등에서도 알 수 있듯이 조선 초부터 대간의 노비 결송 참여는 관례화되어 있었다.[149]

성종 23년(1492) 8월에 사간원에 대한 송사 업무 영역에 대한 공방은 사간원 정언 崔世傑이 그 불합리성을 지적하면서 새로운 양상을 띠게 된다.[150] 즉, 최세걸은 ≪경국대전≫ 상의 사헌부와 사간원의 업무 차이에도 불구하고 상피를 빌미로 訟事를 사간원에 이송하여 청리하는 관행에 이의를 제기하였던 것이다.

하지만 사간원이 決訟官으로서의 관행은 이미 성종 4년(1473)에 掌隷院에서 상피가 되면 刑曹로, 형조에서 상피가 되면 漢城府로, 한성부에서 상피가 되면 司憲府로, 사헌부에서 상피가 되면 부득이 司諫院·義禁府로 각각 이관하여 서로 송사를 보게 한 데서 알 수 있듯이 부득이 한 경우 법사로서의 기능을 수행하였다. 이렇게 사간원에서 송사를 청리하게 된 처음에는 부득이 한 경우에 한하여 그 업무를 대리하는 것이 관례였다.

하지만 당시 판결의 주무부서가 서로의 이해관계나 상피 등의 이유로 인해 재판의 엄체 연타의 경우가 자주 발생하였다. 더욱이 결송 관리가 권세가를 두려워하여 결송을 기피하기도 하자, 정부에서는 신속한 決折을 위해 사간원으로 하여금 판결 업무를 수행하게 하였고, 이로 인하여 그 업무량이 지나치게 폭주하는 기현상이 빚어지기도 하였다. 이러한 경향이 결국 성종 23년에 정치적 쟁점으로 부각되었던 것이다.

즉, 사간원에 의한 聽訟 행위는 국왕이 沈澮·尹弼商·許琮·李克

149) ≪정종실록≫ 권4, 2년 4월 辛丑條 ; ≪태종실록≫ 권7, 4년 정월 庚申條 ; ≪태종실록≫ 권27, 14년 4월 己未條.

150) ≪성종실록≫ 권268, 23년 8월 癸卯條.

增·愼承善·鄭文炯 등 원로들에게 논의하게 하였는데, 이것이 심한 논쟁으로 비화되어 정치적 현안으로 떠올랐던 것이다. 그러나 논의 결과 대간에 의한 송사는 청송하는 各司 전원이 상피할 일이 있거나, 혹은 청리함이 공정하지 않을 때에는 대간에게 이송시킬 수 있다는 관례가 재확인 된 것 외에는 별다른 성과를 거두지 못하고 끝났다.

그리고 국왕 역시도 他司移送決折에 따른 지체 현상을 우려하면서도 심리 중인 사건의 환송 금지나 청리를 시작한 사건의 담당 부서 결정 등에 대해서는 원론적인 전교로서 그치고 있는 것을 볼 수 있다.

위와 같은 논의는 사간원이 聽訟을 빌미로 전횡이 이루어질 수 있다는 가능성을 차단하기 위한 것이었으나, 실재적으로는 사간원의 판결 권한을 재차 확인해 준 것에 불과하였다. 그리고 국왕 자신도 이를 이용하여 당시 산적해 있던 송사를 신속히 처리하려는 의도가 이면에 이었던 것으로 보인다.[151] 이는 정사에 있어서 국왕이 정국을 주도해 나가면서 현실 문제를 적극적으로 타개하려는 의도의 일면을 엿보게 하는 것이다.

한편, 언관상피의 운영 상 특징 가운데 대간 간의 通避 문제가 정치 쟁점화 하는 경향으로 나아갔다는 사실이다. 원래 사헌부와 사간원의 관원 간에는 법제상 상피가 적용되지 않았다. 그런데 정언 李克信의 인혐 사례에서 알 수 있듯이 兩司의 상피는 規例처럼 행해졌다.[152] 이는 법제 상 기준보다는 그때그때 정치 현안에 따라 달라지는 경우를 반영한 것이다. 선조 40년(1607)의 기록을 보면 더욱 명확히 알 수 있다. 즉,

---

151) 졸고, 〈朝鮮前期 訟官相避制의 채택과 의미 -奴婢爭訟을 중심으로-〉, ≪동국사학≫ 38, 2002, pp.88~98.

152) ≪선조실록≫ 권179, 37년 윤9월 己亥條.

> 정언 유업이 아뢰기를, "대사헌 黃暹은 신의 외삼촌이고 지평 柳惺은 신의 동성 사촌형입니다. 兩司는 서로 相避하는 것이 그동안 관례로 굳어졌으니, 신이 그대로 본직에 있을 수 없습니다. 신의 체직을 명하소서." 하니, 辭避하지 말라고 답하였다(중략)간원이 아뢰기를, "(중략)양사가 서로 相避하는 것이 법전에 기재되어 있지는 않으나 一體로 피하는 것이 근래 관례로 굳어졌으니, 직에 있기가 어려울 듯합니다. 정언 유업은 체차를 명하소서." 하니, 윤허한다고 답하였다.[153)]

라고 하였다. 이러한 경향은 이후 사간 吳百齡과 장령 尹讓과의 상피 문제에서도 알 수 있듯이 일정 기간 관례화되었던 것으로 여겨진다.[154)]

하지만 광해군 때에도 부분적으로 상피로 인한 政爭化 양상은 사라지지는 않았다.[155)] 더욱이 상피로 인한 양사 관원의 親嫌 사례는 기록상 광해군 1년에서 4년 사이에 집중되어 나타나고 있다. 예를 들면, 광해군 1년 정언 柳希亮과 사간 김상헌이 이종 사촌 사이이라는 이유로,[156)] 광해군 2년 집의 睦長欽과 정언 南以俊이 처남 매부 사이 이라는 이유로,[157)] 광해군 2년 장령 閔有慶과 사간 李忠養이 동서지간이라는 이유로,[158)] 광해군 2년 헌납 鄭廣成과 대사헌 金尙容이 異姓 사촌 형제 사이라는 이유로,[159)] 광해군 4년 장령 尹重三과 정언 李昌後가 동서지간이라는 이유[160)] 등으로 나타나는

---

153) ≪선조실록≫ 권208, 40년 2월 壬戌條.
154) ≪선조실록≫ 권213, 40년 윤6 丙寅條 ; ≪광해군일기≫ 권19, 1년 8월 壬子條.
155) ≪광해군일기≫ 권19, 1년 8월 丙辰條. "司憲府啓曰 婚姻家 雖有相避 而兩司通避 不在法典 一時處置 出於法外(중략)"
156) ≪광해군일기≫ 권20, 1년 9월 丁亥條.
157) ≪광해군일기≫ 권34, 2년 10월 辛卯條.
158) ≪광해군일기≫ 권34, 2년 10월 壬辰條.
159) ≪광해군일기≫ 권34, 2년 10월 壬辰條.

것이 그것이다.

이러한 현상은 광해군 초기의 정국 운영에 많은 어려움을 안겨 주었다. 그렇게 되자, 이로 인한 상피의 개선책으로 양사를 홍문관으로 하여금 견제하는 기능을 수행하게 하는 정책을 내놓는다. 즉,

> 홍문관이 장차 양사를 처치하려 할 즈음에 시비를 가리기가 난처하자 상피 관계에 있는 자 및 아직 肅拜하지 않은 인원들을 牌召하라고 계청하였다. 이에 부제학 李惺, 직제학 鄭廣成, 전한 丁好善, 응교 韓纘男, 교리 朴鼎吉 · 閔有慶, 수찬 權昕 · 李敏求 · 鄭廣敬 등이 모두 모였는데 서로들 돌아보기만 할 뿐 감히 먼저 발언하지를 못하였다. 그러다가 최후에 정호선 · 정광경 · 민유경 등이 최유원의 주장에 조금 동조했는데 그러면서도 확실하게 견지하지는 못하였다. 이에 이성 등이 의논을 정하고 상차하기를, "(중략) 대사헌 崔有源, 대사간 李志完, 집의 김지남, 지평 정호관 · 李聖求, 사간 崔東式, 헌납 柳活, 정언 朴弘道 모두에게 출사를 명하시고 장령 鄭造 · 尹訒은 체차하소서." 하니, 아뢴 대로 하라고 답하였다.[161]

라고 하였다. 이는 양사의 관원이 정치적 현안을 가지고 상피를 빌미삼아 서로 피혐하여 출사하지 않았을 가능성을 엿보게 한다. 다시 말해 사헌부와 사간원의 관리는 서로 어려운 일에 봉착하면 피혐하고 출사하지 않았고, 더욱이 사헌부는 사간원을 두둔하고[162] 사간원은 사헌부를 두둔하여[163] 서로 자신들의 입장을 관철시키려 하였던 것이다. 이에 국왕은 그들의 정치적 의도를 차단하기 위한 조치로 홍문관을 적극 활용하였던 것이다. 특히 홍문관원은 상피 대상이 아니었기 때문이 이러한 국왕의 노력은 더욱 용이하였다.

160) ≪광해군일기≫ 권49, 4년 1월 戊申條.
161) ≪광해군일기≫ 권66, 5년 5월 癸未條.
162) ≪광해군일기≫ 권80, 6년 7월 戊午條.
163) ≪광해군일기≫ 권91, 7년 6월 丙戌條.

또한 위의 인용문에서 "최유원의 주장에 동조하였다"는 기록이 보인다. 이는 아래의 기사에서 확인되고 있듯이 양사 관원이 혼인한 경우 체직한 것이 관례였음을 의미하는 것이다. 즉,

> (중략) 兩司는 한 몸과 같은 의리가 있어 함께 피혐하는 예가 이미 이루어져 있습니다. 요즈음의 일로 말하더라도, 崔有源이 일찍이 대사간으로 있을 때 徐景雨가 역시 지평으로서 혼인한 집안인 까닭에 피혐하여 체직되었으니, 이것이 하나의 뚜렷한 증거입니다. (중략)[164)]

이라 하였다. 이렇듯 국왕이 홍문관을 통한 언관의 체직 유도는 당시 言路를 통하여 국왕을 견제한다는 미명 하에 저질러질지도 모르는 왕권의 권위를 홍문관으로 하여금 양사를 견제하기 위한 의도가 있지 않았나한다.

이후 광해군은 홍문관으로 하여금 양사의 출사를 상차할 정도로 위의 방법을 적극 활용하고 있다.[165)] 그렇게 함으로서 자칫하면 당쟁으로 비화되어 갈지도 모르는 상황에서 왕권의 안정적 강화라는 목적을 달성해 나갔던 것이다.

조선사회는 선조를 거쳐 광해군 초기에 이르러 사림의 집권기를 맞이하고 이어 대간 간 상피 적용 문제가 새롭게 부각되어 갔다. 이 때 대간들은 서로 간 通避를 제기하였고, 광해군 중반 이후에는 弘文館의 기능을 강화하여 국왕이 홍문관에게 兩司의 견제 권한을 부여하는 지경으로 발전하고 있다. 이에 양사는 서로 협력하여 곤란한 사안 때마다 피혐을 일으켜 국왕의 독재적 권한 행사에 견제를 하고 있다. 이후 홍문관과 양사가 서로 견제하는 양상을 보인다. 그러다가 仁祖反正 이후 붕당의 이익과 결부되어 전개되면서 보다

---

164) ≪광해군일기≫ 권19, 1년 8월 乙卯條.
165) ≪광해군일기≫ 권121, 9년 11월 庚辰條.

복잡한 양상으로 전개되고 있다.

그런데 위의 사례를 가만히 살펴보면, 法典에 없으니 피할 만한 혐의가 없다고 언급한 사실이나, 법전 체제 속에서는 避嫌해야 할 이유가 없는데도 피해야 한다거나 하는 등의 논의는 당시 시대적 상황을 잘 반영하고 있다. 즉, 선조 때의 동서붕당 이후에 朋黨 간의 경쟁에서 다른 붕당의 정치적 공세를 차단하거나 그 빌미를 제공하지 않으려는 의도가 기록 속에 내포되어 있는 것으로 이해된다.

이러한 경향은 후술하겠지만 17세기 초 상피제의 개편 움직임과 밀접한 관련을 가지고 전개되었다.

3. 試場 설치와 상피제 관계

조선시대 과거 시험을 치르던 科場은 중국의 春圍·貢院·考棚 등과 같이 전용 시험장을 별도로 두지 않고 대청과 넓은 마당이 있는 곳을 고르는 것이 일반적이었다.

그래서 鄕試는 각 도에 소속된 읍에서 돌아가면서 임시로 건물을 지어 시험장으로 사용하였고, 生員進士試의 시소로는 예조와 성균관의 丕闡堂·明倫堂을 비롯하여 掌樂院·한성부·호조·금위영·삼군부, 4부 학당의 서학·동학·남학 등이 활용되었다. 그리고 文科殿試의 경우에는 景福宮 殿庭을 과장으로 이용하는 경우가 많았다.

이러한 試場의 선정에서 커다란 특색은 대소과의 시장을 1소, 2소의 兩所로 나누어 고시한 점이다. 이는 혈연적 정실에 의한 부정을 방지하려는 것이었다. 이를 分試法이라 한다.[166]

분시법은 과거의 공정성을 기할 목적에서 試官親戚子弟應擧者가 해당되었다. 즉 試官의 자제나 가까운 친척에게 그 시소를 피하게

166) 曺佐鎬, ≪韓國科擧制度史硏究≫, 범우사, 1996, pp.113~114 ; pp.192~195.

하는 것이 원칙이었다. 또 아버지와 아들이 한 시험장에서 시험을 치루는 것을 막기 위하여 아버지가 응시할 때에는 그 아들을 회피시켰다. 이를 재하당체 또는 재하당피 이라고 한다. 그러한 원칙은 대전 상의 상피법에 근거한 것이다.

대개 兩頭場은 조선 世宗 때 처음으로 실시되었다. 세종 때 양소를 설치한 이유는 시관친척자제응거자의 경우 상피가 적용되면 드물기는 하지만 무려 10년 이상 시험을 기다려야 하는 불편이 있었기 때문이다. 그래서 그 避親 자제들을 구제하기 위한 방책의 하나로 시소를 따로 두었던 것이다.

그런데 상피에 의한 兩所 설행이 시관과의 친분으로 시험에 유리한 곳으로 고의로 옮기는 사례가 자주 발생하자 명종 때 分試法의 폐지가 논의된 적도 있으나[167] 실행되지 못하였고, 양두장의 설행은 조선왕조 내내 지속되었다.

그렇다 하더라도 시소의 운영에 따른 병폐도 적지 않았다. 그러한 병폐는 과거의 응시자 수가 늘어나면서 생원진사시에 부정 사건이 자주 발생하는 데에서 찾아 볼 수 있다. 초시인 館試의 경우처럼 시소를 나누지 않고 圓點을 채운 자를 대상으로 成均館 한 군데에만 設場하였기 때문에 부정이 나타나기도 하였다.

특히 관시의 경우, 시관과 상피 관계자는 漢城試에 응시해야 하는 불편이 있었다. 그런데 상피 때문에 한성시로 옮기는 자는 많지 않았다. 그러자 성종 20년(1489)에는 試官과 상피된 자가 형식적으로 初場만 한성시로 옮겨 시험보고 중장과 종장은 도로 館試로 보아 입격한 자가 나타나기까지 하였다. 이것이 문제가 되어 그 주동자인 생원 朴光榮과 黃誠昌 등이 停擧되고 해당 부서인 예조의 관원이 국문을 당하고 있지만,[168] 당시의 기록을 보면, 擧子와 製述試官의

167) ≪명종실록≫ 권14, 8년 6월 甲申條.

정실이 개입될 소지는 여러 군데에서 확인되고 있어 병폐는 쉽게 개선되지 못했던 것 같다.

이는 鄕試의 경우에서도 마찬가지였다. 향시의 경우 父子 사이의 상피가 생기면 다른 지역으로 옮겨 赴試하게 하는 원칙이었다. 하지만 이를 악용한 사례가 많이 발견되고 있다.

한 사례로 중종 10년(1515) 경상도관찰사 洪淑의 狀啓 내용에 의하면, 경상우도 宜寧의 生員進士試에서 郡守 文敬仝의 시관 임명 소식을 듣고 醴泉의 擧子 20여 인이 상피를 핑계로 시소를 사사로이 다른 곳으로 옮기자, 의령 거자들이 都目錄名冊을 빼앗고, 예천 거자의 四祖單子를 빼앗아 東軒 뜰 가운데에서 불사른다.[169)]

이 사건을 계기로 주동자는 처벌되었지만 이후 외방 유생이 科場에서 作亂을 간간이 일으켰다는 기록이 보이고 있어 비단 경상도에 한정된 문제는 아니었던 것으로 여겨진다.

한 사례를 더 살펴보면, 명종 18년(1563)에 전라도 金堤의 生員進士試의 초시 장에서 청홍도〔충청도〕 유생들이 擧子 가운데 試官이 개인적으로 자기의 본 고을에서 데리고 왔거나, 또는 상피를 詐稱하여 김제의 科場으로 온 자가 있다는 풍문이 나돌자, 이를 확인하기에 이른다. 그런데 이 풍문을 바탕으로 마침내 시험장에 입장한 유생들에게 글을 짓지 못하게 하는 지경에까지 이른다. 이에 시관은 부득이 罷場을 선언한다.[170)]

이후 이 사건을 보고 받은 국가는 推考敬差官을 파견하여 사건의 전말을 처리하게 하지만 향시에서의 이러한 현상은 전국적으로 행해졌던 것으로 보인다.

---

168) ≪성종실록≫ 권225, 20년 2월 己丑條 ; ≪성종실록≫ 권225, 20년 2월 庚寅條.

169) ≪중종실록≫ 권23, 10년 9월 甲辰條.

170) ≪명종실록≫ 권29, 18년 9월 己卯條.

심지어 선조 19년(1586)에는 주학 제독관으로 제수된 趙憲이 올린 朋黨의 시비와 학정의 폐단을 논한 상소문에 의하면, 서울 거주자가 秋場을 위하여 시골로 내려가기도 하고, 상피를 핑계로 해당 道를 바꾸어 향시에 응시하는 현상이 있어 이를[171] 날카롭게 비판하고 있어서 위와 같은 현상은 계속되었다.[172]

이는 鄕試가 地方官이 주관하여 자기 고을의 인재를 뽑으려는 이유도 있었지만, 상피로 인한 시험의 기회를 상실하여 과거에 나가지 못하는 것에 대한 편법적인 행위인 것으로 여겨진다.

그런데 시소 문제에 있어서 상피제의 논란은 비단 향시 등에 국한 된 것은 아니었다. 철종 9년(1858)의 경우처럼 講生 가운데 講所를 바꾸어 시험을 치는 자가 있었다. 즉, 신급제자인 李泰翼이란 자가 1소의 초시에 선발된 후 會講할 때가 되자 상피를 무릅쓰고 2소에 응시하여 합격하였다가 대사간 申泰運의 적발로 합격을 취소당한 것이 그것이다.

이와 사정은 다르지만 1소에 시험을 쳤다가 떨어진 자가 이름을 바꾸어 2소에 다시 치는 사례도 빈발하였다. 그래서 정부에서는 이러한 疊講者를 방지하기 위하여 ≪대전통편≫에서 1소, 2소가 落講生의 명단을 작성하여 서로 교환할 것과 첩강자를 '己身에 한하여 充軍한다'는 엄격한 규정을 두기에 이른다.[173]

시관상피 운영에서 또 하나 주목되는 것은 武科의 상피 문제이다. 조선시대 무과는 도평의사사의 건의에 따라 恭讓王 2年(1390) 윤4월 설치된 것을[174] 계승하여 태조 1년(1392) 7월에 卽位敎書를 반포하

171) 趙憲, ≪重峯先生文集≫ 卷之五, 〈疏〉, 辨師誣兼論學政疏丙戌十月公州提督時. "(중략)而歸秋場下鄕 抑有子不知書 而稱相避換道 以應蔡人之不習戴記者(중략)"

172) ≪선조수정실록≫ 권20, 19년 10월 壬戌條.

173) ≪大典通編≫ 卷3, 〈禮典〉 "一兩所落講單子 互相考準 如有換名疊講者限其身充軍"(조좌호, ≪한국과거제도사연구≫)

면서 講武之法이 병설되고, 그 주관 부서로 訓鍊觀이라는 별도의 무관 교육기관을 설치하였다. 이것이 문과의 成均館과 같이 과거를 주관하였다.

이후 조선왕조의 무과는 교육기관과 상관없이 실시하였는데, 최초로 실시된 것이 태종 2년(1402) 4월의 일이었다.[175] 당시 시관은 문과의 知貢擧制를 따라 이루어졌다. 무과의 시관은 兩府 이상의 재상이 임명되어 監校官·同監校官이 되었다. 아울러 3품 이하로 校試官·同校試官을 삼고, 兵曹郎廳 1인, 訓鍊觀 2인, 臺諫 각 1인을 두어 함께 고시하였다.[176]

이러한 무과는 시관상피 운영에서도 별반 다르지 않았다. 후에 ≪경국대전≫에서 "試場置二·三所 擧子與試官應相避者赴他所 父赴覆試者子避 武科同"[177]이라 하여 문과의 예를 그대로 적용한 것과 같은 맥락이다.

태종은 국왕 중심의 정치권력 집중과 연관하여 정책을 펴면서 태종 10년(1410)에 가서 武科 親試 때 재상 급으로 임명되는 監校試官 등을 혁파하고 병조, 義興府, 훈련관 등으로 하여금 공동 시취하는 방식을 채택한다.[178] 이것이 태종 11년(1411) 무과 친시 때 법제화 되었다.[179] 이어서 태종 13년(1413)에 가서 좌주·문생 제도를 혁파시킨다.[180]

이러한 과정을 거쳐 무과는 정기시험이나 특별시험을 막론하고 병조가 주관하고 훈련관이 참여하는 방식으로 확정하기에 이른다.[181]

---

174) ≪高麗史≫ 卷74, 〈選擧志2〉, 武科條.
175) ≪태종실록≫ 권3, 2년 4월 丙辰條.
176) 沈勝求, 〈朝鮮初期 武科制度〉, ≪북악사론≫ 1, 1989, pp.31～36.
177) ≪經國大典≫ 卷3, 〈禮典〉, 諸科條.
178) ≪태종실록≫ 권19, 10년 2월 丙辰條.
179) ≪태종실록≫ 권21, 11년 4월 甲辰條.
180) ≪태종실록≫ 권25, 13년 1월 丙戌條.

그런데 조선 초기 무과의 운영 상 문제점은 친족관계에 있는 거자와 시관 사이 부정의 발생이 상존하였다는 점이다. 그래서 무과의 공정성 문제가 늘 야기되었는데, 이 문제를 해결하기 위하여 마련된 것이 상피 제도와 試場의 복수 설치였다.

문과의 경우 兩頭場을 두어 시관과 거자 간에 친족이 한 자리에서 시험 보는 것을 피하도록 하였다. 그러나 무과에서는 문과와 달리 양두장이 마련되지 않아 시관과 친족 관계에 있는 자가 응시할 수 있게 되는 경우가 생겨났다. 그래서 특별히 시관으로 하여금 회피케 하기도 하였다.[182)]

이는 문과와 달리 무과는 실기시험을 보아야 하기 때문에 시장을 둘 이상 마련하기 어려웠다. 하지만 너무 많은 수의 응시자가 몰려들 경우에는 어쩔 수 없이 시장을 여럿 두어서 실시한 적도 있다. 그런데 이는 일반적인 현상은 아니었다.

한편, ≪경국대전≫에서는 아버지와 아들이 함께 초시에 합격하였을 경우, 무과도 문과와 마찬가지로 그 아들로 하여금 회피케 하였다. 대신에 불이익을 해소하기 위해 陳試를 허락하는 방편을 아울러 시행하였다.

하지만 영조 16년(1740)에 우의정 宋寅明이 筵啓에서도 확인되고 있듯이 시관의 친속으로 冒赴하거나 代射로 私情을 쓰는 행위는 시정되지 않고 있어 정부 입장에서는 무과에서의 試官相避는 늘 해결해야 할 중요한 현안이었던 것으로 보인다.[183)]

---

181) 尹薰杓, 〈朝鮮初期 武科制度 硏究〉, ≪학림≫ 9, 1987, pp.13~21, pp.42~48.

182) ≪世宗實錄≫ 권92, 23년 3월 癸卯條. "兵曹啓 武擧無兩頭場之法 訓練觀官員族親 以相避 不得赴擧 有違取人之意 訓鍊觀官員有族親者 宜聽回避 令擧者赴試 從之"

183) ≪增補文獻備考≫ 卷191, 〈選擧考8〉, 科制8.(국역선거2 p.105)

제4절 綱常論의 사회규범화와 상피제 관계

1. 강상론의 전개에 따른 상피 문제

조선사회가 성리학적 사회 질서를 확립해 나가는 과정에서 친족에 관한 범위 규정 내지 그 친목 유지는 사회 규범으로 커다란 역할을 하였다. 그러한 역할은 세종 때 集賢殿을 통한 五禮의 정리와 ≪三綱行實圖≫·≪孝行錄≫ 등의 간행이 이루어지면서 사회 규범으로서 강화된다.[184]

특히, ≪삼강행실도≫는 그림과 국문 설명에 한문의 讚詩까지 갖추고 있어서 사대부에서 서민에 이르기까지 남녀노소가 함께 감화할 수 있도록 편찬되었다. 뿐만 아니라 강상 규범을 사회 속에 심어서 정치의 안정된 기초를 확보하려는 의도가 있었다.[185]

다시 말해, 수직적 신분 질서를 강조하기 위해 ≪삼강행실도≫가 편찬, 간행된 것이다. 이는 조선사회가 유교 정치 내지 유교 사회로 나아가는 발판을 마련하는 계기가 된 것이고, 유교는 정치 이념이나 학문 및 윤리 의식에서 한층 진전된 모습으로 나아가고 있음을 반증해주는 것이다.

이것이 成宗 2년(1471)에 가서 각도 감사로 하여금 판각하여 諸邑校生들에게 강습시키게 할 정도로 확대되었다.[186] 즉, 세종 때 종친·신료 및 諸道에 나누어 주도록 명하여 이를 강화한 후[187] 성종 때를 고비로 전국적인 보급이 이루어졌던 것이다.

---

184) 崔承熙, 〈양반유교정치의 발전〉, ≪한국사≫ 9, 국사편찬위원회, 1984. p.149.
185) ≪세종실록≫ 권56, 14년 6월 丙申條.
186) ≪성종실록≫ 권9, 2년 3월 辛丑條 ; 권10, 2년 6월 己未條.
187) ≪세종실록≫ 권66, 16년 12월 戊戌條.

따라서 ≪경국대전≫에서 ≪언해삼강행실도≫의 훈습을 명문화하여 삼강 교육을 정책적으로 의무화한 것은 이러한 정부의 입장을 대변한 것이라 하겠다.[188)]

이 시기의 강상론은 형조판서를 역임한 孫舜孝(일명 孫判院)의 경우에서도 확인되고 있듯이 법전 상의 문제뿐만 아니라 실제 생활에서도 일반 士類에게 깊숙한 영향을 주고 있다.[189)] 그것이 中宗 때 ≪續三綱行實圖≫의 편찬과 明宗 때 전국적 반포로 이어지면서 향촌에까지 파고들었던 것이다.[190)] 후대에 일이지만 光海君 때 ≪東國新續三綱行實圖≫의 편찬도 이와 같은 목적에서였다.[191)]

대개 강상론에서 삼강이란 군신·부자·부부의 도로서 사물의 요체가 되는 근본으로 君爲臣綱·父爲子綱·夫爲婦綱을 뜻한다. 이러한 삼강은 漢代에 班固의 ≪白虎通義≫에서 논의되면서[192)] 한나라의 중앙 집권 체제를 확립하는 밑받침이 되었다.[193)]

이에 반해 오상은 군신·부자·부부·노소·붕우 사이의 윤리로[194)] 서로 간을 구별하는 인간관계를 이른다. 특히 ≪孟子≫에서는

---

188) ≪經國大典≫ 卷3, 〈禮典〉, 獎勸. "三綱行實 飜以諺文 令京外士族家長父老或其教授訓導等 教誨婦女小子使之曉解 若能通大義 有操行卓異者 京漢城府 外觀察使 啓聞 行賞"

189) 成俔, ≪慵齋叢話≫ 卷7. "孫判院聚古人三休四休之說 稱七休居士 爲人純謹無他 每事徑情直行 若關風俗綱常 必先致意(중략)"

190) ≪명종실록≫ 권3, 원년 6월 甲午 ; 田花爲雄, ≪朝鮮鄕約教化史の研究≫(歷史編), 鳴鳳社, 1972. pp.132~133.

191) 崔鳳永, ≪조선시대 유교문화≫, 사계절출판사, 1997. pp.84~85.

192) ≪白虎通義≫卷下, 〈三綱六紀〉.(文淵閣四庫全書 第850册, 子部 156, 雜家類), 臺灣商務印書館 發行, pp.50~51. "三綱者 何謂也 謂君臣父子夫婦也 六紀者 謂諸父兄弟族人 謂舅師長朋友也 故 君爲臣綱 父爲子綱 夫爲妻綱 又曰(중략)"

193) 裵宗鎬, ≪韓國儒學의 哲學的 展開≫(下), 연세대출판부, 1985. p.330.

194) 裵宗鎬, ≪앞의 책≫. p.331 ; 韓沽劤 外, ≪譯註 經國大典≫(註釋篇), 한국정신문화연구원, 1986. p.646 ; ≪辭源≫, 商務印書館 香港分館, 1987. p.1327. "오상은 五倫·五典과 같은 의미로 통용되며, 대개 仁義禮智信을

이를 五敎라 하여 父子有親, 君臣有義, 夫婦有別, 長幼有序, 朋友有信 등을 가리켰다.[195] 이는 삼강이 수직적 관계를 강조한 반면에, 오상은 상호적 관계를 강조한 것이다.[196]

따라서 조선사회에의 삼강과 오상의 역할은 바로 이러한 논리 아래 인간이 당연히 지켜야 하는 기본 윤리로 받아들였고, 만일 어기면 綱常罪라 하여 엄하게 다스렸다.

특히 조선사회에서는 위에서 언급한 三綱 외에 노비가 주인을 죽인 자의 경우도 강상론의 범주에 포함하고 있었다. 여기에는 官奴가 官長을 죽여 綱常罪人으로 취급되는 경우까지 포함하는데, 논자에 따라 六倫으로 표현하기도 한다.[197]

그런데 주노관계에 의한 강상론은 중국에서도 찾아볼 수 없는 우리나라만의 독특한 것으로 초창기 성리학자들에 의해 창출되고 있다.

이러한 6륜은 노비가 소유의 대상으로 토지 등과 마찬가지로 재물로 취급된 데 그 원인이 있는 것이지만, 노비는 토지와 달리 자손이 增殖되며, 거주 이동 및 사망 등의 요소가 복합적으로 작용하여 존재하였음에 주목할 여지가 있다.[198]

만일 本主와의 관계에 들어서면 노비에게는 본주에 대해 강상, 즉 인간으로서의 마땅히 지켜야 할 도리가 있는 것처럼 규정되고 강요된 것을 의미한다.[199] 나아가 그러한 主奴 관계에 따른 강상 규정은

가리킨다(≪辭源≫). 하지만 학자에 따라 다소간의 차이를 보여 司馬遷 · 鄭玄 등은 ≪左傳≫의 父義 · 母慈 · 兄友 · 弟恭 · 子孝 등을 오륜이라 하였고, 淮南子 · 朱子 · 王陽明 등은 孟子의 五敎를 五典으로 인식하였다. 여기에서는 孟子의 견해를 따랐다."

195) ≪孟子集註大全≫ 卷5, 〈滕文公章句上〉, 凡五章(成大 大東文化研究院, 影印本. p.554).

196) 崔鳳永, ≪앞의 책≫, p.84.

197) 李榮薰, 〈조선후기 사회변동과 실학〉, ≪조선후기 실학 연구현황과 과제≫, 한국사연구회, 1999, p.47.

198) 林英正, ≪朝鮮初期 外居奴婢 硏究≫, 동국대 박사학위, 1989. p.289.

군신 관계와 동일시하는 경향에까지 이르고 있다.

유교 사회에서의 上下·尊卑·貴賤의 分을 유지하는 것은 국가 질서 내지 사회 질서를 유지하는 관건이었기 때문에 상·존·귀의 하·비·천에 대한 지배는 당연한 지배 이데올로기였다.[200] 그러한 지배 이데올로기는 원래 孔子나 孟子가 인의 도덕 정치를 말하면서도 신분별 질서를 강조했고, 荀子 또한 예악 정치를 말하면서도 군신 사이의 구분을 엄격하게 했던 것과 같은 것이다.[201]

이후 漢代의 董仲舒가 三綱五紀를 강조하여 존비와 귀천 및 대소를 통한 신분 질서의 확립으로 이어진 것도 이러한 목적 하에서 이루어진 것이다.[202] 이와 같은 경향이 宋代의 성리학에 이르러 인성과 天理를 따지고, 삼강오상이라는 의리·명분을 중시하면서 강조된 것이다.[203]

따라서 성리학을 국가 이념으로 채택한 조선에서의 강상 규범은 종래의 유교적 신분 질서를 바탕으로 그 역할을 강화한 것이다. 이러한 신분 질서는 한걸음 더 나가 왕실과 사대부의 지배층에게 권위를 부여하고, 서민 대중에게는 순종과 의무를 강조함으로써 체제의 안정성을 제공하는 역할을 수행하였다.[204]

그렇기 때문에 강상은 통치 원리로서 구체화된 하나의 名分思想이었다. 그러한 명분사상은 군신·부자·부부·주노 등이 각자 자기

---

199) ≪명종실록≫ 권20, 11년 4월 丁酉條. "諫院啓曰 一家奴主之分 係關綱常 故奴婢殺主者 斷以極刑 載在律文"

200) 池承鍾, 〈조선 전기 主奴關係와 노비 통제〉, ≪한국 사회구조의 전통과 변화≫, 문학과 지성사, 1994. p.16.

201) 鄭日童, ≪漢初의 政治와 黃老思想≫, 백산자료원, 1997. pp.358～359.

202) 蘇輿 撰, 鍾哲 點校, ≪春秋繁露義證≫, 中華書局(北京), 1992. pp.275～276 ; pp.410～414.

203) 池斗煥, ≪조선시대 사상사의 재조명≫, 역사문화, 1998. pp.119～120.

204) 琴章泰, 〈성리학적 가치관의 전통〉, ≪한국사상사대계≫ 4, 한국정신문화연구원, 1991. pp.279～280.

의 이름에 걸맞은 행동과 충성을 요구함과 아울러 상호의 의무를 강조했다 하겠다.

조선사회는 성종 때 이르러 성리학적 이상 정치 구현이 어느 정도 자리가 잡혀갔고, 이에 따른 강상에 의한 상피제는 국가적인 기강차원에서 본격적인 논의가 이루어진다. 이는 종래의 정치적 명분 쌓기와는 달리 국가의 지도 이념을 실현한다는 취지에서 이루어진다. 그러한 시작은 성종 2년(1471)에 발생한 일반 私家의 士族人과 그 누이의 간음 사건이 계기가 되고 있다. 이때 기록을 보면,

> 의금부에 전지하기를, "사헌부에서 상피할 처지에 있는 여자를 서로 간통한 자를 바야흐로 推問하고 있는데, 忠贊衛 梅俊이 남부의 好賢坊管領 金美의 집에 이르러 趙牧使의 사건을 잘 도모해 달라고 여러 번 부탁하였다니, 반드시 그 情由가 있을 것이다. 그것을 추국하여 아뢰어라."하였다. 이 앞서 사헌부에서 남부의 호현방에서 士族人으로서 그 누이〔妹〕를 간음한 자가 있다는 소문을 듣고 本坊의 管領으로 하여금 찾아내어서 고하게 하였는데, 관령 金美가 고하기를, "충찬위 梅俊이 일찍이 하루에 네 차례나 우리 집에 와서 말하기를, '목사 趙之唐의 사건을 잘 도모해 주길 바란다.'고 하였습니다."하니, 헌부에서 이것을 가지고 아뢰었기 때문에 이러한 명령이 있었다.[205)]

라 하였는데, 이는 강상론에 의한 상피제가 일반 사가의 사회 규범 확립 차원에서 이루어지고 있음을 보여주는 것이다.

이 사건은 성종 2년(1471) 7월부터 동왕 12년(1481) 1월까지 무려 10여 년이나 되는 기간 동안 30여 차례에 걸쳐 논의되고 있다. 사건에 연루된 趙之唐은 世祖 때 중용되어 上護軍, 僉知中樞院事, 進鷹使, 行忠州牧使 등을 역임한 인물이었다. 그가 사건을 일으킨 계기는 그의 아비인 趙惠의 난잡한 생활을 모방한 데에서 출발한다.[206)] 그리

205) ≪성종실록≫ 권11, 2년 7월 戊寅條.

고 정부에서도 처음에는 단순한 사건으로 인식하였다.

그런데 漢城 남부의 好賢坊에 사는 士族人이 그 누이를 간음하였다는 소문은 그치지 않았고 오히려 더욱 꼬리를 물고 확대되어 갔다. 이에 사헌부에서 호현방 관령 金美로 하여금 이를 조사, 보고하게 하였다. 하지만 이를 눈치 챈 조지당이 사건의 은폐를 위해 忠贊衛 梅俊을 시켜 담당 관리에 청탁하자 사건은 끊임없는 논쟁으로 번져갔다. 따라서 사건은 의금부에서 재차 추문하기에 이른다. 이러한 추문에도 사건이 해결되지 못하자,

> 院相 韓明澮가 아뢰기를, "義禁府에서 지금 相避할 여자를 奸通한 자를 鞠問하는데, 이것은 작은 사건이 아니니, 청컨대, 臺諫으로 하여금 국문하는데 참여하게 하소서."하니, 그대로 따랐다.[207)]

라고 하였다. 위와 같이 원상 韓明澮의 건의를 받아들여 종래 의금부의 委官·승지·대간까지 국문에 참여하는 형국이었다. 재판 과정에서 조지당은 의금부에 곧바로 하옥되고,[208)] 조카 趙貴孫의 供招와 충찬위 梅俊의 자백이 단서가 되어 조지당의 직첩은 환수되고, 자신은 遠方에 부처됨으로서 사건은 일단 종결된다.[209)]

이후 조지당은 전라도 영광,[210)] 경기 양주,[211)] 강원도 원주[212)] 등에 부처되었다가 성종 11년(1480)에 국왕의 특명으로 職牒을 돌려받지만,[213)] 그 누이의 연좌 문제 등은 계속하여 대간의 탄핵 대상이

---

206) ≪성종실록≫ 권11, 2년 7월 丁酉條.
207) ≪성종실록≫ 권11, 2년 7월 庚辰條.
208) ≪성종실록≫ 권11, 2년 7월 戊子條.
209) ≪성종실록≫ 권11, 2년 7월 丁酉條.
210) ≪성종실록≫ 권36, 4년 11월 乙巳條.
211) ≪성종실록≫ 권41, 5년 4월 辛未條.
212) ≪성종실록≫ 권41, 5년 5월 辛丑條.
213) ≪성종실록≫ 권124, 11년 12월 戊辰條.

되었고, 직첩의 재 환수 문제도 논의되고 있어서 당시 사건은 쉽게 정리되지 못한 듯하다.[214]

이러한 조지당 사건은 강상상피를 이해하는데 중요한 의미를 갖는다. 우선 이후 조선사회에서 제기되는 綱常相避 문제가 이 사건이 하나의 기준이 되고 있다는 사실이다. 즉, 성종 4년(1473) 李墊과 그 아우의 첩 玉眞과의 간음 사건이나,[215] 성종 6년(1475) 태종의 손녀인 權德榮 처의 간통 풍문 사건[216] 등은 그 대표적인 사례이다.

또한 조지당 사건은 아래의 사료에서 보듯이 사대부는 말할 것도 없이 민간에게까지 널리 유포되고 있다. 즉,

> (중략) 李堪은 말하기를, "신이 듣건대, 조지당의 종〔奴〕가 漢江을 건너다가 津夫와 서로 다투면서 말하기를, '나는 바로 僉知 趙之唐의 종이다.' 하니, 진부가 욕설로 말하기를, '네가 바로 누이를 간음한 자의 종이구나. 내가 어찌 두려워하겠는가?'하였다고 합니다. 진부는 무지한 사람인데도 이와 같이 천하게 여겼으니, 그에게 職牒을 도로 돌려주어 다시금 조정의 班列을 욕보일 수 있겠습니까?"였는데, 임금이 좌우에게 下問하였다.[217]

라고 하였다. 이러한 사실은 위의 기사가 표면적으로는 조지당이 遠方付處되었다가 京外從便된 직후 직첩을 돌려받은 것에 대한 부당함이 제기한 것이지만, 보다 자세하게 살펴보면 조지당 사건을 계기로 강상상피가 민간에까지 확대되어 인식하였을 말해주는 것이다.

즉, 성종 때 성리학적 정치 이념의 구현과 더불어 민간에 이르기까지 널리 파급되고 있는 것이다. 강상상피의 파급은 사건의 발생

---

214) ≪성종실록≫ 권11, 2년 7월 己亥條 ; 庚子條 ; 권11, 2년 8월 甲寅條.
215) ≪성종실록≫ 권36, 4년 11월 甲辰條 ; 乙巳條.
216) ≪성종실록≫ 권62, 6년 12월 戊戌條 ; 권63, 7년 1월 丙寅條.
217) ≪성종실록≫ 권125, 12년 1월 戊寅條.

매개가 近親相姦에 관한 것이었기 때문에 국가의 지도 이념의 실현과는 정면으로 배치되는 것이다. 따라서 사회 질서의 유지 차원에서 엄격하게 다루어진 것으로 이해되어 진다.

이후 성종 25년(1494) 江陽君 潚이[218] 버린 첩 景伊의 국문 과정에서 江陽君이 대사헌 鄭敬祖의 처형이라는 이유로 사헌부에서 漢城府로 이관된 사례와[219] 판의금부사 李鐵堅이 직위를 이용한 간통 내지 간음 사건이 계기가 되어 강상에 따른 상피법이 한층 강화되고 있다.[220] 그러한 경향은 성종 25년 11월과[221] 연산군 1년(1495) 2월에[222] 사대부의 상피 사건에서도 확인된다.

그러다가 명종 때 경상도 예천에서 일어난 상피 사건을 계기로 강상상피는 그 논의가 지방에까지 파급되는 현상을 보인다. 한 사례로 이때 기록을 보면,

> 간원이 아뢰기를, "요즈음 들으니, 경상도 醴泉에 사나운 무뢰배 50여 인이 작당하여 酋豪가 되어 한 마을에 웅거하였고 그들에게 脅從한 자가 무려 1백여 인이나 되는데, 이웃 고을 士族들의 서자로서 애비의 첩을 相避붙거나 【白巨鮲의 아들】 형의 첩을 훔치거나 【黃怡의 동생】 하여 몸을 피해 떠도는 비할 데 없이 사납고 날쌘 자들이 모두 그들과 한 동아리가 되었다" 합니다.[223]

라고 하였다. 우선 위의 사료에 관한 현상을 자세히 살피기 위해서는 당시의 시대적 배경을 이해할 필요가 있다.

218) 江陽君 潚은 세종의 아들인 潭陽君 王渠의 繼子로 입양된 인물로, 生父는 桂陽君 璔이다. 또한 강양군은 大司憲 鄭敬祖의 손위 처남이었다.
219) ≪성종실록≫ 권291, 25년 6월 庚午條.
220) ≪성종실록≫ 권291, 25년 6월 庚午條 ; 권293, 25년 8월 甲子條.
221) ≪성종실록≫ 권296, 25년 11월 丙午條 ; 丁未條.
222) ≪연산군일기≫ 권3, 1년 2월 丙寅條.
223) ≪명종실록≫ 권23, 12년 11월 癸酉條.

이 시기는 林巪正으로 대표되는 도적 떼의 출몰이 심하여 이미 조선사회는 수취 체제나 병역 문제 등에서 사회적 모순을 보이고 있었다. 또한 국가에서는 성종과 중종 때 강화하던 성리학적 지배 이념의 보급을 보다 빠르게 파급시키기 위하여 賜額書院과 향촌의 교육 강화에 힘쓰고 있던 시기였다. 이러한 시기 강상에 입각한 상피법이 지방에까지 확대되어 제기되는 것은 커다란 의미를 갖는다.

그러한 의미에서 기록을 검토해 보면, 예천 지방의 무뢰배는 그들 간의 세력 규합과 유대 강화를 위해 무엇인가 선택해야 하였을 것이다. 이런 상황에서 상피는 그들 구성원 간의 결속력을 다지는 도구였고, 근친상간의 규범 파괴는 안중에도 없었던 것으로 여겨진다.

하지만 중앙 정부의 입장에서 보면, 이는 단순한 도적 떼의 발호로 인한 민가의 약탈과 수령의 위협으로 끝나는 것이 아님을 알 수 있다. 다시 말해 국가의 지도이념과 결부된 사항으로 국가 기강의 문란을 가져오는 근본 원인으로 파악하였다. 이런 당시의 정부 입장은 사건의 처리 과정에서도 잘 나타나 있다. 즉,

> 만약 京官을 보내 쫓아가 잡게 한다면 형편이 반드시 절박해질 것이고 소요도 심해질 것이니, 차라리 본군에서 재주와 지혜 있는 사람을 가려서 그 緩急을 때에 따라 조정하여, 눠우치고 저절로 그치게 하거나 다방면으로 잡아 가두어 폐단 없이 조치하게 하는 것만 못 합니다 (중략) 또 이 뜻을 그 도의 감사와 병사에게 글을 내려 비밀리에 처리하게 하소서." 하니, 아뢴 대로 하라고 답하였다.[224)]

라고 하여 사건을 은밀히 처리하려 하였다. 그렇다면 왜 중앙정부는

224) ≪명종실록≫ 권23, 12년 11월 癸酉條.

이러한 대책을 내놓았을까? 이는 사건의 중요성을 감안한다면 이해하기가 어려운 부분이 있다.

하지만 필자는 이를 2가지 측면에서 검토해 보려 한다. 첫째, 조선사회는 15세기를 지나면서 중앙 집권적 지배 질서를 갖추어 나갔다. 그렇지만 여전히 지방에 대한 중앙 통제력에 약점이 노출되어 있었다.

그러다가 16세기 이후가 되면, 정치적으로 士林이 집권이 진행되면서 중앙 집권과 향촌 자치를 병행하여 간다. 이를 계기로 지방에서는 성리학적인 지배 질서가 향촌 사회에까지 자리 잡아 갔다. 이러한 사실은 매우 주목되는 부분이다.

士族들은 향촌 사회 내에서 그들의 위치를 확고히 하기 위하여 유향소, 鄕飮酒禮, 향약, 小學 보급운동 등 일련의 노력을 하였고, 이것이 향촌 사회의 운영과 유지에 많은 영향을 주었다.

위의 사료에서 나타난 경상도 예천 지방의 留鄕所를 살펴보면, 성종 19년(1488) 戊申年에 설치되어 발전 · 변천되었고,[225] 실재로도 영남 주자학파 계열이 영남 지방의 일부 유향소를 차지하고 있었다는 연구가 이루어지고 있는 것으로 미루어 볼 때[226] 정부의 이러한 결정은 당연한 것이었다.

둘째, 사료에 나타나는 패륜적 윤리의 지나친 강조에 따른 그 파급 효과에 관한 문제였다. 이는 지방 정부와 향촌 자체 내에서도 해결할 수 있는 문제를 중앙 정부가 지나치게 간섭할 경우 의외로 사건이 확대될 수도 있고, 이로 말미암아 국가의 지배 이념에 도전하는 새로운 세력이 민간에 유포되는 결과를 낳을 수 있다는 데에 기인한 것이다.

---

225) 朴翼煥, 〈조선조 慶尙道 鄕村自治 조직변천〉, ≪한국사연구≫ 104, 1999, p.148.
226) 金龍德, 〈향청연혁고〉, ≪鄕廳研究≫, 한국연구원, 1978, p.27.

이는 강상에 관련된 사안이 국가 체제와 관련되어 있다 하더라도 그 개별 사안이 직접적인 국가 전복의 위기까지 초래하지 않는 것이라면 굳이 사건을 확대시킬 필요가 없다는 중앙 정부의 견해가 반영된 것이 아닌가 한다.

다시 말해 중앙 정부의 과잉 진압에서 오는 부작용으로 이단적 경향이 급속도로 지방에 파급되면 이전에 심혈을 기울려온 성리학적 지배 이념이 오히려 향촌의 지배력을 약화시키는 원인이 될지도 모르는 일이기 때문이다.

따라서 15세기 후반, 16세기 전반의 강상에 입각한 상피는 성종 때 일반 私家에까지 논의되어 사대부를 비롯한 지배층과 민간에 정착되어 갔고, 명종 때를 전후한 시기에 지방의 향촌에까지 단계적으로 강조된다.

이러한 경향은 조선사회가 16세기에 성리학적 지배 이념이 정착되어 가면서 제도적으로 확립되고 있다.

2. 世祖의 집권 과정과 상피 적용 문제

이러한 과정에서 주목할 만한 것은 강상론의 전개와 宗室에 대한 상피 적용 문제이다.[227]

대개 강상에 따른 상피 적용 논란은 端宗 때가 처음으로 나타난다.[228] 대략 이 시기는 왕권의 미약으로 신료의 권한과 종친의 권력

227) 宗室問題는 경관직 상피와는 그 성격을 달리한다. 그 전개에 있어서도 상피 적용이 예외로 인정되었기 때문에 논의 대상이 되지 못한다. 그리고 綱常論에 입각한 상피는 관직 상피와는 다른 유형의 상피이다. 그래서 여기에서 다루는 것이 다소 어색하다. 하지만 필자가 여기에서 다룬 이유는 단종 때의 상피 제도의 파행운행과 대신권의 확대현상 속에서 세조가 집권하면서 김종서, 황보인 등의 대신제거와 맞물려 종실의 제거 과정을 종래와 다르게 이해하려는 의도가 엿보여 다소 무리가 있음에도 불구하고 언급하기에 이른 것이다.

갈등이 서서히 표면으로 드러나기 시작하고, 이것이 제도 상 문란으로 이어지는 형국이었다. 특히 상피에 있어서도 관직상피제가 위축되던 때였다.

이러한 시기에 대두된 강상론에 입각한 상피는 해이해진 관리의 사회 규범을 원론적으로 강조하거나 安平大君 瑢, 和義君 瓔 등과 같은 종친의 제거 수단으로 전락하는 등의 폐단을 불러일으킨다.

이러한 폐단은 세조의 왕위 찬탈 과정에서 시작되고 있다는 사실에 주목할 필요가 있다. 이는 세조가 정권을 장악해 가는 과정 속에서 당시 金宗瑞·皇甫仁·안평대군 용 등과 같은 정적의 거센 도전에 직면한 상태에서 이에 대처하기 위한 자기 세력의 확장 노력을 생각해 보면 쉽게 짐작될 수도 있을 것이다.

이렇듯 세조가 綱常相避를 제기한 근본적인 이유는 종친 간 性的 관계의 문란에서 나타나는 도덕적 해이가 종국에는 성리학이라는 국가의 지도 이념을 거역하는 의미로 받아들여지기 때문이 아닌가 한다.

이러한 관점은 이미 앞에서 살펴본 세조 이후의 강상상피 문제가 사회규범화를 위한 논의였다는 것과는 다소 구별되는 양상이다. 물론 근본적으로 강상에 따른 상피법은 성리학적 지배 이념의 범주 내에서 전개되고, 사회의 유지에 중요한 역할을 하였다는 데에는 의심의 여지가 없다. 하지만 그 시행 목적 상 차이를 보인다는 의미이다. 그러한 입장에서 당시의 綱常相避에 대한 견해를 살펴보면 다음과 같다.

우선 세조 때 강상상피 문제와 결부되었던 세력이 하나같이 당시의 정권 쟁탈에서 패한 일부 종친에 국한하고 있다는 사실이다. 이

228) ≪단종실록≫ 권5, 원년 3월 戊寅條 ; 권8, 원년 10월 戊申條 ; 권13, 3年 3月 丙午條 ; 壬子條.

러한 사실에 미루어볼 때 강상론에 따른 상피 적용은 적어도 癸酉靖亂으로 정권을 잡은 세조의 견해가 반영된 것으로 여겨진다. 즉,

> (중략) 瑢이 誠寧大君의 後嗣가 되어, 성녕의 부인 成氏를 간통하였고, 또 세종 때에 궁의 담을 넘어 출입하여 두어 계집종을 간음하였고, 또 세종 2년 안에 여러 소인들과 더불어 微服 차림으로 마을에 나가 간음하여 남의 아내와 첩을 빼앗은 것이 그 수를 알 수 없고, 相避도 가리지 않아서 꺼리는 바가 없었다. (중략)[229]

이라 하여 사료에 나타난 安平大君 瑢은 어린 임금을 사이에 두고 世祖와 경쟁 관계에 있던 인물이었다. 또한 端宗의 禪位 때 제거된 종친이고, 그들의 행동은 하나같이 폐륜 행위를 자행하고 있다.

다시 말해 사료를 보면, 안평대군은 태종의 넷째 아들이자 세종의 동생인 誠寧大君 褈의 양자가 되어 후사를 잇고 있다. 따라서 성녕대군의 부인 成氏는 안평대군에게는 숙모이자 養母인 것이다.[230] 그런데 위의 사료에서 안평대군은 성씨와 상피 붙은 것으로 되어 있

---

229) ≪단종실록≫ 권8, 원년 10월 戊申條. "이러한 사실은 이미 단종 원년 3월에 '瑢이 誠寧大君의 後嗣가 되어 성녕대군의 아내 성씨와 相避(를) 붙었다'(≪단종실록≫ 권5, 원년 3월 戊寅條)하여 문제가 된 사례가 있는데, 위의 기록은 이를 뒷받침해 주는 사실이다."

230) 成氏의 祖父는 예조판서 成石因이고, 父는 판중추원사 成抑이다(≪世宗實錄≫ 권120, 30년 5월 丁亥條). 태종 때 誠寧大君 종과 결혼했고(≪太宗實錄≫ 권28, 14년 12월 辛卯條), 이어 敬寧翁主에 봉해졌다(≪太宗實錄≫ 권28, 14년 12월 甲午條). 이후 安平大君 瑢을 後嗣로 삼았는데, 단종 때 母子 간의 姦通事實(相避)이 밝혀지면서 慶州에 안치되었다가(≪端宗實錄≫ 권8, 1년 10월 辛丑條 ; 戊申條) 세조 때 석방되어 京城 밖에 살았다(≪世祖實錄≫ 권4, 2년 7월 甲戌條 ; 권5, 2년 8월 丙寅條). 이 과정에서 安平大君 瑢과 그 아들 宜春君 友直, 德陽君 友諒 등이 제거된 후 효령대군 補의 아들 原川君 宜로 다시 立後하였다(≪端宗實錄≫ 권8, 1년 10월 戊申條 ; ≪世祖實錄≫ 권19, 6년 3월 戊戌條 ; ≪璿源綱要≫, 全州李氏大同宗約院, pp.129～130).

다. 이러한 안평대군의 행위는 성리학적 국가 이념에 정면으로 배치되는 것이었고, 세조 일파에게는 다시없는 기회로 작용하였다.

이러한 사례는 당시 또 다른 세조의 정치적 경쟁 관계에 있던 和義君 瓔의 경우도 마찬가지였다. 즉,

> "(중략) 又 瑜 · 瓔 · 楚腰輕 · 洪約 · 睦孝智 등은 그 죄를 분명히 밝히지 않은 것도 모두 불가합니다." 하니, 傳旨하기를, "瓔과 楚腰輕은 相避하여야 마땅한데도 서로 간통하였고…"[231]

라고 하였다. 원래 楚腰輕은 천인 출신으로 逆黨의 첩이었고,[232] 계유정란 이후 官婢로 예속되어 있었다.[233] 그런데 화의군이 초요갱과 성행위를 저지르고 만다. 이러한 행위는 강상론의 의리 문제로 간주되어 종친의 반열에서 쫓겨나는 결과를 낳았다. 화의군은 令嬪 姜氏 소생으로 기록 상 세조보다 안평대군 瑢 또는 錦城大君 瑜의 입장에 섰던 인물이었다. 따라서 그 역시 안평대군과 운명을 같이한 것으로 여겨진다.

위와 같은 경향을 바탕으로 안평대군과 세조와의 관계를 살펴보면 강상론에 입각한 상피 적용 논란이 보다 선명히 알 수 있을 것이다. ≪단종실록≫에 나타나는 안평대군의 죄목은 무려 25가지나 된다.[234] 그러한 죄목은 결과적으로 안평대군의 제거에 대한 당위성을 설명한 것이다.

실록상의 죄목 내용은 대부분이 안평대군 자신의 야망을 위한 거사모의 과정과 세력 규합 및 집권층과의 유대 강화에 관한 사실이

231) ≪단종실록≫ 권13, 3년 3월 丙午條 ; 壬子條.
232) 필자의 견해로는 아마도 安平大君 瑢의 妾으로 여겨진다.
233) ≪단종실록≫ 권13, 3년 3월 壬子條.
234) ≪단종실록≫ 권8, 1년 10월 戊申條.

다. 그 외, 黃標政事와 같은 인사권 개입과 부정 축제, 그리고 행실 문제 등이 열거되어 있다.

겉으로는 하나같이 안평대군의 커다란 과실에서 기인한 것으로 비쳐지고 있다. 하지만 실상은 정란에 가담한 세조의 측근에 의해 이루어진 내용일 가능성이 높다. 또한 세조와 안평대군과의 정치적 역량 내지 영향력을 바탕으로 政爭을 벌인 결과로 이해되어 진다.

즉, 안평대군이 세조와의 정권 쟁탈전에서 밀려난 산물인 것이다. 단종의 즉위 후 세조 세력이나 안평대군 세력 가운데 어느 한쪽도 宗法的 王位繼承 문제에 크게 의미를 두지 않는다. 이는 세조 세력과 안평대군 세력의 세력 확대 내지 세력규합에 따른 행보를 보다 재촉하는 결과를 낳았고, 서로 우위를 점하기 위한 경쟁과 견제를 초래하였다.

이러한 상황 속에서 의정부의 일부 대신과 안평대군 세력의 결탁은 그들을 제거하기 위한 세조 세력의 쿠데타로 이어진다. 정란 후 의정대신에 의한 專斷이 사라지고, 일부 종친이 제거된 것은 이를 반증하는 것이다.[235] 그러한 정치적인 격변 속에서 제거된 안평대군의 죄목은 다양할 수밖에 없었고, 필자 역시 그 점에서 안평대군의 죄목이 가중되었으리라 여겨진다.

이 가운데서도 특별히 필자가 주목한 죄목은 안평대군의 행실 문제에 관한 것이다. 안평대군의 행실 내용은 크게 분수에 넘치는 탐욕과 잦은 연회 및 姦通 등으로 요약할 수 있다.

특히 강상에 입각한 상피법 적용 근거는 近親相姦 행위였다. 그러한 죄목은 자신의 인격과 人身에 대한 문제이기도 하지만, 당시

235) 崔承熙, 〈세조대 왕위의 취약성과 왕권 강화책〉, ≪조선시대사학보≫ 1, 1997, pp.10~12.

지배 윤리와 배치되는 행위였다는 데 심각성이 있다 하겠다. 강상에 따른 상피 문제는 안평대군을 궁지에 몰아넣은 가장 확실한 정치적 명분이었다. 다시 말해, 세종 때 성리학적 국가 이념이 강화되었다고는 하지만, 왕실은 물론이고 집권층 내부 및 일반 민가에서의 姦通·姦淫 및 强姦은 상당히 이루어지고 있었다.236)

따라서 정부로서는 그러한 관행을 금지시키기 위하여 엄격한 법적 제재 수단을 강구하게끔 사회를 이끌 수밖에 없었다. 간통·강간 등에 의한 사회 문제는 조선사회를 이끌어 가는 지배 이념을 거역하는 중대한 행위이기 때문이라 여겨진다.

이를 감안한다면 안평대군의 강상 윤리에 대한 위반은 국가에 대한 강력한 도전으로 인식되기에 충분한 것이었다. 따라서 강상에 입각한 정치적 명분은 그 어떠한 명분보다도 안평대군에게는 커다란 상처를 입혔을 것이다.

그런데 이후 세조 세력은 조카를 몰아내고 왕위를 찬탈함으로서 그 역시 유교 정치의 기본인 명분과 정통의 확립에 하자가 있게 되었고, 이로 인해 謀逆과 亂言이 계속 이어지는 악순환이 반복하게 된다.

세조는 이러한 왕위에 대한 명분과 정통성의 하자를 극복하기 위하여 왕권 강화책에 급급하여 친왕 세력의 확보와 反王 세력의 제거에 부심하였다. 그리고 세조 즉위 과정에서 안평대군, 금성대군의 제거 및 단종의 죽음으로 이어지는 종친에 대한 강경책과 김종서, 황보인 및 사육신 등의 제거 계략이 수반되고 있다. 이로 말미암아 파생된 정치 현상은 세조로 하여금 인식의 변화를 가져와 왕위의 계속적인 유지를 위해 종친과 공신에 대한 친화책을 펴기에 이르렀

236) 鄭肯植, 〈우리나라 姦通罪의 法制史的 考察〉, ≪형법개정과 관련하여 본 낙태죄 및 간통죄에 관한 연구≫, 한국형사정책연구원, 1991. pp.211~242. ; 張炳仁, 〈조선전기의 강간범죄〉, ≪歷史學報≫ 150, 1996. pp.83~128.

던 것이다.[237]

즉, 세조는 비정상적으로 획득한 왕권을 확고히 운용하기 위하여 종친·훈신·척신 등을 자신의 제 1차적 지지 기반으로 삼았고, 이들과 매우 심도 있는 결탁 관계를 맺어 나갔다.[238] 이는 안평대군에게 유교 정치에 대한 명분과 정통성의 결여라는 이유로 그를 제거한 후 그 역시 똑같은 상황에서 자신의 하자를 극복하기 위한 고육책이 아니었나 생각된다. 따라서 세조 역시 유교적 종법 질서를 무시하면서도 진작 그 정적은 유교적인 종법 질서의 위반이라는 內亂의 죄목으로 사사하는 이중성을 보이고 있는 것이다.

조선사회에 있어서 내란에 대한 논의는 이미 왕조가 건국되면서 그 모법 체제로 받아들여지던 ≪대명률≫에서 확인되고 있다.[239] 즉, 小功以上 친속이나 父 또는 祖父의 첩을 간통한 자 및 그 相姦者의 행위를 內亂이라 하여 謀反·謀大逆·謀叛·惡逆 등과 같은 등급의 범죄로 간주하여 엄하게 다스렸다.

이러한 내란의 죄목은 강상에 입각한 상피법 적용으로 정적 제거에 혈안이 되어 있던 세조 세력에 상당한 힘을 실어주었다. 실제로 세조가 즉위하기 전 일개 大君의 입장에서 정적을 제거하는 데 있어서 실력 행사에 따른 무력적 진압이 상대와의 경쟁에서 엄청난 대가를 치렀고, 초기에는 김종서, 황보인 등의 권신들이 안평대군 세력에 가세하여 수세에 몰리는 형국이었다. 이렇듯 세력의 열세를 도덕적 결함을 보다 부각시킴으로써 그러한 열세를 만회하려고 하였던 것이다.

---

237) 崔承熙, 〈세조대 왕위의 취약성과 왕권 강화책〉, ≪조선시대사학보≫ 1, 1997. pp.18~22 ; 〈세조대 국정 운영체제〉, ≪조선시대사학보≫ 5, 1998. p.11.

238) 金泰永, 〈조선 초기 세조왕권의 전제성에 대한 일고찰〉, ≪한국사연구≫ 87, 1994. p.119.

239) ≪大明律直解≫ 卷第1, 〈名例律〉, 十惡條. “十日 內亂 謂 奸小功已上親父祖妾 及與和者”

나아가 그 세력의 제거에 성공한 뒤에는 계유정란의 당위성을 강조하고, 그 정란에 대한 정통성을 확보하려는 이중적인 효과를 거두려는 계획이 있었지 않았나 생각된다.

제4장 17세기 정국 동향과 상피제의 새로운 모색

제1절 상피제의 개편 논의와 정국 동향

1. 朋黨의 형성과 그 黨色

朋黨이란 본래 朋과 黨의 합성어로서, '朋'은 같은 스승 밑에서 동문수학하던 무리이며, '黨'은 이해관계를 중심으로 모인 집단을 가리킨다. 따라서 朋黨政治란 학연과 지연을 매개로 의식과 정치 이념이 같은 사람들끼리 붕당을 이루고, 언론 활동을 통하여 국왕의 신임을 얻어 국정을 주관하는 정치 형태를 말한다.

이러한 붕당이라는 개념은 고대 중국의 ≪詩經≫에서 '同類'의 뜻으로 쓰인 이래로 ≪管子≫나 ≪荀子≫ 등에서도 당파성 의미로 지적되곤 하였다. 이는 붕당을 만들어 끼리끼리 친하며 임금을 둘러싸고 사사로운 이익만을 도모하기를 일삼는다는 부정적 측면에서 출발한다. 宋代에 歐陽脩가 이러한 부정적 의미의 붕당정치를 지양하기 위하여 ≪붕당론≫을 쓰기도 하였다.

한국에서 붕당 대립의 직접적인 발단은 선조 8년(1575) 吏曹銓郎職을 둘러싼 金孝元과 沈義謙의 반목에서 비롯된 동서붕당이다. 당시 김효원을 중심으로 한 東人은 許曄이 영수로 있었고, 심의겸을 중심으로 한 西人은 朴淳이 영수가 되어 대립하였다. 이들 간의 대립을 야기한 전랑직은 그 직위에서 보면 정 5품으로 낮으나 인사권을 쥐는 직책이었다. 그런데 그 임명에 있어서 판서나 국왕이 임명하는 것이 아니고, 전임자가 후임자를 추천하면 公議에 부쳐서 선출하였으므로 관료들 간의 집단적인 대립의 초점이 되었다.

더욱이 붕당원 간에 내적 심화 현상이 가열되면서 동서 편당의 폐해는 노골화된다. 한 예로 선조 때 김효원이 동인 李潑을 끌어들여 전랑으로 삼았을 때 서인은 자신들의 당인인 尹晛을 전랑으로 내세웠다. 그런데 이발이 상피 관계로 전랑에서 체직하게 되자 윤현이 뒤를 이어 전랑이 되었고, 이어서 윤현은 같은 당의 趙瑗을 바로 천거하여 낭관으로 삼아 김효원을 견제한 데에서 알 수 있다.[1) 당시 율곡 李珥가 조정론을 내세우나 붕당 사이의 경쟁은 계속되었다. 이러한 현상은 상피를 매개로 한 붕당 사이의 경쟁도 마찬가지였다.

이후 동인은 다시 서인에 대한 강온 양론으로 갈라져 강경파인 北人과 온건파인 남인으로 분파되어 임진왜란 이전에 이미 서인·남인·북인의 3색이 형성되었다. 남인은 禹性傳·柳成龍이 중심이 되었고, 북인은 李潑·李山海 등이 중심이 되었으나, 임진왜란 후에 남인 유성룡은 화의를 주장하였다는 이유로 실각되자 북인 南以恭이 정권을 잡게 되어 남인은 몰락하였다. 득세한 북인은 다시 宣祖의 후사 문제로 大北과 小北으로 갈라져 대립하다가, 대북파가 옹립하는 광해군이 왕위에 오르자 정권을 장악하고, 소북파를 일소하기 위하여 永昌大君을 모함·살해하는 한편, 외척인 金悌男과 그 일족을 처형하였다. 광해군과 대북파의 이러한 폭정은 오랫동안 대북파에게 눌려 지내던 서인에게 집권할 기회를 주었으니, 곧 陵陽君〔仁祖〕를 왕으로 옹립한 인조반정이 바로 그것이다.

인조가 왕위에 오르자 천하는 서인의 수중으로 들어갔으며, 李爾瞻·鄭仁弘 등 대북파가 숙청되었다. 서인이 집권하는 동시에 남인 李元翼이 入相하게 됨으로써 남인이 제 2의 세력으로 등장하여 숙종 때까지 100여 년 동안 서인과 남인의 공존을 바탕으로 한 대립이 계속되었다.

이후 효종이 즉위하자 서인 金自點은 역모로 실각하였으나 같

---

1) ≪국역연려실기술≫ 제13권, 〈선조조 고사본말〉, 동서 당론이 나누어지다.

은 서인인 宋時烈이 등장하여 서인의 집권은 顯宗 초까지 계속되다가 현종 즉위 후 인조계비 趙大妃의 服喪 문제를 놓고 서인의 주장인 기년설〔1주년설〕과 남인의 주장인 3년설〔2주년설〕이 대립하는 이른바 己亥服制 문제가 발생하였다.

처음에는 서인의 송시열과 남인의 윤휴 사이에 벌어진 예학 논의에 불과하던 것이 점차 당론으로 전환되면서 양파는 여기에 정치적 운명을 걸었고, 결국 서인의 주장이 채택됨으로써 정권에는 변동이 없었다.

그러다가 현종 15년(1674) 효종의 비 仁宣王后 張氏의 喪을 당하자 다시 복상 문제가 터져 남인이 기년설을 주장하고 서인은 대공설(大功說: 9개월)을 주장하여, 이번에는 남인의 주장이 채택되었다. 이때, 남인은 송시열 등에 대한 극형을 주장하는 과격파와 이에 반대하는 온건파로 갈리어 이들을 淸南·濁南이라 불렀다.

이러한 현종 때 두 차례 전개된 禮訟은 예가 모든 사회 질서의 기본 규범이었던 이 시기에, 학연에 바탕을 둔 붕당 질서의 특징적 양상을 보여주는 것이다. 집권 주도세력이었던 서인은 '天下同禮'를, 그리고 남인은 '王者禮不同士庶'의 입장을 표명하였다.

또한 예송은 예송 자체에만 그치는 것이 아니라, 주자학적 질서와 명분론이 양란 이후의 정치 사회 질서를 더욱 고착시킴으로써, 喪禮·宗法 등의 의례 절차가 왕실 내부에서만이 아니라 양반 사대부들의 상례·제례 및 제사상속에 이르기까지 커다란 영향을 끼쳤기 때문에, 예송은 단순히 장례의 시기를 둘러싼 의례적 절차에 관한 논쟁이 아니었다. 이것은 그야말로 성리학적 사회 이념이 현실 생활에 뿌리를 내려 그 모든 것을 규정하고 있음을 의미하는 것이다.

肅宗代에 접어들어 '換局'으로 통칭되는 정변이 일어나면서 붕당적 질서는 서서히 무너지게 되었다. '환국'은 1당이 왕권의 권위를 빌어 정권을 장악하는 방식이었고, 이로 인해 붕당 각파의 公道論에 의한 견제 및 균형의 원리가 무너지고 상대 세력을 인정하지 않는 일당 전제의 추세가 나타났던 것이다.

새로 정권을 잡은 남인은 집권한 지 몇 년 만에 쫓겨나는 庚申換局 이후 송시열을 비롯한 서인이 다시 등용되었다. 그러나 서인 사이에도 분열이 생겨 송시열을 중심으로 한 老論과 尹拯을 중심으로 한 少論으로 갈리었다. 그러던 중 숙종 15년(1689) 서인이 물러나고, 송시열이 賜死되는 이른바 己巳換局으로 남인이 다시 등용되었다.

그러나 숙종 20년(1694)에는 왕에 의하여 남인이 다시 쫓겨나고 서인이 다시 등용되는 甲戌換局이 벌어져, 남인은 재기 불능의 큰 타격을 입게 되었다. 이를 계기로 붕당은 노론·소론이 대립의 중심을 이루게 되었다. 그 후 숙종의 후사 문제로 인한 辛壬士禍가 일어나 노론의 金昌集·李健命 등은 대역죄로 몰려 죽게 되고, 노론은 큰 타격을 입게 되었다.

이러한 당쟁을 몸소 체험한 후 왕위에 오른 영조는 당쟁의 완화와 각 파에 걸친 공평한 인재 등용에 힘쓰는 이른바 蕩平策을 내세웠다. 하지만 당시의 외척 세력은 일당 전제 체제를 유지시키려는 일부 山林과 결탁하여 명문 벌족 내지 閥閱로 대변되는 노론 당이라 일컬을 정도로 특권 세력화해 갔다. 더욱이 탕평책의 반작용으로 대간의 기능은 크게 위축되고, 言路는 모든 시비와 공격이 당쟁 완화라는 명분으로 억제되어 공리주의, 이기주의의 새로운 시대풍조를 조장하는 결과를 낳는다. 이러한 탕평책의 소용돌이 속에서도 권세는 주로 노론의 수중에 있었다.

그런데 조선 후기의 벌열은 가문을 단위로 형성되었고, 그에 따른 당쟁에서의 붕당도 가문을 단위로 하여 당색을 달리하는 경우가 많았다. 결국 조선 후기의 朋黨은 벌열을 중심으로 형성되었으며, 당쟁은 벌열 사이의 대립으로 나타나기도 한다.

따라서 벌족 중심의 혈연적 요인이 강화되면서 관직의 등용이 문벌에 의해 강화되고, 당쟁에서 패배한 자는 黨禍를 면치 못했고, 그것도 緣坐制가 적용되어 처벌되었다. 이러한 붕당의 폐해는 숙종대 후반부터 山林의 정치적 기능이 약화되고, 영조, 정조를 거치면서 京華閥族들이 조선시대 학계의 주도세력으로 부상함으로서 성리학적 학통이 혈연관계를 중심으로 계승되는 경향을 보인다.2)

하지만 영조대의 붕당 사이의 대립은 세자의 죽음을 가지고 다시 분화 현상을 보인다. 그러한 대립은 영조 38년(1762) 壬午事件, 즉 思悼世子 폐위 사건을 둘러싸고 일어났다. 영조가 덕이 없음을 비난하고 세자를 동정하는 洪鳳漢 중심의 時派와 세자의 失德을 지적하고 영조의 처사를 옳다고 보는 金龜柱 중심의 僻派 간의 대립이었다. 그 후 남인과 소론도 시·벽으로 분파되었다. 이 시파·벽파의 대립은 사도세자의 문제를 분쟁의 표면 구실로 삼아 대립하게 되었다.

정조 때에는 지금까지 소외되었던 남인의 세력이 왕에 의하여 적극 옹호·신장되어 李家煥·丁若鏞과 같은 남인 시파의 명사가 등장하였다.

그러나 純祖가 즉위하면서 노론의 벽파가 대거 진출하여 1801년 辛酉邪獄을 일으켜 邪學一掃라는 명목 아래 많은 시파의 가톨릭 교인이 변을 당함으로써 당쟁의 한 변형이 연출되었다. 특히 시·벽의 대립으로 인한 가톨릭교의 박해는 西學徒 내지는 實學者의 대부분을 차지하는 남인을 말살시켜 버린 결과를 가져왔다.3)

---

2) 車長燮, ≪조선후기 벌열연구≫, 일조각, 1997, pp.172~175, p.181.

3) 鄭奭鍾, ≪朝鮮後期 社會變動硏究≫, 일조각, 1983. ; 李泰鎭 편, ≪朝鮮時代 政治史의 再照明≫, 汎潮社, 1985. ; 李銀順, ≪朝鮮後期 黨爭史硏究≫, 일조각, 1988. ; 李成茂 편, ≪朝鮮後期 黨爭의 綜合的 檢討≫, 한국정신문

2. 黨色別 黨人活用과 상피제 적용 논란

이렇게 조선 후기에 이르면 사림 정치의 발달에 따른 신권의 확장과 그로 인한 왕권과의 정치적 대립 구도, 장기간에 걸친 붕당 활동, 변화하는 중국으로부터의 대외적 영향 등 복잡한 양상으로 전개되었다.

그로인해 조선 후기의 黨人들은 과거를 植黨의 도구로 생각하여 자주 과거를 개설하고, 그들의 자제들을 부정으로 합격시켰다. 나아가 지연·학연·학통 등을 동원하여 같은 당인에 소속시켜 당쟁을 심화시키는 자들도 적지 않았다. 이는 정권이 교체되어 많은 관리가 쫓겨나면 같은 당인이 취직할 수 있는 기회가 있었기 때문이다.

그러한 사례는 이미 광해군 2년(1610)의 別試에서 李爾瞻의 사돈 자질들이 합격자의 대부분을 차지하였기 때문에 査頓榜이라 불린 것이나, 광해군 7년(1615)과 광해군 10년(1618)의 식년문과 覆試에서 一黨의 자손들에게 시험 문제를 미리 가르쳐 주어 어린 아이까지 합격시킨 것에서 찾아 볼 수 있다.

이후 집권당이 되면 그들의 자제들을 부정으로 합격시키는 것이 하나의 관례처럼 되어 갔다. 즉, 인조 4년(1626)의 別試는 집권당인 西人의 자질들이 등과자의 대부분을 차지하였다.

숙종 때 역시 그 집권 세력의 정치적 성향에 따라 위와 같은 양상은 크게 개선되지 않았다. 숙종 1년(1675)의 증광문과 경우, 합격자 33인의 대부분이 집권당 南人의 자질이었으며, 숙종 28년(1702)의 謁試에서는 집권당 老論의 자질들이 9명의 등제자 중 7명을 차지하였다.[4)]

화연구원, 1992. ; 朴光用, ≪朝鮮後期 '蕩平' 硏究≫, 서울대 박사학위, 1994. ; 李成茂 저, ≪조선시대 당쟁사≫ 1·2, 동방미디어, 2001.

4) 曺佐鎬, ≪韓國科擧制度史硏究≫, 범우사, 1996, pp.121~123.

이렇게 되자 숙종은 그 개선책으로 시관상피를 제시하고, 그를 통해 왕권 강화 내지 유지에 심혈을 기울였다. 특히 국가 체제에 대한 모순이 표면으로 나타날 때마다 시관상피는 試所 운영이나 試官의 선정에 있어서 평상시 보다 한층 강화하고 있다.

조선왕조가 16세기 이후 붕당 정치가 전개되고, 이에 따른 신하들의 사적인 영역이 확대되면서 정책의 활성화라는 긍정적인 측면이 있었음에도 불구하고, 과거제가 어느 특정 族黨을 위한 시험으로 전락하는 경우가 종종 나타나고 있다. 이로 인하여 같은 黨人의 지나친 확대는 국가의 통제력 약화로 이어져 표면적으로는 신료의 권한이 지나치게 비대해 가는 형상으로 비춰졌다. 상황이 이렇게 되자 공적인 영역을 강조하던 국왕은 자신의 왕권 강화와 함께 국가의 기틀 유지를 위해 시관상피를 적절히 활용하여 시행하였던 것이다.

하지만 숙종의 이러한 노력에도 불구하고 영조·정조 시대에도 변하지 않아 왕권의 권력 행사에 부담으로 작용하였다. 영조 6년(1730) 정시에서 20명의 등제자 중 15인을 時派가 차지하였고, 정조 즉위년(1776)의 정시에서는 20명 등과자 거의 전부를c 僻派가 차지한 사례는 그 대표적인 것이다.[5)]

그러한 양상은 순조 14년경에 간행되었다고 전하는 영조 때 莊獻世子 유고집인 ≪능허관만고≫에서도 시관상피에 대한 폐단이 지적되고 있어서 이를 짐작하게 한다. 즉 시관의 족당들이 국전에 상피 규정이 없다는 이유를 들어 參榜하는 경우가 발생하여 시관의 파직을 청한 사례가 그것이다.[6)]

---

5) 曺佐鎬, ≪앞의 책≫, p.405.

6) 莊獻世子, ≪凌虛關漫稿≫ 卷4, 〈持平李鎭恆以監試科榜試官族黨多參事請該試官譴罷 又以聖后誕降基址錯對事請該承旨譴罷書批〉. "覽書具悉 聖候遄臻康復 歡忭曷喩 所陳切至 可不體念 第一件事 國典應有 相避之外 雖或參榜其何以此聲罪乎 殊涉非矣 第二件事 其時聖上追慕俯詢之際 率易仰對不是異事 設或錯對 以此譏斥 誠極未安 爾其勿辭察"

대개의 국가 제도가 그렇듯이 조선사회에 있어서 상피 제도는 순기능적 요소와 역기능적인 요소가 서로 상존하였다. 대개 순기능적 요소로는 상피제가 조선 초기에 중앙 집권화 과정을 뒷받침해주는 제도적 장치였고, 나아가 국가가 안정기에 접어들면서는 신권을 통제하고 왕권을 강화하는 목적 하에 이루어졌다는 측면이다. 하지만 역기능적인 요소도 상존한 것도 사실이다. 대표적인 사례가 운영에 있어서 관리의 부조리가 개입될 소지가 있었다는 것이다.

이러한 경향은 조선 후기에 이르면 붕당이 분화되면서 당인들의 이해관계를 해결하지 못하여 법제적으로 강화하는 정책으로 나아가는 경향을 보인다. 따라서 역기능적인 측면에서 붕당 사이의 상피제가 어떻게 전개되고, 국왕의 입장에서 어떠한 기능을 하였는지를 검토해 보자.

(1) 司憲府와 司諫院 간의 상피 적용 논의

사헌부와 사간원 사이의 상피 적용 논의는 言官相避의 한 형태이다. 기록상 표면으로 떠오르기 시작한 때는 성종 때였다.

성종 24년(1493) 8월 사간원 정언 李世仁이 사헌부 지평 金淑貞과 사간원 정언 柳崇祖 사이의 상피 문제를 거론하면서부터 이다. 이는 지평 金淑貞이 정언 柳崇祖의 庶 4촌 누이동생을 첩으로 삼은 데에서 출발한다. 이들 관계는 결국 臺官과 諫官 사이의 상피로 비화되기에 이른다. 당시 이 사안은 정식으로 국정에서 논의되었다.

논의 결과 이들 사이에는 업무상 유사하나 同官이 아니라는 이유와 成俔이 大司諫으로 있을 때 그의 4촌 成健이 장령이 되었을 때에도 상피되지 않았다는 前例를 들어 반대하는 자가 많았다. 즉, 당시 정책실무자였던 尹弼商, 李克培, 盧思愼, 尹壕, 許琮, 鄭文炯, 尹孝孫 등과 논의되었는데, 역시 반대 의견이 많아 결과적으로 상피가 적용되지 않는 것으로 마무리되었다.

이를 계기로 정부에서는 대관과 간관 사이의 擬望 때 상피 자는 이조에서 의망하지 못하게 하였고, 중요한 사안에 한하여 이름 밑에 부기하여 계달하는 조치가 상례처럼 되고 있다.[7)]

따라서 대간 사이의 상피는 이를 계기로 규제하는 방향으로 나아갔다. 하지만 경우에 따라서는 상피를 적용하지 않을 수 있다는 단서 조항을 같이 부기함으로서 대간 간 상피의 적용 기준은 일관적으로 적용되지 못하였다. 이후에도 대간 사이의 언관상피는 계속 논의되었으나 논란만 가중되었고, 그때마다 명확한 해결책은 마련되지 못하였다.

이는 명종 때도 별반 다르지 않았다. 명종 때 사간원의 건의로 양사·홍문관·시강원 등의 상피법 입법이 추진되었다가 승정원의 일률적인 법 적용에 대한 폐단과 영의정 沈連源 등의 반대로 무산된 사례가 그것이다.[8)] 그런데 선조 때 양사 사이의 상피 적용 문제가 재차 현안으로 등장한다.[9)] 즉,

> "정언 송보가 인혐하고 물러갔습니다. 정언 송보는 朴承宗 아내의 同姓 三寸의 조카사위인데, ≪大典≫ 相避條의 주에(중략)사헌부나 사간원에 있어서는 모두 相避한다는 말이 없었습니다. 兩司는 一體라는 말은 ≪大典≫및 전후의 ≪續錄≫에도 모두 근거할 곳이 없는 이상 별로 피혐해야 할 이유가 없는데, 전후의 臺官이 비록 이 때문에 遞免된 일이 있기는 하지만, 그것은 법 밖의 일이었으므로 法列로 삼기는 어려울 듯합니다. 정언 송보를 出仕하게 하소서."[10)]

7) ≪성종실록≫ 권281, 4년 8월 戊寅條.
8) ≪명종실록≫ 권19, 10년 12월 壬子條.
9) ≪선조실록≫ 권102, 31년 7월 癸卯條 ; ≪선조실록≫ 권172, 37년 3월 己卯條 ; ≪선조실록≫ 권172, 37년 3월 庚辰條 ; ≪선조실록≫ 권179, 37년 윤9월 己亥條 ; ≪선조실록≫ 권189, 38년 7월 己丑條.
10) ≪선조실록≫ 권172, 37년 3월 己卯條.

라고 하였다. 위와 같이 비록 혐의가 있어 인혐한다 하더라도 법조문상 이를 통제할 어떠한 법적 근거도 제시되고 있지 못하고 있다. 이는 근본적으로 ≪경국대전≫의 규정에 대관 관원 간 상피나 간관 관원 간 상피만이 있고, 臺諫 사이의 상피제 규정이 없다는 데에서부터 시작된다. 여기에서 "兩司는 일체" 이라는 말 역시 ≪경국대전≫ 및 前後의 ≪대전속록≫에도 보이지 않아 이에 대한 체직은 법 밖의 일이었다.

그러한 경향은 정언 李克信의 인혐 사례에서 확인되고 있다.[11] 기록에 따르면, 양사 사이에 서로 상피하는 것이 법전에 있지 않기 때문에 회피할 만한 혐의가 없었다. 그런데 종래 언관들이 그러한 사유로 인해 체직된 사례에 자주 나타나고 있어서 그들 간에는 規例로 여기고 있었다. 결국 사례에 나타난 이극신의 辭避로 이어지고 있다.

이로 미루어 볼 때 당시 사헌부와 사간원 간의 상피 논의는 관리 임명 시 양사 사이에 상피가 발생하면 그로 인해 言官이 체직되거나 辭避가 규례처럼 되었던 것으로 짐작된다. 이는 법제상의 기준보다는 그때그때 정치 현안에 따라 달라지는 경우를 반영한 것으로 경우에 따라서는 정쟁화로 이어지는 때가 흔하였음을 말해준다.

그런데 양사 사이의 상피는 사헌부 대사헌과 집의, 장령, 지평, 감찰과의 상피나 사간원의 사간, 헌납, 정언과의 상피처럼 동일 관서 관원의 상피를 뜻하는 것이 아니었다. 이는 사헌부 관원과 사간원 관원 사이의 상피에 국한된 개념이다.

그리고 臺諫 간의 상피는 그 시기가 정확하지 않지만 대개 선조 40년(1607)을 전후한 시기에는 정착되어 간 것으로 보인다.[12] 이미

---

11) ≪선조실록≫ 권179, 37년 윤9월 己亥條.
12) ≪선조실록≫ 권208, 40년 2월 壬戌條.

제 3장에서 살펴본 바와 같이 정언 유업의 사례가 계기가 된 것으로 여겨진다. 당시 유업의 외삼촌이 대사헌 黃暹 이었고, 지평 柳惺이 그의 동성사촌형이었다. 이 때 유업이 兩司는 서로 상피하는 것이 그 동안의 관례이기 때문에 辭避함을 허락해 줄 것을 임금에게 건의한다. 그러나 국왕은 사피를 거부하고 그를 정언에 임용하였다. 이것이 사간원의 반대에 부딪혀 유업은 결국 체직되고 만다.

이러한 사례는 이후 사간 吳百齡과 장령 尹讓과의 상피 문제에서도 확인되고 있듯이 일정 기간 관례화 되었던 것으로 여겨진다.[13]

하지만 광해군 때에도 상피로 인한 정쟁 경향은 완전히 사라지지 않고 이전의 관행과 같은 양상으로 전개되었다.[14] 더욱이 상피로 인한 양사 관원의 親嫌 사례는 광해군 3년(1611)에 정언 鄭世美와 지평 南以俊과의 상피 문제를 계기로 흔들리게 되고,[15] 사헌부와 사간원 양사의 서로 간 引避 관계는 오히려 사라지기 시작하였다. 그렇게 되자, 이로 인한 상피는 원칙론적인 입장으로 선회하고 있다.

결과적으로 국왕은 그 타개책으로 양사를 홍문관으로 하여금 견제하는 기능을 수행하게 하는 정책을 내놓는다. 즉,

> 홍문관이 장차 양사를 처치하려 할 즈음에 시비를 가리기가 난처하자 상피 관계에 있는 자 및 아직 肅拜하지 않은 인원들을 牌召하라고 계청하였다.(중략)[16]

이라 하였다. 이는 양사의 관원이 서로 피혐하여 출사하지 않는 것을 막자는 취지였다. 다시 말해 사헌부와 사간원의 관리는 서로 어

---

13) ≪선조실록≫ 권213, 40년 윤6 丙寅條 ; ≪광해군일기≫ 권19, 1년 8월 壬子條.
14) ≪광해군일기≫ 권19, 원년 8월 丙辰條.
15) ≪광해군일기≫ 권46, 3년 10월 癸酉條.
16) ≪광해군일기≫ 권66, 5년 5월 癸未條.

려운 일에 봉착하면 피혐하고 출사하지 않았는데, 사헌부는 사간원을 두둔하고[17] 사간원은 사헌부를 두둔하여[18] 서로 자신들의 입장을 관철시키려 하였던 것이다. 이에 그들의 정치적 의도를 차단하기 위해 홍문관을 활용하였던 것이다.

이것은 언로를 통하여 국왕의 권위를 견제하려는 경향을 홍문관으로 하여금 양사를 견제하게 함으로서 국왕 중심의 신권 견제를 용이하게 한 의도였던 것으로 보인다. 그리고 그러한 기능의 중앙에 상피제가 있었다. 심지어 홍문관에서 양사의 출사를 상차할 정도에 이르기도 한다.[19]

이러한 광해군 때 언관상피의 관행은 자칫하면 당쟁으로 비화되어 갈지도 모르는 상황에서 3사 간의 상피를 어느 정도 제어할 필요성을 느낀 국왕의 입장에서 기인하는 것이었다.

그러한 입장은 선조의 재위 후반부터 사림의 집권기를 맞이하면서 대간 간 상피 적용 문제가 새롭게 부각되어 갔던 것과 관련이 있다. 이때 대간들은 서로 간 通避를 제기하는 것이 관례처럼 인식되었고, 光海君 중반 이후에는 弘文館의 기능을 강화하여 국왕이 홍문관에게 양사의 견제 권한을 부여하는 지경으로 발전하기에 이른다. 양사는 서로 협착하여 처리하기 곤란한 사안이 발생할 때마다 피혐을 일으켜 국왕의 권력 행사에 실력으로 맞서는 형국이었다.

그렇게 되자 광해군은 홍문관과 양사가 서로 견제하는 분위기를 조성하였던 것이다. 그러다가 仁祖反正을 계기로 이것이 붕당의 이익과 결부되어 전개되면서 보다 복잡하게 전개되고 있다.

앞의 인용문들을 종합해 볼 때, 양사 사이의 상피는 法典에 근거가 없었기 때문에 서로 피할 만한 혐의가 없었다. 하지만 실상은 법전

17) ≪광해군일기≫ 권80, 6년 7월 戊午條.
18) ≪광해군일기≫ 권91, 7년 6월 丙戌條.
19) ≪광해군일기≫ 권121, 9년 11월 庚辰條.

체제의 근거와 달리 避嫌해야 할 이유가 없는 데도 피해야 하는 경우가 있었고, 이것은 당시 시대적 상황의 산물이었던 것으로 보인다.

즉, 선조 때의 동서붕당 이후에 朋黨 간의 경쟁에서 다른 붕당의 정치적 공세를 차단하거나 그 빌미를 제공하지 않으려는 의도가 기록 속에 내포되어 있는 것으로 이해해야할 것이다.

인조 12년(1634) 위와 같은 관행은 양사에 稽謝한 자는 상피하지 않고, 만일 상피 인이 상·하관의 관계이면, 하위의 자가 引避하고 상위의 자는 피하지 않으며, 혐의가 있다고 상피를 請出한 후에 똑같은 일로 來避하는 것을 허락하지 않는다는 承傳이 내려짐으로써 일단락된다. 이 승전은 ≪수교집록≫에 가서 명문화되었다.[20]

이어 ≪속대전≫에서는 양사 관원은 공통으로 상피하지 않는다는 규정을 구체화하는 한편, 만일 당연히 상피되는 자는 하위의 자를 옮겨 임명하고 상위의 자는 그대로 재임케 하여 인조 때의 규정을 존중하였다.[21] 그리고 만일 새로 제수되는 자가 상피 자일 경우에는 기존의 관리를 체직하였다.

이러한 관례는 숙종 연간에 지평 洪受儆 및 장령 朴世樟의 遞差와 장령 金璟의 출사를 청한 내용[22]에서 확인되고 있다.

---

20) ≪受教輯錄≫ 卷1, 〈吏典〉, 相避條.

21) ≪續大典≫ 卷1, 〈吏典〉, 相避條.

22) 〈啓文〉, 규장각, 官府文書(청구기호 178500), 肅宗 11年(1685年). "持平 洪受儆 以新除授掌令金璟 卽臣之同姓四寸妹夫也 法當相避 何敢仍冒掌令朴世樟 以臣昨以南兵使尹時達 拿問定罪事 連 啓蒙允矣 卽伏聞長官以殞命一爽實等語 既已陳梳自列 至有令禁府 更稟處之之 教云論事不審矇然 連啓之失 臣亦有之 何可仍冒於臺席乎 掌令金璟 以卽者持平洪受儆▨掌令朴世樟俱爲引避 退待處置 當歸於臣 而其中洪受儆 則既以▨臣相避引爲嫌 臣於昨者 赤以此引口到今處置實無 其理其何敢晏然仍冒乎 並引嫌以退 既有相避在例當遞 論人爽實 理難在職 嫌難處置 其勢古然 請特平洪受儆 掌令朴世樟遞 差掌令璟 出仕"

⑵ 諸科 相避人 試官選定과 상피 적용 논의

위의 사례처럼 상피제 상의 붕당과의 관련성을 이해하기 위해서는 殿試, 庭試, 謁聖試, 拔英試 같은 親臨試에 관한 이해가 선행되어야 한다.

조선시대 발달한 관료제 아래에서 중앙정치 무대에 참여하기 위해서는 관품과 관직을 얻는 것이 무엇보다 중요하였다. 따라서 관품과 관직을 갖는 것은 지배 신분의 주요 징표였으며, 과거에 응시할 수 있는 자격은 지배 신분에게 유리하였다. 이미 앞장에서 살펴본 바와 같이 전근대 관료제 사회에서 관료는 국가의 운영을 담당하는 지배 계층이었기 때문이기도 하였다. 그 가운데 친림시에서 나타나는 黨人과의 경쟁은 노골적인 것이었다.

이미 앞에서 살펴본 대로 親臨試는 국왕이 직접 試官이 되어 주관한다는 명목 하에 있었기 때문에 상피 규정을 별도로 두지 않고 있다. 대개 친림시와 관련된 시관상피의 운영은 크게 국왕과의 입장과 신하들 간의 관계로 나누어 생각해 볼 수 있다.

먼저 국왕의 입장에서 살펴보면, 이것은 국왕의 권력 행사와 밀접한 관련성이 있다. 다시 말해 시관상피는 국왕의 입장에서 상당히 중요한 의미를 갖는다.

시험 응시자인 擧子와 시험 주관자인 試官 간의 상피 자는 別頭場을 설행하는 것이 일반적이었다. 그리고 시관의 備擬 때 문망이 있는 자를 골라 관장하게 하였는데, 이럴 경우에는 거자와의 상피 관계가 다소 완화되었다.[23)]

---

23) 李命龍, ≪戒逸軒日記 外≫, 庚辰年(英祖36) 9月 8日(韓國史料叢書 第42) "初八日, 清明霜降(중략). 凡試官備擬時, 有文望應爲掌試人, 勿拘擧子, 相避皆擬. 試官旣入試院, 雖遭朞功之喪, 勿爲通訃, 儒生被罰者, 雖謁聖春堂臺試, 亦勿許赴. 儒生白衣入場者, 禁斷"

그런데 殿試의 경우에는 한 걸음 더 나아가 상피 관계를 따지지 않기 때문에 부자 사이나 형제 사이와 같은 至親 관계에 있는 자가 같은 장소에 들어와서 시험을 보았다. 이는 명목 상 전시나 정시가 국왕이 주관하는 시험이었기 때문에 시관이 의도적으로 私情을 쓰지 못할 것이라는 것에서 기인한다. 이러한 경향은 국왕이 주관하는 친림시에서 상피 자라 하더라도 시관으로 임명하는 구실이 되었다.[24)]

일반적으로 初試와 覆試는 신하의 주관 하에 이루어져 그 상피 관계를 엄격하게 준행하였으나, 殿試의 경우는 임금이 직접 주관하는 시험이었기 때문에 상피 규정을 두지 않았다. 이는 국왕이 신하의 권한을 효과적으로 통제할 수 있었다는 상징적인 의미가 있었다. 그러한 사례는 세조 12년(1466)에 단오절에 종친과 문무백관에게 베푼 拔英試 등에서도 확인되고 있다.[25)]

그리고 殿試와 庭試 때 친속의 상피에 관계없이 시관을 임명하였던 것은 임금의 권위와 관련이 있었다. 정시는 형식으로나 실재로나 국왕이 시관이 된다는 명목이었기 때문에 감히 임금의 권위에 도전하지 못하였다.

이러한 경향은 정책 과정에서 끊이지 않고 논란의 대상이 되었으나, 국왕이 친림시에 한해서는 상피를 인정하지 않고 그대로 종래의 방식을 고수한 데에서 기인한다. 만일 이 문제로 신하들과 마찰을 빚으면 法典의 내용을 근거로 그대로 준행하였다. 이는 왕권의 우위 속에서 신권을 조정하려는 통치력과 관련이 있는 것이다. 이에 관한 다음 기록을 보면,

24) ≪광해군일기≫ 권35, 2년 11월 丁未條.
25) ≪增補文獻備考≫ 권186, 〈選擧考3〉, 科制3.(국역선거1, p.135)

> 우의정 沈喜壽가 아뢰기를, "국조 이래로 문무과의 殿試와 庭試 때에 친속의 相避에 구애되지 않았던 것은 지척에 계신 임금의 위엄 아래에서 털끝만큼도 피해야 할 혐의스러움이 없었기 때문이었습니다. 그런데 요사이 풍습이 옛날과 같지 않아 논의가 많이 엇갈리어 한 번 방이 나붙기만 하면 대번에 누구의 아들이니, 사위니, 동생이니, 조카니 하는 비방을 합니다. 이들의 합격은 우연히 그렇게 된 것에 불과한 것인데 이처럼 뜻밖의 비방을 초래하고 있으니, 어찌 매우 놀라운 일이 아니겠습니까.(중략) 답하기를, "전시에 상피의 제도가 없는 것은 법전에 실려 있다. 경은 사양하지 말고 마음을 다하여 考課를 해야 할 것이다."하였다.[26]

라고 하였다. 위의 기록과 같이 친림시에서 상피 규정을 두지 않아 생기는 부작용도 적지 않았다. 즉, 시관의 親屬 가운데 유난히 시험에 합격된 자가 많았고, 이름 있는 관리나 高官의 자제들 가운데 과거 합격한 자가 유독 많이 배출된 것이 그것이다. 그래서 전시의 경우 시관으로 임명된 관리가 친속의 합격자가 많다는 오해를 받지 않으려고 상피 관계를 핑계 삼아 避嫌하는 경우도 흔하였다.[27]

그런데 이러한 경우에도 국왕은 상피를 이유로 피혐하는 것을 용납하지 않았고, 遞職하는 경우도 별로 없었다. 이렇게 친림시에서 상피 규례를 따로 두지 않았던 이유는 아마도 왕권의 강화 차원이 아니었을까 하는 생각이 든다.

한편, 시관상피는 신하의 입장에서 보면, 朋黨 간의 경쟁과 밀접한 관련이 있었다.

殿試 때 시관은 상피 적용자가 아니라는 것을 빌미로 자기 黨人을 뽑은 기회로 활용하였다. 그 대표적인 사례가 光海君 때의 기록에서 살펴볼 수 있다. 당시 정치적 이견에 의한 대립을 보면, 먼저

---

26) ≪광해군일기≫ 권39, 3년 3월 丁未條.
27) ≪인조실록≫ 권14, 4년 8월 丁卯條.

광해군 8년(1616)에 이이첨이 올린 상소의 내용 중 殿試에 대한 상피 기록이다. 이 기록에 의하면,

> "예조판서 이이첨이 아뢰기를, (중략) 李克健 등의 상소에는 또 '이번의 殿試에 考官이 子弟들을 많이 뽑았다.'고 하였는데, 예로부터 전시에는 相避하는 법이 없기 때문에 고관의 자제들이 參榜하는 경우가 매우 많았습니다. 許曄이 許篈을 뽑을 때와 尹斗壽가 尹暘을 뽑을 때에 과연 자제라는 혐의를 피하여 뽑지 않았더란 말입니까. 이와 같은 경우는 출방할 때마다 없는 때가 없었습니다.[28]

라고 하였다. 위의 사례는 당시 전시를 주관하는 데 있어서 시관의 黨色에 따라 시험 합격자도 성향을 달리하고 있음을 보여준다.

광해군의 신임을 받고 있던 李爾瞻이 시관으로 있으면서 자기 당색을 가진 자를 많이 뽑았는데, 이것이 상대 정치 세력의 공격을 받고 있는 것이다. 이에 이이첨은 권신 許曄, 尹斗壽가 주관하던 시험에서 고관의 자제를 뽑았을 경우에는 가만히 있다가, 이이첨이 주관한 과거에서 그들의 자제를 뽑았다고 상피를 빌미로 공격하는 것은 부당하다고 변명하고 있다. 이이첨은 이 일로 사직을 청하나 국왕은 사직을 받아 주지 않아 결국 이이첨의 손을 들어주었다. 이렇게 국왕이 試官에 따라 선발되는 인재가 달리 선발된다는 부작용을 알고 있었으면서도 왕권의 강화라는 명목 하에 그대로 유지하였던 것이다.

또한 같은 해 일어난 李爾瞻과 尹善道의 대립 사례도 주목된다. 즉,

> "進士 尹善道가 상소하기를, (중략) 올해의 別試殿試의 급제자 가운데에는 考官의 형제와 아들과 조카 및 그들의 족속으로서 참방한

28) ≪광해군일기≫ 권110, 8년 12월 甲寅條.

> 자가 10여 명이나 된다고 합니다. 전시가 비록 상피하는 법규가 없다고는 하나 예로부터 어찌 한 과방 안에 상피 관계에 있는 사람으로서 합격한 자가 이렇게 많은 때가 있었겠습니까. 신의 생각으로는, 이이첨과 黃廷弼이 비록 말을 잘한다고는 하나, 상피 관계에 있는 사람들이 이토록 많이 급제한 시대를 찾아서 증거를 댈 수는 없을 것이라고 봅니다. (중략)"[29]

라고 하였다. 이 사건은 광해군 8년(1616)에 일어난 일로, 당시 윤선도는 尹惟幾의 양자로 들어간다. 그런데 윤유기와 윤선도는 黨色이 달랐다. 즉, 윤유기는 본래 이이첨의 당류인 北人 계열을 지지하였으나 이이첨이 중용하지 않고 있던 상태였다. 하지만 윤선도는 南人 입장에 섰던 인물이다.

그래서 윤선도가 올린 상소 내용에 대해 국왕이 처음에는 의심하기도 하였다. 이는 윤선도가 상피 관계자임에도 불구하고 殿試에서 상피 법규가 없다는 규정을 악용하여 이이첨이 자기 당의 자제나 고관의 자제를 의도적으로 뽑았다고 공격했기 때문이다.

결국 이 사건을 계기로 윤선도는 外地로 安置되고 만다. 하지만 윤유기는 이이첨의 변론으로 단지 관작만 삭탈되고 귀향 조치가 내려진다. 후에 南人들이 정권을 잡고 난 뒤 윤선도의 이러한 행위를 높게 평가하고 있는 것은 당색에 의한 그들의 입장이 확연히 갈렸음을 보여주는 사례라 하겠다.

같은 맥락에서 또 다른 사례를 더 보면, 李樑의 경우이다. 이미 외척의 상피제 논의에서 자세히 살펴보았지만, 다시 간략하게 정리해 보면 다음과 같다.

이량의 아들인 李廷賓은 아버지의 그늘로 알성시에서 장원으로 급제하여 많은 사람들의 비웃음을 사기도 하였다. 그런데 이정빈이

---

29) ≪광해군일기≫ 권110, 8년 12월 丁巳條.

곧 전랑으로 추천자가 되었으나, 이량이 판서로 임명되어 상피 적용 대상자인 관계로 이정빈이 자신의 친구인 柳永吉을 자기 후임으로 추천하려 하자, 이것이 정랑 朴素立과 좌랑 尹斗壽 등의 반대로 실패하였고, 더욱이 李文馨, 許曄은 이량에 반대 입장에 서고, 奇大升, 尹根壽 등도 마찬가지였다. 그런데 李戡이 대사헌이 되어, 이문형, 허엽, 박소립, 윤두수, 윤근수, 기대승 등이 그의 탄핵으로 削職되어 지방관으로 쫓겨 나가고 만다. 후일 동서붕당의 한 축이었던 沈義謙은 바로 李樑의 조카였다는 사실은 시사해 주는 사실이 많다 하겠다.

제2절 국왕 주도의 상피제 개편 노력

1. 孝宗代, 顯宗代의 상피제 개편 논의 배경

17세기에는 사족들이 강력하게 정치를 주도하였다. 그들은 군주체제의 한계를 뛰어넘은 것은 결코 아니었으나, 16세기 사림파 이후로 수립해온 '公論'의 명분과 여러 정치 제도를 이용하여 왕권을 제한하면서 자기들의 이념을 구현하고 사회, 경제적 특권을 향유하고자 하였다. 성리학적 향촌 질서를 바탕으로 수립된 사족의 명분과 정책은 16, 17세기에 가장 큰 힘을 발휘하였으며, 그 이후로도 계속 영향력을 행사하였다.

국왕이 공신 등 가까운 관인들과 함께 독자적인 시책을 펴기도 하였지만, 18세기 영조 이전까지는 朋黨으로 결집된 사족들의 명분과 실력에 맞설만한 일관된 이념과 정책이라 하더라도 앞 시기 사족 관인 중심의 논리를 모두 부정할 수 있었던 것은 결코 아니다.[30)]

특히 인재를 새로이 수용하려는 정치적 입장에서 상피를 통한 적절한 인재의 임용과 배치는 중요한 의미를 내포하고 있었고, 이에 따라 신하의 권한을 효과적으로 제어하려는 노력은 국왕으로서는 아주 적극적인 입장을 보이고 있음을 알 수 있다. 이는 비단 이 시기 만에 한정된 것은 아니고, 이른 시기부터 이루어져 왔다.

肅宗 연간에 이르러서는 국왕이 사족 관인들의 정치 주도력에 제한을 가하고자 여러 방향으로 노력하였고, 이로 인한 換局이 반복되는 가운데 하나의 제도로서 구체적인 사안으로 주목받은 것이 상피제가 아닌가 한다.

물론 앞에서도 언급하였지만 상피제를 통한 신하의 권한 제어 내지 제한은 17세기만 한정된 것이 아니고 조선 후기 어느 임금에게나 마찬가지였다. 이는 한 걸음 더 나아가 장차 巨室世族〔큰 가문 및 대대로 내려오는 집안〕으로 성장한 가문들이 하나의 정치적 이해 집단으로 성장하여 각기 私黨을 형성하는 폐단이 지속될 때 나타날지도 모르는 친인척 간의 부조리는 훗날 국왕의 입장에서는 아주 심각한 정치 문제가 될 수도 있을 것이다.

이에 국왕은 상피제를 통해 그들의 정치 세력화 경향을 차단하고 왕권 강화라는 본연의 목적을 달성하려는 입장이 반영되었던 것이다. 이러한 동향이 결국 17세기의 인사 정책의 기본 방향을 이루었던 것으로 여겨진다.

더욱이 仁祖 때 공신들은 그들의 특권적 지위로 인해 일반 士族들과 전반적으로 대립 관계에 놓여 있었으며, 수세적 입장에서 자기 세력을 강화하기 위한 인물 등용 정책을 편 것이었다.

인조 전반기에는 金瑬가 중심이 되어 南以恭, 金世濂 등의 북인 출신 인물들을 등용하여 소장 관인들과의 갈등을 격화시킨 바 있다.

---

30) 吳洙彰, ≪朝鮮後期 平安道 社會發展 硏究≫, 일조각, 2002, p.37.

병자호란 이후 최명길이 최고 권력을 장악했을 때는 남이공을 이조판서로 올려 독자적인 세력 기반을 구축하려 한[31] 것도 그러한 이유와 밀접한 관련성이 있었다.

당시 상피제에 있어서 인재 수용의 논리는 정치적 名分을 쌓은 일이 무엇보다도 필요하였다. 본래 상피제가 일정한 범위 내의 친인척 관계를 빌미로 그들의 정치적 세력화 차단을 목적으로 하는 만큼 인물의 평가에서도 중요한 기준이 되었던 가문의 위세와 명망〔地望, 門地〕 등의 극복은 그 핵심이었다.

그렇다고 하여도 가문 자체를 무시하는 일은 그리 많지 않았다. 다만 동일 부서나 특정 업무에 있어서 혈연관계를 어느 정도의 배제가 이루어져서 공무의 효율성을 높이려는 국왕의 노력 차원에서는 지망이나 문지는 걸림돌 역할을 하였던 것도 사실이다. 그래서 법제적으로나, 실재적으로나 상피제의 강화 내지 법제적 준행 강조는 당연한 것이었다.

17세기에 있어서 인재 등용은 일차적으로 科擧가 그 기준이었으나 이에 버금가는 민심의 수습을 도모하고자 했던 데에서 기인한 결과였다. 정권의 안정과 그 조치로 薦擧가 적극 활용되고 있다. 이는 묻혀 있는 인재를 때로는 일정한 제도적 틀을 벗어나면서까지 활용하려는 의도에서 이루어지고 있다.

더욱이 仁祖反正을 계기로 이루어졌던 많은 지방 인사의 발탁과 그 이후의 山林의 중앙 정계로의 진출은 천거제의 정신에 따른 것이었다. 다시 말해 山林은 선조 때와 광해군 때에도 이루어져 광해군대 鄭仁弘과 같은 인물이 나타나기도 하지만, 산림의 적극적인 徵召政策에 의해 정계에 대거 진출하고, 적극적인 활약을 보인 것은 인조반정 이후이다. 즉, 인조반정 직후에 반정의 주도세력인 서인계

31) 吳洙彰, 〈인조대 정치 세력의 동향〉, ≪한국사론≫ 13, 1985, pp.84~110.

훈신들은 유림의 지지를 받았지만 정권의 지속과 안정을 기할 수 있다고 판단하여 유림의 대표적인 인물들인 산림을 발탁, 중용하였다.

이후 孝宗代에는 효종 자신이 北伐計劃을 도와줄 계층으로 산림을 주목함으로써 宋時烈 등의 산림이 천거되어 정계에 진출하게 되었고, 결국 산림의 徵召는 儒賢 등용이라는 명분과 결합되어 관례화되었다.

이렇게 17세기 인사를 주도하였던 산림의 천거에 의한 중앙 무대 진출은 科擧의 문란과 잇따른 戰亂, 그리고 黨爭에 의한 혼탁한 정치 상황으로 인하여 官途를 기피하고 은둔하는 선비들이 많아지게 되자, 조정에서는 향촌에서 강력한 영향력을 행사하고 있는 산림을 등용한 것이었다.[32)]

이에 따라 상피제의 정비가 이루어졌고, 산림 간의 인맥을 이용한 관직의 천거를 방지하고, 국왕의 정치 주도권을 보다 확고히 하여 신하들의 정책 토론 내지 인사 정책 실시 과정에서 자신의 입지를 확고히 하기 위하여 상피 제도를 강화 내지 확대 정비해 가고 있는 것을 볼 수 있다. 그리고 천거로 인한 관례화가 본연의 관리 등용이라고 볼 수 없었던 당시로서는 과거제의 문란에 대한 시정도 중요한 것이었다.

이에 정부는 그 보완 조치로 국왕 중심의 정국 운영을 강화하기 위하여 顯宗 7년에 試官相避를 정비하면서 그 적용 범위를 대전 상의 小註相避까지의 확대하는 조치를 내리고 있다.[33)]

또한 17세기의 인사 정책에 있어서 상피와의 관련성이 강하게 내포되어 전개 되었던 것이 通淸에 관한 문제이었다. 이에 관한 연구는 吳洙彰에 의하여 구체적으로 이루어졌는데,[34)] 그의 주장을 바탕

---

32) 鄭求先, ≪조선시대 천거제도 연구≫, 초록배, 1995, pp.176~177.

33) ≪顯宗改修實錄≫ 권15, 7년 7월 壬辰條. ; ≪國朝寶鑑≫ 제40권, 〈현종조2〉, 7년(병오).

으로 살펴보면 다음과 같다.

通淸은 조선 중기 이후 당하관 관직 중에서 중요한 의미를 갖는 자리일수록 관련된 다수 관인들의 의견에 의하여 넓게는 '공론'에 의하여 관인 충원이 이루어지게 되었다.

1637년(인조 15)의 자료에[35] 보이듯이 淸顯職에 의망하기 위해서는 銓曹 관인들의 의견을 일치시킬 뿐만 아니라 공론에 널리 물어 모두들 좋다고 해야 하는 것이 원칙이었다. 淸要職으로 나아가는 첫 관문인 藝文館 檢閱의 경우에는 그 관직을 역임한 자들이 모두 모여 적임자를 천거함으로써 후보자를 결정하였다.

관인의 자율적인 충원이라는 전통은 조선후기에 굳게 유지되었다. 뒷날 영조 때 예문관 검열의 천거 제도를 폐지하고 翰林召試를 실시하여 사족 관인의 자율적인 후보자 추천에 제동을 걸었음에도 불구하고 정조대에는 다시 천거 제도를 부활시켜야 했던 것이 그 한 예이다.[36] 承政院 注書 역시 적임자가 2명씩 천거한 후 그 순서에 따라 차례대로 의망되었다.[37]

자율 충원의 원칙은 삼사나 이조의 당하관을 중심으로 한 청요직의 경우에 가장 강하게 나타났지만, 권위 있는 자리나 승진의 경로가 되는 관직에는 두루 적용되었다. 심지어 비변사의 낭관까지도 자체적인 동의가 없이 외부인이 진출하기에는 큰 장애가 있었다. 이렇게 관직 진출의 길목마다 시행되던 자율적인 충원은 조선 후기 사족 중심의 정치 질서를 유지해 나가는 핵심적 장치였다. 그러나 17세기와 18세기 초반의 통청 노력은 별다른 성과를 거둘 수가 없었

34) 吳洙彰, ≪앞의 책≫, pp.75~78.
35) ≪인조실록≫ 권34, 15년 12월 丙申條.
36) 朴光用, ≪조선후기 '탕평' 연구≫, 서울대 박사학위, 1994, pp.130~140, pp.199~200.
37) ≪典律通補≫ 卷1, 〈吏典〉, 京官格式(법제처, p.89).

다. 국왕의 명령이라 하더라도 사족 관인의 '공의'를 거스르는 조치는 성과를 거두기가 어려운 것이 당시의 정치 질서였다.

이렇게 되자 국왕은 그들의 公義라는 명분 아래 시행되던 자율 충원 방식에서 사정의 개입 차단을 통한 왕권 강화에 많은 노력을 경주하였던 것으로 여겨진다. 이러한 일련의 노력 가운데 그 구체성을 띠고 전개되었던 제도가 바로 상피 제도 이었다.

상피제는 그 적용이 대전 상 특별한 몇몇 관직을 제외하고는 당하관에 집중되어 적용되고 있었기 때문에 비록 자율 충원이라 하더라도 왕권의 강화와 밀접한 관련성을 가지고 이루어졌다. 관리가 관행화된 자율 충원 방식에서 자기 朋黨 내지 일정한 친인척 관계와 인맥으로 맺어지는 私黨의 부류들을 추천한다면 그 제도가 어느 정도의 퇴색을 보이게 될 것이다.

이는 앞에서도 언급하였듯이 국왕이 적극적으로 인사에 개입하는데 상당히 힘든 상황이 연출될 지도 모르는 일이다. 이에 국왕의 입장에서 그러한 병폐를 차단하고 제도의 올바른 시행을 위해서라도 상피제를 강화 내지 확대 시행하는 정책으로 일관하였고, 대전 상의 준행을 강조하여 이루어지고 있는 것을 볼 수 있다.

17세기 사회에서는 재지 사족이 향촌 사회의 주도권을 장악하고 있었다고 보여준다. 鄕約·洞約·族契 등 향촌사회 통제를 위해 만들어졌던 제반 장치들이 임진왜란을 겪으면서 허물어지자, 재지 사족들이 각 향촌 단위로 신속하게 이를 복구해간 것이 그것을 증명해 준다.[38]

한편, 비변사에서 왕권을 견제할 수 있는 요인은 제도적 장치와 인적 구성을 통해서 살필 수 있다.[39] 왕권을 견제한 비변사는 제도적 장치로는 먼저 비변사의 인사 행위에서 나타난다. 비변사에서

---

38) 禹仁秀, ≪朝鮮後期 山林勢力 研究≫, 일조각, 1999, p.55.
39) 潘允洪, ≪조선시대 비변사 연구≫, 경인문화사, 2003, pp.351~397.

수령에 대한 추천 결과를 備三望으로 올리면 왕은 대부분 수망에 낙점하였다. 즉, 인조에서 현종 때까지 비삼망에 낙점한 비율은 李在喆의 연구에 의하면, 80%에 이를 정도로 많았다. 그 외 비변사당상의 의천 과정을 거치지 않은 군문대장의 비삼망도 이와 마찬가지였다. 그리고 비변사 운영에서 핵심적인 역할을 하는 유사당상의 임면은 거의 대신의 의지가 관철되었다.

다음 비변사의 왕권 견제의 장치로서 引見을 주목할 수 있다. 인견에서 신권과 왕권이 충돌하게 되면 신료를 대표하는 대신이 조정의 역할을 맡았지만 대신도 대체로 신료의 입장을 견지하였다. 인견의 이러한 왕권 견제로서의 기능은 경연의 그것과 매우 흡사하였다. 경연에서 신료들은 유교적 교육을 통하여 자의적인 왕권의 행사를 견제하였다. 반면에 인견은 현실 정책의 집행 과정에서 왕권을 견제하는 장치였다.

인조 17년(1639) 이후 인견은 월 3차례로 정례화 되어 실시하여 빈도가 늘어난 반면, 경연은 왕의 건강 악화, 고의적인 기피 등으로 줄어들었다. 특히 현종은 산림계가 누차 경연의 개최를 요구하였으나, 몹시 꺼려 연 10회를 넘는 해가 드물었다. 따라서 17세기 왕권 견제 장치로 경연 보다 인견을 중시하게 된 것이다.

독자적인 권력 기반을 갖춘 당상들은 비변사 논의를 주도하고 왕과의 의견이 충돌할 때 왕권에 상당한 제약을 가져왔다. 비변사 구성원을 통해서 왕권을 견제하려는 것은 효종 후반 이후 山林의 송시열 계열 관료들이 본격적으로 비변사에 진출하면서부터 두드러졌다. 그들은 먼저 자의적인 이권의 행사를 견제하려고 했다. 사림정치에서 신권은 왕권과 조화·균형을 모색하였는데, 이때 등장한 산림계는 보다 강하게 왕권을 견제하고자 했다.[40]

---

40) 李在喆, ≪朝鮮後期 備邊司硏究≫, 집문당, 2001, p.171～177.

사림 정치의 권력 구조는 왕, 대신, 삼사의 삼각 구도를 형성하여 상호 간에 견제와 균형을 이루었다. 권력의 원천인 왕을 정점으로 하여 대신은 이를 위임받아 실행하였으며, 삼사는 왕권의 자의적인 행사와 대신의 지나친 권력 집중을 견제하였다.

17세기 비변사 체제가 확립되면서 비변사와 삼사는 견제와 균형을 이루었다. 당시 3사와 비변사의 견제는 어느 특정 관서의 국정 장악을 방지하고 정책 시행 과정에서 충분한 논의를 거쳐 최선의 방법을 모색할 수 있는 기능을 하였다.

위와 같은 경향에서 알 수 있듯이 16세기의 조선사회는 경국대전 체제의 준행을 강조하면서도 운영 면에서 다소의 모순을 드러내고 있었다. 더욱이 17세기에 이르러 인재를 새로이 수용하려는 정치적 입장에서 상피제를 통한 적절한 인재의 임용과 배치는 중요한 의미를 내포하고 있었고, 이에 따라 신하의 권한을 효과적으로 제어하려는 노력은 국왕으로서는 아주 적극적인 입장을 보이고 있다.

이러한 배경 하에 상피제의 개편 논의는 현종 때 이르러 심도 있게 모색되고 있다. 아래의 그 개혁안을 검토해 보자.

2. 효종대 상피제 개편 내용

대개의 국가 제도가 그렇듯이 조선사회에 있어서 상피 제도 순기능적 요소와 역기능적인 요소가 서로 상존하였다. 대개 순기능적 요소로는 상피제가 조선 초 중앙 집권화 과정을 뒷받침해주는 제도적 장치였고, 나아가 국가가 안정기에 접어들면서는 신하의 권한을 통제하고 관리의 부패와 부조리를 차단하려는 목적 하에 이루어졌다는 측면을 들 수 있다. 그런데 그 기능이 변질하여 운영에 있어서 상피제가 政爭의 수단으로 전락할 소지도 상존하였다. 따라서 국왕의 입장에서의 상피제 개편은 정치운영에 한 방편으로 인식되어진

듯하다.

그런데 상피제 정비에 대한 국왕의 노력은 현종 때에 갑자기 등장한 것은 물론 아니다. 이미 明宗 10년(1555)부터 이루어진다. 中宗 이래로 防納 폐단과 代立制의 모순 등이 표면화되면서 전곡을 담당하는 관리와 외관과의 결탁이 가시화되자, 이들의 부조리를 방지하기 위한 방편으로 상피 규정을 새롭게 두고 있는 것을 볼 수 있다. 이때의 규정은 錢穀과 傳掌에 관계된 관청은 지방의 수령·僉使·萬戶와 서로 상피하게 한다는 것이었다.[41]

이후 仁祖 12년(1634)에 가서 붕당이 활성화되면서 兩司의 권한이 확대되고 언관이 상대 黨人을 공격하는 병폐가 서서히 나타나면서 양사의 관원 중 계사한 관리의 상피 적용을 하지 않는 쪽으로 명확히 함과 아울러 상피 자의 재하당피 내지 재하당체의 원칙을 마련하여 이로 인한 引避의 소지를 해결하였다.[42] 이러한 원칙은 후에 ≪속대전≫을 편찬하면서 그대로 채택되었다.

이렇게 국왕 주도의 상피제 개편은 성종 때 ≪경국대전≫이 정비된 후 ≪대전속록≫에서 "婚姻家並相避" 조문의 보완과 위의 명종, 인조 때처럼 후대에 걸쳐 조금씩 보완 형식으로 이루어졌지만, 구체적으로 활성화된 시기는 아마도 효종, 현종, 숙종 대의 17세기 붕당 정치기에 접어들면서 일 것이다.

17세기에 이르러 反正이 일어나고 功勳의 대가로 또는 왕실과 혼인 관계를 통하여 특히 外戚이란 특권을 이용하여 정사를 좌우하였고, 권력을 농단하기에 이른다.

예컨대 조선 후기의 명문들은 왕비를 들이거나, 大君, 君을 사위

---

41) ≪受教輯錄≫ 卷1, 〈吏典〉, 相避條. "有錢穀及傳掌緊關衙門 與外方守令僉使萬戶 並交代相避 其餘勿避(嘉靖乙卯承傳)"

42) ≪受教輯錄≫ 卷1, 〈吏典〉, 相避條. "兩司稽謝者勿避 相避人 在下當遞者引避 在上者勿避 避嫌請出後 以一事來避者 勿捧(崇禎甲戌承傳)"

로 삼거나, 또는 公主, 翁主를 며느리로 맞이하여 왕실과 사돈 관계를 맺음으로서 執權의 바탕을 마련하기에 이른다.[43] 집권에 대한 지나친 집착은 결국 관료 집단의 균형을 강조한 유교 정치의 많은 문제를 야기하였다.

원래 조선시대 관료 집단은 서로 간을 형제나 붕우와 같은 의리를 강조하였고, 이것이 임금을 아끼고, 나라에 충성하는 마음으로 인식되어 있었다.[44] 그런데 붕당이 심화되어 분화 과정을 겪으면서 私黨化되어 가면서 왕명의 집행이 다소 완화되고, 국정의 집행이 지연되며, 인사의 공정성에 많은 폐단이 나타나 결국 관리 집단의 시비가 분명하게 드러나지 않은 경향이 자주 발생하기에 이른다.

그러한 사례가 효종 즉위년의 吏曹判書 沈詻에 대한 상피 적용 논의이다. 즉, 심액은 이조판서에 있으면서 자신의 동서 아들인 李時中과 외손자인 吳挺緯 등을 外職에 제수하였다. 그렇게 되자 天官之任을 다하지 못한 것으로 받아들여져 兩司의 탄핵을 받았다.[45] 더욱이 領敦寧府事 金尙憲은 箚子를 올려 公義를 저버리고 私情에 의한 인사로 상피의 강력한 적용을 주장하였다.[46]

그런데 이시중의 前妻가 領議政 李景奭의 죽은 형의 딸인 관계로 이경석이 심액의 입장을 두둔하였는데,[47] 이것이 오히려 정치적 이

---

43) 黃元九, 〈閥閱政治〉, ≪한국사≫ 13, 국사편찬위원회, 1978, p.79.

44) 朴世采, ≪南溪先生文集≫, 〈續2〉, 教書條. "(중략)亦有兄弟朋友之義(중략)又必相與篤愛君忠國之忱"

45) ≪승정원일기≫ 제107책, 효종즉위년 8월 23일(順治六年己丑八月二十三日庚戌). "(중략)其避辭曰 朝家之事 一遵法例 法外相避 臣所未解云 此則苟且之甚也 吳挺緯 乃沈詻之外孫也 雖曰出繼 其本伊誰 若謂出繼而無祖孫之義則雖謂之無相避 容或可也 既有祖孫之義(중략) 且李時中 沈詻同壻之子也 大典相避條 有外親三寸叔母夫之文 叔母夫既有避 則姪亦在其中明矣 雖無相避三寸叔爲政官 而三寸姪爲太守 則注擬之際 必有人言 況明有相避之文乎"

46) ≪승정원일기≫ 제107책, 효종즉위년 8월 19일(順治六年己丑八月十九日丙午). "領敦 寧府事金尙憲箚子大概 吏曹判書沈詻 不畏公議 專用私情 一家有相避子弟 公然除職 聖明之下 不可聽其自恣 以墜憲章事入啓"

견을 달리하는 정치 세력 간의 다툼만을 확인하는 결과를 낳았다.

당시 김상헌과 이경석은 모두 西人이었으나 오정위은 許穆 측에 가담한 南人이었다. 더욱이 김상헌은 인조 때에 功西에 속했으나, 나중에 老西에 입장에 섰던 인물이고, 이경석은 후에 少西에 영향을 주던 인물이었다.[48] 따라서 이들 간에도 정치적 의견을 달리하여 서로가 서로를 비판하였던 것이다.

위와 같은 사례는 결국 정치 체제를 국왕 중심으로 편제하려는 노력이 수반하는 방향으로 나아갔고, 왕권의 강화와 유지에 제도적 뒷받침을 요구받았다. 권력 구조뿐만이 아니라 법제적으로도 개편 논의가 활발했던 것은 바로 그러한 이유 때문이었다.

특히 효종 때의 兼臺相避法 제정 및 강화 노력은 그 대표적인 사례이다. 효종은 즉위하자마자 臺官의 상피를 마련하는데, 그것이 臺官과 兼臺官의 상피 적용이다.

대관의 상피는 이전 시기부터 나타나고 있지만 겸대관의 상피는 겸대관으로 임용되는 자가 같은 黨人이면서, 친인척 관계자에 있는 자 가운데 많이 직책을 맡은 사례가 발생하자 그 묘책으로 대관과 겸대관의 상피 규정을 마련한 것이다. 아울러 書狀官과 使臣 간에도 상피를 적용하였다.[49] 이후 영조 때 ≪속대전≫에 가서 대관과 겸대관의 상피와, 서장관과 사신관의 상피의 체직은 대관과 서장관을 옮기게 하는 재하당피 원칙을 보완하고 있다.

臺官과 兼臺의 상피 관계는 원래 겸대하였다가 出使한 관원이 일을 마치면, 復命하기 전에 상피 관계를 살피는데 만일 상피가 확인

47) ≪승정원일기≫ 제107책, 효종즉위년 8월 23일(順治六年己丑八月二十三日庚戌). "(중략)且言李時中 可合守令之任 蓋時中前妻 卽臣亡兄之女 姪女無子女早夭 孰知其爲人 耿介有行 曾爲堤川 在任未久 喪厥母而頗有聲稱(중략)"

48) 姜周鎭, ≪이조당쟁사연구≫, 서울대 출판부, 1971, p.301, p.317.

49) ≪受敎輯錄≫ 卷1, 〈吏典〉, 相避條. "臺諫與兼帶臺官相避 書狀使臣 互爲相避(順治庚寅承傳)"

되면, 그 本府의 직책에 제수하지 않았다.[50] 또한 사헌부나 사간원의 관원과 겸대와의 상피는 兼官을 체직하는 경우가 간혹 있었지만[51] 일반적인 경향은 아니었던 것으로 보인다. 오히려 겸대관보다 대관을 체직하는 것이 일반적이었다.[52]

이러한 兼臺相避法은 효종 1년(1650)에 동지사 李厚源의 건의에 따라 제정하였는데, 특히 서장관이 대관을 겸하는 것은 사신 일행을 단속하기 위한 것으로 받아들여져 서장관과 사신의 상피를 정식으로 삼았던 것이다.[53]

이후 겸대상피법은 효종 때를 거쳐 숙종 때 ≪수교집록≫에 그대로 수록하였던 것이다. 이것이 영조 때 ≪속대전≫으로 이어졌다.[54]

3. 현종대 상피제 개편 내용

한편, 顯宗은 예송 논쟁으로 대표되는 서인과 남인의 대립을 직접 느끼고, 고민한 대표적인 군주였다. 따라서 붕당의 폐해와 이로 인한 친인척들의 부조리한 모습은 늘 정치 현안의 과제로 풀어나가야 할 입장에 놓여 있었던 것으로 보인다.

그래서 인지는 모르겠으나, 현종 2년(1661)에 除拜되는 모든 관리의 상피 적용을 원론적인 수준에서 재천명 한[55] 후 현종 7년(1666)에 이르러 擧子와 試官의 상피를 빌미로 대전 상의 상피제 적용을

---

50) ≪선조실록≫ 권100, 31년 5월 壬辰條.

51) ≪선조실록≫ 권189, 38년 7월 丙申條 ; ≪선조실록≫ 권189, 38년 7월 丁酉條

52) ≪典律通補≫ 卷1, 〈吏典〉, 相避條. "翰注及書狀 實試敬差官 兼臺例付 勿拘〔經〕〔增〕〔補〕. 臺官 與兼臺相避 臺臣遞〔續〕〔補〕"

53) ≪국역비변사등록≫ 효종 1년 6월 6일조.

54) ≪續大典≫ 卷1, 〈吏典〉, 相避條. "臺官與兼臺 書狀與使臣 並相避. 書狀官雖與詮官相避兼臺例付勿拘"

55) ≪受敎輯錄≫ 卷1, 〈吏典〉, 相避條. "除拜相避 勿論出繼 依大典 施行(順治辛丑承傳)"

大文相避 뿐 아니라 小註相避까지 확대하여 실시하였다.[56)]

이어 현종 9년(1668)에는 아예 감사와 수령의 상피 적용도 대전상의 소주상피 규정까지 적용 범주를 확대하여[57)] 붕당정치가 가져올 지도 모르는 폐해를 미연에 차단하려 하였다.

위의 사실 가운데 현종대의 개혁 내용을 외관상피와 시관상피를 중심으로 보다 구체적으로 검토해 보자.

(1) 외관상피 개편 내용

외관상피 상피 규정은 ≪경국대전≫ 완성 이후에도 그 시대의 상황에 따라 수시로 보완되고 있다. 조선시대 수령은 세금징수 등의 임무 수행도 중요한 수령 7사 가운데 하나였다. 그런데 16세기에 들어오면서 국가에서 주관하는 공물과 역역에서 방납의 폐단과 대립제의 횡횡 등의 모순이 속출하자 지방에서의 부조리를 염려하여 명종 10년(1555)에 錢穀과 傳掌에 관계된 관청은 外方의 수령·첨사·만호 등과 더불어 모두 교대하여 상피하게 하였다. 실재 상피 자 가운데 이러한 사유로 遞還되는 경우도 있었다.[58)]

이미 제 2장에서 살펴본바와 같이 16세기 李珥의 〈海州一鄉約束〉에서 규정한 守令僉謁禮에 의하면 수령의 出官·遞去·在官·歲時 등 4가지 경우를 정해놓고 수령의 부임 환영식, 환송회, 수령의 경조사, 새해 인사에 鄉員의 예의를 강조하고 있어서 당시 지방 자치

56) ≪受教輯錄≫ 卷1, 〈吏典〉, 相避條. "擧子與試官相避 依大典大文小註 並相避(康熙丙午承傳)"

57) ≪受教輯錄≫ 卷1, 〈吏典〉, 相避條. "監司守令相避 竝用大典小註(康熙己酉承傳)"

58) 柳夢寅, ≪於于後集≫ 卷5, 〈墓道文〉, 通政大夫順天府使宋公圻墓誌銘并序. "(중략)明年 命出牧嶺南之星州 會因前官 仍改使京畿江華 因黜陟者有相避 遞還 正軍資監 首判倉庾粟米百官頒祿事 其春 轉寄湖西之洪州 至秋遞來 委國用柴炭□鹽 爲司宰監正 明年 典工伎八音六律 爲掌樂院正(중략)"

조직과 수령권이 긴밀한 유착 관계를 지니는 형국으로 전개되고 있었다.

따라서 위와 같은 규정은 후에 보다 일반적인 규정으로 바뀌 적용되기 시작하여 같은 도내의 관찰사 · 兵馬節度使 · 수령 · 첨사 및 만호 등은 모두 교차하여 상피를 적용하는 경향으로 나아갔고, 강화되는 경향을 보인다.[59]

그러다가 현종 때 한층 강화된 모습을 보이게 된다. 즉, 현종 7년(1666)에 영의정 鄭太和의 건의로 大典 상의 試官相避 규정이 개정되어 大文相避에서 小註相避까지 확대 적용되면서[60] 외관에 대한 상피 제도 그 규정이 다시 정비되고 있다. 그러한 사례를 보면,

> 7월. 감사 수령은 ≪大典≫의 相避條 小註 내에 기록되어 있는 동성 삼촌 질녀 남편까지 상피한다는 법〔同姓三寸姪女相避之法〕의 적용을 받도록 했다. 대신들 말을 따른 것이었다.[61]

라고 하였다. 이러한 당시의 외관상피 규정은 '가정 연간의 을묘년' 다시 말해 명종 10년(1555)에 錢穀과 傳掌에 관계된 관청은 지방의 守令 · 僉使 · 萬戶와 더불어 모두 교대하여 상피하게 한 것을 재차 확인한 것이었다. 즉,

> (중략) 대사헌 정지화가 '가정 을사년[62]에 錢穀을 담당하는 관원은

---

59) 이것이 영조 때 續大典體制에서 그대로 법제화되었고, 고종 때 大典會通體制에서는 마침내 別將과 權管까지 확대되었다(≪大典會通≫ 卷1, 〈吏典〉, 相避條. "≪續≫觀察使 節度使 守令 僉使 萬戶並交代相避 ≪補≫別將 權管同").

60) ≪현종개수실록≫ 권15, 7년 7월 壬辰條.

61) ≪國朝寶鑑≫ 제40권, 〈顯宗朝2〉, 10年 己酉條.

62) 여기에서 嘉靖 乙巳年間은 인종 원년(1545)으로, ≪현종개수실록≫ 권9, 9년 10월 14일조와 ≪비변사등록≫ 현종 9년 10월 17일조에 대사헌 鄭知和의

> 교대할 때에 상피하라는 수교가 있었습니다. 옛날에는 감사가 감찰하고 다스리기만 했는데 지금은 전곡을 관장하고 있으니, 상피하는 법이 있어야 할 듯합니다.'하고, (중략) 63)

이 그것이다. 이것이 현종 9년에 위와 같은 절차를 거쳐 ≪수교집록≫에서 명문화되었던 것이다. 다시 말해 현종 9년(1668)에 감사와 수령은 상피하되 모두 大典의 小註規程을 적용하게 한다거나 監司를 수시로 교체하여 상피하게 한다거나 하는 것이 그것이다.64)

그런데 법 제정 당시에는 혼선이 자주 있었던 것으로 보인다. 그렇게 되자 현종 10년에 재차 감사와 수령의 상피법을 개정하고 있다. 즉,

> 감사와 수령 사이의 상피법을 개정하였다. 좌의정 허적이 상에게 건의하기를, "동성의 삼촌이 조카사위에 대하여 상피 한다는 내용이 ≪대전≫ 상피 조항의 원문에는 없지만 작은 글씨로 된 주석에는 있습니다. 이전부터 科擧의 相避法에 있어서는 원문의 내용을 적용했는데, 지난번 영의정의 진달로 인해 지금은 작은 글씨로 된 주석 내용을 적용하고 있습니다. 감사와 수령 사이는 일의 체모가 극히 엄하니, 상피법을 어떻게 도리어 가벼운 쪽으로 적용할 수 있겠습니까." 하자, 영의정 정태화가 아뢰기를, "지금부터 감사와 수령 사이의 상피는 작은 글씨로 된 주석을 적용하는 것으로 정식을 삼는 것이 마땅하겠습니다."하니, 상이 윤허하였다.65)

건의 내용으로 되어있다. 그러나 ≪수교집록≫에는 嘉靖乙卯承傳, 즉 명종 10년(1555)로 나오고 있다. 본 필자는 여러 정황으로 볼 때 乙巳年은 乙卯年의 誤記로, 후자인 ≪수교집록≫의 기록이 타당한 것으로 사료된다.

63) ≪현종개수실록≫ 권19, 9년 10월 壬午條 ; ≪국역비변사등록≫ 현종 9년 10월 14일조.

64) ≪受敎輯錄≫ 권1, 〈吏典〉, 相避條. "監司守令相避 竝用大典小註(康熙己酉承傳). 監司 交承間相避(康熙戊申承傳)"

65) ≪현종개수실록≫ 권21, 10년 7월 甲午條.

라고 하였다. 위와 같은 절차는 현종 9년에 全羅監司에 閔熙를 임명할 때 형제끼리 서로 교대하는 것이 문제가 되어[66] 대사헌 정지화가 가정 을묘년(명종 10년)의 '錢穀을 담당하는 관원의 경우는 교대할 때에 상피하라는 受敎가 있다'는 조항을 들어 감사의 교체 주장을 한 것이 계기가 되어 공론화되었다가[67] 마침내 이듬해인 현종 10년(1669)에 감사와 수령의 상피법 개정이 이루어졌던 것이다.

그런데 ≪수교집록≫에는 이 때 이미 왕명으로 상피법이 제정된 것으로 되어 있어서 전라감사 민희의 감사 임명 취소부터 관례화되었던 것으로 보인다.

이는 이긍익의 ≪연려실기술≫에서 현종 무신년에 閔熙가 전라감사가 되었을 때 형제를 뒤이어 바꾸는 것이 옳지 않다는 의견이 있자, 대사헌 鄭知和가 嘉靖 을사년의 전교를 들어 이를 확인하고, 감사의 錢穀 사무 주관 여부를 들어 상피법 적용을 건의하여 민희를 갈고 그것을 定式으로 삼았다고[68] 한 데에서도 확인된다.

이렇게 현종의 상피제 개혁은 친인척끼리 지방 관직을 물려주는 전통을 개선해 보려는 취지였다. 그런데 친인척끼리의 지방 관직 전수 현상은 쉽게 개선되지 않았던 것으로 보인다.

현종 연간에만 보더라도 13년에 동래부사로 임명된 李夏가 부임하기 전에 이전 부사 鄭晳과 혼인을 맺어 혼인한 집과는 서로 직임을 넘겨주고 물려받을 때 상피법이 적용되는 데에도 특명으로 이하의 부임을 허락한 사례는 대표적인 것이다.[69]

이러한 현종대의 노력은 완전히 외관직에 대한 부조리를 개선시키지는 못하였다. 그렇지만 현종은 외관상피법의 정비를 통해 治者

---

66) 李裕元, ≪林下筆記≫ 第18冊, 〈文獻指掌編〉, 監司相避.
67) ≪현종실록≫ 권15, 9년 10월 壬午條.
68) ≪국역연려실기술≫ X, 별집 권8, 〈官職典故〉, p.126.
69) ≪현종실록≫ 卷20, 13년 1월 丙子條.

로서의 권위 내지 專制君主로서의 위엄을 바로 세우려 하였을 것이고, 그러한 노력이 숙종 때 법제화로 이어지는 계기를 마련한 것으로 여겨진다.

한 사례로 감사와 찰방과의 상피에서 찾아볼 수 있다. 즉, 숙종 6년(1680)에 이조참판 趙師錫의 건의와 우의정 閔鼎重의 논의를 거쳐 監司와 察方 사이의 상피법은 종래 수령의 예에 따라 小註相避를 적용하였는데, 이후 이러한 관행은 定式으로 삼고 있다.[70]

그런데 당시 논의에서 대전 상의 수령과 찰방 간의 상피 적용이 이루어진 것으로 되어 있으나 숙종 연간의 법전에서는 보이고 있지 않는다. 다만 정조 때 ≪대전통편≫에 가서 觀察使·兵使 및 都事는 그 지방의 수령 또는 察訪과 상피하는데, 그 규정은 대문상피와 소주상피 규정을 모두 적용한다고 하고 있다.[71]

따라서 이 조항은 정조 때 처음으로 나타난 것이 아니라 이미 현종 때 마련된 것으로 이해하는 것이 타당할 것이다.

그런데 현종의 집권 후반기에 접어들면서 효종 때부터 추진되어 오던 북벌론이 소강상태를 보이고 서인들에 의한 군사권 장악 현상이 뚜렷해지는 경향을 보이게 된다. 그러면서 여러 군사 제도의 개편이 단행된다. 즉, 임금의 측근으로 국왕을 보위하던 임무를 수행하던 내금위와 겸사복 같은 호위 부대는 도총부와 상피 규정을 에 폐지함으로서[72] 국왕의 신변 안정에 상당히 노력을 한 것으로 보인다.

이는 같은 해 이조판서 외에 당상관은 內三廳과 五衛將에 대하여 句管된 일이 없으면 상피에서 면제해 두고 있어서[73] 그러한 입장을

70) ≪숙종실록≫ 권9, 6년 5월 辛亥條.

71) ≪大典會通≫ 卷1, 〈吏典〉, 相避條. "≪增≫監司 兵使 都事與守令 察訪相避 依原典大小註相避法"

72) ≪受教輯錄≫ 卷1, 〈吏典〉, 相避條. "內禁衛兼司僕 全無所管於都摠府 內三廳將 不當與摠府相避(康熙己酉承傳)"

73) ≪受教輯錄≫ 卷1, 〈吏典〉, 相避條. "本曹判書外 他堂上 內三廳及五衛將

뒷받침해 준다.

이에 따른 지방관과 군사 지휘관과의 상피 문제가 새롭게 대두되었다. 우선 그러한 문제는 경기를 중심으로 이루어지는데, 현종 11년(1670)에 경기의 畿邑兼營將인 수령과 摠戎使를 상피케 하였다.[74] 이후 숙종 때 도성정비 사업과 지방군제의 재정비가 이루어지면서 지방의 수령에 대한 상피 규정도 복잡한 양상을 보인다.

먼저 숙종 24년(1698)에 편찬된 ≪수교집록≫에 의하면, 숙종 4년(1678)에 현종 11년에 경기의 畿邑兼營將인 수령과 총융사 사이의 상피 규정을 확대하여 守禦使에게 까지 상피를 적용하게 하였다.[75]

⑵ 시관상피 개편 내용

이러한 외관상피의 개편 논의는 試官相避 규정이 개정되어 大文相避에서 小註相避까지 확대 적용되어 그 규정을 명확히 하였던 시대적 상황과 관련이 있었던 것으로 보인다.

즉, 이미 앞에서 언급한 바와 같이 ≪대전속록≫에서 법제적 규정이 모든 혼인 집안으로까지 확대되어 강화되면서 시관상피에 대한 규정도 강화되고 있다. 그러다가 顯宗 7年(1666) 7월에 領議政 鄭太和의 건의로 大典 상의 상피제 규정이 개정되면서 한층 엄격해지고 있다. 다시 말해,

> 科擧보는 데 相避法을 고쳐 정하였다. 처음에 試官이, 과거보는 자〔擧子〕들이 상피할 때 다만 ≪大典≫의 상피 조항의 原文만 적용하고 小註의 내용은 적용하지 않았는데, 이때에 이르러 政官과 상하의

旣無句管之事 勿避(康熙辛酉承傳)"

74) ≪受敎輯錄≫ 卷1, 〈吏典〉, 相避條. "畿邑兼營將守令 與摠戎使相避(康熙庚戌承傳)"

75) ≪受敎輯錄≫ 卷1, 〈吏典〉, 相避條. "守禦使 同(戊午承傳)"

> 관원이 상피하는 법에 따라 소주의 내용까지 적용하기로 하였다. 이는 영의정 정태화의 의논을 따른 것이었다.[76]

라고 하였다. 이는 시관상피의 대전 상 규정이 政官과 상하 관원의 상피법을 좇아 大文相避에서 小註相避까지 확대 적용되었음을 의미하는 것으로, 이것이 숙종 때 편찬된 ≪수교집록≫에 그대로 정착되어 시행되고 있다.[77]

그리고 영조 때 ≪속대전≫에서 擧子는 試官과 相避하고, 이를 ≪경국대전≫의 大·小註의 相避規定에 의거하여 시행한다고 재차 천명함으로써 조선 후기에 있어서 시관상피는 소주상피 조문까지 확대되어 시행한 것이 일반적이었던 것으로 이해된다.[78]

이러한 규정 마련은 이후 ≪무과총요≫[79]와 정조 때 편찬된 ≪전율통보≫에서도 확인되고 있다.[80]

4. 肅宗代 상피제 개편의 한계

현종 이후 즉위한 숙종은 '換局'을 겪으면서 왕권의 강화에 필요성을 인식하기 시작하였고, 이는 제도의 정비로 이어졌다. ≪수교집록≫의 편찬은 그 대표적인 사례이다. 이 법전은 ≪경국대전≫ 편찬

76) ≪顯宗改修實錄≫ 권15, 7년 7월 壬辰條. ; ≪國朝寶鑑≫ 제40권, 〈현종조2〉, 7년 丙午條.

77) ≪受教輯錄≫ 卷1, 〈吏典〉, 相避條. "擧子與試官相避 依大典大文小註 並相避(康熙丙午承傳)"

78) ≪續大典≫ 卷1, 〈吏典〉, 相避條. "擧子與試官相避 依原典大小註相避法"

79) 林仁默, ≪武科總要≫ 卷之一, 〈吏典〉, 相避條. "〔續〕 擧子與試官相避 依原典大小註 〈受〉康熙丙午"

80) ≪典律通補≫ 卷1, 〈吏典〉, 相避條. "除拜 聽訟 試官 〈〔經〕〔續〕〔補〕 擧子與試官〔續〕〉 大文小註 并避一司 及 政府 禁府 吏兵刑曹 都摠 漢城 司憲府 五衛將 兼司僕 內禁將 承政 宗簿寺 部將 史官 用小註〔經〕〔續〕〔增〕〔補〕"

후 역대 국왕의 수교를 모아 정리한 성격을 가지고 있지만 수교 자체가 법제 구속력을 갖는다는 의미에서 이 법전의 편찬은 중요한 의미를 갖는다. 그러면서 자연스럽게 상피법의 정비도 아울러 이루어지고 있던 것이다.

당시 상피법은 이전 시기의 상피 규정 마련을 보완하는 형식으로 이루어졌다. 외관상피는 숙종 6년(1680)에 外官이 參下官인 경우 모두 상피를 적용하였고, 숙종 12년(1686)에는 營將이 군무를 전관할 경우에는 소속되는 고을의 수령과 상피하게 하여 지방에서의 정치세력화를 차단하려 하였다.[81]

그러한 경향은 숙종 13년(1687)에 北評事와 咸鏡監司의 상피 규정 마련에서도 확인되고 있고[82] 이것이 ≪속대전≫에 그대로 법제화되었다.[83] 하지만 숙종 39년(1713)에 가서 慶源府使와 북평사의 업무를 따져 상피 규정에서 제외시켜 주었다.[84] 한편 숙종 10년의 사례에서 보듯이 水使는 수령으로부터 상피 대상이 아니었다.[85] 하지만 水使와 兵使는 상피 대상이었는데, 이는 영조 16년(1740)에 편찬된 ≪신보수교집록≫에 보면 확실히 알 수 있다.[86] 이렇게 숙종 때에 외관제도에 대한 집중적인 정비 현상은 숙종의 왕권 강화책과 아울러 국방 제도 정비가 대대적으로 이루어지고 있는 것과 무관하지 않았

81) ≪受敎輯錄≫ 卷1, 〈吏典〉, 相避條. "外官參下相避 一體施行(康熙庚申承傳). 營將專管軍務 屬邑守令 相避(康熙丙寅承傳)"
82) ≪新補受敎輯錄≫ 卷1, 〈吏典〉, 相避條. "北評事 與咸鏡監司相避(康熙丁卯承傳)"
83) ≪續大典≫ 卷1, 〈吏典〉, 相避條. "三南水軍節度使與統制使 畿邑兼營將守令與守禦使 摠戎使 北評事與咸鏡道觀察使 有戰艦·舟師邑守令與水軍節度使 該鎭屬邑守令與營將並相避"
84) ≪新補受敎輯錄≫ 卷1, 〈吏典〉, 相避條. "慶源府使 與北評事無干涉之事 勿爲相避(康熙癸巳承傳)"
85) ≪受敎輯錄≫ 卷1, 〈吏典〉, 相避條. "水使與守令 勿爲相避(康熙甲子承傳)"
86) ≪新補受敎輯錄≫卷1, 〈吏典〉, 相避條. "兵水使 交代相避"

던 것으로 보인다.

따라서 숙종의 이와 같은 노력은 당시의 정치 체제의 운영을 살펴보면 확연히 알 수 있다. 이를 자세히 검토해 보면 다음과 같다.

대개 초기의 붕당 정치는 정치 이념, 학연 등에 따라 조직 상대 세력과의 공존을 추구 언론을 통한 비판 허용 공론과 공도를 추구하는 것을 원칙으로 하여 정치의 활성화와 정치 참여의 폭 확대에 기여하여 정치 세력 간의 상호 비판과 견제의 기능을 가졌으나, 庚申換局 이후에는 일당 전제 정치가 실시되면서 국리민복 보다 자기 당파의 이익을 우선시하고 이념보다는 학벌, 門閥, 지방 의식과 연결되어 국가 사회 발전에 지장을 주었으며, 상대 붕당에 대한 보복으로 사사가 빈번하였고 外戚의 정치적 비중이 커졌으며, 왕위 계승 문제가 정쟁의 초점이 되는 폐단이 나타나게 되었다.

물론 유교 정치 이념 하에서는 왕권과 신권이 균형을 이룬 가운데 신하는 임금을 인정하고, 임금은 신하의 의론을 존중하는 상황을 강조하는 王道政治를 그 목적으로 삼았던 것이 사실이다. 하지만 17세기 후반의 조선사회의 정치사는 정쟁이 가열되면서 王統이 왈가왈부되는 상황까지 연출되기에 이른다. 왕통의 可否 문제는 일찍이 서인과 남인의 禮訟에서 제기되고 있었지만, 숙종 말년에 이르면 극도로 심화되고 있다.

즉, 張禧嬪의 처분을 둘러싸고서 경종에게 충성한다는 少論과 영조에게 충성한다는 老論은 극심한 갈등과 대립을 보였고, 그것은 왕통을 어느 당파에서 지지하고 결정하는가의 문제로서 당사자인 景宗과 英祖로서는 생존의 문제였으며, 권위의 문제였다. 왕통의 가부 문제는 급기야 세자와 세제의 모해사건까지 자아냈다. 그 움직임은 노론 측에 의해 먼저 제기되었는데, 숙종 말년의 이른바 金春澤의 世子謀害事件이다.[87]

숙종은 이러한 정치적 격변을 바라보면서 재위 말년에 이르러 노론과 소론의 치열한 대립을 완화시키기 위한 탕평책을 선포하였던 것이다. 그러나 그의 탕평책은 불완전했다. 경신환국, 己巳換局, 甲戌換局으로 이어지는 정치적 사건은 남인과 서인을 번갈아 교체시키면서 왕권의 안정을 도모하는데 그치고 말았음을 보여주고 있다. 그나마 갑술환국 이후에는 서인 일색으로 정치 세력이 불균형을 이루어 붕당정치의 파탄을 초래하였다. 즉 여러 붕당이 공존하면서 상대 당을 효과적으로 견제하는 붕당의 원칙이 무너지고 말았던 것이다.

숙종의 뒤를 이은 경종이 단명으로 죽은 후 왕위에 오른 영조는 왕권의 안정을 위하여 '不偏不黨'의 본격적인 탕평책을 시행, 여러 당파의 조화를 이루려 한 것도 이러한 맥락에서 이해해야 할 것이다.

따라서 왕권의 권위를 높이고 그것을 행사하며 유지하고 계승시키는 과업이야 말로 왕권의 권력 행사와 직결된 사항이었다. 그러는 과정에 있어서 국왕이 갖은 인사권, 군사권, 수취권과 같은 중요한 행정적 권한 내지 권력들은 하나의 바탕을 이루었던 것이다.

즉, 조선시대에는 국왕의 물리적 권력이 미약하거나 결핍되어 왕권이 약화되었다든지 탈취된 일은 거의 없었다. 반대로 국왕의 도덕성이나 정통성 등이 결여되었을 때에는 양반 관료들로부터 심각한 비판과 저항을 유발하게 되어 왕권을 제대로 행사할 수 없는 처지에 빠지는 경우는 있었다.[88]

숙종은 그러한 사실을 너무도 잘 알고 있었기 때문에 당인의 적극적인 활용을 통한 왕권 신장에 많은 노력을 하였고, 그것이 상피제 정비로 이어졌다. 숙종은 換局을 주도하면서 신권을 조정하여 왕

---

87) 崔完基, 〈英祖朝 蕩平策의 贊反論 檢討〉, ≪진단학보≫ 56, 1983, p.75.
88) 李迎春, ≪朝鮮後期 王位繼承 硏究≫, 집문당, 1998, p.73, p.82.

권행사에 무게를 두어 가면서 제도의 정비도 함께 시행하였던 것이다. 당시 집권 세력은 서인에서 남인으로, 다시 남인에서 서인으로 그 교체를 반복하고 있었지만, 숙종 자신은 신권 보다 우위 속에 국왕권의 강화를 몸소 실천하려 하였던 것이다.

이렇게 숙종의 상피 제도 운영은 임진왜란과 병자호란을 겪으면서 제도적으로 한층 강조되고 있는 것과 관련이 있다. 이는 국란 이후 해이해진 국가 기강의 탓도 있겠지만, 근본적으로 친인척 간의 정치 세력화가 더욱 심해졌음을 반증하는 것이다.

제한된 관직에 수적으로 증가된 양반층의 욕구를 충족되지 못하는 사회 현상이 전개되고 있었다. 아울러 국가에서의 상피제 강화와는 별도로 그 성격이 급격히 변질되는 양상을 보이고 있다. 이는 당시 인사제도에서 黨人들 간에 정실 개입, 관원의 배치 등으로 인해 관리의 부조리가 점차 심해지는 양상과도 일치하는 것이다. 따라서 이때의 상피 제도는 서로 간 정쟁의 소지를 항상 내포하고 있었다.

대개 16세기에 朋黨이 대두된 이후 사림의 정치 형태는 17세기 전반까지는 순탄히 전개되다가 17세기 후반에 접어들면서 이른바 '換局의 時代'가 나타나면서 인사를 둘러싼 상피제의 적용 논란은 더욱 노골화되는 경향을 보인다.

그 중에서도 父子 사이의 시소 문제 규정이 주목해 볼 만 하다. 이미 앞에서 살펴본 바와 같이 부자 간 상피는 아버지가 覆試에 응하면 아들이 피하는 재하당피의 원칙이 일반적이었다. 여기에는 인조 때 黃有章이 계략을 꾸미자, 상피 공문에 의거 그의 아비를 부거하게 한 사례에서 확인할 수 있듯이 鄕試에서도 예외는 아니었다.[89]

89) 金坽, ≪溪巖日錄≫(韓國史料叢書 第40) 乙亥年(仁祖 13, 1635) 7月條. "九日陰, 黃有章冒出, 相避公文, 其父禫日, 卽赴開寧試所, 罪關名教, 何可置也, 向年金穀禫後數日, 猶不赴擧, 賢於此矣(중략)二十一日晴, 食後黃有文過此邑, 及左道人, 冒出公文, 爭赴右道, 被擯滔滔, 任之敬亦不免宜也, 恠尹惟得

이러한 관례는 세도정치 하의 헌종 때에도 충청좌도 新昌縣監이 부자지간 상피 문제로 시험 장소 이동과 관련하여 발송된 牒呈에서도 확인되듯이 조선시대 내내 상당히 엄격하게 준행되었던 원칙이었던 것으로 여겨진다.90)

숙종 연간에 李星彩, 李囿春 부자의 충청도 別科에서 야기된 시관 상피의 문란은 이 제도의 운영에 많은 혼선을 일으킨다. 당시의 기록을 보면,

> "도승지 趙道彬이 말하기를, '忠淸道 別科의 壯元인 李囿春의 아비 李星彩도 그 榜에 참여되었습니다. 父子가 同榜이 된 것은 예전에는 있지 않았던 것인데 특별히 동방에 붙이라고 분부하셨습니다(중략). 그런데도 엊그제 咸鏡道의 별과인 武科에서 父子가 함께 참여된 자가 3인이었는데 兵曹에서 李星彩의 일을 원용하여 말을 하였고 또 이에 紅牌를 지급하라는 명이 있었으니(중략)'하니, 임금이 이르기를, '湖西의 科擧는 아들이 壯元이 되었으니 新恩의 政例로서는 으레 6품으로 超陞시켜야 하는데 後榜으로 退付하는 것은 일이 매우 온편치 못하였기 때문에 同榜에 붙이라고 한 것이다. 北道의 武科는 兵曹에서 이미 紅牌에 기록했다고 말했기 때문에 또 그대로 지급하라고 명한 것인데, 承旨의 말도 역시 옳은 듯하다. 이후로는 恒式으로 정하여 아들이 壯元이 된 경우에는 退付시키지 말되, 그 아들이 장원이 아닌 경우에는 아들을 後榜으로 퇴부하는 것이 마땅하겠다.'하였다"91)

라고 하였다. 즉, 科場에서 부자 사이의 상피는 이미 고칠 수 없는

中, 黃有章免斥, 可謂漏網也"

90) 〈牒呈〉, (규장각, 官府文書, 청구기호 223761), 憲宗 10年(1844), 道光 24年 甲申 1月. "忠淸左道新昌縣監爲移牒事 本縣儒生〈乙仍于〉 楊應憲 以父子相避 願赴右道試所仍乙于玆以文移爲去乎 相考幸甚 合行移牒 請照驗施行 須至移牒者 右移牒 右試所 道光二十四年正月 日 行縣監李 相考"

91) ≪숙종실록≫ 권60, 43년 10월 丁亥條.

令甲이었다. 과거 중 庭試 등의 별과에는 부자의 赴試를 허락하고 있지만, 만일 參榜하더라도 그 아들을 으레 後榜으로 退付시켰다. 그런데 당시 충청도 온양의 별과에서 이유춘 부자를 모두 출방하도록 허락한 것이 문제의 발단이었다.

이후 함경도의 武科에서 李春禎 등 부자를 함께 放榜하였는데, 그 근거도 이유춘 부자의 前規를 준행한 것이었다.

원래 숙종 때의 이러한 조치는 중국의 迴避制에서 재하당피 하는데 있어서 자손이 大官에 있을 때를 제외한다는 원칙에 준거하여 아들이 壯元인 경우에는 예외를 인정하여 준 것이다. 이것이 시관상피에 적지 않은 혼란을 초래하였다. 이후 해당 관찰사의 狀聞으로 인하여 이유춘을 借述의 명목으로 榜에서 빼버려 파문을 잠재운다.

하지만 이 조치를 계기로 李頤命 부자가 정시와 알성시에 같이 응시한다거나, 式年 丙科에 李馨登 부자가 會講에 같이 응시하는 등 그 영향은 오랫동안 지속되었다.[92)]

정부는 그 해결책으로 陳試를 허락하여 주었다. 즉, ≪속대전≫에서 대·소과 초시에 합격한 자의 부자 간 진시를 허락한 이래로[93)] 친림시에서도 그 상피자의 진시를 허락하고, 增廣會試의 시관과 상피 관계 자 역시 진시를 허락하였던 것이다.

또한 武科의 경우 전시 때 부자 사이 상피로 인해 진시한 자는 승정원이나 병조로 하여금 覆試의 일을 啓辭하게 하고 시소를 草記하도록 하였다.[94)] 이는 초시·복시 때 상피가 있으면 그 거자를 다른 장소에서 시험에 응시하도록 하고, 진시도 허락한 것과 맥락을 같이하는 것이다. 그렇지만 殿試인 경우에는 비록 진시를 허락한다

---

92) ≪增補文獻備考≫ 卷187, 〈選擧考4〉, 科制4.(국역선거1, pp.229~231)

93) ≪增補文獻備考≫ 卷188, 〈選擧考5〉, 科制5.(국역선거1, p.242)

94) 林仁默, ≪武科總要≫, 〈禮典〉, 諸科條. "凡科殿試父子相避陳試 倒自政院或本朝啓辭覆試 則試所草記"

하더라도 대개는 상피에서 여전히 예외였다.[95]

이는 문과에서도 별반 다르지 않으리라 생각된다. 또한 부자가 문무과를 막론하고 같은 과거에 응시할 경우 그의 아들을 후에 唱榜하도록 하였는데, 그 기준 역시 숙종 때 이유춘 부자의 사례가 중요한 기준으로 작용하고 있다는데 그 시사해 주는 바가 크다 하겠다.[96]

한편, 庭試나 謁聖試, 春塘臺試 같은 친림시에서는 시관과 거자의 부자 간 응시를 허용하고 있다.[97] 식년시에서 試所가 2개로 나뉜 초시·복시와 달리 시소가 하나밖에 없는 전시의 경우 상피를 적용할 수 없었다. 그래서 시관을 임명할 때에는 상피인의 유무를 물어 상피 자를 피하는 정도였고, 친림시에서의 상피는 적용되지 않았다.

그런데 節日製 만은 예외였다. 처음에는 절일제도 상피가 적용되지 않았으나 숙종 때 文衡 李敏敍의 조카 李鼎命이 菊製(九日製)에 장원이 되자 대간들이 論啓하여 그를 榜에서 탈락시킨 사건을 계기로 숙종 10년(1684) 절일제에 시험관의 우두머리인 主文과 거자의 상피법을 정한다.[98] 이로 인하여 절일제는 상피가 적용되었지만 숙종 37년(1711) 3월 절일제에 관한 대신과 備局諸臣의 논쟁에서 확인되듯이 여전히 시관상피를 적용하는데 많은 어려움이 있었다.[99]

한편, 숙종 때 陞補試와 合製의 상피법 적용 문제도 상피법 시행

95) 林仁默, ≪武科總要≫, 〈吏典〉, 相避條. "初覆試有相避 則擧子赴他所 而覆試兩所俱有相避 則許陳試 殿試則勿避"

96) 林仁默, ≪武科總要≫, 〈禮典〉, 諸科條. "〔科錄 父子並中文武科者 其子待後唱榜〈康熙壬子 十月〉〔傳〕父子同占一科 則退付 其子於後榜 事勢自然 而忠淸道別科文壯元李囿春之父星彩居二參榜 昔在宋朝有宋郊兄弟同登一榜 而弟爲榜首政特令搜次 以兄爲魁 兄弟猶倒置 況父子乎 壯元則新思政倒當超付六品使之同付一榜亦似矣 上曰 此後則父子雖或同榜 若無子爲壯元則退付其子於後榜〈康熙丁酉十月〉"

97) ≪續大典≫ 卷3, 〈禮典〉, 諸科條.

98) ≪增補文獻備考≫ 권187, 〈選擧考4〉, 科制4(국역선거1 p.207).

99) ≪숙종실록≫ 卷50, 37年 3月 甲寅條.

의 한계로 인식되어지고 있다. 합제, 合講은 승보시와 같은 4학 유생들에게 科業을 권장하기 위하여 실시한 것으로 館學의 課試였다. 여기에는 製述과 考講의 두 과목이 있었다.

승보시와 합제에는 상피법이 적용되지 않았기 때문에 시관의 자제나 친척들도 응시할 수 있었으며, 게다가 시관과 유생이 청탁을 받는 사례가 많았다.

따라서 그 합격자는 권세가 자제들이 대부분을 차지하였고, 그 가운데에서도 단순히 權貴들의 족척과 부귀한 집안의 어리석은 자제들이 문제가 되었다. 이들은 시관이 유생의 청탁을 받아 科次를 불공정하게 하고 試題의 출제를 미리 알려 借述하거나 아예 집에서 試券을 만들어 오게 하는 일이 많았다.

그 대표적인 사례가 숙종 25년(1699)에 예조참의 朴權의 상소로 야기된 상피 문제였다.[100] 박권은 상소를 통해 謁聖試·庭試의 당락을 讀卷大臣과 主文臣에게 달려 있는 현실을 비판하고, 아울러 승보시와 합제에서 私情의 차단을 위하여 대사성과 四學兼官의 상피 적용을 주장하고 있다.

이러한 경향은 숙종 25년에 예조참판 宋昌이 상소문을 통해 借述과 代述에 대해 강력한 법 적용을 강조하는[101] 등 이 때의 승보시, 합제 문제는 정치 쟁점으로 부각되고 있다. 이후 英祖 48년(1772) 12월의 지평 朴俊源의 상소[102]에서 집에서 試券을 지어오는 폐단을 지적하고 있는 것으로 보아 그 폐단은 한시적인 것은 아니었던 것으로 여겨진다.

이렇게 승보시나 합제에 대한 시관의 상피 문제가 주목받은 이유는 시험에 합격하는 자가 대신의 자제나 중신의 아들이 많았다는

---

100) ≪숙종실록≫ 권33, 25년 3월 庚辰條.
101) ≪숙종실록≫ 권33, 25년 3월 壬辰條.
102) ≪영조실록≫ 권119, 48년 12월 辛未條.

사실이다. 당시 중신들은 대개가 親嫌의 대상자이었으나 主試官이 되어 오히려 代述과 借述을 조장하고 있다는 데 문제의 심각성이 있었다. 朴權의 상소에서 그 당사자로 지목된 판부사 尹趾善의 경우만 보더라도 박권의 공격을 받자, 즉각적으로 상피법에 적용되지 않는다는 논리를 펴 국왕의 묵인을 받아 사건은 일단락되고 있다.

이 사건은 대사간 閔鎭厚의 상소로 다시 정치 현안으로 부각된다. 그의 상소문에 의하면, 鄕試·漢城試의 상피법을 내세워 승보시와 합제의 상피를 주장하고, 아울러 시험을 혼자 취사선택하는 대사성의 권한을 줄여 그 병폐를 막자는 것이었다.

이후 좌의정 崔錫鼎, 우의정 李世白, 판돈령부사 徐文重 등의 논쟁으로 비화되어 여러 차례의 의견 수렴 과정을 거치고 있다.[103] 그리고 여러 사람에 의해 승보시, 합제의 상피법을 제정의 필요성이 역설되어 마침내 정조 7년(1783)의 ≪대전통편≫에서 확인되고 있듯이 승보시 등에 관한 시관 상피법이 다른 과거와 마찬가지로 적용하는 쪽으로 개정되어 갔다.

103) ≪숙종실록≫ 권33, 25년 3월 壬辰條 ; 丁酉條.

제5장 18세기 상피제의 확대 운영과 그 변화

제1절 英祖代, 正祖代 상피제의 운영 인식과 통치 방향

蕩平이란 ≪書經≫ 〈周書〉의 洪範九疇 가운데 제 5조에서 "無偏無黨 王道蕩蕩, 無黨無偏 王道平平" 이라 한데서 나온 말로 人君의 정치가 無偏無黨하게 권유하여 皇極蕩平을 이른다는 의미이다. 그런데 17세기 이래 붕당 정치가 변질되면서 정치 상황은 反正과 變亂을 겪으면서 일부 양반 계층의 몰락과 함께 점차 일당 전제화의 방향으로 전개되었고, 궁극적으로 왕권의 상대적 약화를 초래하였다.

탕평은 바로 이러한 정치 상황을 극복하려는 정치 현안이었다. 다시 말해 탕평은 붕당간의 정치적 갈등은 마침내 서로를 용납할 수 없는 극단적인 대립 현상을 보였고, 왕권마저 여기에 휩쓸려 약화되고 동요되었다.

이러한 정치적 격동을 직접 체험하고 즉위한 영조는 왕권 및 정국의 안정을 선결 문제로 여기지 않을 수 없었고, 이에 破朋黨을 내세워 탕평을 주장하게 되었다. 그러나 붕당을 파헤친다는 것은 용이하지 않았다. 붕당 자체의 뿌리가 깊고 거셀 뿐 아니라, 붕당 사이의 원한은 끝이 없어 타협이 어려웠다.

게다가, 왕권이 약해서 이들을 힘으로 조정하기에도 한계가 있었다. 이에 영조는 노론과 소론의 강경론자를 멀리하고 온건론자를 중용하여 자신의 정치적 목표를 실현하고자 하였다. 온건론 자들도 영조에 협조하고 黨禍를 예방하며 자신들의 지위를 구축하고자 노력하면서 여기에 이른바 탕평파가 형성되기에 이른다. 탕평파는 趙顯命, 조문명, 송인명 등이 중심이었는데, 그들은 영조의 즉위로 노론 세력이 비대해지는 속에서 이를 견제하고자 국왕과 밀착하였던 것이다.

탕평책은 숙종, 경종 대를 거치면서 붕당간의 갈등이 상호 간의 살육에까지 이르고, 한편으로 왕권 자체가 당쟁에 이용될 정도로 그 폐해가 극심해지자 국왕이 나서서 왕권 강화와 정치 안정을 목표로 붕당 사이의 갈등을 조정하고, 세력 균형을 유지하기 위해 여러 붕당 인물을 고루 등용하는 정치 운영 방식으로 이해하는 것이 일반적이다.

또한 탕평책을 통하여 왕권의 신장과 붕당 세력의 균형이 일정하게 달성되었으나 기존의 붕당 중심 체제가 閥閱로 대체됨으로서 이후의 세도 정치를 초래하는 과도기적 역할을 수행했다고 이해되기도 한다. 탕평은 변화하는 국가 사회의 모든 질서를 새롭게 정립하고자 한 개혁적 정치 이념이며, 정치 운영론 차원의 탕평 개념은 그 실현 방법론의 하나이다.[1)]

따라서 영조대의 탕평책은 크게 王道의 회복, 관료 집단의 생존, 왕권의 강화라는 정치 현안이 내재되어 있었다.[2)] 당시 정치 현안은 정치 부재라는 현실을 맞이하여 이념적인 측면에서 지도 능력을 상실한 왕도의 회복을 통하여 군신 모두가 정치의 주체라는 명분을 밝히고자 하였고, 관료 집단의 측면에서는 자멸을 초래할지도 모르는 격렬한 黨爭으로부터 생존을 찾기 위한 자구책이 필요하였으며, 君主의 측면에서는 약화된 왕권을 강화하여 정치 기반을 확립하고자 하였다. 군주는 탕평을 통해 臣權의 역학 관계를 조정하면서 자신의 지위를 구축하였는데, 바로 탕평이란 그러한 정치 원리가 요구되어 나타난 현상이었다.

---

1) 金成潤, ≪朝鮮後期 蕩平政治 研究≫, 지식산업사, 1997, pp.14~16.
2) 崔完基, 〈英祖朝 蕩平策의 贊反論 檢討〉, ≪진단학보≫ 56, 1983, p.69.

이를 바탕으로 볼 때 영조대의 탕평론 자들은 다음과 같은 기본적 경향을 가지고 있었다. 첫째, 그들은 붕당 자체를 부정적으로 인식하고, 붕당 타파〔破朋黨〕을 탕평의 전제로 보았다. 둘째, 그들은 朱子, 歐陽脩의 붕당론도 부정하였다. 셋째, 그들은 명분이나 의리 문제를 논의로 치부하는 것은 아니지만 그 보다는 實을 앞세워야 한다고 주장하거나 지나친 시비 논쟁이 실로 방치하고 있다는 사실을 모순으로 인식하고 있었다. 넷째, 그들은 공히 군주의 주도권을 강조하는 皇極蕩平의 경향과 斯文의 확대를 주장하는 개방적 학문관을 가지고 있었다. 다섯째, 그들은 관료제 운영을 개혁해야 한다고 생각하였다. 이러한 탕평론자의 입장이 정조대에 이르러 개혁 여건을 조성하기 위해 기존의 권력 구조를 조정하여 개혁 세력을 육성하고, 개혁 논리를 확산하려는 의도로 이어진다.

그러나 영조 4년(1728) 소론과 남인이 연합된 李仁佐의 亂이 일어나 청주가 점령되는 사태에 이르자 노론이 중용되고 그 후에는 사실상 노론 천하가 되었다. 노론과 소론의 분쟁은 계속되어 결국 영조 38년(1762)에 사도세자의 폐위 사건이 발생하였다. 사도세자는 학문을 게을리 하고, 궁녀나 내시를 함부로 죽이며, 기녀와 여승을 희롱하는 등 영조의 마음을 거스르는 행동이 잦았다. 고집스럽고 엄격한 성격의 소유자인 영조는 세자를 폐위하고 뒤주 속에 가두어 굶어 죽게 하였다. 유례가 없었던 궁중 참극이었다.[3)]

사도세자 폐위 사건은 세자 책봉 문제를 둘러싼 정쟁에서 비롯되었다. 국왕이 왕권을 강화하면서 당쟁에 강력히 대처하자, 당쟁의 초점이 다음 대를 기약하는 세자 책봉 문제로 비화되었음을 보여주고 있다.

이 사건은 세자 시절부터 노론의 횡포를 공공연히 비판했던 사도

---

3) 金成潤, ≪앞의 책≫, p.96, pp.159~160.

세자에 대해 노론이 집요한 공격을 퍼부은 결과이기도 하였다. 이때부터 사도세자의 죽음을 동정하는 시파와 이를 정당시하는 벽파로 갈라졌는데, 소론과 남인은 시파에 속하고 노론의 대부분은 벽파로 갈라졌다. 영조가 죽기 전까지는 노론 벽파가 주도권을 쥐었다.

정조가 즉위하면서 노론 시파가 정계를 장악하고 여기에 남인 시파가 등용되어 오랜만에 남인 세력이 등장하였다. 정조는 사도세자의 아들로서 아버지의 죽음을 동정했던 시파를 가까이 하였다. 탕평책은 정조에 의해 계승되어 어느 정도 인재의 고른 등용이 이루어져 당쟁을 완화시키는 데는 기여하였다.

그러나 영조, 정조 시대의 탕평책은 유능한 국왕이 강력한 왕권을 바탕으로 인위적 균형을 이룬데 불과하였다. 조선 후기의 혼란한 정치 상황은 왕권의 취약함에 그 원인이 있었다.

따라서 영조, 정조 시대의 탕평책의 이면에는 치열한 왕권 강화 노력이 깔려 있었던 것이다. 영조가 병권을 장악했던 것이나, 정조가 壯勇營이란 친위 부대를 창설했던 것 등이 거기에 해당된다.

정조가 죽고 나이 어린 순조가 즉위하자 권력은 다시 노론 벽파에게로 넘어갔다. 권력을 장악한 노론 벽파는 순조 1년(1801)에 辛酉邪獄을 통해 남인을 대대적으로 숙청하고, 노론 외척의 일당 독재인 세도정치를 시작하였다.

따라서 18세기 탕평책에 있어서 인사 정책의 핵심은 왕권 강화라는 명분 아래 모든 제도의 정비가 이루어졌다. 특히 정치사적으로 보면, 강력한 왕권을 바탕으로 국왕이 정치를 주도하는 사족 관인들을 견제하기 위해 많은 제도들이 정비되고 있는데, 그 구체적인 장치가 상피제의 확대, 실시이었다.

대개 16세기를 걸쳐 17세기에 이르는 시기에도 국왕들은 자신의 왕권과 맞서고 정치를 주도하려는 사대부들에 대해 효과적으로 그들의 세력을 제어함으로서 자신의 입지를 강화하려는 노력을 기울려왔다. 하지만, 朋黨 사이의 권력 투쟁이 가열되어 그 중재자적인 역할에 어느 부분의 한계를 드러내는 경우가 종종 있었다.

더욱이 18세기에 이르러 景宗 때에는 老論과 少論 대결에서 그 쟁투는 최고조에 달하여 王統까지도 직접 좌우하려 들고 왕위 계승권자의 신상을 위협하는 데까지 이르게 된다. 그러자 英祖는 즉위하면서부터 사족의 문화와 그것에 바탕을 둔 정치 질서 전반에 많은 불신을 품게 되었다.

그러한 가운데에서 나타난 제도적 장치가 크게는 강력한 탕평책 추진으로 나타났고, 구체적으로는 붕당정치의 핵심적 운영 장치이었던 吏曹郎官制와 翰林薦擧制를 폐지하거나 서원, 祠宇를 철거하고 그 사사로운 건립을 엄금하는 정책으로 나타났다. 그리고 관원 사이의 私黨化 방지를 위해 상피 적용을 확대하여 그것을 ≪속대전≫에 포함시켰다.

한편, 정조는 즉위하면서(1776) 역대 임금들의 御製를 정리, 봉안하기 위하여 奎章閣을 설치하여 기존 세력에 대항할 새로운 세력을 등용하려 하였다. 이는 정조가 外戚을 배제하고, 文風을 진작한다는 명목 아래에 신진 인사를 적극 발탁하여 이들을 측근에 포진시켜 經史를 토론하여 개혁 정치를 실현하려는 의도였다. 이는 자연히 抄啓文臣의 발탁으로 이어져 非老論系 인사를 적극 활용하였다. 그런데 규장각은 內閣이라 하여 상피 적용에서도 제외되는 특권을 누렸다.4)

4) 李裕元, ≪林下筆記≫ 第21册, 〈春明逸史〉, 內閣無相避條. "(중략)提學金卽具䟽請避批曰 閣職之無相避 自有先朝聖批不爲允許(중략)"

제2절 영조대 상피제 개혁론의 법제적 근거

1. 翰薦釐革節目의 제정 배경

영조대의 상피제 개혁은 탕평론 전개와 밀접한 관련을 가지고 이루어졌다. 이에 영조대의 전반적인 정치 체제에 대한 이해가 선행되어야 할 것이다.

대개 숙종의 후사 문제로 인해 일어난 辛壬士禍는 노론의 金昌集·李健命 등이 대역죄로 희생되었고, 노론은 큰 타격을 입게 된다.

당시 그러한 사례는 이중환의 ≪擇里志≫에 잘 나타나 있다. 즉, 당쟁으로 변화된 팔도의 인심을 논하면서 다음과 같이 서술하고 있다.

> 서울은 四色이 모여 풍속이 서로를 질시하여 평탄하지 못하고, 지방은 서북의 평안도·함경도·황해도를 제외하고는 사색이 東南 5도에 나누어 살고 있는데 (중략) 辛丑(경종 1년)·壬寅 (경종 2년) 이래로 조정에서 老論·少論·남인의 삼색이 날이 갈수록 더욱 사이가 나빠져 서로 역적이란 이름으로 모함하니 이 영향이 시골에까지 미치게 되어 하나의 싸움터를 만들었다. 그리하여 서로 혼인을 하지 않을 뿐만 아니라 異色끼리는 서로 용납하지 않는 지경에 이르렀다. (중략) 대체로 黨色이 처음 일어날 때에는 미미하였으나 자손들이 그 조상의 당론을 지켜 2백년을 내려오면서 마침내 굳어져 깨뜨릴 수 없는 黨이 되고 말았다. (중략) 오늘날의 붕당의 患難만큼 심한 것이 없었으니 이대로 나가고 고치지 않는다면 장차 어떤 세상이 될 것인가. (중략)[5]

라고 하였다. 이러한 당쟁을 몸소 체험한 후 왕위에 오른 영조는 당

5) 李重煥, ≪擇里志≫, 〈卜居總論〉, 人心條.

쟁의 완화와 각 파에 걸친 공평한 인재등용에 힘쓰는 이른바 蕩平策을 내세웠다. 하지만 당시의 외척 세력은 일당 전제 체제를 유지시키려는 일부 山林과 결탁하여 名門閥族 내지 閥閱로 대변되는 노론 당이라 일컬을 정도로 특권 세력화해 갔다.

더욱이 탕평책의 반작용으로 臺諫의 기능은 크게 위축되고, 言路는 모든 시비와 공격이 당쟁 완화라는 명분으로 억제되어, 앞 시기의 긴장과 혈기가 풀리는 반면 功利主義·이기주의의 새로운 시대풍조를 조장하는 결과가 되었다. 이러한 탕평책의 소용돌이 속에서도 권세는 주로 노론의 수중에 있었다.

그런데 조선 후기의 閥閱은 가문을 단위로 형성되었고, 그에 따른 당쟁에서의 붕당도 가문을 단위로 하여 당색을 달리하는 경우가 많았다. 결국 조선 후기의 朋黨은 벌열을 중심으로 형성되었으며, 당쟁은 벌열들 간의 대립으로 나타나기도 한다.

벌족 중심의 혈연적 요인이 강화되면서 관직의 등용이 문벌에 의해 강화되고, 당쟁에서 패배한 자는 黨禍를 면치 못했고, 그것도 緣坐制가 적용되어 처벌되었다. 이러한 붕당의 폐해는 숙종 대 후반부터 山林의 정치적 기능이 약화되고, 영, 정조를 거치면서 京華閥族들이 조선시대 학계의 주도세력으로 부상함으로서 성리학적 학통이 혈연관계를 중심으로 계승되는 경향을 보인다.6)

이렇게 되자 정권에서 소외된 자들이 붕당에 대한 병폐를 지적하고 붕당에 대한 비판적 시각을 제기하고 있는 것이다. 한 사례로 당시 붕당에 대한 비판적 시각을 보였던 이익의 견해를 보면,

> 朋黨은 싸움에서 생기고 싸움은 이해관계에서 생긴다. 이해관계가 절실하면 붕당이 깊어지고, 이해관계가 오래될수록 붕당이 견고해지

6) 車長燮, ≪조선후기 벌열연구≫, 일조각, 1997, pp.172~175, p.181.

> 는 것은 당연한 형세이다. 그렇게 되는 이유는 무엇인가? 지금 열 사람이 함께 굶주리고 있는데, 한 그릇의 밥을 같이 먹게 되면, 그 밥을 다 먹기도 전에 싸움이 일어날 것이다. (중략) 朝廷의 붕당도 어찌 이와 다를 것이 있겠는가. (중략) 하물며 黨派가 생긴 뒤로는 雲雨가 번복하듯 하여 아무리 총명하여도 제대로 판단하기 어렵다. 중립을 지켜 시비를 가리는 자를 용렬하다고 하고, 붕당을 위해 죽어도 굽히지 않는 자를 절개가 뛰어나다고 한다. 또한 영욕이 갑자기 뒤바뀌니 사람들이 어찌 붕당을 만들어 싸우지 않겠는가. (중략)[7]

라고 하였다. 위와 같이 붕당에 대해 부정적인 입장을 견지했던 이익 역시 당시 정권에서 소외되었던 실학자로 붕당의 폐해를 뼈저리게 느꼈던 체험에서 우러난 붕당관을 피력하고 있는 것이다.

하지만 영조대의 붕당 사이의 대립은 세자의 죽음을 가지고 다시 분화 현상을 보인다. 그러한 대립은 영조 38년(1762) 壬午事件, 즉 思悼世子 폐위 사건을 둘러싸고 일어났다. 영조가 덕이 없음을 비난하고 세자를 동정하는 洪鳳漢 중심의 時派와 세자의 失德을 지적하고 영조의 처사를 옳다고 보는 金龜柱 중심의 僻派 간 대립이었다. 그 후 남인과 소론도 시 · 벽으로 분파되었다. 이 시 · 벽파의 대립은 사도세자의 문제를 분쟁의 표면구실로 삼아 대립하게 되었다.

2. 한천이혁절목의 내용

이러한 영조대의 정치 현상은 청요직의 등용에 적지 않는 영향을

---

7) 李瀷, ≪星湖先生文集≫ 卷之30, 〈雜著〉 下, 朋黨論.(李佑成편, ≪星湖全書≫ 1, 文集, 여강출판사 영인본, pp.580~581) "朋黨生於爭鬪爭鬪生於利害利害切其黨滚利害久其黨固勢使然也 何以明其然也 今有十人共飢一盂而駢七不終器而鬪起詰之(중략) 朝廷何至於分朋分黨戈戟之日相尋也(중략) 又况自有此黨雲翻雨覆聰明不足以盡覩記也 中立公是者爲庸調死朋不撓者爲名節加膝墜淵榮辱頓換枀之何人不朋而鬪也(중략)"

주었고, 그 한 사례가 영조 17년(1741)에 제정된 〈翰薦釐革節目〉 이었다.

이 절목이 제정되게 된 직접적인 동기는 ≪영조실록≫에 의하면, 당시 권세가들의 독단을 차단하기 위한 조치였다. 즉, 士大夫들이 권세가에게 아부하지 않는 풍조가 만연하자, 淸要職의 권한을 모두 거두어들이고 廢錮된 친족을 끌어다 蕩平의 명목으로 관직에 올리는 경향을 보였다.

그 대표적인 인물이 춘추관 영사 金在魯였다. 그렇게 되자 청요직에 대한 추천 기준의 마련이 시급하였다. 그런데 누구도 이에 직접적인 건의를 하지 못하였다. 그러던 차에 김재로가 휴가를 가고 자리를 비우자 柳壽垣이 官制序陞圖를 올린 것을 계기로 송인명·조현명 등이 원경하와 함께 의논하여 이에 찬성하여 임금에게 아뢴다. 임금이 곧바로 낭관의 선발을 혁파하고 史官의 추천을 고치는 조치를 취하여 이를 가시화 하였다. 이후 김재로가 휴가에서 돌아왔으나 이미 임금의 명령이 있은 다음이라 반대에도 별다른 소용이 없었다.

이에 춘추관 영사 金在魯、감사 宋寅明·趙顯命、지사 鄭錫五、동지사 鄭羽良 등과 의논하여 절목 10조를 정하였던 것이다. 절목 10조를 보면 다음과 같다.

> "첫째, 翰林의 추천은 본관에서 弘文錄의 예에 의거하여 모여서 의하고 추천하여 圈點한 뒤에 都堂錄의 예에 의거하여 영사·감사·관각 당상이 다시 모여서 권점한다.
>
> 둘째, 한림으로 만약 3員을 비의하였으면, 마땅히 回圈하되 이는 바로 법을 제정한 처음이니, 時任은 한 사람에 불과하도록 하고, 일찍 한림을 거친 사람은 兼春秋의 예에 의거하여 직임이 당하관으로 있는 이로 하여금 함께 참여하게 하며, 혹시 가지런하지 않은 경우 시임을 추천하는 예에 의거하여 3원을 비의하면 거행한다.

셋째, 현재 參下官으로 있는 자는 榜目의 권점을 살펴서 次點 이상을 뽑되, 수효를 제한하지 말고 뽑는다.

넷째, 추천받은 사람으로 喪故를 당했거나 相避 때문에 付職하지 않은 자를 제외하고 그 나머지는 모두 부직하게 한 뒤 舊榜을 논하지 말고 다시 新榜으로 의논하여 추천한다.

다섯째, 본관에서 추천하여 권점한 뒤에 영사·감사 및 춘추관 지사·동지사, 예문관 대제학·제학이 回圈하되, 兩館의 당상관이 비록 정원을 갖추지 못하더라도 춘추관의 당상관 2員과 예문관의 당상관 1원이 나와서 참여하였으면 또한 반드시 거행한다.

여섯째, 館閣의 권점 또한 차점 이상을 뽑되, 付職에 있어서 同點인 경우에는 榜次로써 선후先後를 삼는다.

일곱째, 香을 피우고 강독에 응하던 일 및 차례로 부직하는 개월 수의 한계는 한결 같이 전례에 의거하되, 이미 회권을 거쳤으면 사체가 더욱 중대하니, 회천하는 한 가지 항목은 지금부터 혁파한다.

여덟째, 벼슬의 임기를 채우고 15개월 이상이 되어 史草를 정리하여 바친 人員은 차례를 따라 陞六한다.

아홉째, 回薦하는 한 가지 항목은 이미 혁파하였으니, 추천에 실패한 경우는 논할 바가 아니며, 설령 疏章을 올리는 즈음에 헐뜯는 의논이 있더라도 그 指名하는 자를 제외하고는 함께 추천된 다른 사람은 또한 引嫌하지 않아도 된다.

열째, 지금 추천하여 권점하는 것은 문득 分館과 같아서 한번 추천하는 가운데에서 누락되면 舊榜에서 다시 추천하는 길이 없으니, 합당한 人員을 一時에 모두 뽑되 館員으로 相避 및 상중에 있거나 파직된 사람은 홍문록의 예에 의거하여 일체로 천거한다." 하였다.[8)]

위의 내용을 보면, 한림의 추천은 弘文錄과 都堂錄의 기록 내용이 중요한 추천 기준이 되었으며, 한림의 경력자는 兼春秋의 예에 의거하여 후보자를 3인 올리는 3망에 의해 이루어졌음을 알 수 있다.

8) ≪영조실록≫ 권53, 17년 4월 丙辰條.

또한 추천받은 사람도 상피 적용 대상이었다.

이러한 기록에서 주목되는 사실은 都堂錄을 둘러싼 黨人들의 경쟁과 상피이다.

조선 후기에 이르러 당인 사이의 경쟁은 여러 면에서 붕당 사이 이익을 위한 마찰이 상존하는데, 그 첫 번째 사례가 홍문관 관원의 상피 문제에서 야기되는 도당록 등재 문제였다.

조선시대 弘文館의 실무직인 修撰과 校理 등은 1차로 홍문관 부제학 등이 뽑아 弘文錄에 기재하고, 이를 다시 의정부의 정승과 이조판서 등이 홍문록을 바탕으로 적임자를 뽑아 2차로 도당록을 작성하여 이를 바탕으로 임금에게 擬望하여 최종적으로 落點을 받아 임명하였다.

이러한 홍문관원은 기본적으로 文翰과 經筵을 담당하였기 때문에 처음 홍문관에 들어가기 위해서는 일단 홍문록에 올라야 했다. 그러나 홍문록 선발 과정에서 홍문관의 독자성이 침해될 수 있었고, 왕이 홍문록을 무시하고 特除하는 경우도 많았다. 아울러 도당록 초선 과정에서 사적인 이해관계가 작용하여 물의를 빚기도 하였다. 일단 홍문관 관원이 되면 직제학 이하의 경우 근무 일수를 계산하지 않고 차례대로 승진하여 옮겼다.[9)]

사헌부나 사간원에 제수되는 데에는 엄격한 상피 규정이 적용되고 있었지만 홍문관에서는 상피 규정이 없었다. 따라서 상피 관계에 있는 사람도 홍문관에 의망하도록 하였으며, 부자가 함께 홍문관에 근무하기도 하였다.

이를 자세히 살펴보면, 홍문관의 상피 적용 논란은 世祖 때 集賢殿을 弘文館으로 대체할 때 金禮義가 부제학에 임명되고, 그 아들 金性源이 著作에 임명된 것이 先生案에 기록된 전례가 있다.[10)]

---

9) 구덕회, 〈언론과 언관〉, ≪역사비평≫ 37, 역사문제연구소, 1997, pp.355~356.

이후 중종 6년(1511) 1월에 부제학 李世仁의 아들 李沆을 이조에서 홍문관 典翰에 注擬하였을 때 "홍문관은 상피하는 곳이 아니므로, 이조에서 주의하였다." 이라고 하여 이세인과 이항은 상피법이 적용되지 않았다.[11] 따라서 홍문관의 상피는 적용 대상에서 제외되는 것이 일반적이었다.

또한 중종 18년(1533) 7월에 이조판서 金安老의 아들 正字 金祺가 홍문록에 뽑힌 것을 계기로 홍문관의 南行人이 없을 때 弘文錄에 오른 자인 경우에도 상피제의 적용에서 제외시켜 주었다.[12] 이어서 중종 35년(1540)에는 6월에 형조참판 金正國 형제가 賓客이 된 것을 계기로 侍講院에 대한 상피제가 제기되었으나 홍문관의 경우와 마찬가지로 상피하지 않았다.[13]

만일 홍문관에 결원이 생겼을 때에는 광해군 2년(1610)의 사례에서 보듯이 상피된 사람과 현재 다른 관청에 있거나 또 外職으로 있는 자 등도 그 대상에 포함시켜 의망하기도 하였는데,[14] 이후 영조 때 와서 玉堂[15], 대간[16] 등의 결원 시 의망한 자가 적을 경우 상피 자, 외관 등을 같이 의망하는 빌미가 되기도 하였다.

그런데 명종 10년(1555) 12월에 양사 · 홍문관 · 세자시강원의 상피제도에 대한 입법화를 추진하다가[17] 좌절된 후 광해군 2년에 이조가 都目政事를 행하면서 3사와 시강원의 관원은 상피해야 될 자도

10) ≪중종실록≫ 권13, 6년 1월 辛巳條.
11) ≪중종실록≫ 권13, 6년 1월 甲戌條.
12) ≪중종실록≫ 권75, 28년 7월 丙辰條.
13) ≪중종실록≫ 권35, 35년 6월 壬午條.
14) ≪광해군일기≫ 권26, 2년 3월 壬辰條.
15) ≪政事册≫ 英祖 11年 乙卯年, 3月 12日 政事. "吏批啓曰 臺諫及玉堂闕員 今當差出 而擬望之人乏少 相避 外任 竝擬何如 傳曰 允"
16) ≪政事册≫ 英祖 40年 甲申年, 7月 17日 政事. "吏批啓曰 臺諫及玉堂春坊闕員 今當差出 而擬望之人乏少 相避 外任 竝擬何如 傳曰 允"
17) ≪명종실록≫ 권19, 10년 12월 壬子條.

아울러 의망할 것을 청하여 국왕이 따르고 있는 것으로 보아 일정 기간 위의 경향은 계속되었던 것으로 여겨진다.

이렇게 되자 상피 적용 자 가운데 의망하는 사례가 종종 나타나 이에 대한 비판 기사가 종종 발견되고 있어서 상피 적용 자 의망은 그리 쉬지만은 않았던 것으로 보인다.[18]

그리고 후기로 와도 弘文錄이나 都堂錄 작성 시에 상피 규정을 완화시키거나 아예 적용하지 않는 것이 관행화되어 갔다.[19] 그것은 능력 있는 인재의 확보라는 본래의 취지에 부합하는 국왕의 고육책에서 나온 것이기는 하였으나, 운영 상 적지 않은 부작용을 유발시킨 것도 사실이다.

겸대관의 경우에서도 성종 25년(1495) 8월에 尹弼商의 당숙 尹坦의 아들인 尹衡老가 겸지평이 되었을 때 겸지평이 비록 사헌부의 이름을 빌고 있으나, 진짜 헌관이 아니라 하여 상피 적용에서 제외시켰다.[20] 이는 후대의 많은 논란이 되었고, 효종 1년(1650)에 承傳으로 상피의 대상으로 된 이후 ≪수교집록≫에 가서 그대로 법제화하였다.[21]

홍문관 관원간의 상피 적용 예외 관행은 붕당 정치기에 이르면, 黨人 사이의 정쟁으로 비화되기도 하였다.[22] 그렇게 되자, 정조 때 ≪대전통편≫에 가서 弘文館·世子侍講院·世孫講書院의 관원이 吏曹의 당상관 및 郎官과 상피하면 주청하여 다른 관직에 薦望하도록

---

18) ≪광해군일기≫ 권36, 2년 12월 丁酉條.

19) ≪현종개수실록≫ 권7, 3년 7월 丁丑條 ; ≪현종실록≫ 권5, 3년 7월 丁丑條 ; ≪현종실록≫ 권7, 3년 7월 乙未條.

20) ≪성종실록≫ 권293, 25년 8월 甲子條.

21) ≪受敎輯錄≫ 卷1, 〈吏典〉, 相避條. "臺諫與兼臺諫相避 書狀使臣 互爲相避(順治庚寅承傳)"

22) ≪현종실록≫ 권5, 3년 7월 丁丑條 ; ≪현종개수실록≫ 권7, 3년 7월 丁丑條 ; ≪현종실록≫ 권5, 3년 7월 乙未條 ; ≪현종실록≫ 권5, 3년 7월 乙未條 ; ≪숙종실록≫ 권4, 1년 10월 乙丑條 ; ≪영조실록≫ 권14, 3년 12월 己亥條.

규정하고 있다.[23]

도당록은 홍문관원의 후보들을 선발한 것으로, 도당록에 든 문과 급제자는 홍문관과 이조전랑, 실제 정치를 주도하는 의정부 당상과 인사의 책임을 지는 이조 당상 등이 인정하여 선발하였다.

이들은 국왕과 더불어 학문과 정치를 강론하는 경연에 나아갈 자격을 인정해 주었다. 따라서 문과 급제자 가운데 도당록에 오른 자들은 참상관으로서 淸要職에 나갈 수 있는 우선적인 자격을 가진 집단들이었다.

대개 도당록에 오른 자들은 거의 전부가 홍문관 관원에 임명되었으므로 도당록에 오른 자들은 수령을 거치지 않아도 4품 이상으로 승진할 수 있는 집단이었다. 그래서 수령직의 의무 관직을 거치지 않고 당상관에 오를 수 있는 유리한 자리였다.

≪登瀛錄≫에 의하면, 조선 후기에 있어서 도당록에 入錄된 인물은 모두 곧바로 정5품의 校理나, 종5품의 부교리, 정6품의 修撰, 종6품인 부수찬에 임용되는 경우가 많았고, 간혹 정9품의 正字에도 임명되었던 것으로 기록되어 있다.[24]

따라서 本館錄인 弘文錄에 1차로 오른 자가 후에 도당록에 오를 수 있었기 때문에 홍문록 입록과 도당록의 입록은 조선 후기에 당쟁으로 비화되는 경우가 종종 있었다. 그리고 그 도당록 參錄 문제가 상피에 있었던 것처럼 핑계를 대는 경우도 있었던 것으로 보인다.

이를 테면, 같은 사안을 가지고 權大運 등 남인이 주도하여 숙종 3년(1677)에 편찬된 ≪현종실록≫의 내용과 金壽恒 등 서인이 주도하여 숙종 9년(1683)에 편찬한 ≪현종개수실록≫의 내용이 서로 차

---

23) ≪大典通編≫ 卷1, 〈吏典〉, 相避條 "玉堂春坊講書院 與本曹堂郎相避 啓請擬望"

24) 車長燮, ≪앞의 책≫, pp.148～149.

이를 보이는 것은 대표적인 것이다.[25)]

당시 南人들이 집권기였던 숙종 1년(1675)의 도당록의 참록 문제 기사를 보면 보다 명확해 진다. 숙종 1년에 남인인 尹鑴, 許積 등이 도당록에 李壽慶·申善溫·李后沆·李瑞雨 등이 그 기재에서 누락되자 이를 변론한다.

이수경은 윤휴의 심복으로 경신대출척 때 변방에 안치되는 인물인데, 윤휴가 吏曹錄에 올리려다가 郎僚의 반대에 부딪혔고, 이어서 도당록에도 빠지게 되자 이를 첨가해 넣으려고 하였던 것이다. 사안이 불리하게 돌아가자 효종조의 西人 李時發의 아들인 李慶億이 參錄되지 못하였어도 임금의 특명으로 수찬에 제수된 사례를 들어 구제할 것을 임금에게 간청하고 있다.

반면에 李后沆은 徐敬德의 문인 李基卨의 손자라는 이유로, 李瑞雨는 大北의 자손 즉, 李慶恒의 아들이라는 이유로[26)] 배척하고 있다.

위의 사례는 상피와는 별개 문제였다. 그런데 표면적으로 상피를 빌미로 도당록의 참록에서 삭제하거나 하여 실재로는 상피 적용으로 인하여 일어난 것처럼 논쟁을 버림으로써 정쟁을 일어났던 것이다.

그러한 경향은 영조 3년(1727) 吏曹佐郎 李匡德의 상소문에서도 확인되듯이 홍문록을 새로이 선정할 때 선정 관원과 당색을 달리하는 대신들에 반대는 끊이지 않았던 것으로 보인다.[27)]

---

25) 한 예로 ≪현종실록≫ 권5, 3년 7월 丁丑條와 ≪현종개수실록≫ 권7, 3년 7월 丁丑條를 보면, 당시 領中樞府事 李景奭이 임금과의 인견 자리에서 元萬里(功西人인 元斗杓의 아들) 등의 도당록 작성 시에 송시열, 송준길(淸西人) 등에게 자문을 구하도록 한 사실이 있다. 또한 ≪현종실록≫ 권5, 3년 7월 乙未條와 ≪현종개수실록≫ 권7, 3년 7월 乙未條에서 崔攸之 등 4인의 參錄削除 문제를 논하는 자리에서 재야의 유학자인 南九萬과 李敏叙, 그리고 洪命夏·鄭維城·李敏迪·조복양 등의 논쟁이 주목된다.

26) ≪숙종실록≫ 권4, 1년 10월 乙丑條.

27) ≪영조실록≫ 권14, 3년 12월 己亥條.

이렇게 되자 영조 17년(1741)에 柳壽垣이 올린 官制序陞圖가 계기가 되어 翰薦釐革節目 10條를 정하면서 "翰林의 추천은 본관에서 홍문록의 예에 의거하여 모여서 논의하고 추천하여 圈點한 뒤에 都堂錄의 예에 의거하여 영사·감사·관각 당상이 다시 모여서 권점한다." 이라고 하는 규정을 두어 당인의 이해관계를 조정하려는 노력이 뒤따르고 있다. 그리고 館員으로 상피 자는 상중에 있거나 파직된 사람과 더불어 홍문록의 예에 의거하여 천거하게 하였다.

3. 법전 체제의 재정비 시도 의미

앞의 절목 제정에도 불구하고 상피 제도상의 당색별 폐단은 쉽게 개선되지 않았던 것으로 보인다. 이렇게 되자 당시의 상피 논의는 영조 22년(1746)에 편찬된 ≪속대전≫에서 종합적으로 정리되기에 이른다. 물론 이 때의 속대전 체제는 영조 때 한정되어 나타난 사실을 정리한 것은 아니라 성종 16년(1485)의 ≪경국대전≫과 숙종 24년(1698)에 마련된 ≪수교집록≫을 비롯한 그 이전의 법전, 예컨대 성종 23년(1492)의 ≪대전속록≫ 등의 내용을 바탕으로 이루어진 것이다.

즉, ≪속대전≫은 이전의 개정된 법조문을 다시 정리하고, 새로이 재편성 하였는데, 혼인한 兩家의 가족끼리는 모두 상피한다는 조항을 수록하면서도 여기에다 養子로 간 자는 生家의 親族에 있어서도 같이 상피한다는 조항을 추가하고 있다.[28]

그리고 擧子는 시관과 상피하는데 ≪경국대전≫ 상의 大註相避 조항과 小註相避 규정에 의거하였다.[29] 사헌부와 사간원의 양사 관원은 공통으로 상피 적용 규정을 두지 않았고, 만일 상피 자가 발생

---

28) ≪續大典≫ 卷1, 〈吏典〉, 相避條. "出繼者 於本生親 一體相避. 婚姻家並相避"
29) ≪續大典≫ 卷1, 〈吏典〉, 相避條. "擧子與試官相避 依原典大·小註相避法"

하면, 하위 관원을 轉任하는 재하당피 내지 재하당체 원칙을 재확인하였다. 그리고 대관과 兼臺, 書狀官과 使臣의 상피는 숙종 때 관행을 따라 재편성하였다.[30]

그런데, ≪속대전≫에서 특이한 사항은 외관상피에 대한 규정이 강화되고 있다는 사실이다. 대개 영조 초기의 상피제 정비가 앞의 〈한천이혁절목〉에서도 확인되고 있듯이 淸要職을 중심으로 이루어지고 있다면, 이후 속대전 체제가 재정비되면서는 외관상피가 두드러지게 확대, 개편되고 있다는 사실이다. 이는 영조가 자신의 통치 기반을 어느 정도 마련하고 蕩平派에 의한 정국 안정을 꾀하면서 지방 제도의 정비를 서두르고 있다는 반증이다.

특히 지방관 사이의 상피 적용 문제를 비롯하여 지방의 재지 사족과 지방관과의 문제, 지방 兵權의 지배와 그 권한 문제, 국방상 변방 및 해안 지역의 방어 문제 등은 정치 현안 가운데 중요한 과제였다는 점에서 주목할 만하다.

이에 따른 외관에 대한 상피 규정은 무관직과 밀접한 관련을 가지고 정비되었다. 지방관이 지방 군관직을 겸하는 사례가 많아 이에 관한 제도적 정비였던 것으로 이해되어 진다.

이러한 사례를 살펴보면 같은 도의 관찰사·병마절도사·수령·첨사 및 만호 등은 모두 교차하여 상피하게 하였는데, 이것이 ≪대전회통≫에 가서 別將과 權管까지 확대하는 계기를 만들었다. 삼남 지방의 水軍節度使는 水軍統制使와 상피하고, 경기 지방의 畿邑營將을 겸임한 수령은 守禦使·摠戎使와 상피하며, 北評事는 함경도관찰사와 상피하였다. 또한 군함·군용선박 등이 있는 고을의 수령은 그 지방의 수군절도사와 상피하고, 해당 鎭營이 위치하고 있는 고을의

30) ≪續大典≫ 卷1, 〈吏典〉, 相避條. “兩司官員勿爲通避 一司應避者下位當遞 右位則否. 臺官與兼臺 書狀與使臣 並相避”

수령은 그 營將과 상피하였다.

이후 정조 9년(1785)의 ≪대전통편≫에서 統禦使가 경상도 · 전라도 및 충청도 등 삼도를 관할하게 되자, 상피 규정도 통제사의 규정에 의하여 적용하였고, 고종 2년(1865)의 ≪대전회통≫에서는 이를 다시 수정하여 경상우도의 경우 군용 선박이 있는 고을 이외에는 統制使와 상피하지 아니하였으나 충청도와 황해도의 수령은 통제사의 예를 따르게 하였다. 또한 鎭撫로 있으면서 兼營將인 수령은 留守와 상피하게 하였다.

더욱이 영조 45년에 수령과 통제사 간 친혐한 자가 발생하자 제 2장에서 검토한 바와 같이 이들 간의 상피 문제가 쟁점화 되기도 하였다. 하지만 기본적으로 守令과 통제사의 상피법은 그 적용에서 제외하게 하였다. 그렇다 하더라도 절도사는 통제사와 상피되었다.[31] 이는 삼남 지방의 수군절도사는 수군통제사와 상피한다는 속대전 체제의 재확인이었다.[32]

또한 경기관찰사는 開城과 江華 등 양도의 유수는 경기관찰사가 의례히 겸임하여 그 권한의 집중에 많은 문제를 야기하였다. 그래서 이때에 이르러 兼職留守인 경기관찰사가 專任留守와 상피하면 직책을 바꾸어 임명하게 하였다. 여기에는 양도의 經歷도 같이 적용받았다.[33] 그런데 개성과 강화 이외에 水原府와 廣州府의 유수 및 判官은 제외되어 형평성에서 문제시되자 제 2장에서 검토한 바와 같이 ≪대전회통≫에 이르러 이곳의 유수와 판관도 경기관찰사와 상피의 적용을 받게 되었다. 그리고 兵使와 水使 간에도 서로 상피되면 교대하게 하였다.[34]

---

31) ≪영조실록≫ 권112, 45년 3월 己亥條.

32) ≪大典會通≫ 卷1, 〈吏典〉, 相避條. "≪續≫三南水軍節度使與統制使"

33) ≪續大典≫ 卷1, 〈吏典〉, 相避條. "京畿觀察使例兼兩都留守 留守與觀察使相避則留守遞改 兩都經歷亦與觀察使相避"

해당 도의 수령과 都事의 상피에서는 비록 부임하지 않았다 하더라도 도사를 바꾸어 임명하였고, 이러한 규정은 兵馬虞候 또는 水軍虞候에게도 적용되어 우후도 상피 적용 대상으로 인식되었다.[35)]

≪속대전≫에서는 상피 적용 대상에서 제외되는 규정도 마련하고 있다. 우선 서장관은 詮官과 상피하다라도 兼臺에 보임하였고,[36)] 원래 영조 6년(1730)에 宣惠廳의 제조와 그 낭청은 상피 적용 대상이었으나[37)] 이후 겸직인 경우에는 예외를 규정해 준 형태로 전개되었다.[38)] 국왕의 신변과 관련된 內三廳과 五衛將도 병조판서 이외의 병조의 당상관과는 상피하지 않았고, 內禁衛 · 羽林衛 · 忠翊衛 및 忠壯衛將 등도 摠管과 상피 적용에서 제외되었다. 이는 ≪수교집록≫의 내용을 다시 정비한 것이었다.[39)]

함경도의 南關 · 北關 및 경상도 · 전라도 등의 좌도 · 우도 등의 수령도 兵馬節度使와 좌, 우도를 서로 바꾸면 상피에서 제외하였다. 함경도의 남관의 수령은 北評事와의 관계에서도 마찬가지였다.[40)]

7품 이하의 관원인 경우에는 상피 자는 당연히 타사로 교대 轉任하는 것을 원칙으로 하였고, 이 때 관리의 이전 경력은 재직 일수에 포함하여 계산해 주었다. 이는 지방관에게도 적용되었다.[41)]

---

34) ≪新補受教輯錄≫ 卷1, 〈吏典〉, 相避條. "兵水使 交代相避"

35) ≪續大典≫ 卷1, 〈吏典〉, 相避條. "未赴任都事與守令相避 則都事遞改 邊將與未赴任兵 · 水虞候相避 則虞候遞改"

36) ≪續大典≫ 卷1, 〈吏典〉, 相避條. "書狀官雖與詮官相避兼臺例付勿拘"

37) ≪新補受教輯錄≫ 卷1, 〈吏典〉, 相避條. "宣惠廳郎官 與提調相避(雍正庚戌承傳)"

38) ≪續大典≫ 卷1, 〈吏典〉, 相避條. "宣惠廳提調郎廳並相避 用原典大註. 各司例兼提調雖與都提調 · 提調有相相避勿遞 宣惠廳提調 戶曹判書例兼 而與他提調勿避則宣惠郎廳亦於例兼提調勿避."

39) ≪續大典≫ 卷1, 〈吏典〉, 相避條. "內三廳 · 五衛將 無兵曹句管之事判書外他堂上勿避 內禁衛 · 羽林衛 · 忠翊衛 · 忠將衛將 亦與摠管勿避"

40) ≪續大典≫ 卷1, 〈吏典〉, 相避條. "咸鏡道南 · 北關及兩南左 · 右道守令 於節度使 換道則勿避 南關守令 於北評事亦同."

영조의 법제적 정비 작업은 ≪경국대전≫이 편찬되고, 이후 조금씩 수교를 정리하는 수준이 아니라 획기적인 전면적 개편이었다.

이는 兩亂 이후 정치적, 사회적 변화에 의한 시대적 요청에 의한 필연적인 면도 있었을 것으로 생각되나, 영조의 계산은 조금 다른 곳에 있었을 것으로 여겨진다. 효종과 현종의 상피제 확대 노력은 숙종 때 환국으로 정치 세력을 개편하였고, 이로 인해 지방 관직의 재정비가 이루어진다. 이를 바탕으로 영조는 외척과 벌족의 통제와 왕권 강화를 위해 탕평책을 강력히 추진하였고, 이를 가시적으로 뒷받침하기 위해 법제적 제도의 정비를 서둘렀던 것이다. 그것의 산출이 바로 ≪속대전≫으로 결집되었던 것이다.

원래 군함·군용 선박 등이 있는 고을의 수령은 그 지방의 水軍節度使와 상피 한다는 조항은 속대전 체제에서 법제화되고 있지만 제 2장에서 검토한 바와 같이 그 조문은 숙종 10년(1684) 영의정 金壽恒이 수사에 대한 상피법을 논의하면서 정해진다.

숙종 10년에 水使 韓偘과 韓山郡守 鄭㤙는 4촌인데 〈松禁事目〉를 내리면서 연해 수령의 勤慢과 출척을 감사와 수사가 상의하여 처리하라고 하였는데, 상피 규정에 해당되자, 종전에 水軍이 있는 각 읍의 수령과 수사는 상피한다는 규례가 없었으므로 수령을 자주 바꾸는 폐단을 염려하여 송금하는 일은 수사의 소관이고, 수령을 출척하는 권한은 오로지 감사에게 있다는 명목 하에 상피에 해당된 수령을 개체하지 말고 송금사목 가운데 해당 조항만 삭제하여 조례를 제정하도록 하였다.

그런데 이것이 영의정 金壽恒, 좌의정 閔鼎重, 우의정 南九萬, 지중추부사 申汝哲 등의 논의를 거쳐 정해진다. 즉, 수군이 있는 고을

---

41) ≪續大典≫ 卷1, 〈吏典〉, 相避條. "參外官 凡有相避者則換差他司 通計前仕外方參外相避同"

의 수령이 수사와 상피하는 규정이 없는 것은 온당하지 못하다는 것이었다.

당시 水使 韓俔과 韓山郡守 鄭㤄과의 상피 문제에서 불거진 수사의 상피는 각 고을에 戰船이 본격적으로 배치된 시점이 문제의 논점이다.

원래 경국대전이 편찬될 당시에는 전선이 배치되지 않았기 때문에 수사의 상피가 ≪경국대전≫에 실려 있지 않았다. 그러다가 임진왜란을 겪으면서 각 고을에 전선이 배치되고 이에 따라 수사는 舟師를 專管하고, 그 관하의 수령에 대하여 근무 태만을 감찰하는 일이 발생하면서 상피법이 표면으로 불거졌고, 급기야 군선이 있는 고을의 수령과 수사 간 상피 규정을 두었던 것이다.

다시 말해 수사는 수군을 전관하고 있어 수령이 軍政을 잘 다스리고 있는지의 여부에 관해서는 監司가 반드시 水使에게 문의하여 殿最를 매기는 것이 관례였다. 따라서 수군에 상피하는 규정을 두면 松禁에 상피하는 일은 따로 규정하지 않더라도 그 속에 포함된다는 것이다.

이는 수사가 통솔하고 있는 곳이 각 鎭浦에 한정되어 있어 법전에는 상피하는 규정이 없었으나 임진왜란 이후 沿海의 각 고을에도 수군을 배치하여 상피법을 마련한 것이었다. 이것이 앞에서 언급한 대로 ≪속대전≫에서 확립되기에 이른 것이다.

유수와 수령의 상피 문제는 제 2장에서 검토한 바와 같이 원래 ≪속대전≫에는 경기지방의 畿邑營將을 겸임한 수령은 수어사·총융사와 상피할 뿐 유수와 상피되지는 않았다. 따라서 여주·이천의 경우 廣州府의 좌우 별장으로 상피법 상 營將을 겸하는 수령이었기 때문에 상피 규례가 없었다.

그런데 순조 7년에 여주목사 李寀가 광주유수 李義弼과 親嫌을 핑계로 呈狀하여 체직하려는 사건을 계기로 상피 규정에서 제외하는 定式으로 채택하였다. 당시 그 근거는 京營의 把摠을 겸하는 수령은 都提擧 · 大將과 원래 상피하는 법이 없다는 것이었다.42)

하지만 이러한 문제는 쉽게 가라앉지 않았고, 마침내 고종 2년(1865)의 ≪대전회통≫에서는 鎭撫로 있으면서 兼營將인 守令은 留守와 상피하게 하게 하여43) 후대에는 상피의 대상으로 되었다. 그리고 아직 赴任하지 아니한 都事와 그 도내의 수령이 상피하면 도사를 바꾸어 임명하였고, 국경지방의 將官과 아직 부임하지 아니한 兵馬虞候 또는 水軍虞候가 상피하면 우후를 바꾸었다.

그런데 함경도의 남관 · 북관 및 경상도 · 전라도 등의 左道 · 右道 등의 수령은 兵馬節度使와 좌우 도를 바꾸면 상피하지 않았다. 이는 함경도의 남관의 수령은 北評事와의 관계에 있어서도 같았다. 7품 이하의 관원으로 상피 자는 다른 관사로 교대하여 轉任하고 前職의 재직 일수를 通算하는데, 여기에는 지방관으로서 7품 이하의 관원도 포함하였다.

이러한 규정은 ≪대전통편≫에서 관찰사 · 兵使 및 都事는 그 지방의 守令 또는 察訪과 상피하는데, 그 규정은 대문상피와 소주상피 규정을 모두 적용하였다. 그리고 ≪대전회통≫ 체제에서 守令은 그 上官과 상피하면 다른 道로 交代 임명하고 영장 · 邊將도 똑같았다. 이는 제 2장에서 검토한 바와 같이 정조 10년(1786)에 편찬된 ≪전율통보≫에서도 확인되는 조문이었다.

이렇게 영조에 의해 단행된 법 체제 정비와 상피제의 확대, 강화 노력은 상피 제도가 왕권 회복과 관련이 있었고, 전통적인 군신 관계를 확립하려는 의도와도 밀접한 관련이 있었던 것으로 보인다.

---

42) ≪순조실록≫ 권10, 7년 5월 경오조.
43) ≪大典會通≫ 卷1, 〈吏典〉, 相避條. "≪補≫鎭撫兼營將守令與留守相避"

제3절 정조대 국왕 측근 관직과 상피 적용 논의

1. 상피제의 확대 적용 논란 배경

정조가 즉위하면서 노론 시파가 정계를 장악하고 여기에 남인 시파가 등용되어 오랜만에 남인 세력이 등장하였다. 정조는 사도세자의 아들로서 아버지의 죽음을 동정했던 시파를 가까이 하였다. 탕평책은 정조에 의해 계승되어 어느 정도 인재의 고른 등용이 이루어져 당쟁을 완화시키는 데는 기여하였다.

그런데 영조·정조 시대의 탕평책은 유능한 국왕이 강력한 왕권을 바탕으로 인위적 균형을 이룬데 불과하였다. 조선 후기의 혼란한 정치 상황은 왕권의 취약함에 그 원인이 있었다.

따라서 영조·정조의 탕평책의 이면에는 치열한 왕권 강화 노력이 깔려 있었던 것이다. 영조가 병권을 장악했던 것이나, 정조가 壯勇營이란 친위부대를 창설했던 것 등이 거기에 해당된다. 그러나 정조가 죽고 나이 어린 순조가 즉위하자 권력은 다시 노론 벽파에게로 넘어갔다. 권력을 장악한 노론 벽파는 순조 1년(1801)에 辛酉邪獄을 통해 남인을 대대적으로 숙청하고, 노론 외척의 일당 독재인 세도정치를 시작하였다.

이러한 과정 속에서 17세기 이래 조선 사상계와 정계에서 義理主人으로 世道之任을 담당하여 왔던 산림 세력은 그 핵심이 이처럼 탕평 정국 하에서 왕권 강화를 추진하던 흐름에 포섭되고 결국은 戚族이 되어 버렸다. 산림의 名分論·義理論에 늘 위축되었던 국왕은 영조대 이후 산림을 척족으로 삼음으로서 왕권의 기반을 보다 확고하게 할 수 있었다.[44]

결국 세도정기에 이르면 外戚이 정파의 핵심을 이루는 양상을 띠는 폐단이 나타나기 하였으나, 적어도 18세기 영조·정조 시대에는 국왕의 王權伸張으로 일시 제어되기에 이른다. 이는 영조의 탕평책이 단순히 정파 간의 불만 해소를 위한 것이 아니라 궁극적으로 강력한 王權의 확립을 목적으로 하였음을 알 수 있는 것이다.[45] 따라서 탕평의 근본정신은 왕권의 절대성을 회복하고 집권관료 체제를 재정비함으로써 정치 안정을 도모하려는 데에 있었다.

대체로 이러한 정신을 목표로 하면서도 영조대의 탕평은 왕실·외척과 결탁한 특권 세력의 존재를 용인하는, 이른바 緩論 蕩平을 실시하였다. 영조 자신의 왕위 승계를 지지했던 노론과의 이해관계가 전제되었기 때문이었다.

영조대의 탕평책 실시 방향을 아래의 내용에서 찾아볼 수 있다. 즉,

> 붕당의 폐해가 요즈음보다 심한 적이 없었다. 처음에는 斯文 문제에서 분쟁이 일어나더니 이제는 한쪽 편 사람들(1721-1722, 辛壬士禍에 연루된 老論)을 모두 逆黨으로 몰아 붙였다. (중략) 우리나라의 땅이 본래 협소하고 인재 등용이 문도 넓지 못하였다. 그런데 근래에 와서 인재의 임용이 黨目에 들어있는 사람만으로 이루어지니 (중략) 이러한 상태가 그치지 않는다면 조정에 벼슬할 사람이 몇 명이나 되겠는가. (중략) 朝臣들이 서로 공격하니 公論이 막히고 역당으로 지목하게 되니 선악을 分辨할 수가 없다. (중략) 公卿百官들은 모두 世祿의 신하로서 국가에 보답할 도리와 인척간에 화목할 의리는 생각하지 않고 한 조정안에서 공격만을 일삼으니 (중략) 나라가 장차 어찌되겠는가. (중략) 銓曹는 蕩平의 정신으로 수용토록 하라. 지금 나의 이 말은 위로는 宗社를 위하고 아래로는 朝廷을 진정하려는 것이니 혹시 이를 의심하거나 기회로 생각하여 疏를 올려 傾

---

44) 유봉학, ≪조선후기 학계와 지식인≫, 신구문화사, 1998, p.55.
45) 李泰鎭, ≪朝鮮後期의 政治와 軍營制 變遷≫, 한국연구원, 1985, p.47, p.223.

> 軋한다면 종신토록 禁錮하여 더불어 同國할 뜻이 없는 것으로 간주하겠다. 여러 신하들이 (중략) 黨習을 제거하고 公平에 돌아가도록 힘쓴다면 어찌 나라를 위할 뿐이겠는가.[46]

라고 하였다. 위와 같은 탕평과 달리 정조대의 탕평은 世家大族의 연합인 특권 정치 세력을 배척하고, 성리학적 질서의 기본 요소인 義理·公論·淸要職 등을 활성화하여 실력주의에 의한 변화를 모색하려는 것이었다. 즉 완론 탕평에 대응되는 峻論 蕩平의 실시였다.

영조·정조 대에 실시된 탕평책은 붕당의 말폐를 근본적으로 해결한 것이 아니었다. 다만 이 정책의 실시로 인해 어느 정도 회복된 왕권이 당파간의 극렬한 분쟁을 잠정적으로 억제하고 있는 것에 불과하였다. 노론 일당전제의 여지는 이 시기에는 표면화되지 못하였으나, 정조의 급서 후 환국의 형태로 정권이 교체됨으로써 一族專制의 勢道政治라는 더욱 더 파행적인 정치 형태를 낳게 되었다.

이러한 경향은 상층 권력 구조의 외형적 정치 방식을 교체하는 것으로 이것이 당시의 시대적 문제를 해결하는 것은 아니었다. 결국 시대 전환의 총체적 문제를 안고 있었던 것이라 하겠다.

그렇다 하더라도 영조·정조 시기의 탕평책 아래에서 왕권이 신장된 것은 사실이며, 이는 전 시기와 비교할 때 상대적인 정치적 안정을 가져왔다는 사실은 주목할 만하다. 따라서 18세기 탕평책에 있어서 인사 정책의 핵심은 王權强化라는 명분 아래 모든 제도의 정비가 이루어졌다.

특히 정치사적인 측면에서 보면, 강력한 왕권을 바탕으로 국왕 스스로가 정치를 주도하려는 사족 관인들을 견제하기 위해 많은 제도들이 정비하였고, 그 구체적인 장치가 相避制의 확대, 실시였던 것

---

46) ≪영조실록≫ 권3, 영조 원년 정월 壬寅條.

이다.

대개 16세기를 걸쳐 17세기에 이르는 시기에도 국왕들은 자신의 왕권과 맞서고 정치를 주도하려는 사대부들에 대해 효과적으로 그들의 세력을 제어함으로서 자신의 입지를 강화하려는 노력을 기울려왔다. 하지만, 朋黨 사이의 권력 투쟁이 가열되어 그 중재자적인 역할에 어느 부분의 한계를 드러내는 경우가 종종 있었다.

더욱이 18세기에 이르러 景宗 때에는 老論과 少論 대결에서 그 쟁투는 최고조에 달하여 王統까지도 직접 좌우하려 들고 왕위 계승권자의 신상을 위협하는 데까지 이르게 된다.

그러자 英祖는 즉위하면서부터 사족의 문화와 그것에 바탕을 둔 정치질서 전반에 많은 불신을 품게 되었다. 그러한 가운데에서 나타난 제도적 장치가 크게는 강력한 탕평책 추진으로 나타났고, 구체적으로는 붕당정치의 핵심적 운영 장치이었던 吏曹郎官制와 翰林薦擧制를 폐지하거나 서원, 祠宇를 철거하고 그 사사로운 건립을 엄금하는 정책으로 나타났다. 그리고 관원간의 私黨化 방지를 위해 상피제를 확대하여 그것을 ≪속대전≫에 포함시켰다.

정조는 즉위하면서(1776) 역대 임금들의 御製를 정리, 봉안하기 위하여 奎章閣을 설치하여 기존 세력에 대항할 새로운 세력을 등용하려 하였다. 이는 정조가 外戚을 배제하고, 文風을 振作한다는 명목 아래에 신진 인사를 적극 발탁하여 이들을 측근에 포진시켜 經史를 토론하여 개혁 정치를 실현하려는 의도였다. 이는 자연히 抄啓文臣의 발탁으로 이어져 非老論系 인사를 적극 활용하였다. 규장각은 앞에서 검토한 바와 같이 內閣이라 하여 상피 적용에서도 제외되는 특권을 누렸다.

한편, 정조는 상피를 적용하는데 있어서 在下當避 내지 在下當遞의 원칙을 철저히 고수하여 상피제의 본래 시행 취지로 돌아가려는 정책을 편다. 그러한 사례는 당시 승정원,[47] 의정부,[48] 호조,[49] 등 모든 권력 기관에 적용하였다.

정조의 상피제 강화 노력은 법 체제의 정비를 이루고 그 위에 법을 운영하는데 있어서 법조문 상의 규정 보다는 正義를 한층 강화하는 방향으로 전개하고 있다.

이는 우선 법 체제를 정비하여 閥閱들이나 반대 붕당, 이를테면 老論 辟派 등을 의식한 정책이었다. 정조는 즉위 이후 老論 時派의 도움으로 정국을 이어 가면서 여기에 丁若傭으로 대표되는 南人 세력과 朴齊家, 李德懋, 柳得恭 등으로 대표되는 庶孼 등을 등용하여 세력의 조화를 꾀하였던 것이다. 그래서 우선 법적으로 적용되어야 하는 상피제의 일반 원칙인 재하당피 내지 재하당체의 원칙은 고수하면서도 승지상피나 언관상피에서는 약간의 파행을 거듭하고 있다.

이것은 영조 때 인사 정책에서도 언관과 승지에 대한 상피에서 적임자가 없을 경우 예외를 인정하여 왕권을 강화하고, 상피제의 운영 상 묘미를 살린 것과 상통하는 것이다[50]

---

47) ≪內閣日曆≫, 정조 6년 12월 15일조.(奎 13030-v.0031) "吏曹啓目粘連啓下是白有亦觀此承政院左承旨徐有防上疏則以爲臣與都承旨吳載純有友壻應避之嫌乞今該曹照法遞改亦爲白有臥乎所相避之法在下當遞似當許遞是白乎矣近密之臣遞仍當否臣曹不敢擅便上裁何如啓依回啓施行"

48) ≪內閣日曆≫, 정조 7년 3월 18일조.(奎 13030-v.0034) "吏曹啓目粘連觀此左參贊金鍾秀上疏則以爲臣新除職名與左議政洪樂性有內外從應避之嫌在法當遞亟今該曹照例遞改亦爲白有臥乎所相避之法在下當遞左參贊金鍾秀似當遞改是白乎矣重臣遞仍當否臣曹不敢擅便 上裁何如 啓依回啓施行"

49) ≪內閣日曆≫, 정조 9년 4월 18일조.(奎 13030-v.0060) "吏曹啓目粘連觀此戶曹參判徐有防上疏則以爲臣之所帶戶曹參判之任與判書趙埈有友壻應避之嫌揆以法例在下當遞乞今攸司劃卽鐫改亦爲白有臥乎所相避之法在下當遞徐有防所帶本職似當許遞是白乎矣宰臣所帶遞仍當否臣曹不敢擅便上裁何如 啓依回啓施行"

50) ≪政事册≫ 1, 영조 11년 乙卯 政事-영조 40년 甲申 政事. ; ≪政事册≫ 2, 영조 41년 乙酉 政事-영조 50년 甲午 政事.(奎章閣 소장, 保景文化社 간행본)

당시에 정조는 상피제의 법제적 강화라는 명목으로 법전 체제를 정비하고 있지만, 운영상에 있어서는 왕권을 강화하는 방향으로 상피제를 운영하고 있다. 예를 들면, 정조 23년(1799) 7월에 승지 李顯默이 右副承旨 洪義浩와 이종 사이라 하여 체직시킨 것과,[51] 같은 해 10월에는 黃海水使 申大觀과 새롭게 임명된 統禦使 李文爀이 상피법에 적용되자 병조판서 李在學의 건의를 받아들여 재하당체의 원칙에 따라 申大觀을 改差한 것[52]이 대표적인 사례이다.

정조가 실하였던 정책들은 척신으로 대표되는 閥閱을 효과적으로 제압하고, 왕권을 중심으로 한 권력의 집중과 정치 세력의 균형을 꾀하는 양상으로 전개되었다.

아울러 정조가 실시하였던 탕평책도 위와 같은 경향에 입각하여 전개하였고, 기존의 사회 체제를 재정비하여 안정을 꾀하려는 의도를 내재되어 있었다. 하지만 정조의 정치 체계는 국왕의 개인적인 역량에 크게 의존하는 것이었기 때문에 탕평정책이 구조적인 틀 안에서 자리 잡는 데에는 많은 한계성을 지니고 있었다.

따라서 정조는 왕권의 권력 행사에서 자신의 역량을 최대한으로 높이고, 관리로 대표되는 臣權을 자신의 의도한 틀에서 강력히 추진하기 위하여 상피제를 다시 정비하기에 이르렀던 것이다.

정조대의 상피제 성향은 다소 보수적으로 나타나고 있다. 기존의 상피제에서 예외 규정으로 두었던 弘文館의 상피, 承旨의 상피, 學官 · 軍官의 상피 등에서 국왕 중심으로 개편하여 부분적으로 적용 대상에 편입시키고, 京, 外官 및 權設官 등의 상피를 강화하는

51) ≪일성록≫, 정조 23년 7월 21일조(규21811-0644). "〔綱〕遞承旨李顯默. 〔目〕顯默疏陳 右副承旨洪義浩 有姨從 相避之嫌 批令該曹稟處 吏曹覆啓請遞從之"

52) ≪일성록≫, 정조 23년 10월 18일조(규12811-0651). "〔綱〕命黃海水使申大觀改差. 〔目〕兵曹判書李在學啓言卽見 黃海水使申大觀所報則與新除授統禦使李文爀 有親査應避之嫌乞卽遞改云相避之法 在下當遞請申大觀改差從之"

방향으로 나아갔던 것이다.

정조는 나아가 抄啓文臣을 활용하여 신진 인사뿐만 아니라 기존의 관리들까지 재교육을 시켜 그들을 자신의 정책 방향에 맞추어 나갔고, 스스로를 초월적인 군주로 군림하려는 입장을 견지하였다. 더욱이 붕당의 비대화를 차단하고, 자신의 정책과 권력 행사를 뒷받침하기 위하여 奎章閣을 강력한 정치 기구로 육성해 나갔다.

그에 따라 규장각인 內閣에는 앞에서 언급한 바와 같이 상피를 적용하지 않는 파격을 실시함으로서 인재 확보에 있어서 기존의 입장과는 다른 모습을 보여주었던 것이다.

經筵과 館閣에서도 상피법이 적용하지 않았다. 때문에 형제가 같이 근무하여 그 공을 쌓은 경우가 종종 있었다.[53] 그 대표적인 사례가 직각 金邁淳의 從父 형제가 동시에 閣銜을 차지하는 경우이다.

이렇게 되자 정조는 비록 閣職이 상피법에 적용되지는 않는 것이 일반적이라 할지라도 그러한 경우는 遞職을 하는 것을 원칙으로 삼아 이를 보완하기도 하였다.[54] 이는 인재 확보라는 차원에서 상피를 적절히 활용하였지만, 그로 인해 야기될지도 모르는 정치적 부담은 피하려고 한 조치가 아닌가 한다.

또한 정조는 관리들이 상피를 핑계로 업무를 게을리 하는 행위에 대해서도 강력히 경계하고 있다. 즉, 조선 후기에 이르면 제한된 관직에 비해 관직에 집착하는 현상이 자주 나타났고, 요행히 관직에 나간다고 하더라도 요직만 추구하는 현상이 나타나자, 관리들 간에 사적인 이익을 좇은 판국이 전개된다. 그렇게 되자, 원하는 관직이 아니면 관직을 사직하려고 상피를 빌미로 피해가려는 경향이 만연하여 군신 간의 分義를 저버리는 경향을 보인다.

---

53) ≪정조실록≫ 권8, 3년 11월 庚戌條.
54) ≪순조실록≫ 권6, 4년 2월 丁丑條.

더욱이 먼 친족의 관계를 끌어들여 이를 대문상피 상의 규정과 관련시키기도 하였다. 특히 임금의 곁에서 정사를 보던 近密之臣인 경우에는 행공 보다 사적인 이익을 추구하여 국왕과의 관계도 소원해지기도 하였고, 비록 청요직이라 하더라도 구조적으로 소위 近密之臣의 부조리를 비판하는데 한계를 드러내고 이를 모면하려고 하는 경향을 보인다.

이에 정조는 中批를 이용하여 侍從臣의 배치를 자신의 의도대로 펼쳐나갔다. 한 사례가 정조 24년(1800)에 단행한 이조판서의 임용시 우의정과 형제지간임에도 불구하고 이를 관철시킨 것은 대표적인 것이다.55)

이는 정조가 관리 간의 이해관계에서 생기는 관직에 대한 병폐 현상을 중비로서 해결하려 하였고, 나아가 관리가 상피를 빌미로 자신들의 처지를 모면하려는 것을 정면으로 돌파하는 수단으로 활용하였던 것이다. 이것은 결국 정조 스스로가 초월적인 군주임을 나타내기 위한 의도에서 기인한 것이라 사료된다.

한편, 정조는 상피제의 확대 적용하는 문제에 있어서 特旨 내지 中批에 의한 人事와 관련시키는 경우도 있었다.

국왕은 治者의 입장이었기 때문에 당사자는 상피법과 무관한 존재였다. 또한 국왕의 受教는 그 자체가 법적 효력을 가졌다. 그런데

55) ≪일성록≫, 정조 24년 5월 30일조.(奎 12811-0673) "〔綱〕書九 〔目〕(중략) 蓋自往年以前一種風習滔滔於利祿窠臼苟其好官之可做則他不暇恤汲汲如狂其流之甚殆將至於無父無君之境及其旣得之後　又生厭避之計不顧法典之所無不知分義之至嚴同姓疏族之間其所拘礙無異於大典　之大文相避所謂近密之臣初不肯一番行公於官職而以至疏逖之蹤　亦皆看作美事競相慕倣其爲世道之弊亦非細故也　昨敎中處華膴而攬淸要者才借其銜便避其職云者予　亦十分商量而只如是書之矣(중략)不然則中批之擧固所難愼而予何必以時任右相之弟拔例特除乎揆地銓席兄弟之迭居雖曰已例而係是百年前事　且況今人不如古人則予所以必爲此格外之擧而吏判之承勉出之敎便卽□蹶膺命者亦豈非深知予矯俗之本意者乎(중략)"

국왕을 정점으로 주위의 大臣과 국왕의 姻戚들이 관직의 除授나 遷職에 있어서 국왕과의 사적인 관계를 내세워 보다 유력한 관직을 바라는 경우가 종종 있었다. 이는 국가를 통치하는 法秩序의 확립이라는 차원에서 보면, 역기능적 요소가 강한 것으로 이해된다.

그런데 국왕의 입장에서는 관원들을 적재적소에 배치하기 위해서는 국왕 나름대로의 고유 권한을 행사하는 것이 필요하였다. 그래서 국왕은 特旨 형식을 빌어서 관원을 임명하곤 하였다.

대개 조선왕조의 前期에는 勳戚이나 대신들의 이해관계에 의해 특지가 남발되는 경우가 대부분이었고, 後期에는 黨人들의 이해관계를 조절하려는 國王의 의도로 시행되는 경우가 대부분이었다.

전기의 特旨는 續典謄錄內班簿來歷條에 나타나 있듯이 원래 "문 · 무관의 3품 이하를 국왕이 친히 제수하는 것〔自內除授〕"를 '特旨'라 하였다.[56)]

조선왕조는 世宗 때 儒敎政治의 이념 하에 문물과 제도가 정비되고, 인사 행정은 都目政事에 의해 이루어지는 경향이 뚜렷해졌다. 도목정사라 함은 관리들의 근무 성적을 채점한 후 黜陟과 移動을 행하는 제도로, 매년 두 차례에 걸쳐 이루어졌다. 먼저 6월에는 權務政 또는 小政이 행해지고, 12월에는 大政이 행해졌다. 그런데 도목정사를 위한 銓注는 당상관과 낭관이 협의하여 후보자를 추천하는데, 대개 3배수로 추천하여 三望이라 하였으나, 때에 따라서는 1명만 추천하는 單望도 시행되었다. 이 때 국왕은 해당 관청에서 올라온 후보자 가운데 1인에게 붓으로 표시하였는데, 이를 落點이라 하고 그러한 낙점을 下批라 하였다.

이에 비해 中批는 특별한 전형을 거치지 않고 국왕이 特旨로 관원을 명하는 것을 중비라 하였다. 대개 중비는 왕권과 신권의 갈등

56) ≪세종실록≫ 권78, 19년 7월 丙辰條.

에서 왕권의 강화의 의미한다.[57)]

특지에 의한 상피 적용 논란은 세종 7년(1425) 鈴平君 尹季童 등이 궁궐에서 기르는 매를 훔친 사건을 신문하는 과정에서 刑曹와 義禁府에서 취조 내용이 서로 다르게 조사되자, 국왕이 영돈령부사 柳廷顯에게 이임하여 확인하게 하였다. 유정현이 당시 형조참판 柳穎과의 상피 문제가 제기되어 이를 사양하였으나 국왕의 직권으로 업무를 수행하고 있다.[58)] 이는 직접적인 특지에 의한 경우는 아니더라도 王命에 의한 일종의 특별 명령이었다는 데에서 특지와 같은 것이었다.

그러다가 세종 19년(1437)에 상피 자를 계문 형식에 따라 서용케 하면서 이러한 조치를 명목상 特旨라 부르게 하였고, 이를 계기로 특지에 의한 상피 적용은 재논의를 거치고 있다.[59)] 세종 때에는 국가의 문물이 정비되고, 이에 따른 국가적 기틀이 마련되고 있어서 실재적으로도 상피 적용자에 대한 타관서로의 移管判決이 보편화되어 커다란 문제를 일으키지는 못한다.

하지만 訟事에서의 공정성 시비는 계속 이어져, 특지에 따른 상피제의 역기능은 사라지지 않았다. 그러한 사례는 문종 즉위년(1450) 8월 兼判書 鄭苯의 조카인 池淨의 判司僕寺事 임명 때 特旨의 형식으로 임명되고 있는 데에서도 확인되고 있다.[60)]

다시 말해 조선 전기에 있어서 특지에 대한 논란은 왕권이 미약하던 단종 때 상피 자에 대해 악용되기도 하였다. 단종 원년(1453) 1월에 대신의 子弟와 혼인한 집안은 모두 상피하지 않음은 물론이고, 혹은 特旨라 칭하여 관직을 陞資하여 遷職하게 된다.[61)] 이는

57) 車長燮, ≪앞의 책≫, pp.228~229.
58) ≪세종실록≫ 권30, 7년 10월 丁丑條.
59) ≪세종실록≫ 권78, 19년 7월 丙辰條.
60) ≪문종실록≫ 권3, 즉위년 8월 戊寅條.

단종 즉위년(1452) 5월에 議政府相避法의 제정이 무산되고, 이어 政府大臣들이 相避法에 상관없이 注擬하면서 그들의 子婿弟姪을 임의로 천거하고, '啓特旨'가 남발되면서[62] 더욱 그러하였다.

결국 신료들의 권한이 지나치게 비대해지면서 나타난 현상이었다. 비록 언관들에 의해 세종조의 상피법 회귀한다거나,[63] 特旨에 의한 除授를 시정하고 상피제의 강화해야 한다거나[64] 하는 등의 논의가 제기되지만, 이에 관한 폐단은 크게 나아지지 않았다.

특히 집정 대신 皇甫仁과 金宗瑞의 사례에서는 조선 후기의 붕당 못지않게 이해관계에 충실하였던 것으로 보인다. 즉,

> (중략) 金孟獻을 判典醫監事로, 愼詮을 守藝文館直提學으로, 金承珪를 守典農寺尹으로, 皇甫錫을 司僕寺少尹으로 삼았다. 김승규는 金宗瑞의 아들이고, 황보석은 皇甫仁의 아들이었다. 김맹헌은 또한 김종서의 姻婭이며, 신전은 閔伸의 처형이었다. 그때에 정부에서 權柄을 오로지 장악하여 대신의 자제와 혼인한 집안은 모두 相避하지 아니하고 혹은 特旨라고 핑계하고 陞資하여 자주 遷職하였으니, 관직의 높고 낮음이 모두 그 손 안에 있어서, 그 세력이 타오르는 불길과 같아서 감히 누구도 어찌할 수가 없었다.[65]

라고 하였다. 이렇게 위의 기록에서도 알 수 있듯이 단종 1년(1453) 정월에 단행된 인사에서 김맹헌을 판전의감사로 삼고, 김승규를 수전농시윤으로, 황보석을 사복시소윤으로 각각 삼았는데, 아래의 〈표 3-5〉와 〈표 3-6〉의 가계표에서도 확인되고 있듯이 김승규는 김종서의 아들이고, 황보석은 황보인의 아들이었다. 또한 가계

61) ≪단종실록≫ 권5, 원년 1월 壬戌條.
62) ≪단종실록≫ 권6, 원년 6월 癸巳條.
63) ≪단종실록≫ 권5, 원년 1월 丁卯條.
64) ≪단종실록≫ 권9, 원년 11월 丁丑條.
65) ≪단종실록≫ 권5, 원년 1월 壬戌條.

표에는 나타나고 있지 않지만 ≪단종실록≫에는 김맹헌 또한 김종서의 姻婭인 것을 확인되고 있다.

그런데 신권의 비대화는 端宗 원년(1453) 9월에도 개선되지 않았다. 즉, 황보인의 사돈인 尹三山을 判通禮門事로, 김종서의 사위인 朴金孫을 宗廟署丞 등으로 임명할 때 황보인·김종서가 3망할 때 쓰고자 하는 자의 이름 아래 黃標를 함으로서 관리의 薦望에서 黃標政事로 이어져 상피 적용 논란은 가속화되었고, 대간의 인사 탄핵에도 별효과를 거두지 못하였다.[66]

그러다가 세조 6년(1460) 2월 都目政事 때마다 상피법을 적용하게 하면서[67] 고쳐지는 듯 보였다. 하지만 이미 살펴본 바와 같이 세조 11년(1465) 7월에 執政堂上의 6촌 이상 족친에 대한 상피에서 特旨를 인정해 주는 조치를 취한다. 이로써 상피법 적용에 따른 인사는 단종 때의 특지를 빌미로 신권의 비대화 양상과는 달리 국왕 자신이 특지를 이용하여 인사 행정을 장악하려는 양상으로 전개되고 있다. 이는 세조조의 왕권 강화 노력과 관련이 있었던 것으로 보인다.

〈표 3-5〉 皇甫仁의 永川皇甫氏 家系表[68]

<table>
<tr><td colspan="5">* 皇甫仁系列의 家系로 →방향으로 갈수록 後代이며, 칸수는 世代를, 줄수는 兄弟間을 나타낸 것임.
* ( )은 관직과 결혼관계를 나타낸 것이다.</td></tr>
<tr><td rowspan="4">安(牧使)</td><td rowspan="4">琳(平壤庶尹)</td><td>觀</td><td></td><td></td></tr>
<tr><td rowspan="3">仁(領相, 忠定公, 尹之澤女)</td><td>錫(司僕寺少尹)</td><td></td></tr>
<tr><td>欽</td><td>湍</td></tr>
<tr><td>銀</td><td></td></tr>
</table>

66) ≪단종실록≫ 권9, 원년 11월 丁卯條 ; 己卯條.
67) ≪세조실록≫ 권19, 6년 2월 庚申條.
68) ≪萬姓大同譜≫ 續編, p.682.

〈표 3-6〉 金宗瑞의 順天金氏 家系表[69]

<table>
<tr><td colspan="5">* 金宗瑞系列의 家系로 →방향으로 갈수록 後代이며, 칸수는 世代를, 줄수는 兄弟間을 나타낸 것임.
* ( )은 관직과 결혼관계를 나타낸 것이다.</td></tr>
<tr><td rowspan="8">陲(都摠制, 裵世規女)</td><td rowspan="2">宗漢(吏判, 癸酉靖亂死)</td><td>鎔(生員)</td><td></td><td></td></tr>
<tr><td>錠(生員)</td><td></td><td></td></tr>
<tr><td rowspan="5">宗瑞(左相, 尹元富女)</td><td rowspan="3">承珪(參議, 癸酉死, 胡淨女)</td><td>萬同(癸酉死)</td><td></td></tr>
<tr><td>祖同(癸酉死)</td><td></td></tr>
<tr><td>幸南</td><td>燾</td></tr>
<tr><td>承璧(直長)</td><td></td><td></td></tr>
<tr><td>承琉(注書)</td><td>孝達</td><td>錫麟</td></tr>
<tr><td>宗興(判典農寺事,柳○女)</td><td></td><td></td><td></td></tr>
</table>

이후 성종 즉위년(1469) 12월에 모든 京官과 外官 가운데 상피 대상자는 법에 의거하여 개정하고,[70] 이를 계기로 인사 행정에서 特旨는 간헐적 사례가 나타나고 있지만[71] 상피제와 관련된 특지 사례는 현저히 줄어들고 있어서 단종과 세조를 계기로 인사 행정에서의 특지로 관원을 임명하는 관행은 점차 사라진 것으로 보인다.

그런데 後期에 이르면 왕권과 신권의 부조화 상태 시기가 오면서 어느 한쪽으로 기울려는 경향을 보이면서 중비에 의한 인사 행정이 남발되는 현상 보이고 있다. 즉, 中批는 그 성격 상 왕권을 강화시키는 기능을 하였다.

먼저 숙종 때에는 서인과 남인의 상호 교체가 전면적으로 이루어지는 환국이 반복되었는데, 숙종은 바로 중비를 통하여 남인의 핵심

69) ≪萬姓大同譜≫ 上 p.387, 續編 p.192.
70) ≪성종실록≫ 권1, 즉위년 12월 辛酉條.
71) ≪중종실록≫ 권15, 7년 3월 辛亥條.

인물인 許穆, 尹鑴, 洪宇遠 등을 승진 발탁하고 있다. 또한 외척 가운데에서 兵權을 담당할 金益勳(어영대장), 金錫冑(수어대장) 등을 발탁할 때에도 중비를 적극 활용하였다.

특히 영조는 중비를 통해 인사권을 장악하려 하였고, 이조의 핵심 관원을 중비를 통해 교체하는 경우가 많았으며,[72] 비변사의 당상도 예외는 아니었다.[73]

그런데 정조 때 가서도 중비를 통한 문제는 여전하여 대신과의 갈등을 빚는 요인이 되기도 하였다. 상피와 관련된 당시의 기록을 보면 다음과 같다. 즉,

> 藥院의 제신을 불러 접견하였다. 내의원 도제조 李時秀가 아뢰기를, "어제 삼가 전교를 보았더니 수찬 김이재를 귀양 보내라고 하셨습니다. 原疏를 보지는 못했으나 이것은 한 재상을 논박한 것에 지나지 않는데, 옥당이 한 재상을 논박하였다 하여 귀양을 보내기까지 한다면 어찌 지나치지 않겠습니까. 신은 감히 신의 아우 때문에 이런 말씀을 드리는 것이 아니라 사실은 그에 대한 처분이 중도에 지나친 것이 아닌가? 염려되기 때문이니, 빨리 더 깊이 생각하시어 도로 成命을 거두소서."하니, 상이 이르기를, (中略) 대체로 여러 해 전부터 일종의 풍습이 녹봉과 벼슬자리만 추구하여 사실 좋은 벼슬을 지낼 수만 있다면 염치 같은 것은 전혀 돌아보지 않고 미친 듯이 허둥대므로 그 해독은 장차 아비도 없고 임금도 없는 지경에 이를 판국이다. 그러다가 일단 원하는 것을 얻고 나면 다시 또 그만둘 생각을 가져 相避하는데, 그 사례가 법전에 없다는 것도 돌아보지 않고 군신간의 分義가 지엄하다는 것도 알지 못하여 같은 성씨의 먼 친족 사이에서도 그 관계를 끌어대어 이유로 삼기를 ≪大典≫ 본문의 相避 조항과 다름없이 하고 있다. 이른바 시종신이란 자들도 제수된 관직을 그 즉시 행공하려 하지 않고 임금과의 관계가 소원한 자들까지도 다 그것을 아름다운 일로 간주하여 앞 다투어 본받

---

72) ≪영조실록≫ 권60, 20년 10월 壬戌條.
73) ≪영조실록≫ 권59, 20년 6월 壬申條.

> 고 있으니, 이런 점들이 세도의 폐단이 되고 있다는 점에서 또한 작은 일이 아니다.(중략) 이는 참으로 내가 고심하고 있는 바로 그 점이다. 그런 것이 아니라면, 中批로 조처하는 일은 매우 신중히 해야 할 일인데 내가 어찌 현직 우상의 아우를 특별히 그 벼슬에 제수하였겠는가. 정승과 이조 판서 자리를 형제가 나누어 앉는 것은 그 전례가 있다 하더라도 이미 백 년 전에 있었던 일이고 게다가 지금 사람은 자질이 옛사람보다 못한데도 불구하고 내가 이처럼 파격적인 일을 했으니, 이조 판서로서는 나와 달라는 분부를 받는 즉시 주저하지 말고 명을 받는 것이 또한 어찌 습속을 바로잡으려는 나의 본의를 깊이 이해하는 것이 아니겠는가.(중략)[74)]

라고 하였다. 위의 사료는 정조 24년(1800)에 修撰 金履載가 이조판서의 인사의 잘못을 논하려다가 도리어 귀양을 간 사건에 관한 기록이다.

여기에서 정조는 인물을 등용하는 데 있어서 비록 상피 자라 하더라도 그 적임자인 경우 상피를 무시하고 中批를 통해 등용하고 있는 것을 볼 수 있다. 아마도 정조는 중비를 활용하여 당시 세력화되어 가던 閥閱을 견제하기 위한 방편이었던 것으로 보인다. 나아가 이는 왕권 강화의 강력한 표출이었을 것이다.

정조가 내의원 도제조 李時秀 등과 정조 24년 5월과 6월에 걸쳐[75)] 국왕이 정책 토의 과정에서 강력한 왕권을 과시하고, 여러 신하들에게 김이재의 귀양 이유를 친히 설명한다. 아울러 사관에게도 그 사실을 명확히 기록하게 하고 있어서 당시 중비에 의한 인사가 얼마나 위력을 발휘했는지를 짐작케 한다. 하지만 정조 역시 김이재가 대대로 요직을 지낸 집안의 자제라는 이유로 귀양 보내는 수준에서 사건을 덮어두고 있다.

---

74) ≪정조실록≫ 권54, 24년 5월 辛亥條.
75) ≪정조실록≫ 권54, 24년 6월 癸亥條.

이렇게 정조 때에는 영조 때와는 달리 중비에 의한 인사 문제에 이의를 제기하는 경우가 자주 있었다. 그래서 인지는 모르겠으나 기록상으로 보아도 정조 때에는 英祖 때만큼 중비에 의한 인사 행정이 자주 이루어지지는 않았다.

이러한 과정을 거치면서 정조대의 국왕 측근 관직의 상피제 확대 논의의 하나의 배경으로 작용한 것은 사실이었던 것으로 여겨진다.

2. 承旨와 상피제 관계

이러한 맥락에서 한 사례로 언급할 수 있는 것이 승지에 대한 상피 문제였다. 전기 이래로 승지에 대한 상피 논의는 그 대상에서 제외되는 것이 일반적이었다. 하지만 이때에 이르러 부분적인 상피법이 발효되고 있음을 볼 수 있다.

그 과정을 살펴보면 다음과 같다. 承旨相避 논의는 세종 19년(1437) 8월에 銓注 참여 여부를 논하는 자리에서 처음 제기된다.[76] 이후 세종 27년(1445) 8월 知吏兵曹承旨의 入參, 銓注를 금지함과 아울러 상피의 적용이 완화되었다.[77]

그러다가 세조 13년(1467) 12월에 승지의 왕명 출납을 빌미로 상피의 적용에서 제외시켰다.[78] 이는 앞서 9월에 국왕 측근 기구의 강화를 위해 承政院에 院相을 설치하고 그 보완 조치로 승지상피 제외 규정을 단행한 것이 아닌가 한다. 그리고 이러한 관례는 일정 기간 유지되었다. 즉, 도승지와의 상피는 국왕의 묵인 하에 잘 지켜지지 않는 사례가 그것이다.[79]

76) ≪세종실록≫ 권78, 19년 8월 甲子條.
77) ≪세종실록≫ 권109, 27년 8월 辛酉條.
78) ≪세조실록≫ 권44, 13년 12월 丙午條.
79) 吳希文, ≪尾錄≫ 卷7, 〈十二月晦日〉. "(중략)見書 則去十八日至京 九日進士塘 覲親後發去云 新太守乃李惟善 而當除拜之時 都承旨以其 相避 擬望

원래 院相은 명의 援兵交涉使의 접대 문제가 발단이 되어 설치되었으나[80] 보다 근본적으로는 李施愛의 亂으로 인한 世祖 정권의 불안에서 비롯되었다.[81] 따라서 승지상피 문제는 국왕의 입장에서 보면 상피의 적용 대상에서 제외함은 당연한 조치였을 것이다.

그런데 都承旨 權瑊의 同姓 3촌 조카사위인 同副承旨 韓繼純의 임명을 계기로 승지상피 문제는 정쟁으로 되고 있다. 즉, 지평 鄭孝恒이 상소를 통해 권감이 吏房承旨, 한계순이 兵房承旨라는 점을 지적하고 이는 당연히 상피해야 한다는[82] 주장이 제기되면서 표면화된다.

여기에서 주목되는 사실은 ≪경국대전≫ 상에 승정원에 대한 상피는 소주상피에 적용 범주를 기록하고 있다. 그런데 이는 재하당피에 의하여 승지와 주서의 관계를 설정하거나, 타부서와의 관계를 설정한 것으로 이해되어 진다. 나아가 註의 기록에는 吏房承旨와 吏曹官員 사이의 상피, 兵房承旨와 兵曹官員 사이의 상피만이 규정되어 있다는 것이다. 다시 말해 이방승지와 병방승지 사이의 상피는 규정에 없었다.[83]

따라서 법률적으로는 승지 간에는 상피가 되지 않는다고 볼 수 있다. 하지만 관례상 인사에 깊숙이 관여한다는 점에서 최소한의 상피 적용이 논의된 것이 아닌가 한다.

이는 대사헌 梁誠之가 이방승지 · 병방승지의 상피 문제를 지적한 〈論除授當相避疏〉에서도 확인되고 있다[84] 그는 당시 단종 때의

至於受點 物議非之 而自上特命赴任云云(중략)"

80) 金甲周, 〈院相制의 성립과 기능〉, ≪동국사학≫ 12, 1973.

81) 李東熙, 〈조선 초기 院相의 설치와 그 성격〉, ≪전북사학≫ 16, 1993.

82) ≪세조실록≫ 권44, 13년 12월 戊申條.

83) ≪經國大典≫ 卷1, 〈吏典〉, 相避條.

84) 梁誠之, ≪訥齋集≫ 續編 第1卷, 〈疏〉.(≪韓國思想大全集≫, 良友堂, 1994, pp.290～292)

大臣相避法의 제정 무산 등의 과정을 겪으면서 상피 제도의 법제적 강화를 강력히 주장한 대표적인 학자였다.

먼저 그는 신료들의 부정, 奔競 등의 폐단을 시정하기 위해서도 신하의 諫諍을 받아들일 것을 강력하게 주장하고, 아울러 相避法을 대내적, 대외적으로 천명하여 시행할 것을 요구하고 있다.85) 또한 한걸음 더 나아가 벼슬을 除授할 때에 상피를 당연히 적용해야 한다는 상소문을 올려 자신의 의지를 강력히 개진하였다. 당시의 기록을 보면,

> 신 등은 어제 除授하는 것이 온당하지 않은 사건을 가지고 아뢰었으나 윤허하심을 입지 못하여 황송하고 두려움을 이기지 못하겠습니다. 신등은 가만히 생각하건대 법이라는 것은 국가의 중대한 그릇입니다. 그 처음을 보면 반드시 끝을 염려해야하고, 어떠한 조짐이 있으면 반드시 그 폐해를 생각해야 합니다. 마땅히 前代에서 법을 본받아서 후세에 전해 보여야 할 것입니다. 우리나라에서는 相避의 법을 세워서 아내의 同姓 叔姪은 臺省과 政曹에 함께 벼슬하지 않게 하였습니다. 대체로 그 지위가 긴요한 데 관계되어 특별히 嫌涉함이 있기 때문입니다.86)

라고 하였다. 이 상소문은 丁亥年(세조 13년; 1467) 12월 18일 사헌부 대사헌의 자격으로 올린 것으로 당시 도승지가 된 權瑊이 그의 姪女의 남편인 韓繼純이 同副承旨가 되자 이를 시정하기 위해 올린 상소였다.

원래 법적으로 승정원의 상피 규정은 조선 후기에 가서 명문화되

---

85) 梁誠之, ≪納齊集≫ 第4卷, 〈奏議〉, 納諫諍.(≪韓國思想大全集≫全36卷, 良友堂, 1994, p.174)

86) 梁誠之, ≪納齊集≫ 續編 第1卷, 〈疏〉, 論除授當相避疏「丁亥十二月十八日以司憲府大司憲上」.(≪韓國思想大全集≫全36卷, 良友堂, 1994, pp.290～292)

고 있고, 전기에는 왕명의 출납이라는 직책 때문에 상피에서 제외되는 것이 일반적이었다. 그런데 양성지는 그러한 불합리한 점을 비판하고 있는 것이다.

아울러 吏房과 兵房의 승지에 있어서도 ≪經國大典≫ 상 이방승지와 이조 간, 병방승지와 병조 간의 상피 규정은 엄격하였으나 이방승지와 병방승지 사이의 상피는 적용에서 제외되어 있었다. 하지만 양성지는 사람들이 執政한 이에게 청탁할 일이 있으면 밤낮을 가리지 않고 분주히 찾아다니는 폐단을 논하면서, 승지 역시 정사하는 자리에 같이 앉아 있기 때문에 유혹을 뿌리치고 오로지 출납만 맡아보기 어렵다고 지적하고 있다. 따라서 상피법의 적용을 강력히 주장하고 있다.

또한 梁誠之는 병조의 상피 적용도 강력히 주장하고 있다. 이는 병조가 군무를 관장하고 인물을 銓注하는 곳이라는 데에서 기인한 것이지만 당시 柳規의 첩에 아들인 柳子光이 병조정랑이 되고, 洪係이 과거를 거치지 않고 병조정랑이 된 것이 단초를 제공한다. 이 사안은 상피와는 다소 거리가 있는 것이었으나 양성지는 훗날 친척끼리 근거를 만들어 함께 조정의 정권을 제 마음대로 하여 혹시 있을지도 모르는 관리의 부조리를 경계하였던 것이다. 나아가 그는 승진의 제한도 아울러 주장하고 있다. 이것이 ≪경국대전≫ 상의 상피 규정 제정에 영향을 주었을 것으로 생각된다. 더욱이 병방승지는 병조와 상피하는 것도 당연하였다.

원래 당상관은 상피에서 예외를 인정해 주었으나 兵曹와 都摠府의 당상관, 兼司僕將, 五衛將은 비록 동일한 관사가 아니라도 공통하여 상피하게 하여 권력의 집중을 방지하고 있다.[87] 그러나 당시에는 논의만 되었을 뿐 잘 지켜지지 않았다.

---

87) ≪經國大典≫ 卷1, 〈吏典〉, 相避條.

이후 성종 3년(1472) 9월에 사헌부에서 이방승지와 병방승지가 政廳에 入參함을 들어 이들의 상피법을 大典 상에 수록해야 한다고 주장함으로써 정식으로 공론화되었다.[88] 처음에는 국왕이 先王朝에서도 대전 상에 싣지 않았다는 이유를 들어 반대하였지만, 끈질긴 문제 제기에 승복하고 만다. 하지만 구체적인 승지상피의 규정이 마련되었는지는 알 수 없다.

다만 成宗 8년(1477) 1월에 집의 鄭侢 등의 箚子에서 대전 상의 규정을 근거로 승지상피를 논하고 있어서[89] 적어도 성종 8년 이전에는 ≪경국대전≫에 수록된 것으로 여겨질 뿐이다.

또한 승지상피 문제는 성종 7년(1476) 5월 院相이 〈非敬大臣之道〉라는 명목 하에 혁파된 시기와도 일치하고 있는 것에 주목된다. 원래 세조 때 원상이 承政院에 설치된 것은 국왕 측근 기구의 강화라는 명목 하에 있었다. 실재로 원상의 구성원은 韓明澮, 申叔舟, 具致寬 등 훈구대신이 독차지하였다.

이러한 경향은 결과적으로 왕권 강화 차원으로 이어지지는 못하였고, 오히려 이들 훈신들에게 정권을 넘겨주는 결과를 초래하였다. 그런데 승지상피가 적용되던 시기는 成宗의 친정 체제가 이루어진 시기로 중앙 집권 체제의 확립기와 일치하고 있다. 이는 승지상피의 상피 적용은 인사권에 대한 국왕의 통치권이 확립되면서 勳臣들이 인사에 있어서 일정 부분 행사하던 관행을 금지시킨 조치라는 맥락에서 파악해야 되지 않나 생각된다.

성종 8년 5월에 사헌부의 건의를 받아들이고, ≪경국대전≫에 따라 승지 인사를 시행하게 함으로서[90] 위의 사례를 반증해주고 있다. 이후 성종 21년(1490) 8월에 이방승지 韓健이 그의 堂弟인 韓偉를

---

88) ≪성종실록≫ 권22, 3년 9월 甲寅條.
89) ≪성종실록≫ 권75, 8년 1월 辛丑條.
90) ≪성종실록≫ 권80, 8년 5월 戊辰條.

江原道都事에 천거하다 탄핵된 사례,[91] 연산군 3년(1497) 1월에 도승지 姜龜孫이 이성 3촌숙인 龍仁縣令 安該를 陞遷시켰다가 탄핵된 사례,[92] 중종 25년(1530) 10월 啓辭 때 좌부승지 李龜齡이 3촌 조카인 윤원로의 도망 사실을 숨겼다가 추고된 사례,[93] 선조 28년(1595) 6월에 동부승지 尹覃茂와 처남매부간인 우승지 柳永詢과의 상피 사례[94] 등에서도 알 수 있듯이 승지상피는 ≪경국대전≫ 상의 규정에 충실하고 있다.

승지상피는 正祖 때 ≪대전통편≫에[95] 가서 배속된 各房承旨가 當該曹의 당상관과 상피하면 왕에게 上奏하여 배속된 房을 바꾸고, 또한 왕의 특명에 의해서도 배속 방을 바꾸게 함으로써 그 적용대상이 6승지로 확대되고 있다. 이어 편찬된 ≪전율통보≫에서는[96] 6승지가 6조 당상관과 상피되면, 계품하여 承旨의 담당하는 부서를 바꾸게 하여 이를 더욱 공고히 하였다. 이러한 경향은 나중에 ≪육전조례≫에도 그대로 이어졌다.[97]

이외에도 고종 때 ≪육전조례≫에서는 도승지 겸부제학은 겸홍문관 직제학의 예에 따라 減下하였고, 승지와 춘추관이 상피되면 兼春秋를 줄였다. 또한 홍문관과 승지가 상피되면 홍문관의 춘추관 관리를 줄였으며, 예문관 검열과 승정원 주서가 춘추관과 상피하면 知事 이하를 같이 체직하였다[98] 그리고 承旨와 翰林이 상피되면 修撰官

91) ≪성종실록≫ 권242, 21년 8월 戊子條.
92) ≪연산군일기≫ 권21, 3년 1월 壬戌條.
93) ≪중종실록≫ 권69, 25년 10월 癸亥條.
94) ≪선조실록≫ 권64, 28년 6월 癸卯條.
95) ≪大典通編≫, 〈吏典〉, 京官職〔正3品衙門〕, 承政院條. "六承旨房單子 空間列書以入 吏戶禮兵刑工待塡下分房 或 六曹堂上官相避則啓稟換房 有特旨則換房"
96) ≪典律通補≫ 卷1, 〈吏典〉, 相避條. "六承旨 與六曹堂上 相避(啓稟換房〔增〕)"
97) ≪六典條例≫ 卷1, 〈承政院〉, 院規. "(중략) 或與六曹堂上相避則啓稟換房 有特旨則換房"

을 줄였고, 당하관과 이방·병방 승지가 상피자이면 이조와 병조의 건의 형식을 취해 직책에 임명하지 않았다.[99]

여기에 ≪대전통편≫에서는 처음으로 임금의 신변에 관련된 內乘 등의 상피법도 정비되었다.

3. 大典通編으로의 재개편

영조대의 개편 노력은 정조대 가서 더욱 확대되어 정비되고 있음을 볼 수 있다. 여기에는 영조대의 ≪속대선≫의 내용을 보완한 조치와 새롭게 제정한 조치로 나누어서 생각해 볼 필요가 있다.

우선 영조 때 이어 법제적으로 재편성한 조문을 보면, 統禦使의 관할 영역과 더불어 그 상피 규정을 보강한 사례[100]와 중앙의 과거 시험관 및 경차관의 상피를 서장관과 詮官의 상피 규정을 좇아 정비하고 있는 사례[101]가 그 대표적인 것이다.

새롭게 정비된 법조문 가운데 특히 눈에 띄는 현상은 지방관에 대한 통제의 강화와 言官, 그리고 承旨에 대한 상피법 마련이었다. 여기에 임금의 신변에 관련된 내승 등의 상피법도 정비되었다. 지방관에 대한 상피법은 영조 때에 이미 강화되고 있지만, 이때에 이르

---

98) ≪六典條例≫ 卷1, 〈吏曹〉, 文官. "都承旨兼副提學 則例兼弘文直提學減下 檢校副提學典翰拜都承旨則檢校減下 承旨及副提學已帶同經筵者同經筵減下 帶同春秋則例兼修撰官減下 承旨玉堂與春秋館相避則所兼春秋減下 玉堂與承旨相避則玉堂春秋減下 翰注與春秋官相避則知事以下並遞"

99) ≪六典條例≫ 卷1, 〈承政院〉, 院規. "(중략) 承旨與翰林相避則修撰官減下. 吏兵批堂下官與吏兵房相避者 勿除職"

100) ≪大典會通≫ 卷1, 〈吏典〉, 相避條. "≪續≫三南水軍節度使與統制使 畿邑兼營將守令與守禦使·摠戎使 北評事與咸鏡道觀察使 有戰艦·舟師邑守令與水軍節度使 該鎭屬邑守令與營將並相避 ≪增≫統制使管轄三道 相避之法 依統制使例"

101) ≪大典會通≫ 卷1, 〈吏典〉, 相避條. "書狀官雖與詮官相避兼臺例付勿拘 ≪增≫京試官 敬差官同"

러 다시 보강하고 있다.

즉, 관찰사 · 兵使 및 都事는 그 지방의 수령 또는 察訪과 상피하는데, 그 적용은 대문상피와 소주상피 규정에 의하여 폭넓게 적용하였다. 이러한 조문은 이후 ≪대전회통≫에 가서 만일 守令이 상급 관원과 상피되면 營將 · 邊將과 더불어 다른 도에 임용하게 하였다.[102] 內乘은 ≪경국대전≫의 법 규정을 존중하여 學官 및 軍官의 규정에 의거하여 상피하지 아니하였다.[103]

또한 承旨에 대한 상피도 정비하였다. 이방승지와 병방승지는 ≪경국대전≫ 상에 여타의 당상관과 상피관계에 있었다. 그런데 모든 승지가 대상이 되는 것은 아니었다. 그렇게 되자 당상관과의 알력이 작용하였고, 이는 이미 앞에서 논한 바와 같다.

그러한 마찰은 신권을 강조하려는 관료의 입장과 가까이서 왕권을 보필하려는 승지를 두둔하는 왕권의 마찰로 비추어질 소지가 다분하였다. 그래서 정조는 이를 개편하여 승지의 임용 시 配屬房을 임금이 직접 써넣게 하였고, 아울러 6승지와 당상관의 상피 규정을 ≪대전통편≫에서 확고하게 명시하였던 것이다.[104] 이어 편찬된 ≪전율통보≫에서[105] 6승지가 6조 당상관과 상피되면, 계품하여 承旨의 담당하는 부서를 바꾸게 하여 이를 더욱 공고히 하였다. 이러한 경향은 나중에 ≪육전조례≫에도 그대로 이어졌다.[106]

정조는 試官c相避에도 많은 관심을 가져 종래 學問振作이라는

102) ≪大典會通≫ 卷1, 〈吏典〉, 相避條. "≪增≫監司 兵使 都事與守令 察訪相避. 依原典大小註相避法 ≪補≫守令與上官相避 則換差他道. 營將 邊將同"

103) ≪大典通編≫ 卷1, 〈吏典〉, 相避條. "內乘依學官 軍官例勿避"

104) ≪大典通編≫ 卷1, 〈吏典〉, 京官職〔正3品衙門〕, 承政院條. "六承旨房單子空間列書以入 吏戶禮兵刑工 待塡下分房 或 六曹堂上官相避則啓稟換房有特旨則換房"

105) ≪典律通補≫ 卷1, 〈吏典〉, 相避條. "六承旨 與六曹堂上 相避(啓稟換房〔增〕)"

106) ≪六典條例≫ 卷1, 〈承政院〉, 院規. "(중략) 或與六曹堂上相避則啓稟換房有特旨則換房"

차원에서 상피법 적용을 유보하였던 승보시와 학제의 시관상피도 과거의 예에 의거하여 시행하게 하였다.[107] 하지만 친림시에서는 상피 적용을 이전의 관행대로 예외를 인정해 주었다. 다만, 상피 대상자가 발생할 경우에는 시관선정 과정에서 陳試하도록 함으로서 국왕의 특지 등 특별한 경우를 제외하고는 사실상 시험에 응시하는 길을 막았다.[108]

한편 정조 9년(1785) ≪대전통편≫이 편찬된 후 정조 11년(1787)에 ≪전율통보≫를 편찬하면서도 상피제 규정은 자세해지고, 확대되는 경향을 보인다. 먼저, 종래의 병사·수사·영장·우후·도사·수령·평사·찰방 및 변장과 감사와의 상피 규정을 명확히 하였고, 여기에 영장·우후·수령·찰방·변장은 兵曹의 관원과도 상피를 적용하였다. 그리고 水軍虞候는 수사·北評事·北兵使와, 수령·찰방은 都事와 상피하게 하여 이전의 법조문 내용을 보다 자세히 확인시켜 주고 있다. 이는 수령과 절도사에 대하여 타도로 옮겨 임명할 경우 상피 적용에서 제외한다는 ≪속대전≫의 내용을 보완하여, 교대하는 경우에는 영장·우후·도사·평사는 相避하지 않게 한 조치와 상통하는 것이다.[109]

≪경국대전≫에서 겸사복, 우림위, 내금위의 內三廳 5위장은 병조판서와 상피하였으나, 부장은 상피에서 제외되어 있었다. 그런데 ≪전율통보≫에 이르러 5위장과 부장은 總管과 상피하고, 부장은 다

---

107) ≪大典通編≫卷3, 〈禮典〉, 諸科條. "陞補·學製試官相避 依他科例" ; ≪增補文獻備考≫ 권188, 〈選舉考5〉, 科制5(국역선거1, p.271)

108) ≪大典通編≫ 卷3, 〈禮典〉, 諸科條. "親臨科 只命官主文 相避人許 陳試〔庭·別·殿試命官舉行時同〕. 增廣會試試官相避人許陳試" ; ≪增補文獻備考≫ 卷188, 〈選舉考5〉, 科制5(국역선거1 p.277)

109) ≪典律通補≫ 卷1, 〈吏典〉, 相避條. "兵水使 營將 虞候 評事 都事 守令 察訪 邊將 與監司相避(〔續〕〔增〕〔補〕. 營將 虞候 守令 察訪 邊將 與兵使. 水虞候 與水使 北評事 北兵使 守令 察訪 與都事避〔增〕〔補〕. 守令於節度使 換道則勿避 南關守令 於北評事同〔續〕. 交代則 營將 虞候 都事 評事 不避〔補〕)"

시 5위장과 상피하며, 兼司僕은 內衛將·羽林衛將과 상피하게 하였다.[110] 아울러 충훈부 등에서의 군관에 대한 상피는 임명할 때로 제한하여 적용하였다.[111]

이러한 관례는 학관의 사례에서도 확인되고 있다. 즉, 홍문관, 시강원, 강서원, 성균관, 4학의 관원인 학관에서도 찾아 볼 수 있다. 원래 학관도 이전에는 상피 적용 대상자가 아니었다. 그런데 이때에 이르러 임명할 때에 한하여 상피를 적용하게 하였던 것이다.[112]

≪전율통보≫가 조선시대 형전 체제의 발전을 보여주는 책답게 송관상피의 규정도 두고 있는데, 청송관은 刑典 聽理條 규정에 의거하여 스승과 친구 및 원수관계에 있는 자와 상피를 하게 한 것이 그것이다. 이러한 규정은 앞에서 살펴본 바와 같이 ≪唐律≫을 재확인한 조치였다.[113]

한편, 시관상피의 법제적 규정은 四學의 유생들에게 학문을 권장하기 위해 설행한 陞補試와 學製에서도 나타나고 있다. 이미 앞에서 검토해 본바와 같이 ≪대전통편≫에서 陞學試官의 相避는 他科의 사례에 근거하여 적용한 이래로 ≪전율통보≫에도 수록되었다.[114]

이는 陞補試와 合製의 설행 목적 상 원래 상피법이 적용되지 않았었다. 따라서 시관으로 임명된 자 가운데에는 자신의 자제 및 친척들이 그 시험에 응시하는 것을 막을 수 없었고, 이에 대한 폐단은 끊이지 않았다.[115] 이에 정부에서는 이를 막기 위해 많은 노력을 하

110) ≪典律通補≫ 卷1, 〈吏典〉, 相避條. "五衛部將 與總管避(部將 與五衛將避 兼司僕 內禁將 羽林衛將避〔補〕)"

111) ≪典律通補≫ 卷1, 〈吏典〉, 相避條. "五衛部將 與總管避(部將 與五衛將避 兼司僕 內禁將 羽林衛將避〔補〕)(중략) 軍官「忠勳府同」惟除拜相避〔經〕〔補〕"

112) ≪典律通補≫ 卷1, 〈吏典〉, 相避條. "學官「弘文館 侍講 講書院 成均館 四學」 軍官「忠勳府同」 惟除拜相避〔經〕〔補〕."

113) ≪典律通補≫ 卷1, 〈吏典〉, 相避條. "聽訟 避師友讐嫌人 見刑典聽理條〔補〕"

114) ≪典律通補≫ 卷1, 〈吏典〉, 相避條. "陞學試官相避 依他科例〔增〕"

115) 曺佐鎬, ≪韓國科擧制度史硏究≫, 범우사, 1996, pp.211~213.

였고, 드디어 肅宗代, 英祖代의 논의를 거쳐[116] 마침내 ≪대전통편≫에서 법제적으로 정비되었음을 의미한다.

이러한 규정이 정비될 무렵 親臨試에 대한 규정도 강화하여 상피인에게 陳試를 허락하여 주었다. 또한 增廣會試의 시관과 상피인의 陳試도 허락하였다.[117] 하지만 시관의 임명 시에 兼臺에 대한 문제는 ≪속대전≫에서의 예를 좇아 補任하였는데, 그 법제적 근거는 書狀官이 詮官과 상피하다라도 무방하다는 규정에 의거한 것으로 京試官의 겸대도 그에 준하였던 것이다.[118]

시관상피의 법제적 정비는 원칙적으로 과거의 공정을 기하기 위한 조치로 이해되어 진다. 대개 試官相避에서 시관은 적어도 그의 至親이 과거에 응시하여 부정을 일으키는 것보다는 응시 자격 자체를 제한함으로서 오해의 소지를 최소화하였을 것으로 이해된다.

그런데 言官相避는 홍문관에 대한 상피 규정으로 대표된다. 원래 홍문관은 사헌부와 사간원의 상피 규정과 달리 원칙적으로 상피가 적용되지 않았다. 따라서 앞에서 살펴본 바와 같이 홍문관에서 수찬, 박사 등을 임명할 때 홍문관 대제학과 부자 사이인 경우도 있었다. 이는 국왕이 상피제의 본래 취지를 잘 살려 신하의 권한을 제한하려는 의도였지만 오히려 악용되는 사례가 많았다. 그래서 홍문관의 상피 문제는 이때에 이르러 世子侍講院과 世孫講書院의 관원과 더불어 이조의 당상관 및 郎官과 상피를 적용하여 만일 상피 자가 발생하면 임금에게 주청하여 다른 관직에 薦望하게 하였던 것

---

116) ≪숙종실록≫ 권7, 4년 8월 辛亥條 ; ≪숙종실록≫ 권30, 25년 3월 庚辰條 ; ≪영조실록≫ 권119, 48년 12월 辛未條.

117) ≪大典通編≫卷3, 〈禮典〉, 諸科條 ; ≪增補文獻備考≫卷188, 〈選擧考5〉, 科制5. "親臨科 只命官主文 相避人許 陳試〔庭別殿試命官擧行時同〕(중략). 增廣會試試官相避人許陳試"

118) ≪大典會通≫卷1, 〈吏典〉, 相避條. "≪續≫出繼者 於本生親 一體相避(중략). 書狀官雖與詮官相避兼臺例付勿拘 ≪增≫京試官 · 敬差官同"

이다.[119]

또한 한림과 춘추관 관원 사이의 상피 적용은 기본적으로 여타의 상피제 규정과 마찬가지로 재하당피 내지 재하당체의 원칙이었고, 기타 겸직 자와는 겸임한 자를 면직시키는 것이 일반적이었다.

즉, 어떠한 경우에도 상피법은 재하당체를 원칙으로 하나 한림과 춘추관의 관원이 상피하면 춘추관의 知事 이하를 모두 바꾸어 임명하고, 한림과 춘추관의 領事 또는 監事가 상피하면 翰林을 改任하였다. 여기에는 注書도 마찬가지였다. 하지만 藝文館의 檢閱인 한림과 承政院 주서가 상피하면 주서를 바꾸어 임명하였다.[120]

왕세자가 대리정치를 행하는 攝政 때에는 세자시강원의 관원으로서 춘추관의 관직을 겸임한 자가 춘추관의 관원과 상피 관계에 놓이면 翰林의 경우를 따랐다. 춘추관의 영사 또는 감사와 상피하면 모두 兼職 춘추관의 관직을 면직시켰다.[121]

한편, 임금이 주재했던 經筵과 館閣에서는 위와 같이 상피법이 적용되지 않았다. 때문에 형제가 같이 근무하여 그 공을 쌓은 경우가 종종 있었다.[122] 그 대표적인 사례가 직각 金邁淳의 從父 형제가 동시에 閣銜을 차지하는 경우였다. 이렇게 되자 정조는 비록 閣職이 상피법에 적용되지는 않는 것이 일반적이라 할지라도 그러한 경우는 遞職을 하는 것을 원칙으로 삼고 있다.[123]

---

119) ≪大典通編≫ 卷1, 〈吏典〉, 相避條. "玉堂 春坊 講書院與本曹堂·郎相避啓請擬望"

120) ≪大典通編≫ 卷1, 〈吏典〉, 相避條. "相避之法 在下當遞 而翰林與春秋官相避 知春秋以下並遞 領 監事相避則翰林遞 注書同. 翰林與注書相避則注書遞"

121) ≪大典通編≫ 卷1, 〈吏典〉, 相避條. "代廳時 春坊之兼帶春秋者 與春秋官相避 同翰林 與領 監事相避則並本職遞"

122) ≪정조실록≫ 권8, 3년 11월 庚戌條.

123) ≪순조실록≫ 권6, 4년 2월 丁丑條.

제6장 19세기 정국 파행과 상피제의 退嬰

제1절 통치 체제의 해이와 상피제 추이

영조 · 정조 때 탕평책에도 불구하고 閥閱家門의 정권 독점 현상은 심화되어 양반층도 집권 양반, 향반, 몰락 양반 등으로 분화되어 갔고, 자기 도태화가 심화되면서 다수의 양반이 몰락하는 한편, 일부 지방의 書院 난립을 초래하였다. 그 결과 왕권의 약화를 가져와 정치 기강 문란을 초래하여 세도 정치를 잉태하게 되었다.

특히 정조대에는 그때까지 소외되었던 남인의 세력이 왕에 의하여 적극 옹호 · 신장되어 李家煥 · 丁若鏞과 같은 남인 시파의 명사가 등장하였다. 그러나 純祖가 즉위하면서 노론의 벽파가 대거 진출하여 1801년 辛酉邪獄을 일으켜 邪學一掃라는 명목 아래 많은 시파의 가톨릭 교인이 변을 당함으로써 당쟁의 한 변형이 연출되었다. 시파 · 벽파의 대립으로 인한 가톨릭교의 박해는 西學徒 내지는 實學者의 대부분을 차지하는 남인을 말살시켜 버린 결과를 가져왔다.

이러한 상황 속에서 어린 나이로 즉위한 純祖는 外戚에 의존하는 정치로 나아갈 수밖에 없는 지경에 이른다. 이렇게 되자 왕권이 약화되어 勢道政治라는 파행적인 정치 형태를 낳았으며, 60여년의 기간이 흐른 뒤 흥선대원군의 집권으로 왕정 복구가 단행될 때까지 계속되었다. 다시 말해 이는 英祖의 蕩平策과 그의 강력한 왕권 행사 아래에서 일단 벌열의 독점 현상은 억제되지만 이후에서는 政派간의 遞職 현상은 근본적으로 개선되지 않아 純祖代에 이르러 마침내는 勢道政治란 극단적인 외척 전횡의 정치 형태를 낳고 있는 것이다.[1)]

---

1) 李泰鎭, ≪朝鮮後期의 政治와 軍營制 變遷≫, 한국연구원, 1985, p.222.

이 과정에서 영조의 계비인 貞純王后 金氏가 수렴청정을 하게 되면서 정조 때 국왕과 소원한 관계를 유지하던 노론 벽파 세력이 다시 정국을 주도하기 시작한다. 그리고 정조 때 개혁 정치의 산물이었던 奎章閣 인사들을 辛酉迫害를 계기로 제거하고, 壯勇營조차 혁파하기에 이른다. 그리고 訓鍊都監을 정상화시켜 자신들의 입지를 강화해 나갔다. 하지만 정순왕후 사후에는 순조의 장인인 안동 김씨의 金祖淳이 권력을 장악함으로서 노론 벽파는 자연스럽게 쇠퇴하여 갔다.

이후 孝明世子의 대리청정에 의한 왕권 강화 노력은 그의 갑작스런 죽음으로 막을 내리고 憲宗이 즉위하면서 헌종의 외척인 풍양 조씨가 득세하는 계기가 된다. 이 또한 오래가지 못하여 哲宗 때 이르러 다시 권력은 안동 김씨에게 돌아간다.

그러한 세도정치기는 권력 구조에서도 정 2품 이상의 고위직에서만 정치적 기능을 발휘하는 결과를 초래하였고, 실질적인 역할은 備邊司가 전담하는 기현상을 낳았다. 따라서 의정부와 6조는 이름만의 기구로 제 역할을 수행하는데 한계를 드러냈고, 권력은 사적인 이익을 강조하는 방향으로 전개되었다. 특히 서울지방을 중심으로 한 京華巨族의 독점적 권력 행사는 남인, 소론, 지방 선비를 배제하는 결과로 이어졌고, 지방에서 성장하던 상인과 부농 등을 통치 집단으로 포섭하는 데에도 실패하고 만다.

따라서 중앙에서 파견된 수령들은 그들을 수탈의 대상으로 삼았고, 지방 사족도 배제하였다. 이는 향촌사회에서의 官權의 강화로 이어졌다. 그에 따라 종래의 향촌 사회의 사족들도 鄕會를 통해 자신들의 이익을 대변하던 경향이 점차 수령을 자문하는 역할에 그치는 양상으로 변하여 갔다.

19세기 勢道政治의 전개로 말미암아 중앙 권력이 유력한 소수 가문에 의해 독점되면서 정실을 기초한 한 尙閥主義가 만연하게 된다. 이는 戚族의 자기보전 의욕이 왕권마저 압도하였을 뿐더러 18세기에 이미 조짐을 보인 양반 계급의 붕괴를 초래하게 된다. 이러한 시각은 石井壽夫의 입장으로 李泰鎭이 그의 저서에서 소개하고 있다.

그에 의하면 18세기 정치를 17세기의 그것과 엄밀히 구분된다는 것이다. 이는 같은 당쟁은 肅宗 20년(1694)의 甲戌換局 이후로 西人의 일당 독재가 이루어지면서 질적인 변화를 겪었다고 본데서 출발한다. 즉 당쟁이 고정화되면서 개인 능력보다는 家族主義的 정실이 횡행하여 가족 이기주의가 대두되었음으로서 17세기의 "功制를 위한 理法"이 "功利를 위한 功利"로 변질하여 일명 功利主義時代라 할 만큼 시대적 분위기가 달라진다.

이러한 추세 아래 왕권의 입장에서 양반 계급의 분열과 몰락, 그리고 그로 인한 현실 부정 사상의 방지, 一黨專斷에서 보여주는 특권 계층이 王權 능가 방지라는 목적에서 蕩平策이 행해지나, 그것은 말초적, 기술적 방법에 지나지 않았기 때문에 오히려 많은 문제점을 유발시켰다.

蕩平은 공평한 인재의 등용을 통하여 貴族 간의 세력 균형과 귀족·왕권 간의 세력 균형을 도모하면서 궁극적으로는 당쟁의 소멸을 추구하였으므로 오히려 당쟁을 다시 자극, 격화시키는 모순을 빚었다. 벌열은 偏黨이 혼재하였고, 이 가운데 행해진 당시의 탕평은 결국 朋黨政治가 閥閱-戚族 정치로 변질되는 과도적 역할을 하는데 그쳤던 것이다.[2)]

그러한 시각은 탕평정국 하에서 대두한 벌열 세력이 훗날 정조 사후 유약한 왕권이 등장하게 될 때 탕평 정국을 일변시켜 정국을 外戚閥閱 勢道政治로 이끌고 가게 되는 계기가 되었다.[3)] 이는 일시

---

2) 李泰鎭, ≪앞의 책≫, p.33.

적으로 19세기 이후의 세도 정국에서 山林이 서울의 학계와 중앙 무대에서 영향력을 상실해 갈 때 그 공백을 정조대에 등용된 친위 학자들이 메워 19세기 서울의 학계와 정계, 사상계를 주도하기도 하였다.[4] 하지만 외척 벌열 세도정치는 기본적으로 산림의 영향력을 수용하고 또 그들과 연결하고자 했던 노론의 후예였고, 동시에 서울 주변에 世居하던 노론 명문 출신으로서 이른바 京華巨族이라 하였다.

국왕의 권력 행사는 그러한 경화거족과의 관계를 원만히 유지하는 것이 중요하였을 것이지만, 한편으로는 국왕이 스스로의 권력 기반을 확립하려는 의지를 표방했을 것이다. 아마도 국왕의 입장에서는 경화거족의 그늘 보다는 국왕권의 확립에 더 무게를 두었을 것으로 여겨진다.

특히 외척이 정국을 주도하고, 그들에 의해 관직의 賣官賣職이 보편적으로 이루어지는 상황 아래에서는 위와 같은 경향은 더욱 절실하였을 것이다. 국왕은 자신의 권력 행사를 관리들의 任命權 행사 내지 官職 再配置를 통해 확인하려 하였고, 상피제 등과 같은 제도를 통해 보다 확고히 행사하려 하였을 것이다. 따라서 상피제는 이 시기에도 여전히 국왕의 권력 행사에 중요한 제도적 장치였다.

순조 3년(1803)에 상피로 인한 지방 수령의 임용에 있어서 천망·주의에 대한 잘못이 상소를 통해 제기되기에 이른다.[5] 여기에서 문제가 된 것은 守令의 初仕者들이었다. 외관상피는 영, 정조대를 거치면서 한층 강화되었는데, 당시 수령의 초임자 가운데 京華巨族의

---

3) 유봉학, ≪조선후기 학계와 지식인≫, 신구문화사, 1998, p.31, p.54.

4) 정조의 친위관료로서 문체반정의 대상자였던 金祖淳은 바로 安東金氏 세도의 宗主이었으며, 남공철, 심상규, 이 상황은 그 핵심적 협력자로서 모두 相臣을 역임하며 조선의 정계와 학계를 이끌게 된다. (유봉학, ≪앞의 책≫, p.54)

5) ≪순조실록≫ 권5, 3년 1월 庚辰條.

姻戚의 집안에서 겨우 상피를 모면한 사람을 골라 임명하는 것이 관례화처럼 되어 갔고, 의망의 論斥에 따른 정치 쟁점화 현상은 국왕의 권력 행사와 밀접한 관련성을 가지고 전개되었다.

따라서 19세기 王權과 相避制 운영은 법전 상의 규정을 정확하게 적용하는 원칙론적인 입장에서 이루어졌다고 볼 수 있다. 그러한 경향은 여러 형태의 상피제에서 보편적으로 나타나는 현상이었다.

먼저, 시관상피를 보면 이 제도 역시 이전의 정비된 제도를 그대로 강화하여 시행하는데 초점이 맞추어진다. 즉, 순조 5년(1805) 8월에 幼學 閔魯行이 자신의 이모부인 參試官 鄭魯榮이 시관으로 있을 때 초시에 입격하자, 예조에서 이를 법전 내용을 근거로 하여 그 자격을 박탈하였다.[6] 이는 세도정치 아래에서의 최소한의 왕권 유지를 위한 조치였다. 비록 왕권이 약화되었다고 하더라도 상피제가 갖는 본래의 취지인 왕권 강화를 위한 제도적인 장치라는 사실은 여전히 상존하였음을 알 수 있다.

순조 9년(1809) 증광회시에서 親臨試에 준하여 시관상피인의 陳試를 허락하여 준 사례나[7], 헌종 8년(1842)에 監試試官을 임명하는데 있어서 의망하는 자가 가운데 그 수가 적을 때에는 閣臣 또는 상피 대상 자 조차도 의망하게 한 사례가 그것이다.[8]

언관상피에서도 그러한 경향은 더욱 뚜렷하게 보이고 있다. 겸직에 대한 상피 규정에서 상피 자를 체직시켜 시행하고[9] 아울러 승지

---

6) ≪일성록≫, 순조 5년 8월 23일 癸卯條.(奎 12813-0146) "〔綱〕 禮曹 以監試初 試相避入格人拔去啓. 〔目〕 該曹啓言幼學 閔魯行 今番監試初試一所 參試官鄭魯榮 卽渠姨母夫在法當避而不能覺悟冒赴初場至於入格依法典拔去"

7) ≪일성록≫, 순조 9년 4월 27일 丙辰條.(奎 12813-0234) "(중략)且非親臨之科故不許陳試間有坐停者　試官相避旣在法典則陳試一款恐無彼此而考之故事亦有可據臣意則增廣文科會試時　試官相避依法施行庭別殿試命官設行之時則亦依親臨殿試例定式恐合事宜請令該曹稟處從之"

8) ≪內閣日曆≫, 헌종 8년 8월 19일(奎 13030-v.0751) "吏曹草記監試試官當爲磨鍊擬入而擬望之人乏少閣臣及相避并擬何如 傳曰允"

의 언관 겸직에서도 상피를 엄격하게 적용한 데에서 알 수 있다.[10) 이는 이후 헌종 때에도 마찬가지였다.[11) 또한 벌열세족 가운데 대관이 정치적 부담을 느끼면 상피를 빌미로 引避하여 결국 체직되었다. 그래서 이것에 대한 병폐가 적극 거론되기도 하였다.[12) 하지만 언관상피에서의 在下當遞 원칙은 고수되었다.[13)

순조의 이러한 노력은 종래 내각은 상피제가 적용되지 않던 관행을 바로 잡은 노력에서도 확인된다. 즉, 순조 4년(1804)에 直閣 金邁淳이 상소를 올려 새로이 재수한 직명이 상피의 오해가 있어 사직하자 이를 허락하여 체직하였다.[14) 하지만 헌종 때 가서 다시 閣銜에 대한 상피는 이전 체제로 돌아가 적용에서 제외되었던 것으로 보인다.[15)

---

9) ≪일성록≫, 순조 3년 3 월 27일 辛酉條.(奎 12813-0086) "(중략)雖有各司例兼無相避之規而私義終涉難安且有病云不可無體諒之道矣敎曰 知申 兼帶 藥院副提調 許遞"

10) ≪일성록≫, 순조 30년 9월 11일 丙寅條.(奎 12813-0576) "(중략)吏曹啓言觀此 檢閱洪鍾應上疏則 春秋兼銜照例遞改云而相避之法在下當遞 史官所帶春秋法不得減下 承旨洪稺圭 所兼春秋館修撰官之任 請今姑減下允之"

11) ≪일성록≫, 헌종 1년 6월 8일 병인조.(奎 12814-0014) "〔綱〕應敎徐戴淳疏陳應避之嫌乞遞 春秋兼銜批令該曹稟處. 〔目〕戴淳與其兄 承旨憙淳 有春秋兼銜相避也"

12) ≪일성록≫, 순조 6년 1월 26일 甲戌條.(奎 12813-0155) "(중략)大司憲 李義弼 等陳啓以爲臺啓相避之規同異姓限四寸則至若疏族引避雖出敦倫之厚誼實無古例之可據況今合啓前啓請勘者總爲四十三啓而一啓之中或有兼三四人者苟究其本幾皆閥閱世族臺官之以族引避者盡爲遞免更於何處得來數遞之弊姑無論臺官地望其將不期輕而自輕亦豈細故也哉(중략)"

13) ≪일성록≫, 순조 7년 9월 27일 乙丑條.(奎 12813-0191) "(중략)吏曹啓言檢閱朴周壽 疏陳兼銜應避相避之法在下當遞而 史官春秋例不得減下請 徐鼎輔 記事官 之銜減下從之"

14) ≪일성록≫, 순조 4년 2월 17일 丁丑條.(奎 12813-0106) "(중략)改批以閣職本無相避豈可以是爲拘然姑爲許遞"

15) ≪일성록≫, 헌종 8년 3월 17일 丙寅條.(奎 12814-0100) "(중략)臣新授職名批以閣職之無相避自有 先朝聖批爾其勿辭察職" ; ≪內閣日曆≫, 헌종 14년 8월 16일(奎 13030-v.0825) "答直閣趙然興疏曰省疏具悉閣銜之無相避已有定

한편, 당시의 외관상피는 ≪속대전≫ 이후 구체적으로 정비된 상피 규정을 그대로 준용하였다. 예컨대 순조 2년 廣州留守 金觀柱와 그 관할 하에 있던 右別將 利川府使 宋煥章의 상피에서 알 수 있듯이 경기지방의 兼營將守令과 守禦使 간의 상피가 그것이다.[16)]

순조 17년(1817)에 全羅監司 李魯益과 새로 부임한 茂朱府使 沈能述이 처 4촌 조카로 상피에 적용되자 信川郡守 金載琬과 서로 서로 바꾸어 임명하게 한 사례에서 볼 수 있듯이 감사와 수령 간의 상피가 문제가 될 경우에는 타도의 수령과 서로 바꾸도록 한 규정도 그대로 준행되고 있다.[17)]

순조는 자신의 권력 행사에서 어느 정도의 한계성을 가지고 있다는 사실을 인식하고 있었지만, 기본적으로 국왕이라는 지위로서 행사해야 하는 권력까지 세도 정권에게 넘겨줄 생각은 그리 많지 않았던 것으로 보인다. 이는 19세기의 헌종과 철종 때에 볼 수 없는 현상인데, 그 한 사례가 武官職을 통한 상피제의 적용이었다.

우선 국왕을 곁에서 시위하거나 보필하는 자리부터 정비해 나갔는데, 순조 5년(1805)과 순조 10년 및 순조 17년에 도총관 및 부총관의 상피 적용에서 상피인의 체직을 강력히 피력하여[18)] 신변의 안정을 도모하였던 것이다. 그리고 순조 11년에는 御營大將과 訓鍊大將의 상피를 엄격히 시행하였다.[19)] 심지어 순조 13년(1813)에 內禁將

規爾其勿辭察職”

16) ≪일성록≫, 순조 2년 5월 25일 甲午條.(奎 12813-0061)

17) ≪일성록≫, 순조 17년 12월 8일 丁丑條.(奎 12813-0401) “〔綱〕命全羅監司李魯益 茂朱府使沈能述 信川郡守金載琬 相換. 〔目〕全羅監司李魯益 以茂朱府使沈能述 卽臣妻四寸娚法當相避馳啓敎以令該曹口傳相換”

18) ≪일성록≫, 순조 5년 12월 14일 癸巳條.(奎 12813-0152) ; ≪일성록≫, 순조 10년 11월 23일 甲戌條.(奎 12813-0272) ; ≪일성록≫, 순조 17년 1월 7일 辛亥條.(奎 12813-0388) ; ≪일성록≫, 순조 17년 1월 8일 壬子條.(奎 12813-0388)

19) ≪일성록≫, 순조 11년 4월 29일 丙子條.(奎 12813-0287)

李升權의 사례에서 확인 되듯이 상피 자의 本職 환수 조치까지 단행되기도 하였다.[20)]

이는 정조 때 ≪대전통편≫에서 觀察使·兵使 및 都事는 그 地方의 守令 또는 察訪과 相避하는 규정을 두면서 그 적용을 대문상피와 소주상피 규정을 모두 적용하여[21)] 강력히 준행하였다. 그리고 이후 병사와 찰방의 상피에서 정조 때의 법전 규정이 기준이 되고 있음을 알 수 있다. 한 사례로, 순조 23년(1823)에 慶尙右兵使 李亨謙과 前察訪 閔文爀의 상피 문제가 불거지자 법전의 근거를 확인하여 병사를 拿處시킨 것이 그것이다.[22)]

아울러 ≪속대전≫, ≪대전통편≫, ≪전율통보≫ 등의 규정에서 마련된 水使와 僉使,[23)] 수사와 統制使[24)] 간의 상피도 엄격히 준행하였다.

한편, 정조대 마련된 承旨의 상피 규정도 위와 같은 경향과 마찬가지였다. 순조 2년(1802)에 좌부승지 金近淳과 새로 제수된 도승지 金達淳이 4촌 형제이기 때문에 상피의 대상이었는데, 在下當遞 원칙

---

20) ≪일성록≫, 순조 13년 5월 5일 辛未條.(奎 12813-0329) "(중략)兵曹啓言 內禁將李升權　以罷散除拜依例蒙敍矣今則本職以相避差代則敍命似當還收何以爲之敎以還收"

21) ≪大典會通≫ 卷1, 〈吏典〉, 相避條.

22) ≪일성록≫, 순조 23년 6월 16일 癸丑條.(奎 12813-0484) "(중략)吏曹啓言 慶尙右兵使李亨謙　與召村前　察訪閔文爀　有內外從應避之嫌　而該帥臣莅任既至屢朔尙不報來故其委折關問於　慶尙監司金相休　處矣卽接回移則以爲守令察訪之與兵使相避者例　自該營與該邑驛報來然後始爲登聞而　召村察訪閔文爀　與右兵使　應避之由初無報來之事故果不得修啓爲辭矣相避之法乃是金石之典自古至今不得違越而掩置不報者大關國綱亦係後弊當該　兵使李亨謙令該府拿問處之該　察訪閔文爀　雖因他事而見罷亦不可置而勿論令該府一體拿問勘罪　而雖以道臣言之相避掩置之說狼藉京外至有本曹關問委折之擧　則該帥臣處宜有查問其屢朔稽報之由照法請罪之事而只以初無報來不得修啓之意泛然回移請推考警責允之"

23) ≪일성록≫, 순조 25년 6월 25일 辛巳條(奎 12813-0509).

24) ≪일성록≫, 순조 27년 4월 15일 庚申條(奎 12813-0532).

을 적용하여 좌부승지를 체직하였다.[25] 이러한 원칙은 순조 7년에 승지 沈象奎가 새로 임용된 도승지 李冕膺의 상피에서도[26] 확인된다. 이는 철종 1년(1850)에도 활용되어 승지와 注書 간의 상피에서도 똑같이 적용되고 있다.[27]

따라서 19세기 세도정치기의 상피제는 영조·정조 시대를 거치면서 재정비된 상피 규정과 확대된 상피 적용 범위를 이때에 이르러 국왕의 권력 행사와 결합되면서 엄격한 준행을 강조하고 있는 특징을 보이고 있다.

그러한 원칙은 경관·외관 상피는 물론이고, 권설직이나 청요직의 상피에서도 상통하여 적용되었다. 하지만 여기에서 주목할 점은 국왕과 경화거족 사이의 역학 구도에서 국왕의 권력 행사가 어느 정도 한계성을 보이면서 상피 제도는 커다란 진전을 보이고 있지 못하는 경향으로 나아갔던 것이다.

이는 상피제가 이전 시기의 국왕과 마찬가지로 국왕의 권력 행사라는 기본 입장에서 출반하였다고 하더라도, 영조처럼 훈척 등을 효과적으로 제어하지 못하였고, 정조처럼 스스로를 초원적인 군주로 군림하려는 노력을 보이지 못하는 데에서 나타난 현상이었다.

더욱이 순조, 헌종, 철종은 경화거족과의 관계에서 권력 구조가 왕권 강화 보다는 권신들에 의해 독점되어 오던 비변사 기능이 강화되고, 훈련도감이 다시 부상하는 경향으로 나아가면서 국왕은 신

---

25) ≪內閣日曆≫, 순조 2년 4월 13일(奎 13030-v.0265). "金近淳以左副承旨上疏曰伏以臣與新除授都承旨金達淳爲四寸兄弟矣相避之法在下當遞玆敢援例陳章伏乞 亟賜遞改俾存公格以安私分千萬幸甚臣無任屛營祈懇之至 答曰省疏具悉承旨許遞"

26) ≪內閣日曆≫, 순조 7년 3월 20일(奎 13030-v.0326). "沈象奎以承旨上疏曰伏以臣與新除授行都承旨臣李冕膺有翁壻應避之嫌相避之法在下當遞玆敢援例陳章伏乞照例遞改俾存公格千萬幸甚踏 啓字"

27) ≪일성록≫, 철종 1년 8월 28일 丁亥條(奎 12815-0020). "〔綱〕注書任應準陳疏乞遞批下該曹稟處. 〔目〕應準與其親承旨百秀有相避之嫌也"

변의 위협을 제거하는 것이 우선이었다. 따라서 국왕은 상피제의 시행에 있어서도 새로운 규정을 정립하기 보다는 이전 시기에 마련된 제도를 그대로 준용하는 방향으로 전개하였던 것이다. 이것이 결과적으로 국왕 자신의 정치적 위상에서 강화하고, 장기적으로 국왕의 권력 행사에서 京華巨族으로 대표되는 세도가의 권력을 조절하는 방법이라 여겨졌을 것으로 사료된다.

제2절 大典會通 체제에서의 상피제 강화 내용

19세기 세도정치기에 상피 제도는 새로운 규정의 제정으로 신권을 제약하기 보다는 기왕에 제정된 규정을 준행하는 방향으로 전개되었음을 이미 앞에서 살펴보았다. 그러다가 高宗이 즉위하고, 그의 생부 興宣大院君이 권력의 중앙에 서면서 상피제가 새롭게 개정되기에 이른다. 그런데 이때의 상피제 개정은 흥선대원군이 집권과 동시에 내걸었던 王政復舊의 차원에서 이루어진 것으로 여겨진다. 후대의 사례이지만, 그 준행 여부도 철저하게 舊例에 준거하여 이루어졌다.[28)]

당시 상피제는 규정 상 확대 내지 강화의 양상으로 전개되었는데, 고종 2년(1865)에 朝臣相避更爲著式의 선포가 그것이다.[29)] 이때의

28) ≪일성록≫, 고종 13년 2월 27일 己丑條(奎 12816-0177). “〔綱〕行次對于修政殿 〔目〕(중략)予曰相避之法依舊例釐正可也 領議政李最應曰以此下教甘飭於銓曹以爲釐正矣(중략)”

29) ≪일성록≫, 고종 2년 9월 1일 癸亥條.(奎 12816-0029). “〔綱〕命朝臣相避更爲著式 〔目〕左議政金炳學啓言通編割付今幾告竣而以朝臣相避有所仰達者從父兄弟既有相避之規則從祖從孫宜無異同□今補刊之會一體著式妻邊相避亦不無存商妻同姓四寸及友壻以外竝令勿爲互避恐好矣教以所奏甚切當依爲之同姓五寸叔侄亦當互避一體永爲定式”

상피 규정 개편을 '乙丑定式'이라 하며, 이것이 ≪대전회통≫에 그대로 채택되었다.

위와 같은 규정은 左議政 金炳學의 건의를 받아들여 종래 ≪대전통편≫를 참고로 하여 제정한 것이다. 김병학은 從父兄弟에 대한 상피는 이미 있는 데, 從祖從孫에 대한 상피 규정이 없어 항상 그 적용에 논란이 일자 이를 시정하자고 주장하였고, 同姓五寸叔姪의 경우도 상피 적용 대상 자에 포함하자고 주장하였다. 처족의 경우도 妻同姓四寸 및 그 사위 이외에는 상피를 적용하지 말자고 주장하여 異姓 친족에 대해서는 상피 적용에서 일정 범위 외에는 제외시킬 것을 주장하였다.[30]

김병학의 이러한 주장은 ≪대전회통≫에서 本宗의 종조 및 종손과 5촌 당숙과 조카에 대한 상피 규정으로 그대로 이어졌다. 그리고 妻親의 경우는 동성 4촌이 아닌 처의 姑母夫 및 조카사위를 상피하지 않게 함으로서 그 범위를 명확히 하였다.[31]

또한 ≪대전회통≫ 하에서는 위의 규정 외에 ≪속대전≫과 ≪대전통편≫의 내용을 수정, 보완하고 있다.

우선 ≪속대전≫에서 같은 도의 관찰사 · 병마절도사 · 수령 · 첨사 및 만호 등의 상피 규정을 두었는데, 여기에다 대전회통 체제에서는 別將과 權管까지 그 적용범주를 확대하였다.[32] 그리고 삼남 지방의 수군절도사는 수군통제사와, 경기 지방의 兼營將守令은 수어사 · 총융사와, 북평사는 함경도관찰사와, 군함 · 군용 선박 등이 있는 고을의 수령은 그 지방의 수군절도사와, 해당 진영이 위치하는 고을의

30) 이러한 주장은 ≪고종실록≫ 권2, 2년 9월 癸亥條에서도 확인되고 있다.
31) ≪大典會通≫ 卷1, 〈吏典〉, 相避條. "≪補≫本宗從祖孫 及從叔姪 並相避. 妻親同姓三寸叔母 姪女夫勿避 當宇乙丑定式"
32) ≪大典會通≫ 卷1, 〈吏典〉, 相避條. "≪續≫觀察使 節度使 守令 僉使 萬戶 並交代相避 ≪補≫別將 權管同"

수령은 그 영장과 각각 상피한다는 규정이 이미 앞에서 살펴본 봐와 같이 ≪대전통편≫에서 일부 수정되었다.

이후 다시 ≪대전회통≫에 이르러 경상우도의 군용 선박이 있는 고을 이외에는 統制使와 상피를 두지 않았다. 이는 충청도와 황해도의 수령도 군용 선박이 있는 고을에 한하여 통제사와 상피하게 하였다. 또한 鎭撫로 兼營將守令인 경우에는 留守와 상피하게 하였다.[33)]

유수의 경우, 원래 개성이나 강화의 유수는 경기관찰사가 관례 상 겸임하는 경우가 많았는데, 만일 전담하는 유수가 임명될 때에 경기관찰사와 상피하였다. 그런데 이때에 이르러 상피 규정을 水原府와 廣州府의 留守 및 判官으로 확대되었다.[34)]

한편 ≪대전통편≫를 보면, 종래 관찰사 · 병사 및 도사는 그 지방의 수령 또는 찰방과 상피하였는데, 이는 대문상피와 소주상피의 규정에 의하여 시행되었다. 이것이 이때에 와서 수령은 그 상관과 상피하면 다른 도로 교대 임명하고, 여기에는 營將과 邊將까지 포함하였다.[35)]

이러한 양상은 이미 순조 17년(1817)에 全羅監司 李魯益과 새로 부임한 茂朱府使 沈能述이 처 4촌 조카로 상피에 적용되자 信川郡守 金載琬과 서로 바꾸어 임명하게 한 사례에서 알 수 있듯이 이전 시기부터 관례 상 시행하던 것을 ≪대전회통≫에서 법제화 한 것으로 여겨진다.

---

33) ≪大典會通≫ 卷1, 〈吏典〉, 相避條. "三南水軍節度使與統制使 畿邑兼營將守令與守禦使 摠戎使 北評事與咸鏡道觀察使 有戰艦 舟師邑守令與水軍節度使 該鎭屬邑守令與營將並相避 ≪增≫統制使管轄三道 相避之法 依統制使例 ≪補≫慶尙右道舟師邑外 與統制使勿避 湖西 海西守令於統制使同. 鎭撫兼營將守令與留守相避"

34) ≪大典會通≫ 卷1, 〈吏典〉, 相避條. "京畿觀察使例兼兩都留守 留守與觀察使相避則留守遞改 兩都經歷亦與觀察使相避 ≪補≫水原 廣州留守判官同"

35) ≪大典會通≫ 卷1, 〈吏典〉, 相避條. "≪增≫監司兵使都事 與守令察訪相避 依原典大小註相避法 ≪補≫守令與上官相避 則換差他道 營將 邊將同"

이러한 원칙은 고종 11년(1874)에 鎭撫使 申櫶과 富平府使 李貞夏가 이종 형제로 상피 규정이 적용되자, 高陽郡守 趙秉益과 서로 바꾼 사례[36]와 고종 12년(1875)에 忠淸監司 沈舜澤이 鴻山縣監 李喆在의 처삼촌으로 서로 상피가 적용되자 金溝縣令과 서로 바꾸게 한 사례[37]에서 알 수 있듯이 불문율로 받아들여졌다. 아울러 그 교체는 재하당체의 원칙이 준수되었다.

한편, 고종 2년에 재정비된 상피 규정은 고종 6년(1869)에 왕실의 宗親官爵을 정하면서 이들에 대한 상피 규정은 기본적으로 그 적용 대상에서 제외하였다.[38]

아울러 ≪대전통편≫에서 世子侍講院의 상피는 이조 당상관과 상피가 될 경우 계청하여 의망하고, 代聽에 한하여 세자시강원과 춘추관 관리의 상피 규정을 마련한 이래로, 평상시에는 상피에서 제외하는 것이 관례였다. 이는 세자시강원이 내포한 정치적 비중을 감안한다면 상피를 빌미로 세자시강원의 관리로 참여하지 않을 소지를 안고 있었다. 이렇게 되자, 고종 25년(1888)에 세자시강원의 관리를 의망할 때 상피 적용 대상에서 제외시켜 주어 인재의 확보에 더 무게를 두게 되었다.[39]

이렇게 고종 때의 상피제는 ≪경국대전≫으로의 회귀를 강조하면

---

36) ≪일성록≫, 고종 11년 2월 2일 乙亥條(奎 12816-0147). "(중략)鎭撫使申櫶狀啓與前營將富平府使李貞夏爲姨從相避在法當遞令該曹稟處事敎以高陽郡守令該曹口傳相換"

37) ≪일성록≫, 고종 12년 1월 14일 壬子條.(奎 12816-0162) "(중략)忠淸監司沈舜澤以鴻山縣監李喆在妻三寸相避馳啓敎以令該曹金溝縣令相換"

38) ≪일성록≫, 고종 6년 1월 19일 辛卯條.(奎 12816-0081) "吏曹以宗親官爵宗親妻封爵儀賓爵品別單啓(중략)無相避　一大君王子君七歲封爵嫡王孫王孫十歲封爵　已上并用邑號　一公翁主七歲封爵郡縣主十歲封爵已上爵號書下自政院請政下批(중략)"

39) ≪일성록≫, 고종 25년 3월 14일 乙丑條.(奎 12816-0326) "命春坊擬望時勿拘相避"

서 그 규정과 운영이 구제도로 돌아가려는 경향을 보였다. 이는 근본적으로 세도정치기에 나타난 국가 기강 해이와 사회 질서의 문란에 대한 반발로 왕정 복구 차원에서 이루어진 것이다.

다시 말해 순조에서 철종에 이르는 시기가 국왕의 권력 행사가 초월적인 군주의 지위로의 진전 보다는 원만한 왕권 유지에 비중을 두면서 상피도 이전 시기의 법 규정에 대한 원론적인 운영을 강조하게 된다. 이것이 고종 때에 이르면 세도정치기에 권력 독점 가문이었던 안동 김씨나 풍양 조씨 등이 퇴조하면서 왕권의 강화를 위해 많은 노력으로 이어졌다.

특히 흥선대원군이 집권하면서 備邊司의 기능을 없애고 議政府를 부활하고, 三軍府를 두어 군국기무를 맡게 하고, 지방 탐관오리의 정리 및 붕당과 연결된 서원의 정리를 통해 두드러지게 나타난다. 아울러 ≪대전회통≫과 ≪육전조례≫의 편찬을 통해 중앙집권적 국가 체제로의 정비로 나아갔던 것이다. 그래서 앞에서 살펴보았듯이 상피제 운영도 구제로 회귀되어 한층 강화되었던 것이다.

그런데 점차 開花論者들의 정치적 발언권이 강화되고, 紳士遊覽團〔일명: 조사시찰단〕과 營繕司 등의 파견을 계기로 서구의 문명이 조선에 직접적인 영향을 끼치면서 조선 정부에서도 근대적 정치 기구를 설치한다. 이에 따라 상피 제도 시대에 걸맞게 개편하려는 움직임이 엿보인다.

그렇지만 조선이 근본적으로 王政을 바탕으로 한 사회로 나아가면서 상피제의 근본적인 개혁은 단행되지 못하고 여전히 이전의 상피제 규정을 준행하는 방향으로 전개되었다.

그러던 것이 고종 31년(1894)에 가서 軍國機務處에 의해 甲午改革議案이 마련되고, 續開議案이 공포되면서 상피제는 "관청에서의 상피는 아들, 사위, 친형제, 叔姪만 적용하고 기타는 논하지 말라." 이라는 규정이 마련된다. 이러한 의안은 사사로운 의리로 혐의를 대고 사양하는 풍습을 바로잡기 위한 조치였다.[40]

당시 이 속개의안은 黃玹의 ≪매천야록≫에 의하면, 관리들이 10일에 한 번씩 회의를 개최하여 토의하였지만 명목이 맞기도 하고 혹 맞지 않기도 하여 그 시행 여부는 확실하지 않았고, 또한 위의 규정은 오랫동안 시행한 것도 있고 혹은 다시 개정한 것도 있어, 아직까지 일정한 案이 없는데다가 文籍도 너무 번거로워 다 기재할 수 없다고 지적하고 있다. 이러한 지적은 당시 속개의안의 논의에 관한 시대적 상황을 엿보게 한다고 말할 수 있다.

그러다가 光武 6년(1902) 12월에 贊政 李載克이 능력 부족과 연로하다는 이유로 사임을 요청하는 상소에서 상피 규정이 신식 조문에는 없다고 언급하고 있어서[41] 근대화 과정에서 상피제는 차츰 그 적용이 완화되거나 퇴영하는 경향으로 나아갔던 것으로 보인다.

그런데 이재극이 "相避之例 新式非有" 이라고 언급한 말이 앞으로 논의의 대상이 될 수도 있을 것이다. 왜냐하면 그가 상소문에서 언급한 위와 같은 말은 아직 법조문이 마련되고 있지 못하다는 의미로 여겨지지 않기 때문이다. 이재극의 지적은 아마도 이미 상피제가 폐지되어 당시의 신체제에서는 적용되지 않고 있다는 의미에서 해석해야 할 여기가 다분하다.

그런데 이재극의 상소문이 제기되던 시기는 大韓帝國 때였다. 이때에

---

40) ≪고종실록≫ 권32, 31년 7월 丙子條. "軍國機務處進議案: (중략)一, 凡在官親避之規, 惟子壻、親兄弟、叔姪外, 一切勿拘, 以私義講嫌規避之習, 一切永廢事。(중략)"
이러한 조치는 黃玹, ≪梅泉野錄≫(第2卷, 高宗 31年 甲午條)에 제 14조로 명시되어 "(중략)在官相避 惟子婿親兄弟叔姪 勿論其餘(중략)"라 전하고 있다.

41) ≪各司謄錄≫, 〈近代篇〉, 上疏存案1-7(奎17232-1), 내각편 7책. "(중략)且相避之例 新式非有 而舅甥作僚 其能安於心哉 有未可以是陳辭 亦宜去而不宜留也(중략)"

는 황제권이 강화되는 구체제로의 복구에 주안점을 두었던 시기였다. 따라서 왕권과 관련하여 상피제를 이해할 때 상피 제도가 그리 쉽게 사라졌을까하는 의문도 여전히 남아있다. 그리고 조선이 종말을 고할 때까지 경국대전 체제를 유지 하려고 했던 사실로 미루어볼 때 이유가 어떻든 간에 국왕의 입장을 고려한다면 상피제에 대한 폐지 시기는 다소 유동적이라 하겠다.

결 론

이상에서 살펴본 바와 같이 '相避'란 국왕의 권력 행사를 원활히 해 주고, 정치 세력 간에 친·인척 관계로 인한 권력의 集中과 관리의 부정 및 不條理를 막기 위한 제도였다. 이 제도는 우리나라에만 존재하였던 것은 아니며, 중국의 '迴避'와 연계성을 가지고 채택되었다.

대개 中國의 迴避制는 服喪의 유무와 관련되어 있었고, 그 기원은 후한대 三互制였다. 회피제의 설치 목적은 유력한 가문의 권력 독점 현상을 차단하고, 관리의 전유를 근원적으로 막아보기 위하여 같은 관청에서 근무하거나, 동일한 관청의 일을 금지하는데 있었다.

따라서 회피제는 행정법 상 任官·補職 제한 원인과 貢擧의 考試官 임명, 소송법 상 裁判官의 임명 등에 영향을 미쳤다. 그리고 회피제는 親族迴避法이 기본이었고, 貢擧迴避나 本籍迴避 등도 실시되었다. 이러한 회피법은 晉代를 거쳐 唐代의 ≪唐令≫에서 법제적 정비가 이루어졌다. 이후 宋代에 그 피친 범위가 확대되었고, 明代에는 친족회피 이외 本籍迴避가 나타나면서 법제적으로 엄격해졌으며, 그 핵심은 從卑迴避가 원칙이었다. 이것이 淸代에 가서 적용범위의 확대는 물론이고, 적용되는 회피 범주의 유형도 다양해지게 정착되기에 이른다.

중국과 같은 迴避制가 우리나라에서는 어느 시기에 정착하였는지 확실하지 않다. 다만 기록에 의하면, 구체적인 적용 범주는 ≪고려사≫ 刑法志 相避式에서 나타나고, 제정 시기는 宣宗 9년(1092) 11월이었다. 이때에는 唐律과 宋律의 영향을 받았던 것으로 보이며, 고려의 상피제는 이에 준하여 시행하였던 것으로 보인다.

그런데 조선시대에 이르면, ≪경국대전≫에서 독립된 刑律을 마련하지 않고 刑典 첫머리에 "用大明律"이라 하여 ≪대명률≫을 依用하여 시행하였다. 이는 상피 제도에서도 마찬가지였다. 그 대표적인 사례가 ≪大明律≫ 聽訟回避條의 조문이 訟官相避에서의 적용이었다.

이후 조선시대에는 건국 초부터 상피 제도를 시행하였다. 이때의 상피제는 고려의 제도를 확대 개편한 것이지만, 그 운영은 완전히 달랐다. 즉, 고려의 상피제는 기록상 운영 실태에 대한 사례가 거의 없고, 고려 후기의 인사 정책으로 볼 때 거의 시행되지 못하였던 것으로 여겨진다.

이에 비해 조선의 상피제는 건국 이후 점차적으로 保擧, 去官, 褒貶 등의 인사 규정이 마련되고, 제도 개혁이 단행되면서 제도적으로 마련되기 시작하였다. 그리고 태종의 왕권 강화책과 연계되어 ≪경제육전≫ 체제에서 제도화하였다. 이것이 世宗朝에 이르러 한층 강화되었던 것이다.

조선시대 相避制 規定의 마련은 이후 ≪경국대전≫의 〈吏典〉 相避條, 〈禮典〉 諸科條, 〈刑典〉 私賤條 등에서 구체화되어 조선왕조 내내 기본적인 골격을 이루었다.

≪경국대전≫에서 구체화된 상피의 기본 범주는 京官·外官을 막론하고 직계는 大功 이상 친족 및 사위, 손녀사위, 매부였고, 방계는 外戚이 緦麻 이상의 친척, 妻族이 장인, 처조부, 처남, 동서 등이 그 대상이었다. 또한 소주상피 규정으로 의정부, 의금부, 이조, 병조, 형조, 도총부, 한성부, 사헌부, 오위장, 겸사복장, 내금위장, 승정원, 장례원, 사간원, 종부시, 부장, 사관 등의 관리 가운데 直系가 고모부, 조카사위, 종매부와 外戚의 이모부, 그리고 妻妾의 同姓三寸叔父와 조카, 고모부, 조카사위, 종형제 등이 해당되었다. 이는 訴訟事件의 담당에서도 같았다. 또한, 吏房承旨 및 吏曹의 관원도 해당되었고, 재직 기한이 만료된 자는 당연히 轉任하였다. 兵房承旨 및 兵曹도 이방승지와 이조의 예를 따랐다. 아울러 병조와 都摠府의 당상관, 兼司僕將, 五衛將은 비록 동일한 관사가 아니라도 공통하여 상피 규정이 적용되었다. 그런데 여기에서 學官과 軍官은 상피하지 않았다.

이러한 상피제의 가장 큰 원칙은 "婚姻家並相避"였고, 그 적용자의 遞職은 在下當避 내지 在下當遞의 원칙이 일반적이었다. 유형은 크게 京官·外官 相避와 淸要職·權設官 相避로 나뉘는데, 청요직·권설관 상피는 다시 訟官相避, 試官相避, 言官相避로 대별된다. 그리고 이를 통칭하여 '官職相避'라 한다.

끝으로 조선시대 상피 제도에 큰 흐름을 정리해 보면 다음과 같다. 상피제의 운영 상 가장 큰 특징은 王權强化 정책과 밀접한 관련을 가지고 전개되었다는 사실이다. 이는 적어도 전기에 있어서는 상피제가 법제적 성립기로서 中央集權化를 위한 제도적 장치로서 국가적 과업을 이루는데 긴요한 역할을 수행하였고, ≪경국대전≫이 완성되어 가면서 제도의 정착을 위한 順機能 役割에 충실하였음을 의미하는 것이다.

이어 중기의 朋黨政治期가 전개되면서는 왕권과 신권의 마찰이 자주 일어나면서 상피제는 그들 세력 간의 調律 내지 調定하는 기능을 수행하여 상피제가 갖은 본래의 목적인 관리의 부조리와 비리를 사전에 차단하는 효과적인 제도로서의 활용이 본격화되어 갔다.

이는 붕당의 출현이 이루어지면서 한편으로는 士林의 이상적 이념을 수용하면서도, 다른 한편으로는 왕권의 유지를 강조한 데에서 나타나는 현상이었다. 당시 사림들은 성리학적 지배 이념을 통한 道學政治를 강조하여 이를 통해 이상 세계로 나아가는 발판으로 삼아 조선왕조가 왕도정치의 표방에 이론적 바탕으로 작용하기를 바라고 있었다.

그런데 붕당이 심화되어 가면서 명목 상 왕도정치에 대한 염원보다는 私黨으로서의 정치적 입장을 강조하려는 폐단이 보이게 되다. 신권의 이러한 분화 경향은 국왕의 입장에서는 상당한 부담으로 작용하여 국왕은 이를 효과적으로 통제하는 수단을 강구해야 하는 지경에 이른다. 그리하여 국왕은 권력의 핵심 기능이었던 人事權을 가지고 신료의 정치적 세력화 경향을 견제하였던 것이다. 따라서 붕당정치 시기에는 禮訟論爭과 같은 많은 정치적 논쟁과 換局과 같은 정치적 파란이 자주 발생하였고, 상피제 운영은 그러한 경향에 걸맞게 신하의 권한을 조정하는 기능에 집착하게 된다.

하지만 국왕의 상피 제도를 통한 조정 내지 조절 기능은 붕당의 극한 대립으로 효과 면에서는 커다란 진전을 보이지 못하고, 현종조의 상피제 강화 노력 등에서 알 수 있듯이 원칙론적인 對應에 급급하는 양상을 보인다. 이는 명종 때 外戚의 발호, 선조 이후 전개된 朋黨의 지나친 비대 현상, 인조대의 불안한 권력 이동 등에서 볼 수 있듯이 왕권의 약화 현상을 극복해 보려는 노력에서 기인한 것이었고, 운영상에 있어서도 보완이 필요한 상황에 놓이게 된다. 그렇게 되자 이를 확대하는 방향으로 나아갔던 것이다.

이러한 현상은 숙종 때 정국을 주도하는 붕당과 견제하는 붕당 간의 대립이 나타나면서 국왕의 권력 행사는 왕권 강화를 위해 붕당 사이의 경쟁을 유도하는 환국으로 나타난다. 이 시기의 상피제 역시 국왕 자신의 강력한 추진 의지력에 의해 법제적 정비가 이루어졌고, 이전의 원론적 대응은 서서히 극복되어 갔다.

이어 영조 때 국왕이 육성한 蕩平派가 정국을 주도하고, 붕당을 없애려는 국왕의 권력 행사 노력은 상피 제도의 확대 내지 강화되는 움직임으로 전개된다. 그러한 경향은 ≪속대전≫으로 이어졌고, 정조 때에 가서도 위와 같은 양상은 마찬가지였다.

특히 정조는 개혁 정치를 표방하면서 당시 소외되었던 老論 時派 세력을 축으로 南人勢力이나, 庶孽勢力 등을 중용하여 새로운 정치적 세력을 키워나갔고, 노회한 老論 辟派 세력을 견제하여 나갔다. 그리고 이를 제도적으로 뒷받침하기 위하여 여러 제도들이 새롭게 정비하는데, 상피제는 국왕의 입장을 대변하는 제도로 인식되어 이를 강조하기에 이른 것이었다. 다시 말해 상피제는 조선 후기의 탕평정치기에 이르면 왕권 강화를 위한 제도 가운데 하나로 확고한 위치를 차지하는 경향을 보이며, 법제적으로도 擴大期를 맞이하기에 이른 것이다.

이후 勢道政治 시기를 거치면서 왕권이 점차 약화된다. 더욱이 備邊司의 기능이 강화되어 신권 주도의 정치가 전개되어 국왕의 권력 행사는 한층 위축되기에 이른다. 이에 따라 관직은 특정 소수 집단이 독식하는 양상으로 이어져 상피제는 다시 원칙론적인 입장에 놓이게 되고, 논의도 다소 형식적인 면으로 흐르는 모순이 나타난다. 이는 국왕의 권력 행사에 있어서 국왕 자신의 의지는 이전 시기와 별다른 차이를 보이지 않고 있지만, 위와 같은 경향으로 말미암아 상피제는 제도로서 의미를 가질 뿐, 국왕의 권력 행사 입장에서 신권을 강력히 통제하거나 인사권을 발휘하는데 일정한 한계성을 보였던 것이다. 이는 결국 국왕의 상피제 운영에서 커다란 기능을 수행하지 못한 현상과 관련이 있다 하겠다.

이렇게 상피제가 다소 혼란스러운 경향을 보이다가 高宗의 즉위와 興宣大院君의 집권이 전개되면서 상피제는 적어도 법제적으로 한층 강화되는 경향을 보이고 있고, 이것이 ≪大典會通≫에서 구체화되고 있다. 이는 흥선대원군에 의해 추진되었던 王政復舊의 노력과 관계가 있었던 것으로 보인다. 다시 말해 체제 자체가 고종 때 이르러 復古體制로 돌아가면서 相避制도 甲午改革 때 까지는 적어도 엄격히 적용하려는 경향으로 나아갔던 것이다.

【참고문헌】

1. 資料

1) 年代記類

≪各司謄錄≫, ≪景宗實錄≫, ≪高麗史≫, ≪高麗史節要≫, ≪光海君日記≫, ≪內閣日曆≫, ≪端宗實錄≫, ≪明史≫, ≪明宗實錄≫, ≪文宗實錄≫, ≪備邊司謄錄≫, ≪三國史記≫, ≪宣祖修正實錄≫, ≪宣祖實錄≫, ≪成宗實錄≫, ≪世祖實錄≫, ≪世宗實錄≫, ≪肅宗實錄≫, ≪肅宗實錄補闕正誤≫, ≪純祖實錄≫, ≪承政院日記≫, ≪燕山君日記≫, ≪英祖實錄≫, ≪睿宗實錄≫, ≪元史≫, ≪仁祖實錄≫, ≪仁宗實錄≫, ≪日省錄≫, ≪正祖實錄≫, ≪定宗實錄≫, ≪中宗實錄≫, ≪哲宗實錄≫, ≪太祖實錄≫, ≪太宗實錄≫, ≪憲宗實錄≫, ≪顯宗改修實錄≫, ≪顯宗實錄≫, ≪孝宗實錄≫, ≪後漢書≫

2) 法典類

≪決訟類聚補≫, ≪經國大典≫, ≪經國大典註解≫, ≪經濟文鑑≫, ≪攷事新書≫, ≪攷事撮要≫, ≪大明律直解≫, ≪唐令拾遺≫, ≪唐六典≫, ≪唐律疏議≫, ≪唐會要≫, ≪大明會典≫, ≪大典續錄≫, ≪大典通編≫, ≪大典會通≫, ≪百憲摠要≫, ≪詞訟類聚≫, ≪宋刑統斷獄律≫, ≪宋會要稿≫, ≪續大典≫, ≪受敎輯錄≫, ≪時典≫, ≪新補受敎輯錄≫, ≪兩銓便攷≫, ≪元典章≫, ≪六典條例≫, ≪日本養老選敍令≫, ≪典律通補≫, ≪銓注纂要≫, ≪朝鮮經國典≫, ≪聽訟提綱≫, ≪淸會典事例≫

3) 文集類

權近, ≪陽村集≫
權文海, ≪大東韻府羣玉≫
權橃, ≪冲齋集≫
金德誠, ≪醒翁遺稿≫
金坽, ≪溪巖日錄≫

2. 參考論著

1) 單行本

京城帝國大學法學會論集 第9册, ≪朝鮮社會法制史研究≫, 昭和 12年, 岩波書店(1978년 以文社影印)
近代史研究會, ≪한국중세사회 해체기의 제문제≫ 상, 하, 한울, 1987.
東洋史學會, ≪東亞史上의 王權≫, 한울아카데미, 1993.
延世大國學研究院, ≪經濟六典輯錄≫, 신서원, 1993.
朝鮮時代史學會, ≪동양 삼국의 왕권과 관료제≫, 국학자료원, 1997.
朝鮮總督府中樞院, ≪李朝各種文獻 風俗關係資料撮要≫, 昭和19年(京城)
中樞院調查課編, ≪李朝法典考≫, 조선총독부중추원, 소화11년
韓國歷史研究會, ≪조선정치사1800-1863≫상, 하, 청년사, 1990.
韓國政治外交史學會, ≪조선조 정치사상 연구≫, 평민사, 1987.
姜萬吉 편, ≪조선후기사 연구의 현황과 과제≫, 창작과 비평사, 2000.
姜信曄, ≪조선후기 소론의 정치사상 연구≫, 동국대 박사학위, 1995.
姜周鎭, ≪이조당쟁사연구≫, 서울대출판부, 1971.
廣池千九郎, ≪東洋法制史研究≫, 創文社(東京), 昭和 5年 10月
金燁, ≪中國古代連坐制度研究≫, 1982, 문교부학술연구지원보고서
金淇春, ≪朝鮮時代刑典 -經國大典 刑典을 중심으로-≫, 삼영사, 1990.
金燉, ≪조선전기 군신권력관계 연구≫, 서울대출판부, 1997.
金斗憲, ≪韓國家族制度研究≫, 서울대출판부, 1969.
金庠基, ≪東方文化交流史論攷≫, 을유문화사, 1948.
金盛祐, ≪조선중기 국가와 사족≫, 역사비평사, 2000.
金成潤, ≪朝鮮後期 蕩平政治 研究≫, 지식산업사, 1997.
金松姬, ≪조선 초기 堂上官 兼職制 연구≫, 한양대출판부, 1998.
金龍善, ≪고려묘지명집성≫, 한림대출판부, 2006(4판).
金龍善, ≪역주 고려묘지명집성(하)≫, 한림대출판부, 2006(2판).
金宇基, ≪조선중기 척신정치연구≫, 집문당, 2001.
金友哲, ≪조선후기 지방군제사≫, 경인문화사, 2001.
金昌賢, ≪高麗後期 政房研究≫, 고려대박사학위논문, 1996.
今村鞆, ≪朝鮮風俗集≫, 斯道館, 大正11年 民俗苑영인, 1981.
김홍경, ≪조선 초기 관학파의 유학사상≫, 한길사, 1996.
南智大, ≪朝鮮初期 中央政治制度研究≫, 서울대박사학위논문, 1993.

島田正郎, ≪東洋法史≫, 明好社(東京), 昭和 45年 3월
陶希聖 · 沈任遠 合著, ≪明淸政治制度史≫, 臺灣商務印書館, 中華民國 56年 8月
朴光用, ≪朝鮮後期 '蕩平' 研究≫, 서울대 박사학위논문, 1994.
朴光用 外, ≪조선시대 연구사≫, 한국정신문화연구원, 1999.
朴東緖, ≪韓國官僚制度의 歷史的 展開≫(한국연구총서 제11집), 한국연구도서관, 1961.
朴秉濠, ≪傳統的 法體系와 法意識 -所有法-≫(한국문화연구총서 8), 서울대, 1972.
朴秉濠, ≪韓國의 傳統社會와 法≫, 서울대출판부, 1985.
朴洪甲, ≪朝鮮時代 門蔭制度≫, 탐구당, 1994.
潘允洪, ≪조선시대 비변사 연구≫, 국민대 박사학위, 1990.
潘允洪, ≪朝鮮時代史論講≫, 교문사, 1986.
裵宗鎬, ≪韓國儒學의 哲學的 展開≫(下), 연세대출판부, 1985.
白南雲, ≪朝鮮封建社會經濟史≫上, 개조사, 1937.
설석규, ≪남명학파 정치철학 연구≫, 남명학연구원, 2000.
蘇輿 撰, 鍾哲 點校, ≪春秋繁露義證≫, 中華書局(北京), 1992.
宋斗用, ≪한국법제사고≫, 진명문화사, 1985.
宋俊浩, ≪朝鮮社會史研究≫, 일조각, 1987.
辛虎雄, ≪高麗法制研究≫, 국학자료원, 1995.
延正悅 ,≪개정증보 韓國法制史≫, 학문사, 1994.
吳甲均, ≪조선후기 당쟁연구≫, 삼영사, 1999.
吳甲均, ≪朝鮮時代 司法制度≫, 삼영사, 1995.
吳洙彰, ≪朝鮮後期 平安道 社會發展 研究≫, 일조각, 2002.
禹仁秀, ≪朝鮮後期 山林勢力研究≫, 일조각, 1999.
유봉학, ≪꿈의 문화유산 화성-정조대 역사, 문화 재조명≫, 신구문화사, 2000.
유봉학, ≪조선후기 학계와 지식인≫, 신구문화사, 1998.
尹南漢, ≪朝鮮時代의 陽明學研究≫, 집문당, 1982.
李光奎, ≪한국친족의 사회인류학≫, 집문당, 1997.
이기백 · 정만조, ≪한국사상의 정치 형태≫, 일조각, 1994.
李起明, ≪조선시대 상피제의 운영실태 연구≫, 동국대 박사학위, 2003.
李範稷, ≪韓國中世禮思想研究-五禮를 中心으로-≫, 일조각, 1991.
李秉烋, ≪조선전기 사림파의 현실인식과 대응≫, 일조각, 1999.
李成茂, ≪조선시대 당쟁사 1≫, 동방미디어, 2001.

李成茂, ≪조선시대 당쟁사 2≫, 동방미디어, 2001.
李成茂 편, ≪朝鮮後期 「黨爭」의 綜合的 檢討≫, 한국정신문화연구원, 1992.
李成茂, ≪개정증보 韓國의 科擧制度≫,집문당, 1994.
李成茂, ≪朝鮮初期 兩班制度≫, 일조각(증판), 1993.
李成茂 · 鄭萬祚 외, ≪조선후기 당쟁사의 종합적 검토≫, 한국정신문화연구원, 1993.
李世永, ≪조선후기 정치경제사연구≫, 혜안, 2000.
李樹健, ≪朝鮮時代地方行政史≫(대우학술총서 · 인문사회과학 37), 민음사, 1989.
李迎春, ≪朝鮮後期 王位繼承 研究≫, 집문당, 1998.
李銀順, ≪朝鮮後期 黨爭史研究≫, 일조각, 1988.
李在喆, ≪朝鮮後期 비변사 研究≫, 집문당, 2001.
李存熙, ≪朝鮮時代地方行政研究≫, 일지사 1990.
李泰鎭 編, ≪朝鮮時代 政治史의 再照明 -士禍 · 黨爭篇-≫, 범조사, 1985.
李泰鎭, ≪朝鮮儒教社會史論≫, 지식산업사, 1989.
李泰鎭, ≪朝鮮後期의 政治와 軍營制 變遷≫, 한국연구원, 1985.
李泰鎭 · 鄭杜熙, ≪한국사회발전사론≫, 일조각, 1992.
李羲權, ≪조선후기 지방통치행정연구≫, 집문당, 1999.
仁井田陞, ≪支那身分法史≫, 東方文化學院, 昭和17年
仁井田陞, ≪唐令拾遺≫, 東京帝國大學附屬圖書館內東方文化學院東京研究所(昭和8年)
林英正, ≪朝鮮初期 外居奴婢 研究≫, 동국대박사학위, 1990.
林英正, ≪한국의 전통문화≫, 아름다운 세상, 1998.
鄭求先, ≪朝鮮時代의 薦擧制 研究≫, 동국대박사학위, 1992.
鄭求福 외 4인, ≪조선시대 연구사≫, 한국정신문화연구원, 1999.
鄭杜熙, ≪朝鮮初期 臺諫研究≫, 일조각, 1994.
鄭杜熙, ≪朝鮮初期 政治支配勢力研究≫, 일조각, 1983.
鄭奭鍾, ≪朝鮮後期 社會變動研究≫, 일조각, 1983.
鄭日童, ≪漢初의 政治와 黃老思想≫, 백산자료원, 1997.
趙允旋, ≪조선후기 소송연구≫, 국학자료원, 2002.
曺佐鎬, ≪韓國科擧制度史研究≫, 범우사, 1996.
池斗煥, ≪조선시대 사상사의 재조명≫, 역사문화, 1998.
車文燮, ≪조선시대 군사관계 연구≫, 단국대 출판부, 1996.
車長燮, ≪조선후기 벌열연구≫, 일조각, 1997.

崔鳳永, ≪조선시대 유교문화≫, 사계절출판사, 1997.
崔承熙, ≪朝鮮初期 言官 · 言論硏究]≫, 서울대, 1976.
崔利權 · 延正悅, ≪法哲學思想-東洋 · 西洋篇≫, 법경출판사, 1986.
崔異敦, ≪朝鮮中期 士林政治構造 硏究≫, 일조각, 1994.
崔在錫 ,≪韓國家族制度史硏究≫, 일지사, 1983.
최정용, ≪조선조 세조의 국정 운영≫, 신서원, 2000.
韓相權, ≪조선후기 사회와 訴冤제도≫, 일조각, 1999.
韓永愚, ≪왕조의 설계사 정도전≫, 지식산업사, 1999.
韓永愚, ≪朝鮮前期 社會經濟硏究≫(한국문화총서 22), 을유문화사, 1983.
韓永愚, ≪朝鮮前期 社會思想 硏究≫, 지식산업사, 1983.
韓沽劤, ≪유교정치와 불교≫, 일조각, 1993.
한충희, ≪조선 초기 6조와 통치체제≫, 계명대출판부, 1993.
和田淸, ≪支那官制發達史≫, 汲古書院, 1978.

2) 論文

고영진, 〈해방 50년 조선시대사 연구 동향과 과제〉, ≪한국학보≫ 79, 1995.
구덕회, 〈언론과 언관〉, ≪역사비평≫ 37, 역사문제연구소, 1997.
金甲周, 〈院相制의 성립과 기능〉, ≪동국사학≫ 12(동국대), 1973.
金東洙, 〈고려시대의 상피제〉, ≪역사학보≫ 102, 1984.
金相五, 〈당쟁사의 입장에서 본 이이의 문묘종사문제〉, ≪부대사학≫ 4, 1980.
金相鉉, 〈고려후기의 역사인식〉, ≪한국사학사의 연구≫, 1985.
金盛祐, 〈16세기 국가의 사족정책의 시행과 그 한계〉, ≪이수건교수정년기념 한국중세사논총≫, 논총간행위원회, 2000.
金龍德, 〈향청연혁고〉, ≪鄕廳硏究≫, 한국연구원, 1978.
金宇基, 〈16세기 湖南士林의 중앙정계 진출과 활동〉, ≪이수건교수정년기념 한국중세사논총≫, 논총간행위원회, 2000.
琴章泰, 〈성리학적 가치관의 전통〉, ≪한국사상사대계≫ 4, 한국정신문화연구원, 1991.
金泰永, 〈조선 초기 세조왕권의 전제성에 대한 일고찰〉, ≪한국사연구≫ 87, 1994.
金鉉丘, 〈朝鮮後期 統制使에 관한 硏究-그 職任을 중심으로-〉, ≪부대사학≫ 9, 1985.

金鎬逸, 〈조선후기의 외관제〉, ≪국사관논총≫8, 국사편찬위원회, 1989.
南智大, 〈조선 성종대의 대간 언론〉, ≪한국사론≫(서울대) 12, 1985.
盧明鎬, 〈고려의 오복친과 친족관계 법제〉, ≪한국사연구≫ 33, 1981.
朴光用, 〈탕평론과 정국의 변화〉, ≪한국사론≫ 10, 1982.
朴秉濠, 〈이조시대의 부동산소송법소고〉, ≪법학≫ 2-1, 1960.
朴秉濠, 〈조선시대의 왕과 법〉, ≪애산학보≫ 2, 1982.
朴翼煥, 〈조선조 慶尙道 鄕村自治 조직변천〉, ≪한국사연구≫ 104, 1999.
朴天圭, 〈文科 初場 講製是非攷〉, ≪동양학≫ 6집, 1976.
朴洪甲, 〈조선 초기 문음의 성립과정〉, ≪국사관논총≫ 39, 국사편찬위원회, 1992.
潘允洪, 〈備邊司의 政治的 位相〉, ≪한국사연구≫ 91, 1995.
潘允洪, 〈備邊司의 職務에 대하여〉, ≪수촌박영석교수화갑기념논총≫, 1992.
潘允洪, 〈비변사의 회의운영〉, ≪擇窩許善道선생정년기념 논총≫ , 1992.
潘允洪, 〈壬亂이후 備邊司의 邊事措置와 軍事政策의 議政〉, ≪역사학보≫ 139, 1993.
潘允洪, 〈조선후기 備邊司의 정치적 기능에 관한 연구-備邊司의 置廢를 중심으로〉, ≪전통문화연구≫ 1, 1990.
夫馬進, 〈明淸時代の訟師と訴訟制度〉, ≪中國近世の法制と社會≫, 京都大, 平成 5年
宋俊浩, 〈이조 후기의 문과 운영 실태에 대하여〉, ≪전북사학≫ 1, 1977.
송찬식, 〈조선조 사림정치의 권력 구조-전랑과 삼사를 중심으로〉, ≪경제사학≫ 2, 1978.
申解淳, 〈중종-명종조의 관학교육진흥책〉, ≪한국중세사의 재조명≫, 2001.
申解淳, 〈관료간의 대립〉, ≪한국사≫ 12, 1977.
沈勝求, 〈朝鮮初期 武科制度〉, ≪북악사론≫ 1, 1989.
오갑균, 〈奮武功臣에 대한 분석적 연구〉, ≪청주교육대학논문집≫ 21, 1985.
吳世德, 〈조선왕조 관료 체제의 특징〉, ≪경희법학≫ 14-1, 1977.
吳洙彰, 〈인조대 정치 세력의 동향〉, ≪한국사론≫ 13, 1985.
우인수, 〈17세기 산림의 진출과 기능〉, ≪역사교육논집≫ 5, 1983.
유봉학, 〈18세기 남인의 분열과 기호남인 학통의 성립〉, ≪한신대논문집≫ 1, 1983.
尹龍爀, 〈조선시대의 군현제와 지방통치〉, ≪호서사학≫ 제8 · 9합집, 1980.
尹薰杓, 〈朝鮮初期 武科制度 硏究〉, ≪학림≫ 9집, 1987.

李光麟, 〈분경금지법의 제정과 그 변천에 대하여〉, ≪동방학지≫(연세대) 4, 1958.
李起明, 〈조선전기 상피제 연구〉, 동국대 석사학위, 1997.
李起明, 〈17세기 사림정치의 정국동향과 상피제 운영〉, ≪동국사학≫ 40, 2004.
李起明, 〈조선시대 과거제를 통해 본 시관상피제의 성격〉, ≪설강유영박교수고희기념 한국역사학논총≫, 2003.
李起明, 〈조선시대 언관상피제의 역할과 기능〉, ≪경주사학≫ 22, 2003.
李起明, 〈조선전기 송관상피제의 채택과 의미-노비쟁송을 중심으로-〉, ≪동국사학≫ 38, 2002.
李起明, 〈15 · 16세기 강상론의 사회규범화와 상피 문제〉, ≪역사와 교육≫ 9, 2000.
李起明외 1인, 〈조선전기 상피제 전개와 기능〉, ≪장안논총≫ 20, 2000.
李起明, 〈조선 초기 상피제의 성립과 그 과정〉, ≪동국역사교육≫ 7 · 8, 1999.
李東熙, 〈朝鮮初期 官人層研究〉, ≪국사관논총≫ 72, 국사편찬위원회, 1996.
李東熙, 〈조선 초기 院相의 설치와 그 성격〉, ≪전북사학≫ 16(전북대), 1993.
李秉甲, 〈政策過程에 있어서 安東儒林의 利益表出〉, ≪안동문화≫ 3, 1982.
李樹健, 〈양반사회의 형성과 전개〉, ≪한국학연구입문≫, 지식산업사, 1983.
李樹健, 〈남명학파와 퇴계학파 및 기호학파의 관계〉, ≪담수≫ 12, 1983.
李順炯, 〈조선조 혼인 관계의 유지 원리〉, ≪한국사회학≫ 31, 1997.
李迎春, 〈조선시대 관료제 운영의 윤리적 기초〉, ≪이수건교수정년기념 한국중세사논총≫, 논총간행위원회, 2000.
李銀順, 〈조선후기 당쟁사 연구〉, ≪외국어대논문집≫ 16, 1983.
李載浩, 〈이조 대간의 기능의 변천〉, ≪부산대논문집≫ 4, 1963.
李存熙, 〈조선시대 留守京 경영〉, ≪한국사연구≫ 47, 1984.
李存熙, 〈조선전기 지방행정제도의 정비〉, ≪한국사≫ 7, 한길사
李存熙, 〈朝鮮前期의 外官制〉, ≪국사관논총≫ 8, 1989.
李鐘吉, 〈조선초 지배층의 형벌관〉, ≪박병호교수환갑기념 한국법사학논총2≫, 1991.
李鍾恒, 〈이조당파분열의 원인에 관한 일고찰〉, ≪경북대논문집≫ 2, 1958.
李泰鎭, 〈15세기 후반기의 「거족」과 명족의식〉, ≪한국사론≫(서울대) 3, 1976.

李泰鎭, 〈중앙오군영제의 성립과정〉, ≪한국군제사-근세후기편≫, 1977.
李泰鎭, 〈集權官僚制의 成立〉, ≪한국사연구입문≫, 지식산업사, 1986
李泰鎭, 〈집권관료 체제의 성립〉, ≪제2판 한국사연구입문≫, 지식산업사, 1987.
李洪烈, 〈대간제도의 법제적 고찰〉, ≪사총≫ 5, 1960.
李洪烈, 〈文科設行과 疑獄事件-기묘과옥을 중심으로-〉, ≪백산학보≫ 8, 1970.
李羲權, 〈조선후기의 空館·捲堂 연구〉, ≪사학연구≫ 제30호, 1980.
李熙煥, 〈숙종과 기사환국〉, ≪전북사학≫ 8, 1984.
林英正, 〈조선 초기 공천에 관한 연구〉, ≪사학연구≫23, 1973.
林英正, 〈조선 초기「노비합행사의」의 성격분석〉, ≪하석김창수교수화갑기념사학논총≫, 범우사, 1992.
林英正, 〈조선 초기의 관노비〉, ≪동국사학≫(동국대) 19·20, 1986.
林英正, 〈선초 보충군 산고〉, ≪조좌호박사 화갑기념논총≫, 1977.
林英正, 〈여말 선초의 사병-고려시대 사병의 발생과 그 배경-〉 ≪한국사론≫ 7, 1980.
林英正, 〈여말 농장인구에 대한 고찰〉, ≪동국사학≫ 13, 1976.
張炳仁, 〈조선전기의 강간범죄〉, ≪歷史學報≫ 150, 1996.
張炳仁, 〈조선 초기의 관찰사〉, ≪한국사론≫ 4, 서울대, 1978.
張炳仁, 〈조선 초기의 연좌율〉, ≪한국사론≫ 17, 서울대, 1987.
鄭肯植, 〈우리나라 姦通罪의 法制史的 考察〉, ≪형법개정과 관련하여 본 낙태죄 및 간통죄에 관한 연구≫, 한국형사정책연구원, 1991.
鄭萬祚, 〈영조대 초반의 탕평책과 탕평파의 활동〉, ≪진단학보≫ 56, 1983.
鄭台燮, 〈명말청초 경세학과 청대 한학의 내재적 이로〉, ≪명청사연구≫ 6, 1997.
鄭弘俊, 〈17세기 대신과 대간의 역학관계〉, ≪사총≫ 42, 1993.
趙南旭, 〈여말선초 주자학파의 정치의식에 관한 연구〉, ≪퇴계학논총≫ 2, 1996.
趙允旋, 〈『속대전』 형전 「청리」조와 민의 법의식〉, ≪한국사연구≫ 88
曺佐鎬, 〈조선전기의 교육과 문화 -과거-〉, ≪서울육백년사≫ 1·2, 서울특별시, 1977, 1978.
曺佐鎬, 〈학제와 과거제〉, ≪한국사≫ 10, 국사편찬위원회, 1974.
朱雄英, 〈가묘의 설립배경과 그 기능〉, ≪역사교육논집≫ 6, 1985.
池承鍾, 〈조선전기 主奴關係와 노비문제〉, ≪한국사회사연구회논문집≫ 43, 1994.

崔權默, 〈우암송시열의 문묘 및 書院從祀〉, ≪백제연구≫ 15, 1984.
崔先惠, 〈고려말 · 조선초 관찰사론의 전개와 중앙 집권 체제의 정비〉, ≪국사관논총≫ 76, 국사편찬위원회, 1997.
崔承熙, 〈세조대 왕위의 취약성과 왕권 강화책〉, ≪조선시대사학보≫ 1, 1997.
崔承熙, 〈양반유교정치의 발전〉, ≪한국사≫ 9, 국사편찬위원회, 1984.
崔承熙, 〈태종조의 왕권과 정치운영체제〉, ≪국사관논총≫ 30, 1991.
崔完基, 〈英祖朝 蕩平策의 贊反論 檢討〉, ≪진단학보≫ 56, 1983.
崔異敦, 〈16세기 郎官權의 형성과정〉, ≪한국사론≫ 14, 1986.
韓㳓劤, 〈중앙 집권 체제의 특성〉, ≪한국사≫ 10, 국사편찬위원회, 1974.
韓相權, 〈조선 초기 읍서의 실체와 역할〉, ≪한국사연구≫ 91, 1995.
韓相俊, 〈조선조의 상피제에 대하여 - 관직을 중심으로-〉, ≪대구사학≫ 9, 1975.
韓忠熙, 〈朝鮮前期(태조-선조 24년)의 權力構造研究〉, ≪국사관논총≫ 30, 1991.
韓忠熙, 〈太宗條의 王權과 政治運營體制〉, ≪국사관논총≫ 30, 국사편찬위원회, 1991.
花村美樹, 〈高麗律〉, ≪朝鮮社會法制史研究≫, 昭和 12年
黃元九, 〈閥閱政治〉, ≪한국사≫ 13, 국사편찬위원회, 1978.

〔Abstract〕

A Study on the Government service 'Prohibition Law against Political-Nepotism'(相避制) in the Chosun Dynasty

Lee, Kee-myung

The purpose of the study is to analyze the 'Prohibition Law against Political-Nepotism', So called Sang Pi Jae(相避制), in terms of holding in check political familism or bureaucratic collusion.

As considered its origins, Sang Pi Jae has correlation with Chinese Anti-Nepotism System-Hoe Pi Jae(迴避制). Although Sang Pi Jae was proclaimed officially during the periods of Three Countries period and Koryo Dynasty, the system was in name but not in reality. Rather the system began to come into effect since Chosun dynasty due to reinforcing the centralization of administrative powers ; subsequently, one may find its documentary evidences in Kyung Jae-Yuk Jeon(經濟六典).

To illuminate the mutual relationships between Chinese and Chosun's Systems, the writer especially inquired minutely such historical materials as documents on Chinese anti-Nepotism and Sam Guk-Sa Gi(三國史記), Koryo Sa(高麗史) and Koryo Sa-Jeol

YoI(高麗史節要).

Based on the Materials, the writer also scrutinized such laws and ordinances of Chosun dynasty as Kyung Jae-Yuk Jeon, Kyung Guk-Dae Jeon(經國大典), and Dae Jeon-Hoe Tong(大典會通), Wang Jo-Sil Rok(王朝實錄), and A collection of works(文集), etc.

The biggest feature of Sang Pi Jae in Chosun Dynasty(朝鮮王朝) is the fact that it was developed in closing relation with the policy of strengthening of king's authority. This means that at least Sang Pi Jae carried out an important role to accomplish national task as an institutional arrangement for centralization of power in legislation period of formation and that it stuck by it's beneficial function for fixing of institution during accomplishing Kyung Guk-Dae Jeon.

While clique policy period(朋黨政治期) was developing, friction between king's authority and minister's authority frequently happened. Sang Pi Jae carried out its function turning or mediation among their power and then it began in earnest usage as a effective system blocking off absurdity and irrationality of government official which was its original purpose. This was present situation which happened due to appearance of clique, the Nobilities(士林) ' acceptance of desirable idea and emphasizing of holding of king's authority. At that time the nobilities hoped that Chosun Dynasty worked as a theoretical ground in kingship policy(王道政治) through philosophical government ideology emphasizing ethics policy which built on the base toward ideal world. But as clique deepening, it happened that there was abuse emphasizing political position as a personal party rather than desire for nominalistic Kingship policy.

Therefore, King faced to the situation searching for means governing efficiently because these specialization trend of minister's authority worked himself resonable burden in the national king's position. So king in check political power trend of minister holding the right of personnel management which was the kernel function of authority. Therefore, in the period of Clique policy(朋黨政治) a lot of political dispute like dispute for manner and political trouble like changing power frequently happened. Sang Pi Jae(相避制) 's administration got to cling to function arbitrate minister's right in those trend.

But king's mediating or tuning function through Sang Pi Jae didn't show considerable advance in effect because of limit opposition of clique, showed an aspect being bent fundamental confrontation as we know Hyeun Jong-Jo(顯宗朝) 's effort strengthening Sang Pi Jae. These situation thanked to effort overcoming weakening of king's authority as we see domination of maternal relation in Myoung Jong(明宗) times, excessive portliness of clique developed after Sun Jo(宣祖) times, and uneasy changing authority in In Jo (仁祖) times. And there happened situation which had to reform in operation. And then the situation developed toward direction enlarging these. These king's using power appeared as the changing power leading competition among clique for strengthening king's authority while opposition of between clique checking and clique leading political situation appeared in Suk Jong(肅宗) times. At that time, Sang Pi Jae was accomplished legislational consolidation by king's powerful driving force impulse. And the former fundamental confrontation was overcome slowly. And then in Young Jo(英祖) times, Tang Pyung Pa(蕩平派) brought up by king led the political situation, king's effort using power removing clique developed as a movement strengthening or enlarging Sang Pi Jae. These trend was continued Sok-Dae Jun(續大典), also aspect like thin amounted in Jung Jo(正祖) times. Especially, Jung Jo improved new political power by promoting Nam In(南人) power group(南人勢力), Sue Uel(庶孼-Bastard) power group, and No Ron-Si Pa(老論時派) which was neglected at that time while professing reform policy, and restrained old No Ron-Si Pa power. And he improved any other institution speaking for king's position. In other words, Sang Pi Jae was showed trend taking up firm position as one of institution for king's authority strengthening when Tang Pyeung(蕩平) government period at the end of Chosun(朝鮮), and it met the period of magnify with legislation.

After that king's authority was weakened gradually through political power policy times. Moreover diving right policy developed because of strengthening of function of Bi Byeun Sa(備邊司), king's using power was shirked more and more. Therefore, government post was took up by special group, and Sang Pi Jae was laid in fundamental aspect, so there was contradiction toward formal discussion.

Although king's own will was not different from the former period in king's using power, because of these trend Sang Pi Jae had only meaning as a institution but there was definite limit in controling diving right or showing the right of personnel management.

At last this was related to developing that it didn't carry out big function in king's management of Sang Pi Jae.

After Sang Pi Jae showed trend confused, it showed trend being strengthened legislational while Go Jong(高宗)'s enthronement and A person in power Heung Sun(興宣大院君)'s grasping political power were developed, this was taken concrete shape in Dae Jun-Hoie Tong(大典會通). This fact seemed to have something to do with effort of monarchy restoration being treated by A person in power Heung Sun. That is to say, as organization itself turned to restoration organization Sang Pi Jae faced to the trend applying strictly.

찾아보기

ㄴ

ㄷ

ㅅ

ㅊ

ㅌ